U0469326

本成果受到中国人民大学 2021 年度
“中央高校建设世界一流大学（学科）
和特色发展引导专项资金”支持

世纪之交的晚清社会

李文海　著

中国人民大学出版社
·北京·

“清史研究丛书新编”说明

“清史研究丛书”原由戴逸先生发起主编，中国人民大学出版社出版发行。从 1988 年开始，该丛书曾推出《清前期天地会研究》《戊戌思潮纵横论》《四库全书纂修研究》《明清农村商品经济》《清代八卦教》《革新派巨人康有为》《晚清乡土意识》《清代族田与基层社会结构》《乾隆帝及其时代》《洪亮吉评传》《康雍乾三帝统治思想研究》《清代区域社会经济研究》《晚清讼狱制度的社会考察》等多部力作，在清史学界产生了重要影响。但由于种种原因，该丛书的出版一度中断。2010 年重启出版之举，推出《清朝的国家认同：“新清史”研究与争鸣》等富有影响力的著作。但是由于各种条件的变化，此次重启不久复告沉寂。现经中国人民大学清史研究所与中国人民大学出版社协商，决定恢复“清史研究丛书”这一出版品牌，并冠以“新编”之名。

清朝是中国传统王朝统治的最后一个阶段，在其统治的近三百年时间里，中国不仅经历了由强盛到衰弱的转折，也经历了社会性质从传统到近代的深刻变革，这就决定了这段不寻常的历史里蕴藏着极为丰富的内容，其同今天国人的社会生活的各个方面，也必然发生着多方面的密切关联。人们常说，“中国今日之疆域版图和新中国成立之初的人口基数即奠定于清朝，当代中国的政治、经济、文化、外交和民族问题，许多也都由清朝演化、延伸而来”，这的确是对清史研究之学术价值和现实意义的极好概括。我们推动这套丛书继续编辑出版的动力来源和宗旨也正在于此。

“清史研究丛书新编”是发表高水平清史论著和重要清史文献的专业学术平台。它强调学术的前沿性和国际性，提倡严谨、扎实的学风，崇尚史学的综合功夫，鼓励跨学科视野和方法创新。就研究内容而言，它则坚持清代前后期历史的一贯性和统一性，反对将其人为加以割裂的做法。

本丛书仍由中国人民大学清史研究所负责组稿和审稿。

中国人民大学清史研究所正式成立于 1978 年，其前身为 1972 年组建的清史研究小组。多年来，清史所的成员们在学术研究和教学方面均做出了积极努力，并得到国内外同行的支持、帮助和认可。2000 年 12 月，中国人民大学清史研究所被教育部批准为人文社会科学百所重点研究基地之一。编辑和出版这套丛书，乃清史研究基地工作的有机组成部分。

我们期盼本丛书的出版能够继续得到广大清史学界同人的大力支持，也能够对推进清史研究有所贡献。

“清史研究丛书新编”编委会

2021 年 5 月

前　言

20世纪只剩下最后几个年头了。一些思想敏捷、目光远大的人，都在纷纷提前“跨入新世纪”，展望着即将来临的21世纪将会遇到的种种机遇和挑战，憧憬着未来的美好前景。这自然很好，也很有必要。多思考一点未来，总能使我们生活得更加胸有成竹一些，眼界更加开阔、步伐更加坚实。不是已经有专门的“未来学”了吗？可见未来之作为研究对象，实在是天经地义而极有意义的事。

不过，作为一个几十年从事历史教学与研究的教师，真所谓“积习难改”吧，在大家忙着瞻顾未来的时候，我却无端地想起了既往，就是说，从现在正在进行着的世纪之交，自然地联想到百年前的上一个世纪之交，即19世纪与20世纪的交替了。这种联想，特别是读到季羡林老先生在《东西方文化的转折点》中的这样一段话时，更加强烈起来：

> 现在又到了一个世纪末。很多人，特别是对时间推移一向敏感的知识分子，都对即将来临的一个新世纪有所考虑，有所幻想。我现在就常常考虑二十一世纪的情景。

> 人类历史告诉我们，一个世纪的转折点并不总是意味着社会发展的转折点，也不会在人类前进的长河中形成一个特殊的阶段。但是世纪末往往对人类的思想感情产生影响，上一个世纪末就是一个明显的例子。①

这段话说得极好。虽然季老没有具体论述上一个世纪末对人们的思想感情产生了什么样的影响，但我们确实知道，上一个世纪之交，对于中国近代社会无疑是一个极为重要的历史时期。在这个时期，人们的思想、观念、感情、心理以及与此相连的行为和实践，异常丰富和活跃，生动地带有那个特定时代的历史特征。

如果稍为放宽一点，上一个世纪之交，大体可以包括 19 世纪的最后 10 年和 20 世纪的最初 10 年。这 20 年时间，正好是具有 268 年历史的封建清王朝的最后岁月；又因为清朝是中国历史上最后一个朝代，所以，这也是我国封建君主专制主义的王朝末日。新旧世纪的交替同剧烈的社会变革交织在一起，就使得历史内涵变得更加丰满，更加深邃。在这段时间里，帝国主义与中华民族的矛盾，封建主义与人民大众的矛盾，达到了空前尖锐、空前激烈的程度。中国人民在争取民族独立、政治民主和社会进步的艰难斗争中，既遭受了创巨痛深的苦难，也演出了一幕又一幕威武雄壮的活剧。

如果从人们的思想感情、精神状态的角度，对比一下两次世纪之交的情景，那么，我们不难发现，在上个世纪的末叶，特别是在甲午战争遭到惨败之后，中国人民是普遍带着认为自己国家

---

① 季羡林：《季羡林小品》，北京，中国人民大学出版社，1992，第 333 页。

“精华已竭、膏血俱尽，坐而垂毙”（康有为语）的忧伤、焦虑、失望、悲愤心情，去迎接新世纪的来临的，因为当时国家正处在“强邻环列，虎视鹰瞵”，“蚕食鲸吞，已效尤于接踵；瓜分豆剖，实堪虑于目前”（孙中山语）的危急状态。一个坚决反对维新运动的人在参劾保国会的奏折中说，康、梁等人，整日价奔走呼号，高喊“中国必亡，中国必亡！”“以致士夫惶骇，庶民摇惑，私居偶语，亦均曰：国亡国亡，可奈何！”这确实是当时人们思想状况的真实写照。一百年后的今天，到了又一个世纪的末叶，我们不但早已没有了亡国灭种的现实危险，取得了国家民族的独立，而且全国人民正以昂扬的步伐，意气风发地行进在建设有中国特色社会主义的大道上；尽管我们在前进过程中不可避免地还会遇到种种困难和挫折，但谁也不会怀疑，我们祖国繁荣昌盛的未来将是指日可待的。两个世纪之交，两种处境和命运，两种迥然不同的心情和精神状态，正犹如云泥之隔，天壤之别。

我们在不胜沧桑之感的同时，不免要问：这样巨大的变化，是怎么得来的？难道是天上掉下来的吗？当然不是。说到底，这样一种天翻地覆的社会变化，是一个世纪来无数有名的和无名的志士仁人前赴后继斗争的结果。回首往事，我们不能不向所有为国家、为民族、为社会的前进和发展做出了历史贡献的先辈们表示至深的敬意。

这话似乎有点老生常谈，其实却并非多余。因为在有些人的心目中，什么国家观念、民族意识、社会责任感以及献身精神和牺牲精神等等，早已失去了昔日的神圣光辉，甚至在个人利益面前扭曲为滑稽可笑的东西了。而在近年来的中国近代史的研究中，出现了一种以新的简单化去代替或“纠正”过去曾经犯过的简单化毛病的倾向，在有的论著里，一方面对帝国主义、封建主义情有独钟，充满了宽容和厚爱；一方面则常常对改革者、革命者或封建统治秩序的叛逆者做着过多的挑剔和过苛的指责，似乎非如此不足以表明思想之“解放”与观念之“更新”。例如，对于殖民主义，大讲他们怎样对东方历史“起了一种革命的作用”，“成为东方民族赶上现代文明的唯一的现实良机”。在封建统治阶级中，被尊为“中国近代化的第一人”的即已达五六位之多，真不知道这块首倡中国近代化的金牌应该挂到他们之中的哪一位的脖子上。而对于改革派和革命派，就完全是另一种评价尺度了。有人认为，洋务运动本来可以使中国的资本主义大大发展起来，但康有为、梁启超等偏偏要搞什么维新改革，结果使洋务运动被迫中断，以致错失了一次走向近代化的极好机遇；也有人认为，本世纪初，清王朝的“新政”和预备立宪，可以在经济上和政治上大大促进资本主义，但孙中山等人偏偏要起来搞反清革命，结果中断了“新政”和预备立宪的进程，于是又一次错失了走向近代化的良机。戊戌维新派也好，资产阶级革命派也好，他们都犯了“激进主义”的错误，应该承担延误中国近代化的历史责任。

我以为这是极不公平的，因为这不符合历史的真实。

要弄清一定时期的历史的真实，仅仅根据某些历史人物的自我表白或标榜，是不行的。比较靠得住的办法，最好是看看这个时期社会各色人等，尤其是普通老百姓的所思所想，所作所为，所好所恶，所喜所悲。马克思说过：“现代历史著述方面的一切真正进步，都是当历史学家从政治形式的外表深入到社会生活的深处时才取得的。”（《马志尼和拿破仑》）我觉得此话说得很有道理。

本书所涉及的各个问题，大抵都是从社会状况的角度做一点历史的剖析。除开头两篇外，时间都正好是在上世纪最后10年和本世纪最初10年的范围之内。全书没有提出什么对于中国近代社会的惊人的理论观点，也几乎未曾参加近年来中国近代史研究领域一些热门问题的讨论，大概不免会被有些人目之为保守之作的。但自认为也有一点好处，那就是注意的问题往往是过去研究较少甚至是被人们所忽略的；写作时努力少讲空话，尽量不去做抽象的概念争论，对于历史现象和社会现象的叙述和分析，力求具体、细致，言必有据。至于是否做到了这一点，那自然有待于读者和同行们的评判。

书中《义和团运动时期社会心理分析》一篇，是我和刘仰东同志合作的。

文海

1995年1月30日，甲戌年除夕

目录

社会灾荒

社会风习

太平天国统治区社会风习素描*

太平天国定都天京以后，在一些地区先后建立了相对稳定的统治区域。太平天国政权对这些地区的统治，短则数月，长则几年甚至十余年。那么，在这样一段时间里，当地人们（当然是各色各样阶级不同、社会地位不同和政治态度不同的人们）的社会生活是怎样的呢？太平天国为他们提供了一个什么样的生活环境呢？这一场被某些封建统治者形容为“天崩地坼”的大风暴对人们日常的、普通的生活习俗和生活方式产生了些什么样的影响呢？

这个饶有趣味的问题，却似乎没有得到研究太平天国史的学者们足够的注意。有一些论著接触到了太平天国统治区的经济生活和政治生活的某些方面，但社会生活的更广阔的领域，却一直在很大程度上被摒斥于研究视野之外。这种情形，不能不使人产生一种不满足之感。列宁说：“唯物主义者即马克思主义者是最先提出不仅要分析社会生活的经济方面而且必须分析社会生活的

---

* 见《太平天国学刊》第3辑，北京，中华书局，1987。

各个方面这一问题的社会主义者”①。马克思甚至认为：“现代历史著述方面的一切真正进步，都是当历史学家从政治形式的外表深入到社会生活的深处时才取得的。”② 我们引用这两段话，并不是试图表示只有这个问题才是头等重要和高于一切的，不过是想说明，对于那些看起来似乎细小甚至有点琐碎的普通老百姓的生活世态和习俗的研讨，不但不有悖于唯物史观，其实倒反而是唯物史观本身的要求。

一定历史时期的社会风习，像一面多棱镜一样，虽然片断、零散，然而却能够从不同侧面和不同层次反映出那个社会的某些真实面貌。研究太平天国统治区的社会风习，自然也会有助于对太平天国运动本质的了解。当时人对这一点是看得很清楚的。呤唎就曾经说过，他同他的“所有友人和熟人”最初正是根据“亲眼见到”的“太平天国的生活和风俗”来认识和判断这场运动的。③ 一些外国侵略者在派人到天京去时，也反复强调要注意搜集“关于你们所通过地区的居民或占领者的职业、服饰、食物、家庭和社会习惯、教育和性格等情报”④。而那些顽固坚持清朝封建统治阶级立场的人，则把太平军占领后带来的风俗的变化看作心腹大患，常熟的封建文人龚又村在《自怡日记》中就记，他和朋友们在一起谈论，“谓吾邑若复，粮额也要变，文体也要变，风俗也要变”⑤。从这些出发于不同目的的议论中，都可以看出

---

① 《列宁全集》，第1卷，第141页。

② 《马克思恩格斯全集》，第12卷，第450页。

③ 参见呤唎：《太平天国革命亲历记》上册，第298页。

④ 《麦华陀等一八五四年六月访问天京文件辑录》，见《太平天国史译丛》第一辑，第4页。

⑤ 《太平天国史料丛编简辑》第四册，第459页。

当时人们对社会风习的重视。

社会风习所包含的内容是很丰富的，在一篇文章里自然不可能全都涉及。这里只是选择几个问题加以粗略的讨论，这些问题包括：(1) 宗教活动；(2) 服饰装束；(3) 婚丧礼仪；(4) 过节度岁；(5) 天国诸禁。对这些问题，也只是白描式地勾画一个大体的轮廓，因之不敢妄称研究，只能名之曰“素描”。

宗教活动

太平天国运动的创始人和领导者洪秀全，是通过宗教的门槛走上封建统治秩序的叛逆之路的。在发动武装起义之前，洪秀全和他的战友们建立了一个拜上帝会作为这个运动的组织核心。对拜上帝会的宗教仪式和宗教信条，太平军中始终是奉若神明的。那么，太平天国的宗教，在多大程度上影响着这个政权统治下群众的宗教心理和宗教生活呢？

有一些记载过高地估计了拜上帝教对太平天国统治区群众的影响和作用。例如，呤唎说过：“在他们政权统治下的所有家庭全都用《圣经》代替了佛教。”① “两千多年来的传统积习，古代圣贤的名教格言，世代相仍的放荡淫佚和偶像崇拜，全都涤除于一旦。”② 呤唎是带着赞赏的态度说这些话的，而另一位中国人则带着懊丧的心情慨叹太平天国的统治，弄得儒、释、道“三教

① 呤唎：《太平天国革命亲历记》上册，第 212 页。

② 同上书，第 243 页。

俱废”[①]。其实，这些话并不完全符合当时的历史实际。

确实，太平天国的领导者是曾经想用政权的力量把拜上帝教推行到民间的。《天朝田亩制度》就详细规定了“内外诸官及民”包括所有“男妇”及“童子”，都要从事读圣书、做礼拜、“颂赞天父上主皇上帝”等活动。[②]《醒世文》中也有“为民务宜守本分，逆天者亡顺天存。尔们亦是爷生养，务各认识圣父亲。天父上帝当虔敬，切勿私自拜邪神”[③] 的训诫。洪仁玕在 1861 年发布的《喧谕众民》文告中强调，凡“投诚天朝，仍为中国华民者”，都应“诚心敬拜天父上帝造化万物大主宰，切不可拜一切人手所做之木石死妖该杀”[④]。但是，像太平天国的其他许多政策规定一样，在宗教方面的这些规定也在很大程度上落空了。

太平军占领南京前后，曾在一些城市如武昌、天京、镇江、扬州等地，对全体居民实行“男女分馆”的政策，把所有的男子集中到“男馆”，全体妇女集中到“女馆”，在一个短时间里暂时取消了家庭这种社会组织形式。许多材料表明，当太平天国用这样一种方式组织城市居民的社会生活时，他们确曾把拜上帝教的一整套宗教活动贯彻到人们的日常生活中去。“馆”中的每一个成员，每天清晨都要祈祷；三餐饭前都要在“馆主”的带领下背诵赞美词；每七日要做礼拜，敬拜天父；有时还要对人们能否背诵经句进行不定期的考核。但是，由于那种对全体居民“以兵法相部勒”使之实行类似军事共产主义的做法，没有任何一点赖以存在的客观社会条件，因此，到 1855 年春，太平天国政权终于

① 虞阳避难叟汤氏辑：《鳅闻日记》，载《近代史资料》，1963（1），第 111 页。

② 参见《太平天国印书》（上），第 413 页。

③ 《太平天国印书》（下），第 666 页。

④ 《太平天国印书》（上），第 784 页。

被迫宣布取消这种政策，使自己的社会政策后退到现实生活所许可的范围之内，重新承认家庭作为社会细胞的合法性。从这个时候起，用行政命令的办法使所有城市居民都“敬拜天父上帝”的事也就随之而告终了。

也许作为太平天国首都的天京是一个例外。因为按照呤唎的描写，一直到 1861 年，天京城内和城外的居民，每天傍晚仍要在天王府的锣声的召唤下一齐进行祈祷：“天王府头一道庭院中置大锣数面，每日祈祷，鸣锣为号。锣声挨户传送，直传到城中遥远的角落，再由城上的哨兵传到四郊。城内和城外乡村，人人屈膝祈祷。我经常站在古老的南京城上，夕阳的余辉在周围投下了奇异的阴影，下面发出了人民的喃喃祈祷声。”① 不过，我们对这一段牧歌式的描写，暂时还只能抱存疑的态度，这不仅因为它只是一个孤证，而且还因为这位好心的英国朋友，出于对太平天国运动的强烈热爱和同情，在自己的记载中，不时发出一些不甚客观的夸张之词。至于在天京以外的其他城市和乡村，则任何类似这样的材料都根本看不到了。

那么，是不是在 1855 年以后，太平天国政权在群众面前已经完全收起了拜上帝教的宗教旗帜呢？那也不是。改变只是在于，他们把用行政措施组织群众的宗教生活改为非强制性的宗教宣传。太平天国统治区的人们，在下面几种场合，仍然可以强烈地感受到拜上帝教的宗教气氛：(1) 太平天国的文告中，一般总是有许多宗教性的语句，从事拜上帝教的宣传；许多政治性的措施也往往要加上某些宗教的论证。沈梓的《避寇日记》说：“余从白雀寺走过，见长毛有告示，系南京伪天皇规条，有十诫、十

① 呤唎：《太平天国革命亲历记》下册，第 292 页。

嘱、十除、十斩四十条。其说总以天主、耶稣为教主，盖教匪也。所谓嘱、诫、除、斩者，不可胜记。约略举以而言，则诫者，诫人犯教中之禁也；嘱者，劝人从其教也；除者，除去恶习，如乌烟、花酒、释道之类；斩者，斩违教者也。”“又有歌咒几句，叫人朔望礼拜，亦忘之矣。”[①] 这里记的是 1861 年浙江秀水的情形，却反映了太平天国统治区的一般情况。(2) 当太平天国军政官员向群众“讲道理”时，也常常要进行“拜上帝”的说教和宣传。上引《避寇日记》描述太平军的一次“讲道理”的情景时说：“所讲说者，百姓皆要敬天，所以遭难者皆不敬天所致。”[②]《贼情汇纂》也说：太平军每“讲道理”时，“贼目先敷衍邪教套话一番”，“贼目讲邪教禁令，谓之天情”[③]。(3) 太平天国印刷了许多宗教宣传品，向群众广为散发。据毛隆保《见闻杂记》记载，江西丰城群众到南昌向太平军“进贡”，“送礼者归，各得书数本”，其中有《天条书》、《天父下凡诏书》、天历、《幼学诗》等，很多内容是关于拜上帝教的。[④] 1861 年春，一个叫缪维廉的牧师在天京与太平军的一位年轻战士谈话，双方进行了这样的问答：

> 问：“所有的官署内全都注意教导属下的文武人员么?”
>
> 答：“是的。天京里面的每个男人、女人和到了一定年龄的儿童，全都能背诵天父的赞美颂。”
>
> 问：“乡间的人民怎么样呢?”
>
> 答：“那些短发的人还没有受到充分的教导，可是圣书

① 《太平天国史料丛编简辑》第四册，第 74 页。

② 同上书，第 72 页。

③ 《中国近代史资料丛刊·太平天国》第三册，第 267 页。

④ 参见《太平天国史料丛编简辑》第二册，第 59 页。

是发给他们了，他们可以学习。”①

以上材料表明，在后期，太平天国对“拜上帝”的宣传工作做得还是很认真的。但一般说来，只以劝诫、动员、教导和让人学习为限，并不见强制人们直接从事具体的拜上帝活动的记载。

在拜上帝会的宗教信念中，最基本和最主要的是相互关联的两个内容：一是敬拜“天下凡间大共之父”“独一真神”皇上帝，另一是不拜皇上帝以外的一切“妖魔邪神”。从当时的某些人一直到当代的少数太平天国史研究者，据此而把太平天国称作“反对偶像崇拜”“废除偶像崇拜”的运动，把太平天国农民英雄们称作“打破偶像主义者”，这自然是很不确切的，因为上述两方面内容本来是一个问题的两个侧面，太平天国不过是要用新的偶像崇拜去替代旧的偶像崇拜而已。但我们也确实看到，在实际活动中，太平天国用于破坏旧的偶像崇拜的措施，要远远超过其建立新的偶像崇拜的努力。其具体表现就是，对于新的偶像崇拜，除了一个短时期之外，一般只停留在文字的或口头的宣传上，而对旧的偶像崇拜的破除，却一直以军事的和政治的力量强制推行，而且其时间几乎是与太平天国运动相始终的。

太平天国的领导人把反对和破坏神佛（所谓“死妖”）的斗争放在与反对清朝统治阶级（所谓“活妖”）的斗争差不多同样重要的地位。如果回顾一下太平天国的早期斗争史，可以清楚地看到在农民战争爆发之前，拜上帝会会众反对“死妖”的斗争，正是随之而来的反对“活妖”斗争的先导。而当农民战争进行了三年之后，杨秀清在《太平救世歌》的序文中曾这样总结这一段

① 呤唎：《太平天国革命亲历记》下册，第386页。

历史："故自金田首倡大义，万众欢腾，诛灭群妖，焚毁妖庙，扫净邪秽，尽返真醇。此数千年以来未有若此巍巍之功德也。"①这里所说的"诛灭群妖"，是指摧毁清政府的军事力量和政治统治，而"焚毁妖庙"，则是指对佛道寺观的破坏扫荡。在杨秀清看来，这两方面是可以相提并论的，都是亘古未有的巍巍大功业。到了太平天国后期，洪仁玕仍然把反对"拜邪魔，信邪说"，视作天朝新于清朝之根本所在："干王谕曰：倘我天朝之人，仍依妖之俗例拜邪魔，信邪说，叛皇天，恃己力，一切妖样而行，又何敢自称为新乎!"②

在这样的思想指导之下，太平天国在所占领的城市和乡村，都雷厉风行地进行了破寺庙、毁神像的活动。这方面的材料甚多，下面我们按地区举一些例子，从中可以看出实行这一措施的普遍性和持久性。

湖南："自孔圣不加毁灭外，其余诸神概目为邪。遇神则斩，遇庙则烧。"③

湖北武昌："然不信诸神及浮屠氏，遇寺观辄火之，目为妖庙。"④

安徽："贼勒焚神像，藏匿者有罪。"⑤

南京："贼遇庙宇悉谓之妖，无不焚毁。姑就金陵言，城外则白云寺、灵谷寺、蒋侯庙、高座寺、天界寺、雨花台亭、长干塔、吕祖阁、天后宫、静海寺，城内则鹫峰寺、朝天宫、十庙等

① 《太平天国印书》(上)，第 141 页。

② 《英杰归真》，见《太平天国印书》(下)，第 774 页。

③ 佚名：《粤匪犯湖南纪略》。

④ 佚名：《武昌兵燹纪略》。

⑤ 储枝芙：《皖樵纪实》。

处，此犹其最著者，至无名寺观则指不胜屈，间遇神像无不斫弃。”①

江苏镇江：“贼于神像无不毁坏。”“金山、北固山梵宇甘露寺俱付一炬，万岁楼为列朝胜迹，亦成焦土。”②

江苏苏州：“及贼入城，庙宇寺院神像，莫不铲毁。”③“一切神佛庙宇，或毁或焚，无有存者。”④

江苏常熟：“庵观寺院，若城中之致道观、致和观、慧日寺、方塔寺、白衣庵，及城外之破山寺、三峰寺、维摩寺、拂水寺、龙殿、小云栖寺、普福寺、普仁寺、资福寺、接待寺、新塔寺，毁坏甚多，间有存者，惟破屋数间而已。在各乡镇者亦有毁坏，然较之在城附郭，则大相悬殊矣。”⑤

江苏青浦：“遇有神像则必毁坏之。”⑥

浙江绍兴：“贼最恶神佛，遇祠庙，必毁，否则以刀砍塑像，或以粪污涂之，目为土妖。”⑦

浙江慈溪：“见庙像辄焚毁。”⑧

浙江海宁：“毁拆观庙无算。”⑨

浙江秀水：“又闻万寿山本觉寺被陡门长毛拆毁，将砖瓦营造土城炮台，而濮院翔云观、东岳庙等亦被长毛拆毁。”⑩

---

① 佚名：《粤逆纪略》。
② 海虞学钓翁：《粤氛纪事诗》。
③ 潘钟瑞：《苏台麋鹿记》。
④ 王步青：《见闻录》。
⑤ 佚名：《避难纪略》。
⑥ 姚济：《小沧桑记》。
⑦ 王彝寿：《越难志》。
⑧ 柯超：《辛壬琐记》。
⑨ 冯氏：《花溪日记》。
⑩ 沈梓：《避寇日记》。

浙江乐清："贼毁城内神祠殆甚，仆其像投之水火，乡村诸社庙虽未毁，然像设罕有完者。"①

浙江温岭："好纷纷改作，尽毁神庙，惟圣庙及朱子庙无损。"②

江西南昌："进外（按：进贤门外）如绳金塔寺、法华堂、圆觉堂、宿觉堂、百福寺、天寿寺、法云律堂、祇园庵、珠林庵，惠外（按：惠民门外）如圆觉寺、观音庵、西方庵，德外（按：德胜门外）如天空寺、泰宝寺、龙光寺、龙河寺、悦仙堂、北兰寺、药师院，章外（按：章江门外）如石哥寺等，类不可胜数，皆焚毁殆尽。"③

江西湖口："乡下庙宇尽行拆毁，即著百姓搬运。"④

山东临清："各庙神像皆毁，文庙大成殿焚，圣像及两庑木主无存者。松柏多数百年物，亦被焚枯死。各庙神像或剜目、斫手足及首，无一全者。"⑤

这里我们只是列举了材料的一小部分，但已经可以看出，地域上由南到北，时间上自始至终，太平天国一直坚持破毁寺观神像的方针。张德坚所说太平军"见庙宇即烧，神像即毁"⑥，杜文澜所说太平军"所过名城繁镇、梵宫宝刹，必毁拆殆尽，朱碧绀黄悉薪之，金身法相悉火之"⑦，是完全真实的。太平天国的

---

① 林大椿：《粤寇纪事诗》。

② 叶蒸云：《辛壬寇记》。

③ 邹树荣：《蔼青诗草》。

④ 张宿煌：《备志纪年》。

⑤ 马振文：《粤匪陷临清纪略》。

⑥ 《贼情汇纂》卷十二，见《中国近代史资料丛刊·太平天国》第三册，第315页。

⑦ 《平定粤寇纪略》附记二，见《太平天国资料汇编》第一册，第316页。

许多政策方针，前后常有变化，唯独于此事一以贯之，这自然是十分值得注意的。

有材料说，太平天国不仅破坏寺观神像，而且还“见僧道即杀”[①]，“伪示有逢僧尽杀之说”[②]，这却是一种失实传闻。我们不仅没有看到太平天国曾经发出这样的告示，也根本没有看到过滥杀僧道的具体史实。[③] 不过，太平天国政权确实明令禁止僧道诵经念佛，也禁止群众“奉佛敬神”。如《鳅闻日记》载：“不许僧道诵经拜忏，稍与争执，刀背乱砍。”[④]《劫余灰录》则说：“贼禁人间僧道追荐，不许奉佛敬神，见则以香烛置之厕中。”[⑤] 禁令的范围，甚至包括不准“民间供奉家堂、灶神”[⑥]，“不准以纸钱、饭菜追敬祖先”[⑦]。看起来，这真是相当彻底的了。

可是，事情并没有这样简单。一把火可以很容易地把寺观庙宇烧个精光，一纸命令却很难将人们千百年来形成的宗教心理随意改变；毁坏泥塑木雕的神像是轻而易举的，要摧毁人们心目中具有超自然力量的神佛的地位却无法一蹴而就。太平天国禁止人们“奉佛敬神”的命令，遭到了群众默默的然而是顽强的抗拒。

太平天国的领导者们显然低估了传统宗教观念的影响和力量。事实上，传统宗教特别是佛教，在中国已经有了千百年的历史，在群众中有着深厚的基础和广泛的影响。“南人信鬼神，固

---

① 《太平天国史料丛编简辑》第六册，第 380 页。

② 《太平天国史料专辑》，第 495 页。

③ 简又文在《太平天国全史》中也认为：“毁寺观诚有之，杀僧道则不尽然。”（上册，第 532 页）这个看法是实事求是的。

④ 《近代史资料》，1963（1），第 111 页。

⑤ 《太平天国史料丛编简辑》第二册，第 162 页。

⑥ 《太平天国史料专辑》，第 37 页。

⑦ 《太平天国史料丛编简辑》第六册，第 394 页。

沿习俗”，“神佛塑像，吴人敬奉如生”①。不但一般没有文化的人，就是在封建士大夫中，绝大部分人也满脑子是神仙鬼怪、因果报应的那一套。在太平军占领常熟的前夕，有人就描写了当地知识分子如何热衷于请神求仙的情景：“有读书子弟，始由扶乩请仙，联诗作对，继而妄请上界大圣大神，虔心邀福。乩判略示，疑逗天机，必倾心信感。后渐入魔道，诵经礼忏，制备庄严，练习礼仪，纠集五六十人，礼忏设醮，居然锣鼓钟磬，步罡踏表，儒冠道服，不知成何体统！”② 我们可以毫不夸张地说，在统治阶级的提倡下，佛教思想已经是当时社会上占统治地位的一种宗教思想。用简单的办法宣布这种思想是荒谬的和非法的，显然不能达到取缔这种思想的目的。

我们看到的一个明显事实是：生活在太平天国统治区的人们，依然用极其虔敬的心情礼神拜佛——当然，在通常的情况下，是稍微隐蔽地进行的，但也不乏公开的活动，只要条件允许这样做的话。

据《柳兆薰日记》的记载，当 1860 年 6 月太平军占领了他的家乡吴江芦墟以后，他仍多次带领子侄至庙中敬神。如：

1860 年 10 月 22 日：“饭后，衣冠至本庙观音大士前、刘王神前焚香虔叩。”

1861 年 3 月 13 日：“饭后诵经毕，率应墀、应奎衣冠至广阳庵拈香烛，至文帝、武帝前叩头拜祝，默求保佑免劫。复至观音菩萨前叩头拈香，求三十签，下下。”

---

① 潘钟瑞：《苏台麋鹿记》卷上，见《中国近代史资料丛刊·太平天国》第五册，第 273 页。

② 柯悟迟：《漏网喁鱼集》。

同年6月20日："饭后，不具衣冠，穿夏长衫，具蔬果、香、酒、烛至庙（按：疑为'广'字之误）阳庵叩拜文帝、武帝。今日武帝圣诞。"

1862年3月3日："朝上，拈香烛在大厅上陈设，恭拜文帝圣诞，武帝前亦谨奉一瓣香，同供拜叩。广阳庙（按：疑为'庵'字之误）有土毛窟，不洁净，故于家中悬拜。"①

这几则日记中，最后一次提到，因为广阳庵中驻扎了太平军，所以只得悄悄地在"家中悬拜"了。

如果上述材料只是反映了日记作者的个人活动，那么，龚又村《自怡日记》中的记载则表明了群众祈神拜佛的普遍性："（1862年9月15日）今夏祀火神，家家用纸钱，予家仅香烛，今特补礼，命子代叩神前。"②

在相当多的地区，僧道依然十分活跃。他们到处代人念佛诵经，设坛打醮，有时甚至忙得不可开交。前引《自怡日记》中就提到日记作者之兄亡故后，曾"遣羽士唪经镇宅"③。《柳兆薰日记》中也提到自己的儿子病后，"请紫云庵僧代诵《金刚经》一千卷，祈求病体能愈"④。虽然后来这一千卷《金刚经》并没有能挽救他儿子的生命。沈梓的《避寇日记》甚至讲到这样一个情况：1860年夏，太平军占领的秀水县濮院镇发生瘟疫，十月"初九日，为先姊六七之期，拟邀僧礼佛，僧以镇人死者多，而佛事忙，弗能齐集而止"⑤。和尚们的生意如此兴隆，这大概是

---

① 上述引文均见《太平天国史料专辑》。

② 《太平天国史料丛编简辑》第四册，第459页。

③ 同上书，第383页。

④ 《太平天国史料专辑》，第239页。

⑤ 《太平天国史料丛编简辑》第四册，第48页。

坚决反对“拜一切邪神”的太平天国领导者们所万万没有想到的。

但问题还不止于此。在一些地方，人们还公开举行大规模的、有众多群众参加的敬神拜佛的宗教活动，如平时举办“佛会”、收获时敬神演剧、天旱时请佛祈雨等。佚名《庚申避难日记》中，多次出现“城隍庙焰口，兴教寺亦焰口”“余至陶家宅佛会家吃面”“到元田里钱姓家为三官佛会，代伟儿烧香，缴社钱，吃面而回”等记载，这是常熟的情形。[①]《柳兆薰日记》中有“村人敬神演剧，尚有升平景象”“村人敬神，雅奏一日”的记载，这是吴江的情形。[②]《癸丑纪闻录》中则有“因旱请佛祈雨”的记载，这是嘉善的情形。[③] 这些材料显然表明，至少在这些地区，这样一些活动是为太平天国政权所容许或者默认的。

这类现象的频繁出现，看起来未免有点奇怪，但却并不是难以索解的。太平军将士们并不是生活在真空之中。他们也不可避免地要受到自己生活的那个时代社会条件的制约。不但是大部分新战士，就是对于一些两广的“老兄弟”来说，接受具有千百年传统的释道观念也远比接受陌生的拜上帝教教义容易和自然得多。这一点，只要看看李秀成的自述就可以理解了。他在自述中多次以否定的口吻批评洪秀全“一味靠天”“认实天情”“言天说地”“具（俱）信天灵”，而在解释太平天国“除神像”一事时，他说这“是天王之意，亦是神圣久受烟香之劫数”，“此是先机之定数”[④]，也就是说，还是不自觉地以释道观念去解释太平天国

---

① 《太平天国史料丛编简辑》第四册，第 48 页。

② 参见《太平天国史料专辑》，第 135 页。

③ 参见上书，第 525 页。

④ 罗尔纲：《李秀成自述原稿注》，第 154 页。

打击释道的行动。像李秀成这样的高级领导人尚且如是，下面的将士就更可想而知了。

正因为这样，在一些地方，太平天国关于禁止人们“奉佛敬神”的政策得不到全面的贯彻，就是很自然的事了。相反，我们还发现，太平军本身就在不少地方“奉佛敬神”，其虔诚的程度丝毫不比当地老百姓逊色。

《避寇日记》中曾颇为生动地讲到一部分太平军主张拆庙，而另一部分太平军又明令反对拆庙的情形。1861 年 8 月 6 日，符天燕钟良相到濮院，在翔云观戏台上“讲道理”，讲毕，问翔云观何以有几处被拆毁。当地的师帅答以系陡门太平军所拆，“钟因言日后倘再来拆，可来禀我等说”。后来，钟果然“出令不许拆庙”。过了一年，又有“桐乡长毛至濮院拆毁关帝庙，兼捉船。既而嘉兴伪廖天安以文书至，禁止勿毁，遂止”[①]。太平天国地方政权在这个问题上政令的不统一，正是根源于思想的不统一。

凡是求神拜佛活动比较盛行的地方，不是得到太平军的默许，就是有太平军直接参加。据《自怡日记》，1861 年 9 月 12 日，有顾秋谷兄弟“建雷醮”，“表书大清咸丰”年号，被驻守当地的太平军发现，“夺去铙钹等件，勒罚钱文”[②]。但太平军惩罚的是不该不用太平天国年号而仍奉清朝的正朔，却并不是“建雷醮”本身。因此，到了次年春天，该日记中就多次出现了“殑伽庵香会，热闹似往时”“香火复盛”“诸善女喃喃拜佛”“旋过殑伽庵，适诸善女拜经，梅檀沁鼻”的记载。使人感到滑稽的是，为了适应形势，避免太平天国政权的干涉禁阻，人们在观音大士

① 《太平天国史料丛编简辑》第四册，第 191 页。

② 同上书，第 406 页。

的脑袋上缠上了一块红绢。所以日记的作者一面看到“鼓吹齐鸣，香火甚盛”，发出了“尘世久不觏矣”的欢呼，一面又因为“恐佛遭匪毁，首缠红绢，大士亦致屈辱”，发出了“可为寒心”的叹息。[①] 但缠上了红绢的观音大士，从严格的拜上帝教教义来说，毕竟还是“邪神”，并不因为略加装扮就“立地”不成“佛”了。事实表明，只要在某一点上有了缺口，群众中的习惯势力很快就会把禁令全线冲垮。

上面的材料反映了某些太平军的这样一种意向：宗教问题可以让步，但在如使用什么年号这类政治问题上则不能随便。实际上，有些太平军就连这样的原则也并不坚持。《避寇日记》中讲到了这样一件事：1863 年春，濮院镇上发生了几次火灾，东岳庙皂班金聋子乘机放出“吾镇有大火灾”的谣言，“于是镇人皆惧，敛钱延羽士禳灾，定于廿二、三、四日设醮坛于周家场曹氏祠堂，张长毛（按：指顶天豫张镇邦）亦往烧香。廿二日，罗庵为贼火药局，亦有火灾。廿四日上天表，仍书咸丰年号焉”[②]。顶天豫张镇邦不但亲自到醮坛烧香，而且目睹道士的“天表”上仍书咸丰年号也不过问，完全采取了听之任之的态度。

太平军为了避祸求福而礼神拜佛的事，绝不止上面一例。《花溪日记》就记有 1862 年浙江海宁太平军因各处“瘟疫大发，死无算”，而向神佛“祈禳”的事实。[③]《寅生日录》谈到，吴县横泾镇的城隍庙里，有“无数穹窿山道士大设醮坛，因为长发住在庙中共有八十余人，不过两旬内死去五六十人（按：此时瘟疫

---

① 参见《太平天国史料丛编简辑》第四册，第 395 页。

② 同上书，第 242 页。

③ 参见《中国近代史资料丛刊·太平天国》第六册，第 707 页。

蔓延)，所以众发俱有恐惧之心，以为祷此，即可免罪”[①]。这类事，不仅发生在中小城镇，甚至发生在苏州这样的大城市中。据《自怡日记》，有一个名叫慧觉的僧人亲口告诉日记作者：“前寓山塘度凡庵，伪将熊病，曾来求药方。迨疾愈，酬佛檀香一担、鞭爆二千，施红绫等件，致各匪信从，香筵极盛。”作者由此联系到常熟的现实，说：“常城匪疾亦祀神斋佛，原拟摈废纸马，各店仍卖者坐罚，至此禁弛。”[②] 既然自己也进行着信神拜佛的活动，则一切关于不准“拜邪神”的禁令随之失效，当然是势所必至的了。愈到太平天国后期，这种情况就愈益普遍。有的材料反映，太平军甚至将过去亲手焚毁的庙宇重新修建，以供自己祈祷之用。丁葆和《归里杂诗》中谈到钱塘的情况时说：“贼见神像呼为死妖，壬癸之间（按：1862—1863 年），贼气已衰，贼妇仍乞佛慈，以保性命。上天竺大殿已毁，复起小殿，争相祈祷。”[③] 简单地把这类记载一概目之为地主阶级的污蔑之词，是未必妥当的。因为这种现象的出现，并不违背农民阶级思想发展的脉络和逻辑。相反，假如太平天国当真消灭了一切“偶像崇拜”，倒叫人不可理解了。

服饰装束

这方面有关于太平天国在自己的“属管之地”实行“禁头变

① 《太平天国史料专辑》，第 428 页。

② 《太平天国史料丛编简辑》第四册，第 450 页。

③ 《太平天国史料丛编简辑》第六册，第 461 页。

服”的说法。[①] 所谓“禁头”，是指对于剃发的禁令；“变服”，则是变易清代冠服的举措。这些今天看来似乎纯属服饰装束方面的生活末节，在当时却普遍被视作具有严重政治意义的事情。

探究这个问题，自然先得从太平军本身的服装谈起。

大体说来，太平军在占领武昌以前，在服装方面并没有具体的统一规定。《贼情汇纂》说：“贼由粤西至长沙，尚皆布衣蓝缕，缝数寸黄布于衣襟，以为记号；囚首垢面，鹑衣百结者，比比皆是；即首逆洪秀全、杨秀清等，亦止红袍红风帽而已。”[②] 直至占领武昌以后，才开始对太平军中不同地位的人在服饰方面有一些不同的规定。到定都天京后，这方面的规定愈来愈严密，愈来愈烦琐，从一个侧面反映了太平天国队伍中等级分野愈来愈森严的趋势。从袍服靴帽的质料、颜色、式样、花式乃至包巾的长短尺寸，无不根据官职的大小定出不同的标准，用以分别尊卑贵贱。《金陵杂记》中所说“贼陷武昌之后，舆马服饰即有分别。迨踞金陵以后，日益猖獗”[③]，并不是毫无根据的。这一点，只要翻一翻《贼情汇纂》《避难纪略》等书的有关记载，就可以得到一个清晰的印象。[④]

应该说明的是，尽管太平军在服饰方面为“分别职级”而制订了一系列条规，但自始至终，一直并没有形成固定的类似统一军服的服装式样。《归里杂诗》说：“贼之服色随掳随著，未尝一

① 参见李汝昭：《镜山野史》，见《中国近代史资料丛刊·太平天国》第三册，第10页。

② 《中国近代史资料丛刊·太平天国》第三册，第172页。

③ 《中国近代史资料丛刊·太平天国》第四册，第638页。

④ 这方面的材料既多又长，为节省篇幅计，此处不引。可参见《中国近代史资料丛刊·太平天国》第二册，第173-177页；《太平天国史料专辑》，第63页。

定，惟额扎绸巾，腰不系带，足履花鞋，相见一跪，对食辄相箕踞而已。”[①]《避难纪略》说：“贼之衣服亦无定式。”[②]《苏台麋鹿记》说：“贼之服色，毫无定制，大略惟盘辫、裹头、短衣、散裤腿为一律，以五色绸绉条挂裤腰以矜华美。”[③] 从这些材料可以看出，即使在太平天国后期，太平军在服饰方面也依然没有“定式”或“定制”，只是在长期的实际生活中形成了某些共同的风格，如前面提到的裹头、扎巾、短衣、花鞋之类。促使这些服饰风格形成的，不外乎以下三个因素：一是作为与旧王朝相对立的农民武装队伍的政治标志的象征，二是劳动群众传统生活方式的影响，三是适应行军打仗的战斗需要。罗尔纲先生在谈到太平军每每把地主士绅的长袍截为短袄穿着的历史现象时指出：“长衫与短衫只是衣服的两种样式，本身并没有阶级性，但是，在当时中国封建社会里，长衫是地主阶级的服装，而短衫却是农民及其他劳动者的服装。”太平军改长衫为短衣，“这是一种有意识的行动，其中含有浓厚的阶级意识”[④]。这确是颇有见地的看法。

对于太平军的服饰，当时的人们完全随着自己不同的政治态度而给予了迥然不同的美学评价。对太平天国抱着深切同情并亲身参加了这个运动的呤唎，竭力称赞太平军的服装“使他们有一种特别华美的神采”，“真是威武非凡”，“简直使人不能想象还有比这更华丽、更耀目的服装了”[⑤]。而被英国公使包令派到天京去的麦华陀则认为，“反叛者的衣着有些特别”，帽子“极像小丑

---

① 《太平天国史资料丛编简辑》第六册，第 462 页。

② 《太平天国史资料专辑》，第 63 页。

③ 《中国近代史资料丛刊·太平天国》第五册，第 279 页。

④ 《论太平天国的壁画》，见《太平天国史迹调查集》，第 146 页。

⑤ 呤唎：《太平天国革命亲历记》上册，第 52-53 页。

帽”；穿着“绚丽夺目的颜色”的衣服的太平军，“具有令人眼花缭乱的外观”，使人觉得“模样邋遢、粗野，乍一看很可怕”①。一个与太平天国有着杀父之仇的地主文人，一见到“头上系黄绉纱，订帽花一朵，身上穿棉褂、棉马褂，脚上着花鞋子”的太平军，就觉得“甚为可恨”②。也有的人嘲笑“赭衣花履，窄袖宽裆”的太平军服装“有如囚样”③。那么，被一些人誉为华美绝伦而被另一些人诋为丑陋无比的太平军服饰，对太平天国统治区的普通群众产生了些什么影响呢？生活在新政权下的人们在服饰装束方面与生活在旧政权下的时候有些什么变化呢？

大家知道，太平天国运动曾得到了相当一部分贫苦农民和其他下层群众的欢迎与支持。对于一些积极拥护太平天国运动的人来说，太平军的一举一动、一言一行，都具有一种新奇的、诱人的魅力。在这种情况下，仿效太平军的服饰装束，不免会在某些人中成为时尚。《自怡日记》记载，太平军在常熟“开市颇盛，牌署天朝，掌柜者俱土人，亦辫红履朱，诩诩自得”。又说：“无耻土奸，往往更换贼衣，借凌乡懦，见之可憎。”④ 如果透过因出于阶级偏见而使用的诬蔑性语言，我们就可以看到当时确实存在着某些人以效法太平军装束为荣的心理。这种情况在其他材料中也有反映，如《避难纪略》中就谈到有的乡官“穿着衣服与贼无异”，由乡官组织的群众武装“穿亦与贼同，不知者每认为城中之贼”⑤。《花溪日记》甚至说，海宁通元镇“镇人尽小帽无结，

① 《太平天国史译丛》第一辑，第 35 页。

② 《太平天国史料专辑》，第 429 页。

③ 《太平天国史料丛编简辑》第四册，第 391 页。

④ 同上。

⑤ 《太平天国史料专辑》，第 72 页。

发系红绳"[①]，太平军的服饰简直有风靡全镇之势了。

不过绝不应该夸大这种现象的普遍程度。实际上，大部分群众多半是用好奇的，有时甚至带点冷漠的神情看着太平军的服饰，而自己则依然穿着传统式样的衣衫。这种情况在多大程度上反映太平天国与群众的关系，自然可以讨论，但显然与这个政权在某些政策和措施上的错失而造成同群众的隔阂、疏远不无关系。

从正式的官方文书上看，太平天国对群众服装只有极简单的规定。这主要见于1861年新镌的《钦定士阶条例》。这个文件除详细设计了秀士、俊士、杰士、约士、达士、国士、武士、榜眼、探花、状元等的衣帽袍靴式样外，还规定："拟民间居常所戴之帽皆用乌布纂帽，其富厚殷实之人，则细缎绉纱，任由自便，但不得用别样颜色，致与有官爵者相混。""拟民间喜事所戴之帽形如圆月，内用硬胎，或加红额壹个；所穿之袍青、蓝、乌色为准。"[②] 但在有些地区，某些地方政权较之这个规定走得要更远一些，曾有以行政命令"使民间效其服饰"[③] 的做法。这种做法的社会效果究竟如何呢？

从盛泽发生的一次易服风波的典型事例来看，这种强行"整顿服饰"的措施很难行得通。沈梓的《避寇日记》在1861年3月7日记："（同治元年）正月十二日，余在盛泽闻长毛欲改服饰，男子皆红扎巾，不许戴毡帽，女子不许着裙子。黎里已出告示，凡道里间戴毡帽则除之，拖辫发者则割之，女子曳裙子则扯

① 《中国近代史资料丛刊·太平天国》第六册，第677页。
② 《太平天国印书》（下），第754页。
③ 《中国近代史资料丛刊·太平天国》第四册，第593页。

之，故盛泽亦将复然。余初不信，后晤岳蓉郇，知望边果有伪文移至盛泽整顿服饰。”后来，盛泽的太平军果然“纷纷除人毡帽”。此事受到了枪船头子孙少湘的反对。孙少湘扬言：“人谁无妻孥？人谁无头足？而官绅当为百姓先，今官绅未尝尽易其服，而欲令百姓从之，不亦难乎？男子无帽，何以御寒？女子无裙，何以蔽身？此固无须易者。今盛泽绅士及军师帅若必欲易之，则请各绅士及军师帅之妻女去裙曳裤，敲锣迎于镇，令百姓见之，俾知所向，夫然而有不遵此制者，我孙少湘受其咎；若其不能，则我当先打各绅士及军师帅之家，而后及长毛。”结果，不仅盛泽地区，连邻近的“新塍、濮院等处”也“遂无易服饰之议”[①]。当然，这里的情况较为复杂，因为带头阻止太平军“整顿服饰”的，是枪船势力，而枪船是一支在太平天国与清朝两个政权之间鼠首两端、在实际活动中则专门残害人民的反动武装。但问题不在枪船头子孙少湘个人，而在于他的这一段话，尽管其语气带着与人物身份相符的流氓腔调，内容却在很大程度上是符合群众心理的。因此，当这一带地区停止“易服饰”后，群众显然是大大地松了一口气。

像盛泽地区这样大张旗鼓地“整顿服饰”的，似乎并不多见，但禁止男子戴帽和妇女穿裙，则相当普遍。蓼村遁客的《虎窟纪略》，是记苏州情形的，就提到太平军禁“民间戴帽”[②]。《柳兆薰日记》记吴江情形，说“去帽之令甚严”[③]。李光霁《劫余杂识》记浙江乌程情况，说太平军“不准戴小帽，只准戴半西瓜式

① 《太平天国史料丛编简辑》第四册，第134-135页。

② 《太平天国史料专辑》，第40页。

③ 同上书，第233页。

毡帽御寒，违者究罚”[①]。张宿煌《备志纪年》记江西湖口情形，也提到“不许戴毡帽”[②] 的事。而《山曲寄人题壁》则有“贼人不准穿裙，途间相遇者，尽行扯去”[③] 之说。所谓“女子去裙男去帽”[④]，确实是太平天国政权变易群众服饰的重要内容。但从实施情况来看，这些命令在很大程度上是“下而不行”[⑤]，或者执行了一段时间即因难以贯彻而“寝而不究”[⑥]。

如果说在一般群众服饰方面，太平天国基本上采取比较灵活的态度，那么，在下面两件事上，则态度十分鲜明而坚决。一件是严格禁止穿着清朝的正式官服；另一件是要求群众蓄发，严禁剃头。因为这两件事，是直接关系到在政治上站在哪个政权一边的原则问题。

太平天国曾经在自己的正式文告中多次谈到这两件事的政治意义。以杨秀清和萧朝贵的名义发布的《奉天讨胡檄》中写道：“夫中国有中国之形象，今满洲悉令削发，拖一长尾于后，是使中国之人变为禽兽也。中国有中国之衣冠，今满洲另置顶戴，胡衣猴冠，坏先代之服冕，是使中国之人忘其根本也。”[⑦] 类似的意思曾在其他文件中反复申述。在向群众“讲道理”时，也常常要大谈“不许剃头，留须蓄发，复中原古制等说”[⑧]。在这些充满着反满气息的言辞里，包含着明确的反抗现存统治秩序的内

① 《中国近代史资料丛刊·太平天国》第五册，第 321 页。

② 《近代史资料》，总 34 号，第 190 页。

③ 《太平天国史料丛编简辑》第六册，第 386 页。

④ 马寿龄：《金陵癸甲新乐府·易服色》，见《中国近代史资料丛刊·太平天国》第四册，第 737 页。

⑤ 《太平天国史料专辑》，第 238 页。

⑥ 柯超：《辛壬琐记》，见《太平天国资料》，第 191 页。

⑦ 《太平天国印书》（上），第 109 页。

⑧ 《太平天国史料丛编简辑》第四册，第 72 页。

容。因为正如呤唎所说，剃头蓄辫和翎顶衣冠，确实是占据了封建王朝最高统治地位的满洲贵族强加于汉族及其他各族人民的一种“奴隶标记”。[①] 也正如《太平天国初期纪事》的两位法国作者所说，“剪去辫子”和“脱去满洲服装”这两件事，看起来虽然简单，“其实十分严重，因为这样便犯了大逆不道的罪，这样做非有极大的勇气不可。事实上，剪去辫子等于拔刀出鞘”[②]。

因此，太平军兵锋所到之处，凡见有清王朝的朝衣朝冠，必竭力加以破坏，而对藏有这类对象的主人，则通常要严加惩责。“贼以官为妖，见朝衣、朝冠、补褂、翎顶之类，以为妖器，人家有此服物，则蹂躏益甚。”[③] “其詈本土绅士为妖，凡诰命、旗匾尽行拆毁，靴冠、袍套斥为妖装，搜得科罚。”[④] 即使并非官服，只是秀才、举人等由清政府给予功名者的法定衣冠，也一概在禁止服用之列。《柳兆薰日记》就谈到，当作者去太平军占领的梨川镇时，发现“街上衣冠不能着矣”[⑤]。《自怡日记》也说，同治元年过年时，“贺岁多不衣冠，恐招贼怪也”[⑥]。这一点大概颇引起了那些衣冠士绅的伤心，柳兆薰有一天在晾晒被太平军禁止服用的冠裳时，就无限感慨地说：“未识衣冠可重振否也？思之闷极。”[⑦] 如果我们联想到在封建时代通常将“簪缨”“衣冠”之类冠于“望族”之前作为具有显赫身份的表征，那我们对生活在太平天国统治区的地主士绅那种饱含着愤懑和无可奈何心情的

① 参见呤唎：《太平天国革命亲历记》上册，第 49 页；下册，第 551 页。
② 《太平天国初期纪事》，第 34 页。
③ 《中国近代史资料丛刊·太平天国》第五册，第 279 页。
④ 《太平天国史料丛编简辑》第四册，第 354 页。
⑤ 《太平天国史料专辑》，第 165 页。
⑥ 《太平天国史料丛编简辑》第四册，第 425 页。
⑦ 《太平天国史料专辑》，第 237 页。

叹息也就可以理解了。

至于蓄发之令和剃头之禁，更是实行得雷厉风行。由于这方面的材料俯拾皆是，我们这里可以略而不引。只稍指出，命令群众蓄发，大抵是太平军占领一个地方以后所发布的头一道公告和头一个政治行动。对于拒绝蓄发者，往往处以极严厉的惩罚，或杀[①]，或杖[②]，或科钱[③]，或割辫示众[④]，或锁禁[⑤]，或关押[⑥]，或吊打[⑦]，总之是毫不宽贷。频繁出现的严刑峻法，一方面反映出太平天国对实行这一方针的重视和坚决，另一方面也透露出一个信息，表明抗拒这一措施的也不乏其人。其中一部分当然是出于地主阶级的政治对立，但也有相当一些人只是出于封建正统观念的作祟。

这里应该提一下关于"剃头凭"的事。蓄发既然是归顺太平天国的标志，自然也就是反叛清朝的记号。这么一来，来往于太平天国统治区和清王朝统治区的商人，就大感不便。太平天国政权为了保护和鼓励商业发展，普遍实行发放"剃头凭"的办法。《避寇日记》云："土人不得剃发，而商贾中有往上海、通州、海门去者，不能不剃。至从上海、通州、海门归者，短发又不便，因有向贼中说明缘故，而取伪凭为据者，曰剃头凭。"[⑧] 在一封私人信件中也提到："尤奇者，人有剃头凭。以过江贸易为词，

---

① 参见《中国近代史资料丛刊・太平天国》第六册，第 783 页。
② 参见《太平天国史料专辑》，第 32 页。
③ 参见《太平天国史料丛编简辑》第四册，第 496 页。
④ 参见上书，第 498 页。
⑤ 参见《中国近代史资料丛刊・太平天国》第五册，第 318 页。
⑥ 参见《太平天国史料丛编简辑》第四册，第 501 页。
⑦ 参见《近代史资料》，1963（1），第 111 页。
⑧《太平天国史料专辑》，第 65 页。

钱之多寡在日期之远近。”[①] 这种发放“剃头凭”的办法，并不是一种权宜之计或偶然发生的个别现象，而是在太平天国地方政权的正式文告中公开宣布的一贯方针，如海宁的太平军驻军长官就“谕百姓剃头过江贸易，每给剃头凭，须费仅廿六文，剃者甚众”[②]。秀水的太平军首领也出示：“其出外经营者，准其剃头。”[③] 这种政策，对于太平天国的商业发展显然起了积极的作用。

既然蓄发与否是对太平天国政权是否拥护的一种表示，群众对这个问题的态度，自然与对这个政权的态度基本相一致。前面我们提到，有一部分人对蓄发持保留的甚至抗拒的态度，这一点我们不用讳言。但这一部分人毕竟不是群众中的多数。群众的大多数似乎比较容易地接受了蓄发的命令，至少并不如那些地主一样把这看作什么奇耻大辱。洪仁玕在《英杰归真》中有一段话是专门反驳那些反蓄发舆论的，其中举出反对蓄发的一个最主要理由不过是长发不易栉洗，会引起“头皮起痒”[④]。这种出奇温和的反对理由，反而表明对大多数人来说，蓄发的政治必要性已是不言而喻、理所当然的了。据呤唎说，他在苏州附近的平望逗留时，为了“尽可能地去观察太平天国和太平军，我常去访问附近的村庄，以调查村民对太平天国的统治有什么感想。我很高兴见到他们在各方面都十分满意；尤其使我感动的是他们都乐于留发，这是太平和自由的标记”。呤唎还谈到，当他船上留了长发的水手要离开太平天国统治区而回到上海去时，他们“坚决不肯

---

① 《近代史资料》，1955（3），第84页。

② 《太平天国史料丛编简辑》第四册，第245页。

③ 同上书，第73页。

④ 《太平天国印书》（下），第768页。

剃头"，一个年轻小伙子甚至"在理发师动手剃头的时候，像孩子似地哭了起来"①。我们认为呤唎的这段叙述并不过分，基本上是符合实际的，因为我们可以从一些反面材料中得到印证。1854年十月，曾国藩在一个奏折中曾经说："小民劫于凶威，蓄发纳贡，习为固然，虽经谕令剃发，狐疑观望，设官军稍有败衄，则四面皆贼。"在反革命武装的胁迫下"谕令剃发"，群众尚且"狐疑观望"，可见对于大多数群众来说，蓄发确乎是自愿的，至少是"习为固然"的行动。

婚丧礼仪

封建统治阶级历来把礼仪看作维系封建政治关系和伦理关系的重要手段。一切反抗传统封建秩序的斗争也不可避免地要涉及对封建礼仪的冲击。太平天国运动亦莫能外。《贼情汇纂》说："逆贼无参拜揖让之礼，凡打躬叩首皆呼为妖礼。虽贼礼拜天父，群下朝洪逆，亦止长跪，其余伪官互见平行，并无礼节。""贼知粗鄙人绳以礼法，则手足无措，故简略之，使其易知易从耳。"②《鳅闻日记》说：太平军"亦有庆吊之礼，与常人全异。上下主从，不分贵贱，共牢而食，亦无坐位，男女淆乱，不忌内外，自相称呼，俱是兄弟"③。这些被封建地主阶级讥为"不成体统""不成规模气概"的东西，多少反映了劳动群众中自发的民主倾

① 呤唎：《太平天国革命亲历记》上册，第297页。

② 《中国近代史资料丛刊·太平天国》第三册，第171页。

③ 《近代史资料》，1963（1），第103页。

向，反映了革命农民对维护等级关系的封建礼仪的部分否定。可惜的是，随着太平天国领导集团日益受封建主义的侵蚀，在礼仪方面的民主倾向也愈来愈减弱和淡薄了。

由于本文是从社会风习的角度来观察问题，因此这里主要想选择社会性、群众性比较突出的婚礼和葬礼来做一点讨论，也就是具体考察一下被称为“与常人全异”的“庆吊之礼”，在太平天国统治区究竟是一个什么样子。

太平天国曾经比较明确地表示要在婚丧礼仪方面革除清朝“妖礼”的意图。《天朝田亩制度》在讲到“民人”的“婚娶吉喜等事”时，强调要将“一切旧时歪例尽除”①。《天条书》在讲到丧葬问题时，也说应该把“一切旧时坏规矩尽除”②。如果按照呤唎的叙述，上述意图似乎已经在很大程度上被付诸实施了，因为他有过这样的描写：“各种异教俗礼全被废弃。男女从未谋面即行结婚的旧俗，选择吉日的迷信，以及致送聘金等等全被革除净尽。唯有新娘将下垂的长发挽起成髻，以及新郎于夜间率乐队、灯笼、轿子和骑着马的友人（首领结婚则尚有旗帜、仪仗等）至女家迎娶这两件事仍旧保持着昔日的风俗。”“一切佛教的丧礼和一般中国人的祭祀的旧俗全都被严加禁止。”③

历史的真相却既没有这样简单，也没有这样纯净。

先说婚礼。我们确实在一些材料中看到，在太平天国统治下，民间嫁娶时有不少“草草成礼”的现象。不具聘礼，不宴宾客，不用鼓乐，只是举行一个极其简单的“合卺”之礼，结婚仪

---

① 《太平天国印书》（上），第410页。

② 同上书，第152页。

③ 呤唎：《太平天国革命亲历记》上册，第253页。

式就算完成了。例如,《柳兆薰日记》在谈到自己的侄儿结婚情形时说:“应祉侄草草合卺成礼,无一贺客。……诸事草草,不开门,不宴客,时势使然,不能不尔也,言之可叹。”① 沈梓的《避寇日记》写他的五妹出嫁的情况:“先是六月中菊裳有信来,云五妹许字陈莼溪久,此刻乱世,宜草草出阁。……因致信菊裳,嘱陈姓以小船来娶以去,不必举动也。……屋主人闻之,谓妹将就彼家出嫁,又欲索钱,乡人并不许停船在河埠云。余泣谓主人曰:余妹虽闺女,然此刻逃难,非出嫁也。汝见婿家并未具一聘礼,余亦并不制一嫁衣,视寻常丫环出嫁且相悬绝,况余尚将载妹至家取零物,然后下船至双,何尝就你家出嫁也,何索钱为?乡人乃解。”② 王永年的《紫蘋馆诗钞》谈到作者在南京于太平军占领后第四天“迎娶涂氏”一事时说:“凡彩舆、鼓吹、执事之类皆无之,惟短烛一对交拜而已。”③ 李光霁《劫余杂识》记南浔一带情形说:“民间婚嫁皆于夜深人定后闭门行礼,恐偶服礼服为贼见而劫持也。”④ 类似的记载还可以举出一些。

是不是据此可以认为,太平天国有效地在群众中进行了婚礼改革,摒弃了传统的那一套烦琐、迷信、铺张的迎亲礼仪,使《天朝田亩制度》中规定婚礼要“用之有节”的精神真正得到贯彻了呢?不能这么说。一般来说,上面那些事实,大抵是在局势动乱的情况下出现的。有的是太平军刚刚占领,军事行动尚未停止;有的是清军和太平军拉锯地区,战事时有发生;有的是事主只身逃难在乡间,举目无亲。所以,举办婚事之家时常有“此刻

① 《太平天国史料专辑》,第 144-145 页。
② 《太平天国史料丛编简辑》第四册,第 43 页。
③ 《太平天国史料丛编简辑》第六册,第 395 页。
④ 《中国近代史资料丛刊·太平天国》第五册,第 321 页。

乱世”“时势使然，不能不尔”一类的感叹。只要太平天国的统治相对稳定，群众暂时摆脱了兵革之忧、离乱之苦，他们在举办婚事的时候，就又立即恢复了旧观。

也是《柳兆薰日记》，在前述他侄子结婚一年之后，于1861年11月25日记载了他参加一个朋友的儿子的婚礼，情形就完全不同了：“至则宾客满堂，主人引至新宅内坐席。下午……宴饮共十席，桂岩同座，鼓吹盈耳，惜旧时衣冠不见，可叹。”[①] 请看，“宾客满堂”，“鼓吹盈耳”，其热闹场面同一年前作者侄儿结婚时“无一贺客”“不开门，不宴客”的冷清况味是何等鲜明的对比。一年时间，前后迥异，并不是太平天国关于婚礼的政策有了什么变化，只不过是政治局势已经日趋稳定而已。柳兆薰略感不足的是，“惜旧时衣冠不见”，这一点，我们在上一节中已经交代，是由于太平天国严格禁止穿着清朝冠服的结果。

类似这样排场十足、热闹非凡的婚礼，在太平天国统治区绝不是仅见的。龚又村在《自怡日记》中谈到1861年底他参加一个本家子侄辈的婚礼，说：“时同堂各房喜宴三日，坐客亦盛于往时，斗彩弄牌，借消永夕。”1862年12月4日，作者在日记中记载了参加另一个婚礼的情景：“胡芳梅（建业）长子（厚坤）完姻，予往贺。……宴于木屋，嘉肴旨酒，异味满筵，主人欲博下箸，不惜万钱也。”[②] 这两个材料，一方面说明在太平天国统治区，地主豪绅在经济上并没有遭到致命的打击，他们依然过着锦衣玉食、一掷万金的豪华生活；另一方面也说明，太平天国政权对婚礼方面并没有什么认真限制，婚礼的规模甚至“盛于往

① 《太平天国史料专辑》，第218页。
② 《太平天国史料丛编简辑》第四册，第471页。

时”。所谓“一切旧时歪例尽除”，在很大程度上不免成为一句空话。

或说，上面的材料并没有直接提到太平军对婚礼的态度。那么好，我们举一个太平军亲自观看民间婚礼的例子。《避寇日记》中说，1862 年 1 月 25 日，有一支太平军途经秀水濮院镇普家村，“是夜有村人合卺者，贼闻鼓乐声，问之，或以告。贼谓朱（按：指师帅朱老应）曰：可与我观乎？朱曰：可。新郎红包头、红马衣、黄马褂行合卺礼，令婚家具酒食二筵，一以饷贼首，一以饷贼首之妻属，贼喜甚”[①]。这个婚礼显然与传统的婚礼并没有什么两样，而新郎的吉服则明显地违背了上节所引《钦定士阶条例》的规定，然而太平军不仅丝毫未加干涉，反而颇为高兴地接受了喜宴的邀请。意味深长的是，日记作者并不以为太平军的这种做法有什么值得诧怪或违反常规之处，可见这正是太平天国政权的一贯态度。

其实，民间婚礼一仍旧贯，是一点也不奇怪的，因为太平军本身的婚礼，就是如此。《虎窟纪略》记苏州附近的木渎镇太平军头目娶妻，“鼓乐彩旗，略似民间”，唯一的区别是“不行合卺礼”[②]。所谓“略似民间”，自然是指略似民间的传统婚礼之意。《避寇日记》记 1863 年 3 月 27 日，“陡门卡上长毛娶亲，娶濮院蔡家浜熊姓女及庙桥许姓女，办酒席卅余桌，用鼓乐请大士地赞神歌”[③]。《鳅闻日记》谈常熟情形说：“自岁底到今（按：指自咸丰十年末至次年春），长毛婚娶民间甚多。每有乡官熟识人等做

---

① 《太平天国史料丛编简辑》第四册，第 115 页。

② 《太平天国史料专辑》，第 31 页。

③ 《太平天国史料丛编简辑》第四册，第 238 页。

媒，聘赀柯金丰厚，酬赠不吝。”① 这些材料证明，呤唎关于太平天国已经把请媒人、送聘金等“结婚的旧俗”全都“革除净尽”的说法，是并不符合事实的，至少并不符合天京以外广大地区的历史事实。

由于太平军处于掌权的地位，从某种意义上说，已经成了当地的“新贵”，所以一般说来，婚礼的规模排场，大抵要比民间阔绰铺张得多。王彝寿《越难志》曾记述绍兴太平军三次婚礼情形。一次是勋天福胡兴霖娶画士李某长女，“择日迎娶，鼓吹旗帜夹道路，贼兵皆披红簪花，歌呼踊跃”。一次是见天安姚克刚娶李某次女，“迎娶之盛，更胜于胡”。再一次是厭天安陆顺福娶某女，“迎娶之日，锦衣白马，旗帜夹道，鼓吹多至数十部，愚民或艳羡之”。据说办这次婚事一举即“费银三万余”②。《柳兆薰日记》谈到盛川太平军婚礼情形时说：“知局中喜事极阔，约二千号，在平时虽大绅矜不能如是也。”③《鳅闻日记》记常熟监军汪胜明娶妇时，“局中人合他处乡官潘竹斋等，各醵分。于姜振之宅，铺设新房，整备酒筵。鼓乐、花轿、喜嫔、灯彩、花爆，一应俱全，迎娶成亲。贺客赴筵并杂差帮喜。徐兆康为首，率领一班红布扎头之人，跪贺新贵，领取赏封。……各乡官俱派富户酌具银洋二三十元或十余两往送贺分”④。这位常熟的太平军地方官长竟借婚礼大醵“贺分”，而绍兴的太平军首领办一次婚礼就花去三万两银子，盛川的太平军首领婚宴邀请两千位客人，以至引起当地人们的“艳羡”，甚至像柳兆薰这样拥有三四

① 《近代史资料》，1963（1），第115页。

② 邹身城：《太平天国史事拾零》附录，第168页。

③ 《太平天国史料专辑》，第235页。

④ 《近代史资料》，1963（1），第96-97页。

千亩土地的大地主，也认为是在清朝封建政权统治下的“大绅矜”所望尘莫及的。如此说来，在有些地方，太平天国的婚礼较之传统封建婚礼，“歪例”不仅未除，反而颇有点“古已有之，于今为烈”的味道了。

比起婚礼来，太平天国对葬礼的改革要切实一些，也严格一些。

太平天国比较明确地提出在葬礼方面应该除去的“坏规矩”包括哪些内容，在有些场合，还对这样做的理由做了一定的说明。概括起来，主要有：(1)《天条书》重刻本：“升天是头顶好事，宜欢不宜哭。”(2)《天条书》初刻本：“丧事不可做南无，大殓、成服、还山俱用牲醴茶饭祭告皇上帝。”(3)《贼情汇纂》卷八：“所有升天之人，俱不准照凡情歪例，私用棺木，以锦被绸绉包埋便是。”(4)《备志纪年》：“父母死，禁不得招魂设醮。”事实上，洪秀全早在金田起义前就宣传反对“修斋建醮”，《原道救世歌》曰：“死生灾病皆天定，何故诬民妄造符？作福许妖兼送鬼，修斋建醮尚虚无。”(5)反对选墓地讲风水。洪仁玕在《葬墓说》中，力辟选墓地讲风水的习俗，指出：“盖孝子仁人之掩其亲，不忍暴露污秽，有辱己辱亲之念，别无求富求贵之意也。”《钦定军次实录》：“更可怪者，为人之子，以在生父母视为可有可无之亲，而死后骨骸视为求富求贵之具。”认为这些都是极不可取的“妄念”。以上这些内容，大致构成了太平天国的葬礼观。这种观念的形成，有的是从拜上帝教的宗教信条演化而来，有的是适应战争环境的需要，也有的则确实具有反对旧的世俗心理或封建迷信的含义。

在这些内容中间，太平天国最为注重也是群众反应最为强烈的，要算是禁止棺葬一事了。太平天国曾反复出示，人死不准用棺。“贼以人死用棺为犯天条，禁之严。”[①] “贼出伪示，死不用棺，用则为妖；香火不设，设则为邪。”[②] 对于这条规定，太平天国的有些领导人是身体力行的。洪秀全死后，就没有用棺椁，只是“以黄龙缎袱裹尸”[③]。赖汉英死，“亦不过用大红洋绉被裹葬而已”[④]。还有其他一些高级将领也是如此。对于一般“民人”，则常常用强制的办法禁止棺葬，“贼匪之令，凡死者无分贵贱，以被裹尸而葬，不用棺木。故当破城后，见民家预备寿材棺板，概行打碎，或作柴薪，或作筑台、筑土城之用，无少留者”[⑤]。佚名《粤逆纪略》也说太平军曾“将南京各处空棺劈烧殆尽”[⑥]。更加厉害一点的是，甚至对已入殓的尸体，还要“撬棺戮尸”“劈棺戮尸”。如《自怡日记》就谈到，太平军在常熟，将张荫槐家“新停三柩被劈戮尸”，将“死未终七”的丁凤池“撬棺戮尸”的事。[⑦] 所以当时颇有一些文人写了以此为吟咏题材的诗作，如林大椿的《粤寇纪事诗》中，有《发停棺》一首：“贼来劈棺如儿戏，众棺齐开见残骴。……可怜白骨刀下劈，阴云惨淡阴风悲。有罪无罪谁得知，生保首领死戮尸。”[⑧] 马寿龄《金陵癸甲新乐府》有《庆升平》一首：“煌煌诰谕满城郭，无用衣衾与棺椁。灵魂既登极乐界，皮囊无碍填沟壑。”[⑨]

---

① 《太平天国资料汇编》第二册上，第 89 页。
② 《太平天国资料汇编》第一册，第 316 页。
③ 同上书，第 327 页。
④ 《太平天国史料丛编简辑》第五册，第 79 页。
⑤ 同上。
⑥ 《太平天国史料丛编简辑》第二册，第 50 页。
⑦ 参见《太平天国史料丛编简辑》第四册，第 351、380 页。
⑧ 《太平天国史料丛编简辑》第六册，第 455 页。
⑨ 《中国近代史资料丛刊·太平天国》第四册，第 740 页。

太平天国为什么要如此雷厉风行地禁止棺葬呢？在太平天国的文书中，我们没有看到直接的解释。由于这一措施与民间传统积习大相径庭，所以当时的人们便极自然地以“邪教”教规目之。但如果仔细加以考察，就可以发现，用拜上帝教的宗教观念去解释是说不通的。因为在专门叙述太平天国宗教仪式和戒条的《天条书》中，初刻本在谈到丧事时曾有这样的文字：“临盖棺、成服、还山、下柩时，大声唱曰：奉上主皇上帝命，奉救世主耶稣命，奉天王大道君王全命，百无禁忌，怪魔遁藏，万事胜意，大吉大昌。”[1] 这里提到“盖棺”“下柩”，证明在太平天国初期，按照拜上帝教的仪式，是允许棺葬的。这一段话，在定都天京后重刻的《天条书》里被删掉了。因此，我们可以推测：禁止棺葬并非拜上帝教宗教观念所固有的内容，而是在金田起义到定都天京这一段千里转战的过程中逐渐形成的。其主要原因恐怕是因为战争中人员的大量死亡，不允许按照民间一般习俗实行棺葬，由此而提出了棺葬是“妖礼”的说法。而一经形成之后，太平天国的将士们便带着宗教的虔诚态度去实力奉行，这倒是一个合乎逻辑的事实。

但是，要一个多世纪以前的人们接受人死不用棺木这样一种思想和做法，实在是太困难了。我们读太平天国时期的某些日记笔札，当作者悼念自己在战乱中亡故的亲友时，感到最悲痛的往往并不是死亡本身，而是没有能给死者一口像样的棺木。龚又村谈到自缢而死的长女时说：“死无棺殓，葬无冢埋，予愧慈父矣，尚忍言哉！”[2] 沧浪钓徒在说到自己母亲弥留情形时说：“被难

---

① 《太平天国印书》（上），第30页。

② 《太平天国史料丛编简辑》第四册，第375页。

日，寿木为贼掠去，遂决计出城，至常熟界，问：有棺木乎？或曰：有。乃喜，而谓子妇曰：吾可以终于此矣。”① 把棺木看得似乎比生命还重要，今天看来未免有点令人难以索解，但在当时却确确实实是颇为典型的一种社会观念。

这样，我们自然可以想象得出，太平天国统治区的群众必定会千方百计地抗拒关于不准棺葬的禁令，而任何一种只凭一时的强制力量，既没有充分的宣传教育，又缺乏具体措施使之持之以恒的禁令，总不免要在习惯势力的面前退却和瓦解。

我们看到，在太平天国后期，群众依旧相当普遍地实行着棺葬，葬礼大抵还是传统式样。下面我们举出几个有关的例子：

1860 年 10 月 2 日，沈梓之姊死，“自朝至日中，寻亲故，购棺木衣物不可得，盖是时死人多，棺木居奇者价昂数倍”。“午后，始定买邻媪寿椋。”②

过了半个月，沈梓的妻子也相继死去，“是时吾镇（按：指秀水县濮院镇，这时这一带正流行瘟疫）死者日必四五十人，棺木贵不可言，尚以得购棺木为幸”③。

1861 年 1 月 6 日，柳兆薰参加一个朋友的丧礼，“虽因时事艰难，一应减省，然杂乱无章，未免俭不中礼，惟棺木生江处办，廿一洋一千，尚属楚楚”④。

1861 年 11 月 28 日，柳兆薰参加姻伯杨斗翁葬仪，“至则吊客纷来，衣冠济济，乱后甚难见之象。午前送殓，升炮排场，如

① 《太平天国史料丛编简辑》第二册，第 154 页。

② 《避寇日记》。

③ 同上。

④ 《柳兆薰日记》。

此丧礼，均斗翁忠厚之报也”[①]。

1862年10月29日，龚又村参加从妹的殡礼，“时僧道同坛，偕诗友高勿斋、刘怡然等听笙歌，品肴馔，继以斗牌”[②]。

1863年3月27日，一位不知姓名的作者叙述他为儿子举行葬礼的情形说：“余买棺成殓，晚夜回丧，棺停小石桥新阡。”[③]

从这些材料可以看出，尽管不同人家的葬礼，由于各种条件的制约，有的俭省，有的排场，但对于棺葬则绝不马虎，必千方百计“买棺成殓”而后已。在另外一些材料中，还提到葬礼时“用羽士”“送阴阳”“放焰口”等细节，仪式也有殓尸、成服、还山、举殡、停柩、出殡等颇为复杂的过程。在这里，我们重又遇到这样一种现象：太平天国政权发布的某些改革社会习俗的禁令，常常受到群众中千百年习惯势力的无声抗拒，而在实际生活面前显得无能为力。

太平天国政权面临着这样一个困难的抉择：如果坚持禁令，就将同广大群众（绝不只是封建地主阶级）处于尖锐对立的地位；如果要避免这样的对立，就只能收起或者放松这类禁令。看来，太平天国政权基本上采取了后一种态度。

我们不仅在材料中发现，太平天国后期对棺葬并不如初占天京时那样严厉禁止，甚至对公开出售棺木的人也不加干涉。更有甚者，有一些材料表明，有的地方政权对因饥疫而死的难民，还代买棺木加以葬殓。如《避寇日记》1862年1月24日载：“在仲宅遇保郫人云，自十月、十一月中，临平、长安等处人逃在屠甸

① 《柳兆薰日记》。

② 《自怡日记》。

③ 《庚申避难日记》。

寺，寄居乡镇庙宇及卑田院者饥寒交迫，死者数千人，屠镇局中为买松板作棺木殓之。”[①]《庚申避难日记》提到，一个叫黄德芳的乡官（旅帅）因故自杀身死，“禀福山余大人赏结（给）买棺钱贰十千文”[②]。可见，到了太平天国后期，一些地方政权负责人，在观念上不但不把棺葬看作有违太平天国政策之事，反而认为是理所应当的了。了解了这个背景，我们对于李秀成在自述中讲到他曾为清朝的江南提督张国梁、浙江巡抚王有龄、杭州将军瑞昌、乍浦副都统杰纯等“寻其尸首，用棺收埋”的事，就不至于简单地看作向曾国藩表功讨好的举动了。[③] 事实上，李秀成不但用棺木埋葬了这些清朝文武大员，还曾在攻克杭州时对“在城饿死者发薄板棺木万有余个，费去棺木钱财贰万余千”[④]。李秀成这样大规模地发放棺木，背离了太平天国的政策原则，却在很大程度上赢得了人心。

过节度岁

在社会生活中，几个传统的节日一向为人们所重视。最重要的自然要推新旧岁交替的年节，即俗称的“过年”了，稍次是清明节和中秋节；至于端午、立夏、冬至等小节，民间稍有一些活动，但大抵已不是那么隆重。用什么方式度过那些重要的节日，构成了社会风习的一个不可忽视的方面。

---

① 《太平天国史料丛编简辑》第四册，第 114 页。

② 同上书，第 523 页。

③ 参见罗尔纲：《李秀成自述原稿注》，第 207、249、250 页。

④ 同上书，第 263 页。

在太平天国统治区，人们是怎样度过这些节日的呢？

太平天国统治区总体说来是处于战乱的环境中，因此人们过节度岁的气氛，较之所谓“承平”时期，要冷清得多。拿过年来说，在不少地区都缺乏通常具有的那种欢乐热闹的情景。以咸丰十一年的新年为例，这个新年，在江浙的大部分地区，是太平天国占领后所过的头一个年节，我们看到了这样一些记载：

浙江秀水：“余镇俗例于（岁末腊月）廿三、廿四作醉司命之举，爆竹声比户相同。是时里井无炊烟，风景凄然，惟予家独举炊耳。”“（元月）初一日，天晴明，老母命往圆觉庵、白雀寺、观音菩萨祠及众安桥施公祠烧香，年年游人纷沓、士女咸集之香海寺，至此则寥落无人。”①

江苏苏州：“是年不拜贺，不宴客，民间不换衣冠，不贴春联，无一新年景象。”②

江苏无锡：“年节窘迫殊甚。除夕，买肉半斤、鱼两条以泣祭先祖。凄凉之况，殆不能堪也。”③

江苏常熟：“正月朔，各庙香烟减，因神佛像非毁坏，即搬去。衣冠肃肃拜贺新春者概免。”④

这种情况，不仅头一个年节如此，后来不少地区也还是这样。例如，《花溪日记》记浙江海宁同治元年过年时，“罢贺新年，无闻一爆竹声”⑤。次年，“又罢贺新春”⑥。《辛壬寇记》记浙江温岭同治元年过年时，“除夕大雪，各铺户俱闭，人家门亦

---

① 沈梓：《避寇日记》。

② 蓼村遁客：《虎窟纪略》。

③ 张乃修：《如梦录》。

④ 柯悟迟：《漏网喁鱼集》。

⑤ 《中国近代史资料丛刊·太平天国》第六册，第699页。

⑥ 同上书，第709页。

不启，四街人迹萧条甚矣。乃令两男炽炭于炉，扫雪烹茶，以消严寒”。“壬戌正月元旦，雪霁，立门外移时，不见一人，人家俱未换桃符，庆吊亦不相往来矣。”①

在旧社会，对于不同阶级的人们，过年具有完全不同的意义，对于富人、剥削者是欢乐的节日，而对那些被剥削、被奴役的贫苦农民，则是难过的年关。上面所引的材料，多半出自地主阶级之手，由此我们不免会产生这样的问题：是不是由于太平天国实行了政治上和经济上打击地主阶级的政策，这些地主分子不再能像往昔那样过欢乐富裕的生活，因此在他们的笔下，把年景描写得如此冷冷清清，凄凄戚戚，不过是发泄对旧日的留恋和对今日的不满呢？

我们不能排除有这样的因素在内。但有一点可以肯定，那就是在太平天国统治区，绝不曾形成一种与清朝统治时完全颠倒的局面：过年，对于穷人已经成为欢乐的节日，只有富人才感到“风景凄然”。

为什么这样说呢？

首先，上面所引的材料，其中提到的不拜贺、不宴客、不换衣冠、不贴春联、不换桃符、不闻爆竹声等，并不仅仅是讲作者本人的情况，而是一种一般性的概括描写。其中的许多活动，并不是地主阶级所独有，在广大群众中也是通行的。因此，所谓没有“新年景象”，也就在一定程度上具有普遍的社会意义。

其次，我们的观察如果深入一步，就会发现，地主富绅们在过年的时候，虽然要略逊于往昔，但仍然要比一般老百姓阔气和热闹得多。

① 《近代史资料》，1963（1），第203页。

我们可以解剖两个典型。

一个是常熟的小地主龚又村。他在《自怡日记》中讲到同治元年度岁的情形时，有两段总的描写，表明从整个社会上来看，过年是大不如往日的："念自贼据吾吴，十家九破，往年家家画米囤，贴门神，拜年贺寿，一例删除。但见野田鸦噪，雪屋雀巢。""唯新正神祠佛宇荒废者多，纸镪价昂，人不滥用，烧香者寥寥，虽有奉三元斋者而卷不悬灯，拜年者亦不恒遇。声稀爆竹，帖少宜春，迥非昔年光景。"但是，在叙述到他本人过年的活动时，则依旧是一派欢庆景象。从元月初一到十五日，他几乎无日不往各至亲好友家贺岁宴饮。在这半个月里，他或者"斗牌掷采""拇战尽欢"，或者"呼卢喝雉，终日畅怀"，或者"围炉暖酒""衔杯畅叙"，或者"飞字八巡，劝酬无算"。在他所参与的宴筵上，旨酒佳肴，水陆杂陈，备极丰洁。日记中充斥了这样的句子："品金波酒剧佳"，"鸡豚鸭卵俱出糟床，他如熏鱼等味并是仙品"，"家鸡海错，鲁脍豚蹄均可口"，"肴馔鼎烹"，"醴甘肴洁，余味在齿颊间"，"肴精酒洌"，等等。由于应酬忙不过来，他在日记中竟发出了"殊觉食多口寡"的叹息。① 如果联系到同一日记在稍后一段时间谈到普通农民生活的一则记载，说是"见天久不雨，例破黄梅，农民望天益甚，致米珠粟玉，度日大难"②，我们就可以想象到，当时地主的生活，同农民的相比，仍然存在着天壤之别。

另一个是前面提到的有地三四千亩的吴江大地主柳兆薰。他在日记中连续记了太平军占领前后所过的四个年节的情况。太平

① 参见《太平天国史料丛编简辑》第四册，第425–429页。

② 同上书，第446页。

军占领后的头一个年（咸丰十一年）和第二个年（同治元年）是在家乡过的；第三个年（同治二年）是逃到上海过的；第四个年（同治三年）时太平军已经失败，吴江重又沦入清朝政府之手。柳兆薰过这四个年节，情况并没有太大的变化。头两个年，作者在元旦首先照例要率子侄拜如来佛，到“东厨司命、家祠内叩谒”。然后拜先世神像，接着“行家人拜贺礼”。以后的几天，就是亲友间来往“贺岁”“吃年酒”，还要接灶神、财神，忙乱而热闹，充满了过节的气氛。虽然出门时由于太平天国的禁令而不敢穿着清朝衣冠，但在家中拜祖、拜神时，仍然是“衣冠肃肃”的。这一切，实在同重归清政权统治下的第四个年节，看不出什么太大的区别。倒是在上海过的第三个年，由于流离在外，虽然“比邻爆竹之声，锣鼓之喧，颇为热闹”，但作者本人时刻记挂着“家中今夜不堪闻问矣”，显得有一丝凄凉的意味。①

在太平天国统治区，过年的气氛之所以略显冷清，除了处于战乱环境这一个原因之外，还有一个政策性的原因，那就是太平天国政权严格推行天历，禁止群众按原来的旧历（太平天国把它称为“妖朝历”或“妖历”）过年度岁。据《避寇日记》记载，咸丰十一年岁末，盛泽的太平军就早早出示，要求镇人按天历过年，如违背这个命令而仍按旧历过年，就要“治罪”。腊月二十四是民间例行的“送灶日”，这一天“镇有送灶者被长毛拉去，谓仍用妖朝历”。大年三十晚上，“长毛巡行街道，欲觅民间请土地及祭祖者拉以去，镇人知之，乃闭门而祭”。有的被太平军发现，就于元旦“被锁敲锣迎四栅，令其自喊曰：‘有人过年者，

① 以上见《太平天国史料专辑》，第164、165、231、232、297、298、356页。

与我一体带械’”。[①]

这种情况，在其他地区也屡有发现，如《漏网喁鱼集》记常熟情形说：“除夕晴。明日是同治元年，毛贼预有示禁，以正月十二为元旦，各店铺不能闭户。及十二日，贼又不许开店，新年气象固无，账簿只开壬戌年，十二年又不能写矣。”[②]“除夕，家家兴味萧索，祀神祭先，常恐被贼知觉，幸未骚扰，只得且过今宵，又虚度一年岁月而已。”[③]《辛壬琐记》记慈溪情形说：“以今年（按：同治元年）正月十二日为元旦。先出伪示，晓谕民间：不准仍照旧历，不准缨帽拜祖。”[④]据《越难志》所说，同治元年过年时，杭州的太平军曾“下令民间”，一律按天历过年，甚至采取了“有不遵者族”的严厉措施。[⑤]其实，这种禁止按旧历度岁的政策早在刚刚定都天京时就已实行了。谢介鹤的《金陵癸甲纪事略》说，咸丰四年元旦，金陵城中女馆有人“着裙共相庆贺”，被发觉后“或杖或枷，目为妖”。牌尾馆中“间有庆贺，为贼所觉，亦多受杖”。因为按照天历，要到正月初七才是元旦。[⑥]可见，从定都天京开始，直至太平天国末期，要求群众按天历过年的规定大体未变。当新的习俗尚未养成，旧的习俗又处于不合法的情况下时，群众自然只能冷冷清清地度过年节了。

除了过年之外，群众比较重视的要数清明节了。这个节日之所以重要，主要是因为这是一个祭祖扫墓的日子。在宗族观念极

---

① 以上见《太平天国史料丛编简辑》第四册，第100、114、116、122页。

② 柯悟迟：《漏网喁鱼集》，第56页。

③ 同上书，第78页。

④ 《太平天国资料》，第182页。

⑤ 参见邹身城：《太平天国史事拾零》附录，第148页。

⑥ 参见《中国近代史资料丛刊·太平天国》第四册，第659页。

重的封建时代，这一点自然具有相当的神圣性。从材料来看，除了少数正在进行战事的地区受到一些影响外，一般情况下太平天国统治区的人们都可以正常从事祭祖扫墓的活动。前面提到的柳兆薰在自己的日记中记载了自 1860 年至 1865 年所过的五个清明节的情形。第一个和第五个清明节是在清政权统治下度过的，第二、第三个清明节是在太平天国统治下度过的，第四个清明节是家乡在太平军占领下，本人则逃难到上海度过的。其中，除第四个清明节因远离家乡无法扫墓外，其余几个都同样进行了隆重的祭祖扫墓活动。拿 1861 年（咸丰十一年）的情况来说，清明节前三天，柳兆薰就率领子侄，到各处父祖辈“墓上祭扫”。4 月 4 日是清明节正日，“祀先祠，堂内设享”。次日，又乘船至邻乡先祖公墓前“祭奠扫墓”。事毕，阖族人等“饮散福酒，共八席，五十人，菜极丰盛”，“宴饮欢甚”[①]。这样一些活动，同清政权统治下所过的清明节并无什么差异。所以柳兆薰自己也说：“乱后吾族此典未废。”[②] 这并不是柳兆薰一家如此，因为他在日记中指出：“清明冷节，乡间补吊甚行。”[③] 可见是具有相当的普遍性的，自然，在一般老百姓那里，扫墓的仪式绝不会像柳家那样排场。

中秋是民间普遍重视的又一个重要节日。这个节日的主要内容是阖家团圆，而兵荒马乱的战争环境，不可避免要造成离乱之苦，也就不能不给这个节日蒙上一层荫翳。因此，总体说来，中秋的节日气氛，同年节一样，要略逊于平时。尽管如此，只要太

---

① 《太平天国史料专辑》，第 174 页。

② 同上书，第 367 页。

③ 同上书，第 173 页。

平天国统治区局势稳定下来，人们在这一天就照例喝酒赏月，共庆佳节。《漏网喁鱼集》记 1860 年常熟情形说："中秋节吾方依然赏月。"① 《劫余小记》记 1858 年扬州情形说："（咸丰）八年中秋节，辕门桥观灯者拥簇如盛时。"② 这是太平天国统治区群众生活相对安定的反映。当然，也有人大兴今不如昔之叹，《避寇日记》的作者沈梓就是其中一个。他对家乡濮院镇过中秋的情况有一段对比性的描写，那是在看到东岳庙被拆毁后有感而发的。他说，道光以来，"中秋踏月之风特盛"，"是日，各豪富家悉出古玩、宝玉、名人书画，于各殿宇、各台阁陈设殆遍，灯烛辉煌。里中纨绔子弟，登吹台，倚笛度曲，声达九霄，彻夜不绝。士女游观，踏歌步月，络绎往来十锦塘岸上，舟中灯光与水光相映。后虽渐衰，余风未息。今一旦荆榛瓦砾矣"③。沈梓只是描写了社会生活的一个方面，即"豪富"之家、"纨绔子弟"在太平天国运动前过中秋节的情况。至于一般老百姓，特别是那些贫苦农民在啼饥号寒声中，如何度过中秋节，则被轻轻地掩盖了，或者说根本就没有被纳入他的视野之内。就这个意义说，如果因太平天国运动这场暴风骤雨的冲刷，使"豪富"们在如过中秋节等方面确实稍微敛迹，那倒未始不是一件值得称道的好事情。

天国诸禁

前面几节我们分别提到了太平天国的一些禁令，如禁拜邪

---

① 柯悟迟：《漏网喁鱼集》，第 47 页。

② 《太平天国资料》，第 87 页。

③ 《太平天国史料丛编简辑》第四册，第 71 页。

神、禁着清朝衣冠、禁剃发、禁棺葬、禁用“妖历”等，并且粗略地考察了这些禁令的实施情况和社会效果。这一节我们将集中谈一谈除此之外的其他几个重要禁令，主要有禁烟、禁赌、禁娼、禁奴。这些禁令的一个鲜明特征，是带有剪除社会陋习、提高道德风尚的改革性质和进步意义。

反对赌博、吸食鸦片和酗酒，这是拜上帝会的领导人在金田起义之前就反复宣传过的。洪秀全在《原道救世歌》中写道：“第六不正为赌博，暗刀杀人心不良。戒，戒，戒！理不当。求之有道得有命，勿以诈骗坏心肠。命果有兮何待赌，命无即赌愿难偿。……无所不为因赌起，英雄何苦陷迷乡。不义之财鸩止喝，士农工商耐久长。千个赌钱千个贱，请尔易虑细思量！他若自驱陷阱者，炼食洋烟最颠狂。如今多少英雄汉，多被烟枪自打伤。即如好酒亦非正，成家宜戒败家汤。请观桀纣君天下，铁统江山为酒亡。”① 金田起义后，这些带有宗教劝善色彩的思想就以军事纪律的形式在太平军中认真加以施行。《定营规条十要》的第三条就有“不得吹烟、饮酒”② 的规定。杨秀清在1854年还专门发布了《禁酒诰谕》，指出：“闻得朝内军中嗜酒滋事者甚属不少，此等行为，殊堪痛恨！”强调“自谕之后，仍还有私自饮酒者”，即“将吃酒人犯遵旨斩首示众”③。洪仁玕在《资政新篇》中也有如下的主张：“禁酒及一切生熟黄烟、鸦片，先要禁为官者，渐次严禁在下，绝其栽植之源，遏其航来之路，或于外洋入口之烟，不准过关。走私者杀无赦。”④ 这个主张得到了洪秀全

① 《太平天国印书》（上），第13页。
② 同上书，第66页。
③ 《太平天国文书汇编》，第89页。
④ 《太平天国印书》（下），第689页。

的肯定和赞许。

及至太平天国建立了自己的统治区之后，原先在军中实行的这些规定又进一步推广到社会上去，成为要求全社会遵奉的一种政策性措施。赵烈文在《能静居士日记》中引用一个从天京逃出的人的话说："街内巡查极多，烟、酒之禁最严。间有私卖旱烟者，亦不能明吃。吃水烟、鸦片者，一人俱无。"① 陈庆甲《金陵纪事诗》云："骨牌、骰子、烧酒、水旱烟皆为贼中禁物。"② 孙亦恬《金陵被难记》亦说："贼令无分上下，不准吸烟，食鸦片者必杀。有吸建烟、水潮烟者察出枷号，鸣锣游街示众。"③ 张汝南《金陵省难纪略》具体记述了太平天国禁烟的步骤和措施："禁烟及鸦片。烟谓之黄烟，鸦片谓之洋烟，犯吸黄烟者枷责，以烟具置枷上，荷之游街；犯吸洋烟者杀，后宽限令戒，限后一月内犯者枷三个礼拜，两月内犯者枷七个礼拜，三月内犯者杀。"④ 这类禁令，并不局限于天京一地，而是普遍施行于整个太平天国统治区。所以大量地方性材料也反映出，太平天国于"烟、酒、赌博概不准，鸦片烟之禁尤严"⑤。太平军"出告示劝人戒赌、戒鸦片，先以妻子衣食为喻，继以精神血气父母遗体为喻，长篇累牍，居然苦口婆心"⑥。甚至在清政府上谕转发的祁寯藻《探闻贼情折》中，也有这样的话："贼禁食旱烟、水烟、潮烟，有吸鸦片烟者立杀。"⑦ 太平天国的这些政策措施，也从

① 《太平天国史料丛编简辑》第三册，第 256 页。
② 《太平天国史料丛编简辑》第六册，第 403 页。
③ 《太平天国史料丛编简辑》第五册，第 81 页。
④ 《中国近代史资料丛刊·太平天国》(四)，第 715 页。
⑤ 《太平天国史料丛编简辑》第六册，第 394 页。
⑥ 《太平天国史料丛编简辑》第四册，第 74 页。
⑦ 《中国近代史资料丛刊·太平天国》第七册，第 103 页。

当时访问天京并会晤过太平军高级领导人的一些外国人的报道中得到了证实。塞克斯于1861年8月21日在致《每日新闻》编辑的信中写道："太平军把禁烟、禁酒当成了教规。据曾在南京住过一个时期的杨笃信牧师说，南京城里看不到大烟馆和酒店。"①麦华陀、鲍林等在访问东王时，提出过这样一个问题："吸烟、抽鸦片、酗酒、奸淫等是否严禁，以及我依何法惩治犯者?"杨秀清斩钉截铁地回答说："凡食洋烟、水旱等烟及吃酒并奸淫，皆我主天王遵天父圣旨斩邪不赦也。"②

要恰当地估价太平天国禁烟、禁赌的社会意义，首先需要了解一下烟、赌造成的社会污染是何等严重。关于鸦片的毒害，在较太平天国运动早十年的鸦片战争时期，人们就已经谈论得很多了，为节省篇幅计，此处可以不再做详细的论述，这里只引一首以清军同太平军做对比的《新乐府》，略示鸦片烟怎样深刻地腐蚀了作为清王朝统治支柱之一的军队："小兵草草灯一盏，对眠吐纳语声软。大帅岩岩灯两碗，左左右右免展转。吸烟未了又熬烟，烟鬼满营烟满天。翻羡贼人法令严，手乍持枪头已悬。"③太平军的严厉禁烟与清朝军队的"烟鬼满营"，形成了极其鲜明的对照。据曾国藩说，清朝军队不仅普遍吸鸦片，而且公开开赌场："兵伍之情状，吸食鸦片，聚开赌场，各省皆然。"④ 军队往往是社会的缩影。军队如此，社会状况可以想见。王步青《见闻录》谈到太平军占领之前苏州府属赌风炽盛的情况说："时俗尚

① 《太平天国史译丛》第一辑，第69页。

② 同上书，第14页。

③ 马寿龄：《金陵城外新乐府》，见《中国近代史资料丛刊·太平天国》第四册，第742页。

④ 曾国藩：《议汰兵疏》，见《太平天国史事拾零》，第30页。

樗蒲，风行各镇，平望尤甚，官禁之不止。”① 沈梓《避寇日记》记苏浙一带情形说：“咸丰年赌风大盛，而各赌魁皆以豪横称。”② 朱用孚《摩盾余谈》记广东佛山镇情形说：“佛山镇为天下四镇之首，各省商贾云集。俗喜博，对岸曰鹰嘴沙，十里之遥，博场数百家，中间青楼妓以万计。”③ 烟、赌并不只是盛行于繁华城镇，也蔓延到穷乡僻壤。李召棠在《乱后记所记》中谈安徽贵池县的烟、赌二害时写道：“池城之害，莫如赌场，尤莫甚于烟馆。赌，向见父老借乐余年，继则儿童戏耍矣。向惟男子有此恶习，继乃妇女消闲矣。鸦片，道光初年池城始闻其名。由是而富民开始矣，由是而贫民效尤矣，由是而奸民设厂，先犹闭户开灯，继乃启门卖土矣。以上流弊，皆乱之阶。吾池如此，他郡可知。况所见闻，有更甚于池者哉！此记未乱之先致乱之由之所纪者也。”④ 这里，我们且不论作者把烟、赌视作两个重要的“致乱之由”是否抓住了根本，却至少说明了太平天国政权大力禁烟、禁赌，是怎样切中时弊。

除了禁烟、禁赌之外，太平天国还禁娼妓，禁卖人为奴。呤唎在《太平天国革命亲历记》中说：

> 太平天国妇女或结婚成为家庭一员，或入姊妹馆（许多大城市都设有姊妹馆，由专人管理），而不准单身妇女有其他生活方式。这条法律是为了禁娼，违者处以死刑。自然这是非常有效的办法，因为在太平天国所有城市中，娼妓是完

---

① 《太平天国史料专辑》，第557页。

② 《太平天国史料丛编简辑》第四册，第326页。

③ 《太平天国史料丛编简辑》第一册，第152页。

④ 《近代史资料》，总34号，第177页。

全绝迹的。①

太平天国彻底废除了令人憎恶的奴隶制，这个禁令是严厉执行的，违者不论男女一概斩首论处。禁止男奴的法律尚无关紧要，因为男奴在中国并不普遍，但是对于或多或少都是奴隶的妇女来说，这样一种重大的革新措施，就是完全必要的了。②

中国的穷苦人民出卖女儿是习以为常的。只要考虑一下中国的广大人口以及这么多的女孩子全都买去操此贱业，那么其后果也就可想而知了。在中国广大的偏僻地区，我曾看见一些自十二岁到二十岁的年轻漂亮姑娘被她们的母亲和投机商人标价出卖，每名卖价自六元至三十元不等。我常常听见中国人说："有时可以以若干文钱一斤的价钱买到一个漂亮姑娘，比猪肉还贱。"太平天国是严厉取缔这类事件的，如果没有外国人的干涉，他们就可以教导全国人民唾弃这类事件了。③

我只能老实承认，我没有看到任何材料来支持或者否定呤唎关于太平天国业已"彻底废除了令人憎恶的奴隶制"的论断。可能是本来就缺乏这样的材料，但更大的可能是囿于我见闻的寡陋。至于娼妓，肯定地说它已在"太平天国所有城市中""完全绝迹"，却无论如何不符合当时的历史实际。这一点，我们将在下面同禁烟、禁赌的实际效果一并来讨论。

太平天国禁烟、禁赌的政策，遭到了来自内部和外部两个方

① 呤唎：《太平天国革命亲历记》上册，第232页。

② 同上书，第242页。

③ 同上。

面的双重挑战。

就内部来说，首先是等级观念破坏了政策的普遍适用性。对于太平天国的高级领导人，许多禁令或者生活准则是可以不予服从、不加理睬的。当太平天国宣布婚姻应当是一夫一妻制的时候，并不妨碍天王、东王等可以拥有几十个甚至几百个“娘娘”。关于烟、酒之禁也是一样。富礼赐在《天京游记》中详细叙述了他在忠王府参加一次豪华宴会的经过，指出：“由此显见他们高级的领袖并不遵行天王之荒谬的禁令，因席上人人尽量畅饮，洋酒固人所共赏，天酒亦一再满斟，壶干了又倒新的。抽烟亦是常事，为座中人人所好者。”[①] 可是，上有所好，下必甚焉。高级领袖既然可以置烟、酒之禁于不顾，自然也就难以杜绝中下级将领的效法仿行。顾深的《虎穴生还记》、胡恩燮的《患难一家言》、李光霁的《劫余杂识》等，都曾谈及作者被掳入太平军后，亲眼看到太平军的下级首领带头吸鸦片、招饮聚赌的事。[②] 再加上随着战争的发展，队伍的扩大，成分愈来愈复杂，纪律愈来愈松弛，禁赌、禁烟的规定就“渐成具文”。《贼情汇纂》说：“至于烟、酒为贼最禁之物，吸洋烟谓之犯天条，杀无赦。水旱烟名曰黄烟，名酒曰潮水，有犯禁吸饮者，重则立决，轻亦枷杖。贼令虽严，然未能周察，故杀者自杀，而食者自食也。”[③]《鳅闻日记》说：“贼中素禁吸烟，至鸦片则愈犯戒。前黄逆之众，吸者甚少。兹缘苏、徽二府人多，故染洋烟者十分之八也。”[④] 《平贼纪略》

① 《中国近代史资料丛刊·太平天国》第六册，第 952 页。

② 参见《中国近代史资料丛刊·太平天国》第六册，第 733 页；《太平天国史料丛编简辑》第二册，第 344 页；《中国近代史资料丛刊·太平天国》第五册，第 315 页。

③ 《中国近代史资料丛刊·太平天国》第三册，第 187 页。

④ 《近代史资料》，1963（1），第 103 页。

说：太平军“嗜赌”，“平时或示禁，度岁则弛”[①]。这些记载，不能一概目之为对农民革命运动的诬蔑，倒是一定程度上真实地反映了关于烟、赌的禁令如何被逐渐破坏的具体过程。

就外部来说，太平天国的禁烟、禁赌也包括禁娼的政策，遭到了枪船势力的武装抗拒。

前面已经说过，枪船势力是一支专门残害人民的反动武装。

枪船并不是太平天国时期才开始出现的。在此以前，江、浙一带某些靠聚赌致富而“以豪横称”的“赌魁”，为了保护自己罪恶的生财之源，乘着时势动乱之机，纷纷组织起一支支小股武装，“集无赖数百人，私制炮火枪刀，造小船容四五人者名曰枪船，就各镇市设博场名曰老作”。“赌魁”们在武装保护下，“各盖厂聚博徒，招女优时装演剧，昼夜不辍，曰花鼓戏；佐以妓船各一二十艘，常川停泊，曰跳板船。画舫笙歌，靡靡达旦。匪类则借此以招博徒，得彩以供挥霍。数千亡命，恃众横行，睚眦杀人，戕官拒捕”。“日则横刀过市，骚扰闾阎，夜则十百成群，四出劫掠。”[②] 清政府对这一批亡命徒束手无策，“官不能捕”，及至太平天国运动起来，清政府便以重金收雇，使作防堵之用。太平军占领了江、浙地区后，枪船武装表面上“归顺”太平军，但依然开赌设娼，胡作非为，公然抗拒太平天国的法令。太平天国虽然在局部地区和某些短暂时间内对枪船势力做过一定的斗争，但在基本方针上却采取了十分错误的政策，既没有坚决消灭这些反动武装，也没有对之进行分散收编，而是采取“羁縻”甚至放任的态度，只要不公开反叛太平天国政权，就各不相扰，实际上

① 《太平天国史料丛编简辑》第一册，第 332 页。

② 《中国近代史资料丛刊·太平天国》第五册，第 311 页。

承认了枪船武装的合法存在。其结果，便使得太平天国统治区中有一部分却处于枪船势力的控制之下。

在这样一些地区，烟、赌、娼不但说不上被禁绝，反而变本加厉地盛行起来。为了使读者对此有一点形象的了解，我们在大量有关资料中选摘几条：

江苏吴江县："梨川卜小二、孙四喜、阿玉等，横行无忌，聚党数千人，啸集船上，枪炮皆备，名曰枪船。各镇搭棚演戏，以聚赌为事，剃发、剃须不受贼禁令，贼亦莫之敢问。"①

江苏吴县："朝在房间押字宝账，其宝共有三十四门，俱是话物等类，且话物又有别名，所以押者需多打几门，如能押着者，一文可赢三十文。此间（按：指横泾乡）共有两处，一在城隍庙，一在混堂内。押者甚不少。……看押宝者喧闹异常，皆枪船上人所起，略看而回。""闻茶馆内明日又欲开一字宝局，亦枪船上所起，俱是刮地皮之人，虽未能谓强盗，可以谓之软盗。"②

江苏常熟县："季茀卿、卢器轩、朱竹书邀余归圩观剧，买鲥鱼侑酒……画舫数十，博局亦多，几忘世乱。""予同词仙及家福庭、廉斋莘庄茶话，以火酒拨闷，水榭忘寒，阑外画舫往来，多是到赌场者。""步至莘庄，答陈霭亭，承留酒食，同过小桥卡及粮局。……两岸茗馆、酒坊、博场、烟铺兼有唱书，颇觉热闹。""家朴园、雅园炰鳖烧猪备酒饭茶点船只，载予赴归圩。……舞台女乐至日晚始上，演《双望郎》，两假女一真女，形神毕肖，惜声俱不扬。惟酒馆肴香，芦棚茗净，点心亦可口，不似接场。新炮船彩旗高下，俨观龙舟，而试枪之声不绝。……

① 蓼村遁客：《虎窟纪略》。

② 蒋寅生：《寅生日录》。

器轩、朴园、春桥于博场得采，爰作东道，引予上歌舫，始逢倡女秀宝，因有客嘱分坐别船。……扶过小舟，见东路火光烛天，想为恶匪冲突。”①

浙江秀水县：“先是湖州逃难船在新塍者几五六百，日久粮罄，妇女皆上岸行乞，视之皆良家子也。新塍西栅，每日赐粥一餐，而白龙潭停妓船二百余艘，琉璃窗，锦绣帐，箫管声细细，厌饫粱肉，长毛富商出入其中，千金一掷。其上则二里桥花鼓戏场，锣鼓喧天，声闻数里，喝雉呼卢，昼夜不辍，几忘其为长毛世界者。”“余由新（塍）至濮（院）……吾镇赌风大作，大街上为盛，雷潭、塌坊浜皆停枪船。”②

浙江海宁县：“七星党起，枪船数百，旗号星字，于各处开赌，招勇俱薙发。”“赌风之盛，莫过于此。自黄店、沈塘南来镇乡凡数百处，谓老作。屋皆强僭，专事勒诈，凭空起衅，势甚猖獗。花溪共十八作，枪船百余只，俱强伐墓木所造。”③

虽然只是引了有关材料的一小部分，但我们却已经可以清晰地看到这样一幅图景：街上赌场、烟铺林立，河中歌舫、妓船相望。富豪们（有时还加上混入太平军中的某些“新贵”）呼雉喝卢，狂啖豪饮，纵情声色，寻欢作乐。如果不是他们不时发出一二声“几忘世乱”之类的慨叹，有时也还不免要听到和看到一点枪声火光，我们也差不多要忘记这竟是太平天国统治区的社会生活情景了。

当时有一些人认为，太平天国之所以对枪船势力采取放任态

① 龚又村：《自怡日记》。
② 枕梓：《避寇日记》。
③ 冯氏：《花溪日记》。

度，主要是因为太平军无力加以镇压。其实这是不对的。如果思想明确，态度坚决，要对付乌合之众的枪船武装，太平军还是绰有余力的。1862 年太平军大剿枪船就是一个例证。据记载，这年 7 月 9 日，太平军在江、浙各地曾对枪船发动了一次大规模打击。从秀水地区的情形看，“自陡门而吾镇（按：指濮院镇）、桐乡、屠甸市、庙牌卡等处，无不会齐拿获，庙牌杀十四人，吾镇杀三人，陡门杀二十余人”，此后，“赌匪逃匿净尽，各镇各乡无枪船踪迹”，“自是赌局豪横之风始息”。《避寇日记》的作者颇有感慨地说：“余生三十余年，目不见赌，独有此时，窃叹长毛号令，清时地方官所不逮也。”[①] 可惜这种镇压措施没有贯彻始终，等到风声稍缓，枪船势力便重又活跃起来，甚至以行贿的手段买通了太平天国的某些地方官长，公开打出“奉令”的旗号，再度大开赌局。这就清楚地说明，烟、赌、娼之类社会黑暗现象之不能禁绝，根本的原因还应该从太平天国本身去寻找。

我们这样说，丝毫也不意味着低估太平天国农民英雄们的高尚道德心和改革社会陋习的善良意愿。只是想说，当问题涉及复杂而有根深蒂固传统的社会生活时，仅仅有美好的愿望是不够的，没有细致而恰当的政策，不经过持久不懈的努力，要在社会习俗方面取得改革的成效，是难乎其难的。

上面，我们对太平天国统治区社会风习的若干方面，做了一些探索性的考察。我们只是力求如实地把当时的社会风貌反映出来，并不太多地去考虑这样的反映将会增添还是减损伟大的太平天国运动的历史地位和光彩。事实上，历史本身是个客观存在，任何人为的装饰或有意的贬抑都不会改变它的本来面目。

---

① 《太平天国史料丛编简辑》第四册，第 180－181 页。

社会心理

注意历史人物内心世界的复杂性

——读《曾国藩全集·家书》随想*

社会生活错综复杂，充满矛盾。作为人们物质生活的直接产物的观念、思维、精神生活，自然也不可能是简单划一的。马克思在《评普鲁士最近的书报检查令》中曾经说，人们的精神活动是“世界上最丰富的东西”，它较之“大自然悦人心目的千变万化和无穷无尽的丰富宝藏”具有更多不同的色彩。[①] 任何一个历史人物，在确定自己的实际活动之前，总要受到一定的动机的驱使，总要有各式各样的筹思、谋划、打算，并且常常是在许多相互冲突的观念中做出自己的判断和抉择。因此，人们的内心世界永远要比我们所能看到的具体实践活动更为复杂、更为曲折。

内心世界是一块相对隐蔽的领地。它不是那么外露，不是那么容易捕捉，但是，却也并非完全神秘莫测。一些历史人物，常常自觉不自觉地打开内心世界的窗户，让人们能够窥视其中的若干奥秘，从而使我们对这些历史人物得到更为深切的认识。

岳麓书社出版的《曾国藩全集·家书》，为我们提供了一个

* 载《河北师院学报》，1987（1）。

① 参见《马克思恩格斯全集》，第1卷，第7页。

可能：对曾国藩这个中国近代社会史上十分重要的历史人物，更加细致地做一番观察和了解。家书较之公开的政治文件毕竟少一些矫饰做作，多一些真情实意，因而能较多地流露其内心世界的真实活动。这里所写的，就是读了这部书之后，零星想到的一些问题，用以说明即使像曾国藩这样一个在近代史上起着复杂作用的人物，平时道貌岸然，其内心世界也并非只是一潭死水，没有起伏，没有涟漪，没有波澜；恰恰相反，在他的思想里，各种矛盾和冲突随处可见。用简单化的态度和方法，并不能揭示他灵魂深处的底蕴。

怎样看待曾国藩的“爱民”思想?

曾国藩不止一次地在给他的家人的书信中谈到“爱民”的问题，如咸丰十年四月二十二日（1860 年 6 月 11 日）给弟弟曾国荃的信说：“吾自三年初招勇时，即以爱民为第一义。历年以来，纵未必行得到，而寸心总不敢忘爱民两个字。”[①] 同年六月初十（7 月 27 日）致四弟国荃、五弟国葆的信中，叮嘱他们说：“吾辈不幸生当乱世，又不幸而带兵，日以杀人为事，可为寒心，惟时时存一爱民之念，庶几留心田以饭子孙耳。”[②] 同年七月初三（8 月 19 日）给这两个相同收信人的函中说：“凡养民以为民，设官亦为民也，官不爱民，余所痛恨。”[③] 过了九天，在给这两个人

---

① 《曾国藩全集·家书》，第 540 页。

② 同上书，第 549 页。

③ 同上书，第 557 页。

的另一封信中，曾国藩又强调说："默观近日之吏治、人心及各省之督抚将帅，天下似无戡定之理。吾惟从一勤字报吾君，以爱民二字报吾亲。""行军本扰民之事，但刻刻存爱民之心，不使先人之积累自我一人耗尽。此兄之所自矢者，不知两弟以为然否？愿我两弟亦常常存此念也。"[①] 咸丰十一年三月十三日（1861年4月22日）给儿子纪泽、纪鸿的信称："余久处行间，日日如坐针毡，所差不负吾心，不负所学者，未尝须臾忘爱民之意耳。"[②] 一直到同治十年（1871）曾国藩临死前两三个月，在给他两个儿子的信中还说："若但知私己，而不知仁民爱物，是于大本一源之道已悖而失之矣。至于尊官厚禄，高居人上，则有拯民溺、救民饥之责。"[③] 上面的这些材料足以表明，曾国藩标榜"爱民"，并不是一时的随口敷衍，而是在他思想上占有相当地位的一种观念。

但是，十分显然，这种观念同我们头脑中的曾国藩的历史形象似乎完全不能相容。在镇压太平天国运动中，在镇压捻军中，乃至在处理天津教案中那个残酷屠杀、草菅人命的刽子手，怎么大谈起"爱民""仁民爱物"来了呢？甚至在当时不就有人给予曾国藩"曾剃头""曾屠户"的称号了吗？难道不正是他创建的湘军，野蛮地生吃被俘的太平军战士的心肝吗？难道不是连曾国藩自己也公开申明"欲纯用重典以锄强暴"，即使"身得残忍严酷之名亦不敢辞"吗？[④]"残忍严酷"同"仁民爱物"，形同冰炭，二者怎么能统一起来呢？

---

① 《曾国藩全集·家书》，第560页。

② 同上书，第622页。

③ 同上书，第1427页。

④ 参见《曾文正公奏稿》第2卷，第4页。

可以找到一个最简单的解释，那就是：曾国藩大谈“爱民”，无非是一种虚伪的欺骗，其目的恰恰在于掩盖他的嗜杀成性的血腥凶残。这种解释用于曾国藩的身上，似乎是尤其相宜的，因为曾国藩在世的时候，封建统治阶级中的另一些人，在政治派系斗争中，就曾经着重地揭露曾国藩的“欺”与“伪”。我们确实不能排除这种解释具有一定的合理性。细读上面所引的信，曾国藩在谈到“爱民”的时候，常常联系到他“带兵”“杀人”“扰民”，多少存在着某种以“爱民”的呓语来作为自己“杀人”“扰民”的一种补偿，以求得到一丝灵魂的自我慰藉的意味。

不过，用“虚伪”和“欺骗”作为问题的全部答案，毕竟也还只是停留在事物的表层。因为这个答案无法解释，曾国藩有什么必要向自己的兄弟子侄做这种“欺骗”，为什么要在私人信函中做这种“虚伪”的表白。曾国藩曾屡次表示不要将这些家书发刻刊行，因此说他存心想利用这些信件去欺骗世人，也好像说不大通。

还有重要的一点，曾国藩一面在家书中大谈“爱民”，一面同时又毫无避忌地在这些信函中多次强调对造反作乱的农民军要“斩尽杀绝”。例如，咸丰八年（1858）五月，曾国荃久攻吉安不下，曾国藩恐怕他弟弟急躁冒进，特地写信劝他要“忍耐谨慎，勉卒此功”。并强调说，问题不在破城之迟早，“只求全城屠戮，不使一名漏网耳。若似瑞、临之有贼外窜，或似武昌之半夜潜窜，则虽速亦为人所诟病。如似九江之斩刈殆尽，则虽迟亦无后患”[①]。咸丰十一年五月十八日（1861 年 6 月 25 日），曾国藩在给曾国荃的另一封信里杀气腾腾地说：“克城以多杀为妥，不可

① 《曾国藩全集·家书》，第 388 页。

假仁慈而误大事，弟意如何？”[1] 有一次，大概连凶暴残忍的曾国荃都因杀人太多而流露出了某种悔惧之意，曾国藩连忙在信中打气说：“既已带兵，自以杀贼为志，何必以多杀人为悔？”“既谋诛灭，断无以多杀为悔之理。”[2] 不久安庆被湘军攻陷，曾国藩听说阖城太平军被“诛戮殆尽，并无一名漏网”，立即写信表示“差快人心”[3]。他甚至公开主张和赞美连封建政治准则也视为不义的杀俘杀降。咸丰十一年七月初十（1861 年 8 月 15 日），他写信给曾国荃，指出“前此弟于投诚之贼，凶悍者一概杀之”，现在周万倬营对“投诚之贼”不杀，未免“办理两歧”，且易“误事”[4]。同治二年（1863），李鸿章在苏州杀降，引起反动阵营内部的一场风波，曾国藩却在给二弟曾国潢的信中表示：“此间近事，惟李少荃在苏州杀降王八人最快人意。”[5] 如果曾国藩果真想利用家书中关于“爱民”的言论来掩饰自己的凶残行径，那他为什么同时又在家书中大谈杀人，自己来拆穿自己的“欺骗”宣传呢？

只有一种解释可以回答这个问题，那就是：在曾国藩的内心世界里，“爱民”和屠杀农民起义军是一致的，是并不矛盾的，也许还可以说，是相反相成的。

《曾国藩全集·家书》中有一句话，似乎可以作为说明这个问题的一条线索：“民宜爱而刁民不必爱，绅宜敬而劣绅不必

① 《曾国藩全集·家书》，第 726 页。
② 同上书，第 737 页。
③ 同上书，第 769 页。
④ 同上书，第 753 页。
⑤ 同上书，第 1061 页。

敬。”[1] 在曾国藩看来，“爱民”是重要的，是做官的“第一义”，但这里所说的“民”，必须是服膺、顺从封建统治秩序的安分守己的老百姓，如果违抗或蔑视了封建统治秩序，那就不是一般的“民”而是“刁民”了。“刁民”是“不必爱”的。至于参加了农民起义或农民战争的造反者，那根本就不是“民”，而是“贼”；对于“贼”，在曾国藩看来，自然不是爱不爱的问题，而是应该“斩刈殆尽”的了。在咸丰元年十月十二日（1851 年 12 月 4 日）的一封信里，曾国藩极口称赞湘乡知县朱石樵“为官竟如此之好，实可佩服！”因为他在“盗贼四起”时，身先士卒，缉“盗”捕“贼”，“至于铳沙伤其面尚勇往前进，真不愧为民父母”。他说：“现在粤西未靖，万一吾楚盗贼有乘间窃发者，得此好官粗定章程，以后吾邑各乡自为团练，虽各县盗贼四起，而吾邑自可安然无恙，如素之桃花源，岂不安乐？”[2] 这个实例为我们说明了曾国藩的这样一种思想逻辑：“好官”应该爱民，同时应该“治盗”。从某种意义上来说，“治盗”即“爱民”。按照封建统治者的传统政治术语，这叫作“以杀止杀”。

曾国藩是一个理学家。他的思维模式受到传统理学的强烈影响。其实，在宋明理学中，“爱民”的思想从来就是同坚决镇压农民起义的主张联系在一起的。理学大师朱熹在任官时，很注意赈恤灾民，蠲减赋税，修筑堤塘，兴办水利。还创议建立“社仓”，“以纾民之急”。他“访民隐，至废寝食”[3]。对贪污赈米的赃官加以弹劾，对兼并土地的豪右进行抑制，处处表现了对人民

---

① 《曾国藩全集·家书》，第 369 页。
② 同上书，第 226 页。
③ 王懋竑：《朱子年谱》卷二下。

群众的深切同情。但是，他对泉州同安县的饥民起义，对湖南潭州（今长沙）的少数民族起义，则毫不犹豫地进行了残酷的镇压。另一位理学名家陆九渊，曾经提出过著名的“民为邦本”说，尖锐地抨击“今时郡县，能以民为心者绝少。民之穷困日甚一日。抚字之道，弃而不讲；掊敛之策，日以益滋。甚哉！其不仁也”。他强调“诚有忧国之心者”，应该“恤民”，而不应该“日蹙其本”[①]。但是，他在知荆门军任上，却致力于组织义勇，成立“烟火队”，以“防民患”。根据“建炎间，盗贼蜂起，所在为保伍以自卫。郡每被寇，必檄以捍御”的历史经验，“始至，即修烟火保伍。盗贼之少，多赖其力”[②]。在对人民反抗的严格防范镇压下，他自豪地声称，“境内盗贼绝少，有则立获，讼谍有无以旬计”[③]。这两个例子清楚地说明，在和平时期，在阶级斗争相对缓和的时候和地方，理学家们不仅主张而且实践着“爱民”，但一旦阶级斗争趋于尖锐和激烈（即使是在局部地区），他们对于胆敢叛逆封建统治秩序的人们，就力主镇压了。

在太平天国运动爆发以前，曾国藩一直在做京官，并且职司闲散，并无临民之责。等到他带兵并逐渐成为独当一面的疆臣时，如他自己所说，则始终是“以杀人为业”[④]，即以镇压农民起义和农民战争为职志了。我们没有可能也没有必要去悬揣如果是在和平时期，曾国藩究竟将会是一个清官还是酷吏，更不是想证明曾国藩的思想中既有残忍的一面，也有仁慈的一面，只是想说，仅仅从曾国藩的个人品质和性格中去揭露他镇压太平军与捻

---

① 《陆九渊集》卷七《与陈倅》。

② 《陆九渊集》卷二十八《葛致政墓志铭》。

③ 《陆九渊集》卷十七《与邓文范》。

④ 《曾国藩全集·家书》，第638页。

军的罪恶，是远远不够的。这是一个正统封建主义者在特定阶级斗争形势下合乎逻辑的行动。君不见，甚至像林则徐这样一个具有浓厚“民本”思想、曾经实实在在为老百姓做了许多好事的清官和好官，对于云南的回民起义、腾越的彝民起义，不也是力主“多调重兵”“非重惩数处，难挽积惯颓风”“非重办无以扫清”的吗？[①] 对于太平天国运动，不也是认为“粤匪猖狂已极”，在受命前往镇压前就自动地“与同志诸公悉心计议，攻守兼施”，表现出一种跃跃欲试的迫切心情吗？[②]

“盈虚消长之机”和“持盈保泰之道”

曾国藩的一生，总体说来应该算是仕途坦顺、宦海通达的。早在做京官的时候，他就在家信中自豪地宣扬：“湖南三十七岁至二品者，本朝尚无一人。予之德薄才劣，何以堪此！近来中进士十年得阁学者，惟壬辰季仙九师、乙未张小浦及予三人。”[③] 志得意满之态，溢于言表。以后在镇压农民起义的血腥事业中，他逐步飞黄腾达，久居大学士、两江总督或直隶总督的高位，被封建阶级誉为“中兴第一名臣”。但颇堪玩味的是，具有这样一种政治经历的人，却在家书中反复表示了对功名利禄的淡漠和厌倦。

道光二十九年（1849）三月，曾国藩在给诸弟的信中说：

---

① 参见《林则徐集·奏稿十三》（下），第1012-1013页。

② 参见《林则徐年谱》（增订本），第505页。

③ 《曾国藩全集·家书》，第149页。

"大凡做官的人，往往厚于妻子而薄于兄弟，私肥于一家而刻薄于亲戚族党。予自三十岁以来，即以做官发财为可耻，以官〔宦〕囊积金遗子孙为可羞可恨。"① 一个多月后，在另一封信中又说："吾细思凡天下官宦之家，多只一代享用便尽。其子孙始而骄佚，继而流落，终而沟壑，能庆延一二代者鲜矣。""故教诸弟及儿辈，但愿其为耕读孝友之家，不愿其为仕宦之家。"自己"此时虽在宦海之中，却时作上岸之计"②。咸丰六年九月二十九日（1856 年 10 月 27 日），曾国藩在给儿子纪鸿的信中说："凡人多望子孙为大官，余不愿为大官，但愿为读书明理之君子。"③后来，随着名望与权位的日隆，他虽然不再讲不做官的话了，但仍多次表示："将来遇有机缘，即便抽身引退，庶几善始善终，免蹈大戾。"④ "吾兄弟位高功高，名望亦高，中外指目为第一家。楼高易倒，树高易折，吾与弟时时有可危之机"⑤。他希望能够得到一个"体面下场，斯为万幸"⑥。他还在给儿子纪泽的信中自称"时时作罢官衰替之想"⑦。他不仅对自己作如是观，而且还以此劝人。如对"欲考供事，冀得一官以养家"的王率五说："宦海风波，安危莫卜，卑官小吏，尤多危机。"不如"勤俭守旧，不必出外做官"⑧。就是在儿女婚嫁问题上，也多次反对与有"富贵习气"的仕宦之家缔姻。

---

① 《曾国藩全集·家书》，第 183 页。
② 同上书，第 187 页。
③ 同上书，第 324 页。
④ 同上书，第 978 页。
⑤ 同上书，第 1281 页。
⑥ 同上书，第 1175 页。
⑦ 同上书，第 1297 页。
⑧ 同上书，第 91 页。

这种心理状态究竟是怎样产生的呢？

从思想上来说，曾国藩显然不是一个主张出世的人。他也并不是对功名利禄不感兴趣。有这样一件事：曾国藩的几个弟弟，为子侄辈起名排行，他们起了甲、乙、丙、丁四字，每字排十人，曾国藩子纪鸿，列名丙一。曾国藩得知此讯后，给诸弟复信说："予意不必用甲、乙、丙、丁为排，可另取四字，曰甲、科、鼎、盛，则音节响亮，便于呼唤。"[①] 从这样一件小事中，颇可以反映出曾国藩的内心深处对"甲科鼎盛"的向往。还有一件事：同治元年（1862），曾国葆病逝，曾国藩的挽联中有"痴心说因果，望来世再为哲弟、并为勋臣"[②] 的话，可见他对于能够做一个"勋臣"，是看作莫大的荣耀的。此外，每当亲友中有少年登第者，他也往往流露出欣羡之色。

那么，前面所引的那些表示鄙薄功名利禄的话，全都是言不由衷的无病呻吟吗？那倒也不是。那些言论有一个思想根源，就是曾国藩自称一向留心的"盈虚消长之机"，时刻恪守的"持盈保泰之道"。

曾国藩认为，世界万事万物，"未有常全而不缺者"。"日中则昃，月盈则亏，天有孤虚，地阙东南"，这正是"盈虚消长之理"[③]。他认为，最好的境界是"花未全开月未圆"，常处于一种不完满的状态，本此志以行之，则"惜福之道、保泰之法莫精于此"[④]。所以，他把自己的居室起名为"求阙斋"。他仕途一帆风顺，得意之余，却也不免产生一种"满则招损，亢则有悔"的恐

---

① 《曾国藩全集·家书》，第 191 页。
② 同上书，第 913 页。
③ 同上书，第 78 页。
④ 同上书，第 933 页。

惧感，生怕泰极否来，福盈祸倚。所以，他时时提醒家人：“我家气运太盛，不可不格外小心，以为持盈保泰之道。”① 家运如果“极盛，则有盈满之惧，亦可畏也”②。随着官位愈来愈高，这种恐惧心理也愈来愈浓，所以他在家书中多次说：“余忝窃高位，又窃虚名，遐迩观瞻，深以为惧。”③ “倚畀太重，权位太尊，虚望太隆，可悚可畏。”④ “余三年以来，因位高望重，时时战兢省察。”⑤ 他特别强调说：“总之，家门太盛，有福不可享尽，有势不可使尽，人人须记此二语也。”⑥ “今家中境地虽宽裕，侄与诸昆弟切不可忘却先世之艰难，有福不可享尽，有势不可使尽。”⑦ “余蒙先人余荫，忝居高位，与诸弟及子侄谆谆慎守者但有二语，曰有福不可享尽、有势不可使尽而已。”⑧

作为一种哲学观念，对“盈虚消长之机”的默察和虔信，对曾国藩的政治行为显然产生了颇深的影响。不过，曾国藩也并非只是根据某种抽象的哲理原则行事。他关于“功名之地，自古难居”⑨、身膺高位必须“时时省惕”的想法，还明显地由于受到当时政治现实的刺激而加强。

处于封建末世的曾国藩，一方面混迹于官场之中，一方面又亲身体察到当时吏治的腐败。作为一个正统的封建主义者，他颇想竭力振刷一番，以挽颓风，但又感到封建统治者的衰朽已及肌

① 《曾国藩全集·家书》，第74页。
② 同上书，第170页。
③ 同上书，第795页。
④ 同上书，第800页。
⑤ 同上书，第919页。
⑥ 同上书，第1062页。
⑦ 同上书，第1066页。
⑧ 同上书，第1134页。
⑨ 同上书，第1277页。

里，自己也缺乏起死回生的信心。他不但对于官场，“颇厌其繁俗而无补于国计民生”①，甚至愤激地认为“事经官吏，则良法美政，后皆归于子虚乌有”②。前面已经引过的一条材料表明，曾国藩在“默观近日之吏治、人心及各省之督抚将帅”之后，竟对能否镇压太平天国运动表示怀疑，甚至认为“天下似无戡定之理”，也就是说，曾国藩对当时的官场和吏治，已经完全失去信心，近乎彻底失望了。

除此之外，曾国藩还深切感到封建政治中派系斗争的尖锐和严酷，争夺、倾轧、嫉恨、暗算弥漫于官场。曾国藩从当京官时起，到后来在湖南筹建湘军，在江西、安徽等地与太平军作战，在江北地区“剿捻”，直到最后处理天津教案，曾不断受到封建统治集团中异己力量的排挤攻击，朝廷对他也始终采取既想依靠又存戒心的态度。对于这一切，曾国藩虽“常在耐劳忍气四字上做工夫”③，如他自己所说，采取“打脱牙和血吞”的办法，但毕竟给他留下了“宦海真可畏耳”④ 的深刻印象。他时时“存一临深履薄之想”⑤，“饱阅世态，实畏宦途风波之险”⑥。在这种情况之下，产生前面所提到的那些想法，确实也是极其自然的事。

怎样才能实现“持盈保泰之道”呢？曾国藩在家书中，对他的兄弟子侄做了一系列的规定。这些规定主要包括：第一，戒奢惰，注意勤俭。他强调，“凡仕宦之家，由俭入奢易，由奢返俭

---

① 《曾国藩全集·家书》，第 197 页。
② 同上书，第 209 页。
③ 同上书，第 937 页。
④ 同上书，第 1203 页。
⑤ 同上书，第 812 页。
⑥ 同上书，第 233 页。

难”，所以“切不可贪爱奢华，不可惯习懒惰”[①]。他规定“诸男在家勤洒扫，出门莫坐轿；诸女学洗衣，学煮菜烧茶”[②]。他要求家中妇女“每日纺绩有常课”，甚至在安徽指挥作战时，在安庆寓所中还专门“办棉花车七架”，令家中妇女纺纱，“每日纺声甚热闹”[③]。他提出“早”（早起）、“扫”（洒扫）、“考”（祭祀祖考）、“宝”（善待亲族邻里，系无价之宝）、“书”（读书）、“蔬”（种菜）、“鱼”（养鱼）、“猪”（养猪）八个字，为治家之道的八字诀，其要旨也在勤俭二字。第二，戒骄矜，注意谦敬。曾国藩强调，立身治家，“大抵第一要除骄傲气习。中无所有而夜郎自大，此最坏事”[④]。即使确有才能，也不能恃才傲物，因为“天下古今之庸人，皆以一惰字致败；天下古今之才人，皆以一傲字致败”[⑤]。他特别针对自己家子侄辈的骄矜习气，不断地提出警告：“余家后辈子弟，全未见过艰苦模样，眼孔大，口气大，呼奴喝婢，习惯自然，骄傲之气入于膏肓而不自觉，吾深以为虑。”[⑥]“天地间惟谦谨是载福之道，骄则满，满则倾矣。凡动口动笔，厌人之俗，嫌人之鄙，议人之短，发人之覆，皆骄也。无论所指未必果当，即使一一切当，已为天道所不许。吾家子弟满腔骄傲之气，开口便道人短长，笑人鄙陋，均非好现象。”[⑦] 因此，必须要讲一个谦字，讲一个敬字，对人谨慎、恭敬，始能免败家之厄。第三，家属不得干预公事。早在道光二十五年（1845）五

① 《曾国藩全集·家书》，第 324 页。
② 同上书，第 444 页。
③ 同上书，第 1064 页。
④ 同上书，第 90 页。
⑤ 同上书，第 587 页。
⑥ 同上书，第 593 页。
⑦ 同上书，第 628 页。

月，曾国藩还在做京官时，就在给父母的一封家书中叮咛："我家既为乡绅，万不可入署说公事，致为官长所鄙薄。即本家有事，情愿吃亏，万不可与人构讼，令官长疑为倚势凌人。"[①] 以后，他不断告诫家属，不得干预公事。如道光二十五年十月初一(1845 年 10 月 31 日）在给他叔父的一封信中说："凡乡绅管公事，地方官无不衔恨。无论有理无理，苟非己事，皆不宜与闻。地方官外面应酬，心实鄙薄，设或敢于侮慢，则侄腼然为官而不能免亲之受辱，其负疚当何如耶？以后无论何事，望劝父亲总不到县，总不管事。"[②] 咸丰五年三月二十六日（1855 年 5 月 11 日）致诸弟的信中说："凡县城、省城、衡城之事，一概不可干预。""且军中事件，家中亦不宜干预。""凡有信托商大营事者，弟概辞以不管可也。捐项事尤不可干预。"[③] 咸丰六年九月十七日（1856 年 10 月 15 日）的家信中说："家中一切，有关系衙门者，以不与闻为妙。"[④] 类似这样的信函还有多件，应该说对于这一点曾国藩还是防范颇严的。第四，不贪财，不肥私橐。曾国藩颇以"不贪财""军中银钱，不敢妄取丝毫"自许。他时常说："家中却不可过于宽裕。处此乱世，愈穷愈好。"[⑤] "盖凡带勇之人，皆不免稍肥私橐。余不能禁人之不苟取，但求我身不苟取。"[⑥] 他主张家中不积钱，不买地，有裕可置义田，以赡本乡之贫民。[⑦] 他在京城做官时，曾定例"每年寄银一百五十两至

---

① 《曾国藩全集·家书》，第 114 页。
② 同上书，第 123 页。
③ 同上书，第 294 页。
④ 同上书，第 323 页。
⑤ 同上书，第 281 页。
⑥ 同上书，第 336 页。
⑦ 参见上书，第 194、598 页。

家”，后虽带兵，仍循此规。直到他丁父忧在家，始知“家中日用綦繁”，颇受窘迫，还为此发了一通“不明事理，深亏孝道”的感慨。[①] 此后虽寄银稍多，仍尚有节制。据他自己向诸弟解释：“我在军中决不肯多寄银回家，改向来之样子。一则因父母在时我未多寄，二则因百姓穷困异常，我不忍独丰也。”[②] 当然，曾国藩倡言“不贪财”，在当时腐烂的封建政治环境中，究竟有多大实际意义，实在是很可怀疑的。至少，乃弟曾国荃就是一个著名的贪黩之徒。但也应该承认，曾国藩本人，对这一点大体还是能够遵行的。

如果我们不因人废言，也不去深究曾国藩提出这些“持盈保泰之道”的思想动机，那么，可以说，这些思想和主张是有其积极意义的。在当时的封建政治中，可以算得上是难能可贵的了。

曾国藩的内省功夫与骑墙的天人观念

曾国藩十分注意内省功夫。所谓“内省”，实际上就是内心世界的一种复杂的心理活动，一种在封建意识形态制约下微妙的思想冲突和斗争。

曾国藩的内省功夫，最初是从晚清理学名家倭仁那里学来的。道光二十二年十月二十六日（1842 年 11 月 28 日）他给几个弟弟的信中说：“倭艮峰先生则诚意工夫极严，每日有日课册，一日之中一念之差、一事之失、一言一默皆笔之于书。书皆楷

① 参见《曾国藩全集·家书》，第 361、388、432 页。

② 同上书，第 439 页。

字，三月则订一本。自乙未年起，今三十本矣。盖其慎独之严，虽妄念偶动，必即时克治，而著之于书。”“余自十月初一日起亦照艮峰样，每日一念一事，皆写之于册，以便触目克治。”[①] 以后，虽然在具体方法和形式上没有能完全照办，但时时“省躬责己”，却毕生不懈。

曾国藩的“内省”，主要针对自己性格上的弱点和待人接物中的缺失。例如，他曾多次反省自己治学办事缺乏恒心的缺点。在给儿子纪泽的一封信中说：“余生平坐无恒之弊，万事无成。德无成，业无就，已可深耻矣。逮办理军事，自矢靡他，中间本志变化，尤无恒之大者，用为内耻。尔欲稍有成就，须从有恒二字下手。”又说：“无恒是吾身之大耻。”[②] 为了改掉自己“无恒”的毛病，他把家中一室起名为“有恒堂”。经过多年坚持，终于在这方面有了长进。所以在同治元年（1862）四月的一封信中，他又说：“四十六岁以前作事无恒，近五年深以为戒，现在大小事均尚有恒。”[③] 在官场交际中，他严守一个“悔字诀”，不断地“省己之不是”。同治六年正月初二（1867年2月6日）在给曾国荃的一封信中说：“兄昔年自负本领甚大，可屈可伸，可行可藏，又每见得人家不是。自从丁巳、戊午大悔大悟之后，乃知自己全无本领，凡事都见得人家有几分是处。故自戊午至今九载，与四十岁以前迥不相同，大约以能立能达为体，以不怨不尤为用。立者，发奋自强，站得住也；达者，办事圆融，行得通也。”[④] 曾国藩在教育诸弟及子侄时，每当说道理时，通常总是联系自己的教

---

① 《曾国藩全集·家书》，第40页。

② 同上书，第506页。

③ 同上书，第827页。

④ 同上书，第1317页。

训或不足，现身说法，不是那么生硬，这是他在家庭教育中的成功之处。

不过，这种“内省”毕竟是一种唯心的修养方法。从根本上来说，是服从于他的正统封建主义的政治立场的。内省的结果，无非是使得他在镇压农民起义的反革命事业中更加坚忍狠毒而已。即使从封建道德标准来说，“内省”的结果也不一定总是使自己向着更高的道德水准前进，有时倒反而会随俗浮沉，向通行的官场陋习屈膝。例如，咸丰八年正月初四（1858 年 2 月 17 日）给曾国荃的信中就说道：“吾自信亦笃实人，只为阅历世途，饱更事变，略参些机权作用，把自家学坏了。实则作用不如人，徒惹人笑，教人怀恨，何益之有?”① 同年五月十六日（6 月 26 日）给同一收信人的信中说：“余昔在军营不妄保举，不乱用钱，是以人心不附，至今以为诟病。近日揣摩风会，一变前志。”② 这些事例说明，曾国藩的“内省”功夫，看起来清高脱俗，但最终还是不能摆脱封建功利主义的左右。

唯心的“内省”既然受到功利主义的影响和束缚，这就使得曾国藩在一些认识问题上不可能有鲜明的原则性，而时时表现出模棱两可的骑墙态度。这在对天人关系的论述中表现得最为明显。

曾国藩常常表示，成大事者，谋事在人，应该“尽其在我”。所谓“吾辈不恃天人之征应，而恃吾心有临事而惧好谋而成之实”③。又公开声言：“余生平不信鬼神怪异之说。”④ 他甚至多次

① 《曾国藩全集·家书》，第 363 页。
② 同上书，第 391 页。
③ 同上书，第 1064 页。
④ 同上书，第 917 页。

表示厌恶“风水”之说和“占卜”之术，说：“我平日最不信风水。”① 又说：“吾祖星冈公在时，不信医药，不信僧巫，不信地仙。此三者，弟必能一一记忆。今我辈兄弟亦宜略法此意，以绍家风。”“天下信地、信僧之人，曾见有一家不败者乎？”② 还说：“占验之说，本不足信。”③ 从这些言论看来，曾国藩似乎是并不迷信天神观念的。

但是，他在另外一些地方，却又是另外一种说法。

曾国藩很相信命运。他反复申述，“天下事由命不由人”④，“以余阅历多年，见事之成功与否，人之得名与否，盖有命焉，不尽关人事也”⑤。“主持劫运，生死之早迟，冥冥者早已安排妥贴，断非人谋计较所能及。”⑥

但是，曾国藩生活在阶级斗争、政治斗争极为尖锐复杂的年代，他需要组织力量，同试图推翻清朝封建统治的农民起义军进行殊死搏斗，因此，清静无为，乐天知命，是不符合曾国藩的政治信条的。他在给弟弟国荃、国葆的信中特别嘱咐：虽然“名位大小，万般由命不由人”，但“父兄之教家、将帅之训士不能如此立言耳！”⑦ 这看起来似乎有点奇特，仔细琢磨也就不足为怪，试想，假使和广大湘军将士大谈“万般由命不由人”，谁还肯为曾国藩的反革命事业去出力卖命？

于是曾国藩设法找到一种折中的说法，所谓“凡办大事，半

---

① 《曾国藩全集·家书》，第 184 页。
② 同上书，第 624 页。
③ 同上书，第 744 页。
④ 同上书，第 776 页。
⑤ 同上书，第 627 页。
⑥ 同上书，第 651 页。
⑦ 同上书，第 559 页。

由人力，半由天事”[①]；“凡成大事，人谋居半，天意居半”[②]；“古来成大事者，半是天缘凑泊，半是勉强迁就”[③]。有时则说：“古来大战争、大事业，人谋仅占十分之三，天意恒居十分之七。”[④]这种说法十分有利于曾国藩的政治需要。当他想用某种封建道德教条去熏陶别人时，可以强调“祸福由天主之，善恶由人主之。由天主者，无可如何，只得听之；由人主者，尽得一分算一分，撑得一日算一日”[⑤]。当他希望别人为某种政治目标尽力时，可以宣扬“尽其在我，听其在天”[⑥]。而当需要为自己或别人的某种挫折与失败找到宽解的理由时，便可以声称凡事“仍有天定，不关人谋”[⑦]，“人力虽尽到十分，而成功纯是天意，不可丝毫代天主张”[⑧]。真是左右逢源，黑白咸宜。

像曾国藩这样自诩在封建统治集团中颇有见识的人物，有时的思想脉络简直是十分可笑的，他不是说“平日最不信风水”吗？他母亲葬于木兜冲，葬后他多次升官，所以当家中有人提出要迁葬时，他坚决反对，说：“葬后乃吉祥如此，可见福人自葬福地，绝非可以人力参预其间。”[⑨] 但到后来他弟弟曾国华（温甫）战死之后，他就竭力主张要“改葬二亲之坟”了，说：“如温弟之变果与二坟相关，则改葬可以禳凶而迪吉。”[⑩] 又说：“温

① 《曾国藩全集·家书》，第 79 页。
② 同上书，第 1016 页。
③ 同上书，第 1041 页。
④ 同上书，第 1057 页。
⑤ 同上书，第 445 页。
⑥ 同上书，第 1214 页。
⑦ 同上书，第 1053 页。
⑧ 同上书，第 1072 页。
⑨ 同上书，第 183 页。
⑩ 同上书，第 443 页。

弟之事，虽未必由于坟墓风水，而八斗冲屋后及周壁冲三处皆不可用，子孙之心，实不能安。千万设法，不求好地，但求平安。”① 这就把“不信风水”的标榜忘得一干二净。他不是表示“生平不信鬼神怪异之说”吗？可是碰到有些事态发展偶与乩语之意相类，或某些现象符合自己的幻觉意识时，他马上“又觉神异之不尽虚妄”② 了。

曾国藩是一个十分复杂、充满矛盾的人物。他一方面是封建理学的最后一批代表人物之一，另一方面又是洋务运动的最初倡导者的一员。复杂的时代赋予他复杂的性格，养成他复杂的内心世界。我们集中了上面几个问题，尝试着做一些粗浅的分析。这些问题，当然不是他内心世界的全部，只是通过他的家书窥视到的内心世界的若干曲折流露，但仅从这些问题也可以说明，对任何一个人，用简单化的方法，是难以弄清他的庐山真面目的，如果有意强调一面而忽略另一面，则有点像哈哈镜一样，照出来的大抵是扭曲了的畸形形象而已。

---

① 《曾国藩全集·家书》，第458页。

② 同上书，第917页。

政治变革与社会心态

——戊戌维新时期改革与反改革的斗争*

戊戌维新运动，既是一次振聋发聩的思想解放运动，又是一场惊世骇俗的政治改革运动。思想战线和政治战线的斗争，交错迭出，互相影响，互相促进。可以这样说：没有维新思想的广泛传播，政治改革就无由发生；反之，不经过政治领域中新旧势力的激烈搏斗，维新思潮也难以造成深广的影响。围绕着改革与反改革的斗争，各个不同的社会阶层，各种不同的利益集团，呈现出形形色色的社会心态。

一场深刻的社会震动

人们常常批评资产阶级维新派把自己的活动局限在十分狭小的范围之内，并认为这是导致他们的事业最终失败的致命弱点之一。这个批评只有在一定的限度内是合理的和公正的。诚然，维新派所能依靠并直接组织到运动中来的活动分子，确实寥寥无

---

* 见《世纪之交的晚清社会》，北京，中国人民大学出版社，1995。

几。正如严复所说的："（维新党）与守旧党比，不过千与一之比，其数极小。"① 但是，如果就他们的活动所造成的社会影响来说，却是极其巨大的。维新派推行的政治改革，在当时成了社会各个阶层注目的中心，并且真正引起了一场深刻的社会震动，其强烈的程度，在一潭死水似的封建政治生活中是极为少见的。

不论是赞成还是反对变法维新的人，都一致承认以下的事实：在政治改革趋向高潮的一个短时间里，从来没有那么多的人关心着国家大事。人们在公开场合和私人接触中，都把变法维新作为议论的主要课题。梁启超形容当时的情形是："上自朝廷，下至人士，纷纷言变法。"② 谭嗣同的描写则是："人思自奋，家议维新。"③ 欧榘甲的说法是："家家言时务，人人谈西学。"④ 而唐才常对当时的社会生活，则描绘了这样一幅图景："方新政甫行之日，明诏一下，欢声雷动，学会林立，万众沸腾。风雨杂衿褸鳞萃，人怀召见之心，士冀特科之选。以变法改制为口头禅，以揣摩风气为绵里针。于时有目以旧党者，辄踧踖不敢任受。"⑤ 这种情形在反对者的笔下也有所反映，而在语气上不免带着一点伤感的调子："朝局岌岌不可终日，如蜩如螗，如沸如羹，今其时矣。"⑥ 政治改革的旋风是如此强劲，甚至把一些平素安分守己、不问国事的人也卷了进来。有一个材料说："至戊戌春康君

① 《论中国分党》，见《中国近代史资料丛刊·戊戌变法》第三册，第 76 页。

② 《戊戌政变记》，见《中国近代史资料丛刊·戊戌变法》第二册，第 19 页。

③ 《与徐仁铸书》，见《谭嗣同全集》（增订本，下同），上册，第 269 页。

④ 《论政变与中国不亡之关系》，见《中国近代史资料丛刊·戊戌变法》第三册，第 156 页。

⑤ 《唐才常集》，第 182 页。

⑥ 叶昌炽：《缘督庐日记钞》，见《中国近代史资料丛刊·戊戌变法》第一册，第 528 页。

入都变法之事，遂如春雷之启蛰，海上志士，欢声雷动，虽谨厚者亦如饮狂药。"① 在这里，我们可以借用马克思的这样一句话：神通广大的历史锅炉全部沸腾起来了！②

在这种情况下，两个社会地位很低的小人物、变法维新事业的设计者和倡导者康有为、梁启超，骤然进入了政治舞台的中心，成了众目所视的历史主角。当然，他们不仅是在一片赞扬欢呼声中，同时也是在一片詈骂诅咒声中登上历史舞台的。但不管怎样，他们在当时的巨大影响，正是他们所从事的政治改革运动引起的社会震荡的确切反映。变法维新运动触及的社会生活面愈广，人们对康、梁的议论也就愈多。我们先来看看康有为。有人说，戊戌春夏，"朝野议论，无处不谈康有为"③。又有人说，康有为"博学多才，盛名几遍天下。誉之者有人，毁之者尤有人。誉之者无不俯首服膺，毁之者甚至痛心切齿，诚有非可以常理论者"④。还有人说："自康有为平权改制之说兴，一时年少轻浮无识之士，趋之如市，邪说横流，几若狂澜之倒，不易挽回。"⑤ 梁启超的情况也同他的老师差不多。自从他发表了《变法通议》等文章后，"此论一倡，遂风靡海内，举国趋之如饮狂泉"。他主编的《时务报》也"一时风靡海内，数月之间，销行至万余份，梁任公之名，由是噪起"⑥。有的材料甚至说："当《时务报》盛行，启

---

① 罗振玉：《贞松老人遗稿》，见《中国近代史资料丛刊・戊戌变法》第四册，第249页。

② 《论马克思恩格斯及马克思主义》，第169页。

③ 苏继祖：《清廷戊戌朝变记》，见《中国近代史资料丛刊・戊戌变法》，第335页。

④ 陈宝箴：《奏厘正学术造就人才折》，见《中国近代史资料丛刊・戊戌变法》第二册，第357页。

⑤ 《掌江西道监察御史王鹏运折》，见《戊戌变法档案史料》，第479页。

⑥ 杨复礼：《梁启超年谱》，见《中国近代史资料丛刊・戊戌变法》第四册，第171－172页。

超名重一时，士大夫爱其语言笔札之妙，争礼下之。自通都大邑，下至僻壤穷陬，无不知有新会梁氏者。”① 可以看出，发表这些言论的人们对康、梁的态度是很不一致，甚至是截然相反的，但不论从正面还是从反面，都无可置疑地证明了康有为、梁启超的言行，在当时的社会生活中曾经激起了怎样的波澜。

上面这些材料，主要是说明变法维新所引起的社会震动的广度问题。至于深度呢？我们不妨先引用一份外国报纸的评论。1898 年 11 月 7 日《字林西报》的一篇文章说：“维新党在各个部门中都实行大刀阔斧的改革工作，直到举世都为之震惊，认为比起这个青年的中国来，就是日本的维新速度也瞠乎其后。”②

这个评论无疑带有夸张的成分，但毕竟不是无中生有，空穴来风。应该承认，资产阶级维新派所推行的改革运动，确实在好些方面触动、影响甚至一定程度地改变了人们传统的思想方式和生活方式。

剧烈的震动首先反映在人们的精神生活领域。维新派通过各种手段，包括向朝廷上书、报章撰文、学会演说等，反复而详尽地提出并宣传自己的一系列变法改革的主张。几乎每一种宣传方式都得到了强烈的社会反响。拿上书来说，本来这主要是以争取和说服皇帝为直接目的的，而且康有为的上书在起初大部分都“未达九重”，但在实际上，这些奏稿却在社会上不胫而走，“京师一时传抄，海上刊刻，诸大臣士人共见之，莫不嗟悚”③。“原文传布，登沪上报章”，“展阅一周，言有过于痛哭者”④。至于本

---

① 胡思敬：《戊戌履霜录》，见《中国近代史资料丛刊·戊戌变法》第四册，第 47 页。
② 《野蛮较佳于维新》，见《中国近代史资料丛刊·戊戌变法》第三册，第 516 页。
③ 梁启超：《戊戌政变记》，见《中国近代史资料丛刊·戊戌变法》第一册，第 250 页。
④ 谭献：《复堂日记续录》，见《中国近代史资料丛刊·戊戌变法》第一册，第 536 页。

来就以向公众宣传为目的的报章论说，其社会影响自然就更大了。胡思敬《戊戌履霜录》曾说："甲午款夷后，朝政多苟且，上下皆知其弊，以本朝文禁严，屡兴大狱，无敢轻掉笔墨讥时政者。自时务报出，每旬一册，每册数千言，张目大骂，如人人意所欲云，江淮河汉之间，爱其文字奇诡，争传诵之。"[①] 李提摩太也说《时务报》的刊行"从最初就是一个灿烂的胜利，震动了整个的帝国"[②]。维新派创办的其他报刊，也同样引起了社会的瞩目，因为用报纸议论时政，本身就是"一举而破二千余年之结习"[③] 的创举。此外，维新派又"分日夜之力，往各会宣讲"，他们在一些学会组织的集会上演说时，常常是"楼上下人皆满，听者有泣下者"[④]。维新派慷慨激越的呼喊怎样引起了人们的共鸣，我们只要看一看文悌参劾保国会的奏折中的一段话就会了解："康有为不知省改，且更私聚数百人，在辇毂之下，立为保国一会。日执途人而号之曰：'中国必亡，中国必亡！'……以致士夫惶骇，庶民摇惑，私居偶语，亦均曰：'国亡国亡，可奈何！'"[⑤] 文悌从这种社会现象中得出"四民解体"，"势必乱国而后已"的耸人听闻的结论，我们却从这种历史现象中看到了人民爱国主义精神的昂扬。总之，在一个相当的范围内，维新思想深深地扣动了人们的心弦。

资产阶级维新派发动的改革运动，也对人们的政治生活发生了深刻的影响。拿组织学会一事来说，在维新运动以前，这完全

① 《中国近代史资料丛刊·戊戌变法》第一册，第 373 页。
② 《中国的维新运动》，见《中国近代史资料丛刊·戊戌变法》第三册，第 560 页。
③ 《湘报序》，见《唐才常集》，第 137 页。
④ 《康南海自编年谱》，见《中国近代史资料丛刊·戊戌变法》第四册，第 143 页。
⑤ 《中国近代史资料丛刊·戊戌变法》第二册，第 485 页。

是不可思议的事。除了封建时代早已存在的下层群众的秘密结社以外，建立近代意义的政治性组织，人们是连想也不敢想一想的。由于封建专制统治一向“严禁结社”，“疾党如仇，视会为贼”，所以人们对于“党会二字，当时视如蛇蝎”[①]。维新派开始筹组学会时，许多人不是裹足不前，就是望而却步；即使有些人心表赞同，也“惮会之名号，咸欲避之，而代以他字”[②]。在维新派的坚持努力下，这种带有鲜明政治性和浓厚学术性的社会群众团体，终于艰难地，然而富于生命力地出现在中国政治舞台上；到变法维新的高潮时期，更是“学会之风遍天下”，出现了“学会如林”的局面，这不能不说是那个时代人们政治生活中的一件大事。又如，在百日维新时期，维新派曾经争得了允许士民上书言事的权利，这一件在今天看来也许是微不足道的事，在当时却非同小可。梁启超说：“国朝天泽极严，君臣远隔，自内而公卿台谏，外而督抚，数百十人外，不能递折。……故虽有四万万人，实数十资格老人支柱掩塞之而已。”“故疾苦如山，积弊如海，九重万里，无由闻知，向来譬之如十七重浮屠，层层塞隔。”[③] 一般小民，不仅不能向皇帝上书，就是对王公、大臣、督抚、司道，也是侯门似海，蔽塞难通。一旦由上谕明令许天下士民上封奏，在政治上引起的巨大震动自然是可以想见的。维新派说实行这个政治措施的结果是“嘉谟入告”，“民隐尽达”[④]，这未免言之过甚；其实，这件事的真正意义，并不在于它取得了多

---

① 张元济：《追述戊戌政变杂咏》，见《中国近代史资料丛刊·戊戌变法》第四册，第351页。

② 梁启超：《康有为传》，见《中国近代史资料丛刊·戊戌变法》第四册，第10页。

③ 《戊戌政变记》，见《中国近代史资料丛刊·戊戌变法》第一册，第308页。

④ 同上书，第272页。

少政治民主化的实际效果，而主要是借此造成一种政治改革的浓厚气氛，表示对于封建专制政治的某种冲击而已。这一点，当时已经做到。“于是人人封章，得直达于上，举国鼓舞欢蹈，争求上书。……又从前仪式最严，一笔违误，即至议处，至是下僚寒士，皆不谙奏折格式，随手写折，或奏或呈或上书，或跪或不跪，或上款或下款，种种新式，杂沓可笑。至有野人渔民上书，纸有二尺长条。言及皇上，亦不抬头。”[①] 这种情况，实质上是对封建专制主义统治下“万马齐瘖”的死寂沉闷的政治局面的一种抗争。

变法维新的改革运动，也深入人们的日常社会生活领域。明显的例子是废除八股取士制度所引起的巨大震动。多少年来，读书人的习惯生活道路，就是治帖括，习八股，然后通过科举考试，极少数侥幸者经过狭窄的孔道挤身于统治阶级的行列，绝大多数人则皓首穷经，潦倒一生。戊戌变法时发布停废八股改试策论的上谕后，“一时缙绅士庶，田夫市侩，以及识字妇女，学语小儿，莫不交口而訾曰：八股无用，八股无用”[②]。广大封建士大夫不管愿意不愿意，也不得不从走惯了的老路上踅回头，重新探索一条陌生的人生道路。“八股既废，数月以来，天下移风，数千万之士人，皆不得不舍其兔园册子帖括讲章，而争讲万国之故，及各种新学，争阅地图，争购译出之西书。昔之梦梦然不知有大地，以中国为世界上独一无二之国者，今则忽然开目，憬然知中国以外，尚有如许多国，而顽陋倨傲之意见，可以顿释矣。

① 梁启超：《戊戌政变记》，见《中国近代史资料丛刊·戊戌变法》第二册，第69页。

② 光绪二十四年六月十九日《申报》：《八股辨》。

虽仅数月，八股旋复，而耳目既开，民智骤进，自有不甘于谬陋者，旧藩顿决，泉涌涛奔，非复如昔日之可以掩闭抑遏矣。”①此外，维新派在社会习俗方面所提倡的一些改革，如兴女学，废缠足，鄙弃烦琐的封建礼仪等，也为人们的社会生活带来了一股清新之风。

也许有人会说：这些都不过是昙花一现，瞬息即逝的现象，以慈禧太后为代表的顽固势力一反扑，政变一发生，封建政治即恢复旧观，改革的成果全都成了子虚乌有。这种说法，我认为并不全面。人类已经获得的东西是不会轻易失去的。且不说思想影响无法抹去，就是具体的政治成果，也不能一概废除，已经废弃了的，经过一个短时期后，在新的历史条件下，又会重新显现出来。上引梁启超所说的“旧藩顿决，泉涌涛奔”八个字，是很能说明这一场社会震动的深刻含义的。

来自两方面的阻力

当变法维新运动刚刚失败的时候，社会上许多人士，包括维新派自己在内，都有意无意地把失败的原因归之于慈禧太后与光绪皇帝的权力之争。康有为在逃亡途中就说过：“反维新运动，是西太后和光绪帝之间争权的结果。”② 王照更说：“慈禧但知权

---

① 梁启超：《戊戌政变记》，见《中国近代史资料丛刊·戊戌变法》第二册，第25页。

② 《窦纳乐致英国外交大臣信》（1898年10月13日），见《中国近代史资料丛刊·戊戌变法》第三册，第532页。

利，绝无政见，纯为家务之争。”① 他甚至埋怨康有为等人不知“调和两宫”，以致引起了慈禧太后对变法运动的恶感。这种认识当然是极其肤浅的，根本没有接触到问题的本质。

变法维新运动既然是一场改革，就必然要遇到阻力。恩格斯说：“每一种新的进步都必然表现为对某一神圣事物的亵渎，表现为对陈旧的、日渐衰亡的、但为习惯所崇奉的秩序的叛逆”②。而旧秩序的代表总要竭力维护旧事物，以拼死的反抗来制止改革的进行。因此，把政变的发生仅仅归咎于像慈禧太后这样的个别人物的恶意，是不够的；事实上，站在改革的对立面的，有整个腐朽的旧制度。慈禧太后不过是这种旧制度的最高代表。

具体一点说，改革的阻力主要来自两个方面。

第一方面，也是最主要的方面，是凭借旧制度和旧秩序而取得既得利益的特权阶层。由于改革必然给他们以损害，因此，他们就必然要敌视改革。这部分人形成了一股盘根错节的反改革的守旧势力。光绪帝说守旧衰谬之大臣“盈廷皆是”③，宋伯鲁说“中外诸臣，半属守旧”④，指的就是这些人。

关于这一点，在当时，其实是不论当事者还是旁观者都是十分清楚的。

英国公使窦纳乐在向女皇政府报告戊戌政变的经过时，就毫不含糊地指出：大多数满族贵族和汉族官僚所以要“摧毁维新

---

① 《方家园杂咏二十首并纪事》，见《中国近代史资料丛刊·戊戌变法》第四册，第 359 页。

② 《路德维希·费尔巴哈和德国古典哲学的终结》，见《马克思恩格斯选集》，第 4 卷，第 233 页。

③ 《中国近代史资料丛刊·戊戌变法》第一册，第 251 页。

④ 《中国近代史资料丛刊·戊戌变法》第二册，第 350 页。

派”，根本原因就是：“光绪采纳热心变法的年青一派的建议从事改革，不但危及他们的权利，甚至危及他们的地位。”他还表示赞同地转述康有为的话说：“这些改革，将削弱他们的权力，减少他们的薪俸，甚至使他们冒着免职的危险，以便让位给热烈赞同光绪意见的年青人。”①

如果这只是概括的结论性的看法，那么，当事人梁启超的分析就更加具体、更加深入了：

> 今守旧党之阻挠变法也，非实有见于新法之害于国病于民也。吾所挟以得科第者曰八股，今一变而务实学，则吾进身之阶将绝也。吾所恃以致高位者曰资格，今一变而任才能，则吾骄人之具将穷也。吾所藉以充私囊者曰舞弊，今一变而核名实，则吾子孙之谋将断也。然犹不止此，吾今日所以得内位卿贰，外拥封疆者，不知经若干年之资俸，经若干辈之奔竞而始能获也；今者循常习故，不办一事，从容富贵，穷乐极欲，已可以生得大拜，死谥文端，家财溢百万之金，儿孙皆一品之荫。若一旦变法，则凡任官者皆须办事，吾将奉命而办事耶？则既无学问，又无才干，并无精力，何以能办？将不办耶？则安肯舍吾数十年资俸奔竞，千辛万苦所得之高官，决然引退，以避贤者之路哉？故反复计较，莫如出死力以阻挠之。盖全国千万数之守旧党人，不谋而同心，异喙而同辞，他事不顾，而惟阻挠新法之知。②

---

① 《窦纳乐致英国外交大臣信》（1898年10月13日），见《中国近代史资料丛刊·戊戌变法》第三册，第532、536页。

② 《论变法后安置守旧大臣之法》，见《中国近代史资料丛刊·戊戌变法》第三册，第33、34页。

对这个问题讲得最精彩、最透辟的，倒是在改革运动中比较温谨的严复。如果说梁启超还只是做了一些静态的分析，严复则对此进行了动态的研究，深刻地揭示了守旧势力与敝法、私利之间的因果关系：

> 国家承平既久，则无论为中为外，举凡一局一令，皆有缘法收利之家，且法久弊丛，则其中之收利者愈益众。一朝而云国家欲变某法，则必有某与某者所收之利与之偕亡，尔乃构造百端，出死力以与言变者为难矣。是故其法弥敝，则其变弥不可缓；而亦其变之弥不可缓，则其欲变弥难。盖法之敝否，与私利之多寡，为正比例，而私利之多寡，又与变之难易为正比例也。夫小人非不知变法之利国也，顾不变则通国失其公利，变则一己被其近灾，公利远而难见，近灾切而可忧，则终不以之相易矣。①

梁启超和严复都指出，守旧势力并非不知道改革对国家和社会是有利的，但个人和阶级的私利，却是个更为现实的因素，对于这些人来说，它在天平上的砝码是远远重于国家民族的公利的。严复进一步指出，越是迫切需要改革的腐败陈旧的“敝法”，某些人能够从中谋取的私利也就越多，因而他们也就越加拼命地维护其存在；从而，改革的阻力也越多，改革的困难也越大。

这些论断完全符合变法维新运动的客观实践。几乎每一项改革措施，都不免触犯一些人的利益，因此他们就出来反对和抗拒。最引起他们敏感的是像立制度局、裁撤冗官这样一些涉及封

---

① 《上今上皇帝万言书》，见《中国近代史资料丛刊·戊戌变法》第二册，第327页。

建统治机构的改革，由于它关系到他们的乌纱帽问题，当然反应特别强烈。当康有为提出“请立制度局于内廷”的建议后，立即“朝议哗然，谓此局一开，百官皆坐废矣”①。于是纷纷反对，最后终于使这个建议搁置起来。裁冗官算是部分地实行了，在百日维新期间，发布了裁撤詹事府、通政司、光禄寺、鸿胪寺、太常寺、太仆寺、大理寺及广东、湖北、云南巡抚、河东总督、各省粮道等衙门和官职的诏谕。本来，这些衙门的官员“皆无事可办，任其职者，皆养尊处优，素餐尸位，朘民之脂膏，以养此无谓之闲人”②。但一旦裁撤，可就引起了轩然大波，“此诏一下，于是前者尸位素禄阘冗无能妄自尊大之人，多失其所恃，人心皇皇，更有与维新诸臣不两立之势”③。有人估计，因裁官而受到牵连失去职位的（包括一些属吏，这些人大都是大官的亲友）“将及万人”④，也有的说“不下五千余人”⑤，这些人便都成了改革运动的积极反对者。

就是一些看来并不直接伤害什么人的利益的举措，也竟为守旧势力所不容。例如前面提到的许士民上封章一事，仅仅由于上书言事不再成为少数人的特殊权利，所以也因其有损于特权阶层的尊严、打乱了森严的封建等级关系，而被守旧势力认为是“第一切肤之痛”的事。他们恨恨地说：“欲天下无事，杜绝言路，

---

① 胡思敬：《戊戌履霜录》，见《中国近代史资料丛刊·戊戌变法》第一册，第363页。

② 梁启超：《戊戌政变记》，见《中国近代史资料丛刊·戊戌变法》第一册，第279页。

③ 《中国近代史资料丛刊·戊戌变法》第一册，第271—272页。

④ 陈夔龙：《梦蕉亭杂记》，见《中国近代史资料丛刊·戊戌变法》第一册，第485页。

⑤ 光绪二十四年七月二十六日《中外日报》消息，见《中国近代史资料丛刊·戊戌变法》第三册，第399页。

自然安静，而办事者，亦可顺手。"[①] 还可以举另一个例子，是关于修治京城街道的事。当时京师街道，脏乱不堪，"粪土载道，秽污山积，风即扬尘，雨即泥泞"，"洋人目之为猪圈，外省比之为厕屋"[②]。在改革运动的高潮中，有人也想到了这件事，觉得应该加以改进。这无论从哪方面看都应该说是件好事，既壮观瞻，又利卫生，该能够比较容易行得通了吧？谁知不然。尽管光绪为此发了专门的诏谕，但毫无动静，几经催促，最后才算在宣武门修了一小段路，算是应付一下门面。为什么连这样一件小事也难办呢？因为"修道岁支帑六十余万金，旗丁工部街道厅分之，若必修，则无可分矣，此所以不能行乎！"[③] 此类事尚且如此，其余的就更可想而知了。这使我们想起了列宁曾经引用过的一句著名格言：几何公理要是触犯了人们的利益，那也一定会遭到反驳的。[④] 何况改革并不是几何公理，而是社会生活的一部分，改革本身就意味着矛盾，意味着斗争，意味着利益关系的调整，因此，任何微小的改革，也总要遭到一部分社会势力的抗阻。当然，像修治京城街道这样的小事尚且窒碍难行，则事实正好表明：封建政治的躯体已经完全僵化，毫无活力；它的腐朽已深入骨髓，实在是无可救药的了。改革的艰难正证明了改革的必要；而改革的迫切性却丝毫不能改变反改革者的顽固态度。

反改革的阻力还来自另外一个方面，也是容易被人忽略的方面，这就是在封建专制主义的长期统治下造成的习惯势力。"千

---

① 苏继祖：《清廷戊戌朝变记》，见《中国近代史资料丛刊·戊戌变法》第一册，第 342 页。

② 《中国近代史资料丛刊·戊戌变法》第一册，第 340 页。

③ 《康南海自编年谱》，见《中国近代史资料丛刊·戊戌变法》第四册，第 132 页。

④ 《马克思主义和修正主义》，见《列宁选集》，第 2 卷，第 1 页。

百万人的习惯势力是最可怕的势力。"[①] 这种习惯势力，常常对新事物起着一种抗拒的作用。正由于这种习惯势力与改革格格不入，所以它实际上起着对守旧势力"助桀为虐"的作用。

资产阶级维新派在推行改革中处处感受到这种习惯势力的阻碍。梁启超在给汪康年的信中谈道："中国人士寡闻浅见，专己守残，数百年如坐暗室之中，一无知觉。创以新学，则阻挠不遗余力；见一通人，则诋排犹如仇雠。"[②] 杨深秀在一个奏折中指出："夫数百年之旧说，千万人之陋习，虽极愚谬，积久成是，诚非一二言所能转易也。"[③] 康有为则深有感触地慨叹："盖变千年之俗，诚不易也。"[④] 在千百万人的习惯势力面前，他们产生了某种孤寂之感，这并不全是他们的过错，不能把责任完全归在他们身上。《国闻报》有一篇文章，曾对习惯势力做过极为生动的描述："举国在于沈舟之下，覆屋之中。强盗入室，大火烧门，有壮者荷戈持锣，大声疾呼，而同室之人，不恶盗贼，不救大火，而反仇是荷戈持锣之人，骂之詈之，攻之讦之，缚之扶之，组织而锻炼之，甚且诬罔以为荷戈欲窃、持锣放火也。"在严重压力下，一些"向号开新之人"，也不免犹疑动摇起来，"惊惑于众论，或疑其无益，或哂其多事，或疑其虚论而无实事，或拟其不必骇众而卖名，或以为不必骜愚而饰智"，竟对改革事业进行"冷讥薄诮"[⑤]。

---

① 列宁：《共产主义运动中的"左派"幼稚病》，见《列宁全集》，中文第 2 版，第 39 卷，第 24 页。

② 《复汪穰卿同年书》，见《中国近代史资料丛刊·戊戌变法》第二册，第 536 页。

③ 《请御门誓众折》，见《中国近代史资料丛刊·戊戌变法》第二册，第 393 页。

④ 《康南海自编年谱》，见《中国近代史资料丛刊·戊戌变法》第四册，第 126 页。

⑤ 《闻保国会事书后》，见《中国近代史资料丛刊·戊戌变法》第四册，第 412 页。

习惯势力的特点，就是前引杨深秀奏折中提到的“积久成是”四个字。习惯势力之反对改革，往往并不是由于改革损害了他们的利益，而只是由于改革违反了旧的传统，这种传统因为有其悠久的历史而在一些人的心目中被视为天经地义，神圣不可侵犯。在一些被传统观念紧紧束缚住头脑的人们那里，宁肯安于现状，不愿改弦更张。维新派的议论中常常使用这样一些词句：“积习相沿，深而且固”；“人之安常，如水就下”；“人情常乐因循，而惮改作”；等等。有时，他们还发些诸如“凡民可与乐成，难与虑始”一类的牢骚。这固然在一定程度上表现了他们轻视人民群众的唯心思想，但也反映了他们在改革中遭到习惯势力抗拒的严重情况。关于这方面比较典型的情况，仍然可以举废除八股取士一事为例。八股之害，人们论之已久。从国家说，固然是“驱天下有用之才，而入于无用之地”[①]；就士人说，也是蔽聪塞明，弄得“目不通古今，耳不知中外”[②]。极少数人虽可以此为敲门砖登上仕途，但绝大多数人终不免困于科场，老死牖下。有清一代，不少有识见的思想家和文学家曾通过自己的作品对八股取士制度进行过声泪俱下的控诉和揭露。因此，不但维新派把废八股看作实行改革的头一件大事，而且“八股一事，守旧大臣中稍明事理者，亦不谓然”[③]。可是，当废八股改策论的诏谕公布以后，“远近帖括之士，惊怪不知所为”[④]，因为制艺自宋、元、

---

① 杨深秀：《奏请正定四书文体以励实学折》，见《中国近代史资料丛刊·戊戌变法》第二册，第343页。

② 徐致靖：《请废八股疏》，见《中国近代史资料丛刊·戊戌变法》第二册，第339页。

③ 苏继祖：《清廷戊戌朝变记》，见《中国近代史资料丛刊·戊戌变法》第一册，第350页。

④ 胡思敬：《戊戌履霜录》，见《中国近代史资料丛刊·戊戌变法》第一册，第361页。

明至清代，“行之且千年，深入迂儒骨髓”①，他们再也想象不出除了习八股之外，还有别的其他什么事业可做。所以，尽管他们是受害最深的人，却总觉得自己与八股“性命相依”，一旦废八股，似乎就绝了他们的安身立命之所。于是，全国数千进士、数万举人、数十万秀才、数百万童生，汹汹然反对此种改革。“愚陋守旧之徒，骤失所业，恨康有为特甚，至有欲聚而殴之者，自是谣诼大兴，亦遍于天下”②。

类似这样的情况，在当时几乎是随处可见。强学会成立时，“有闻强学会之名者，莫不惊骇，而疑有非常之举”③；保国会成立时，“京师大哗”，“谣诼之起，遍于全都”④。其所以如此，固然主要由于守旧势力的有意破坏，但也有一部分原因在于一些人觉得这种举措于史无征，未免“非圣无法”。缠足“本非天下女子之所乐为”，“缠足之害”也几乎“无人不知”，但真要抵制缠足，却不免引起许多人的“骇奇疑笑”，康有为于光绪九年在南海家乡最初组织之不裹足会，也因共同创办者恐怕立会“犯禁”而散去。其原因，无非是人们“拘于习俗，而无敢畔其范围而已”⑤。连设立新式学堂这样的事，也遭到社会上习惯势力的攻讦。谭嗣同等欲将浏阳的南台书院改为算学馆，并已呈请湖南学政江标批准，“批出，而众论大哗，至诋浏阳为妖异，相戒毋染浏阳之逋毒”⑥。梁启超也谈道，“当时社会嫉新学如仇，一言办

① 胡思敬：《戊戌履霜录》，见《中国近代史资料丛刊·戊戌变法》第一册，第360页。

② 梁启超：《戊戌政变记》，见《中国近代史资料丛刊·戊戌变法》第二册，第25页。

③ 梁启超：《莅北京大学校欢迎会演说词》，见《中国近代史资料丛刊·戊戌变法》第四册，第255页。

④ 梁启超：《戊戌政变记》，见《中国近代史资料丛刊·戊戌变法》第一册，第270页。

⑤ 严复：《原强》，见《中国近代史资料丛刊·戊戌变法》第三册，第55页。

⑥ 《浏阳兴算记》，见《谭嗣同全集》，上册，第184页。

学即视同叛逆，迫害无所不至”[1]。证之以谭嗣同等办算学馆的遭际，这话显然并不过分。

这种习惯势力，不仅存在于封建统治阶级身上，也一定程度地存在于社会其他各个阶层中间。究其根源，仍然是由于封建专制主义的反动统治。维新派不止一次地指出：人民群众中的“顽固嚣张之习”，并非中国人民所固有，而是封建统治者的愚民政策造成的。“中国人之聪明，本不让欧西，特千年以来，君上务以愚民为术，抑遏既久，故日即于固陋耳。”[2] 统治阶级的思想在每一时代都是占统治地位的思想。封建主义的意识形态，必然要浸淫、毒害人们的头脑，封建统治阶级所固有的那种维护现存统治秩序、反对任何变革的守旧因循思想，也必定要通过各种渠道影响人们，因此，社会上的相当一部分人，“其见改革而惊讶，固所当然也”，实在是没有什么可以奇怪的。自然，人们在日益激烈的政治斗争中，终究会逐渐挣脱封建主义的精神枷锁，不断提高自己的思想觉悟，但这需要有一个过程，需要走过漫长的、曲折的、艰苦的道路。不妨说，戊戌维新运动，正是这条漫长道路中的一个重要里程碑。

守旧势力的反改革活动

戊戌时代的改革运动，以失败而告终。这种失败，并不是突

---

① 《莅北京大学校欢迎会演说词》，见《中国近代史资料丛刊·戊戌变法》第四册，第 255 页。

② 梁启超：《戊戌政变记》，见《中国近代史资料丛刊·戊戌变法》第二册，第 31 页。

然发生的。守旧势力对改革活动的每一步都进行了顽强的抗拒。慈禧太后发动的反动政变，不过是改革与反改革斗争的最后一幕和合乎逻辑的结局。

守旧势力反对改革的活动手法，是多种多样的，有公开的和隐蔽的、政治的和思想的、“合法”的和“非法”的，等等。分析一下这些五花八门的手法，对于我们认识当时历史上阶级斗争的复杂性，也许是不无裨益的。

首先是公开的反对。不管某些人反对改革的言论夹杂着无中生有的捏造和诬陷，但较之隐蔽的破坏，似略胜一筹。强学会成立时，杨崇伊进行参劾，说是“私立会党，将开处士横议之风”。保国会成立时，李盛铎、潘庆澜、黄桂鋆等进行参劾，说是“包藏祸心，乘机煽惑”。光绪召见康有为后，许应骙、文悌等又立即奏劾康有为“其建言既不可行，其居心尤不可问”，要求立予罢斥，驱逐回籍；曾廉甚至上书请杀康、梁。湖南实行新政比较积极，徐树铭、黄均隆等即相继“入奏严劾”。这些都是比较突出的，此外还有许多。可以说，守旧势力几乎在每一重大问题上都曾进行了公开的非议和攻击。

守旧派的公开反对，显然给维新派的改革事业带来了极大的困难。但是，由于光绪皇帝最终表示支持变法，使守旧势力的公开阻挠未能全部奏效。于是，他们便改变策略，采取了拖延的手法。据不完全统计，百日维新期间，光绪发布的严责各地官僚对新政敷衍搪塞的诏谕有十二次之多。许多中央的和地方的大吏，对于诏谕要求举办的新政，或者根本置之不问，或者借口“不懂”、“从未办过”而“模棱不奉”，有的甚至“无一字复奏”。最典型的一件事是处理康有为请立制度局的建议。自康有为上折后，光绪即交总署研究，自戊戌正月一直拖到五月，没有回音。光绪怒促数次，总署才写了个复奏，其中不是说“迹涉纷更，未必即有实际”，就是说“不必更变名目”，“毋庸置议”。光绪阅后，大为不满，朱批“着该衙门另行妥议”。总署回奏说：“事关重要”，请加派王大臣一起会同“议奏”，“以期妥慎”，把皮球踢了过去。光绪立即令军机大臣与总署大臣一起“切实筹议具奏，毋得空言搪塞”。二十天后，军机大臣和总署大臣联名写了个议复的奏折，这个奏折是一份颇能表明封建官场中如何玩弄文牍游戏相当有趣的妙文。文件在抽象肯定康有为的建议“切中事情”之后，对康的具体主张条分缕析，说明有的“已经举办”，有的“应请缓办”，有的“不便施行”，有的“尚须推广”，而总的意思是，只要现有的各个衙门“果使各勤职业，办理自可裕如，正不必更立名目，转滋纷扰”①。总之，转了一个大圈，最后是不了了之。正如张元济所说：“近来臣工条奏凡有交议，廷臣多不能仰体圣意，切实议行。或诡称已办，或极称不便。无非欲行驳斥，即有一二议准，亦复支吾影射，貌合神离，迥失原奏本意。”② 梁启超也说：“自四月以来，明诏累下，举行新政，责成督抚，而除湖南巡抚陈宝箴外，寡有能奉行诏书者。上虽谆谕至于三令五申，仍复藐为具文。”③

比拖延策略更坏的，还有一种阳奉阴违的办法，按照当时人们的说法叫作“迁就弥缝，阴怙旧习”。这个说法见之于王照的奏折：“惟两月以来，皇上振厉，志在风行，而诸臣迁就弥缝，

① 以上均见《戊戌变法档案史料》，第7-11页。

② 《总理各国事务衙门章京张元济折》，见《戊戌变法档案史料》，第42页。

③ 《戊戌政变记》，见《中国近代史资料丛刊·戊戌变法》第二册，第61页。

阴怙旧习。上以诚感，下以伪应。”[①] 前面我们曾两次提到废八股改策论一事，如何引起了社会上包括赞同和反对两个方面的强烈反响。其实，这件事本身，与其说是维新派改革运动的一大胜利，不如说是他们的一个失败。因为光绪虽然发布了废除八股的上谕，但只是讲了一个原则，具体实施办法，仍需由礼部详细具拟。礼部就采用了“迁就弥缝，阴怙旧习”的手法，表面上赞成和支持改试策论的原则，而实际上却偷梁换柱，在乡会试的内容和方法上玩弄了许多花招，结果是新瓶装旧酒，换汤不换药。所以叶昌炽的《缘督庐日记钞》中说：“（六月初二日，）见礼部所议改试策论章程，束缚驰骤，甚于旧制，无怪康门之反唇也。”[②] 这就是某些封建政治家的一大本领，他们对于有关改革建议的奏折，“似无一语驳者，似无一条不行者”，但弄来弄去，却使之“皆成为虚文”[③]。

以上列举的并没有囊括守旧势力反改革手法的全部内容，但仅仅这些，也就足以使我们相信，幼稚质直而缺乏政治经验的维新派，远不是那些老谋深算、久于官场的守旧派的对手了。何况，卑劣的动机往往要借助于卑劣的手法，这里我们不能不简单地提一下守旧势力曾广泛使用的一个伎俩：制造政治谣言。戊戌维新时期，各种各样离奇荒唐的谣言到处传布：什么光绪病重啦，什么“皇上”入天主教啦，什么光绪吃了外国人的迷药啦，什么康有为兄弟出入宫禁、“秽乱宫闱”啦，什么康有为要“尽废京师六部九卿衙门”啦，什么朝廷要“设立鬼子衙门”、伊藤

① 王照：《礼部代递奏稿》，见《中国近代史资料丛刊·戊戌变法》第二册，第352页。

② 《中国近代史资料丛刊·戊戌变法》第一册，第529页。

③ 《康南海自编年谱》，见《中国近代史资料丛刊·戊戌变法》第四册，第154页。

博文要入军机当“客卿”啦，甚至还有“陈宝箴拜跪洋人，使妇人易西种”等等不堪入耳的话。有人说：“正月以来，都中上自王公，下及士庶，众口哗然，谣言四起，多由显者口中传出，故信之者众。”“内言传于外，外言又传于内，愈出愈奇，不值识者一笑。”① 当时的报纸也说：“新政甫颁，流言竞起，虽非显行违抗，实已阴为阻挠。”② 这些政治谣言，或者把严肃的政治斗争化为耸人听闻的奇闻怪事，或者把合情合理的改革夸张为不近人情的蛮干，混淆视听，惑乱人心，煽动社会舆论对改革的不满，弄得“人情汹汹”，“一夕数惊”，起着十分恶劣的影响。

《时务报》上曾登过一篇题为《论阻挠新法之害》的文章，归纳了守旧势力反对改革的种种手法：“彼所以阻新法者，无他术，曰延之，限之，混之，孤之，阱之，阳誉而阴绝之，假他端以弃之。”③ “延”，就是拖延；“限”，就是竭力缩小和限制改革的范围和内容；“混”，就是鱼目混珠，“相似而实非也”；“孤”，就是极力孤立维新派，“使其行孤言孤势孤”；“阱”，就是划定一个樊篱，尽量使维新派的行动不逾越；“阳誉而阴绝之，假他端以弃之”，则是封建守旧派惯用的两面三刀的阴险而恶毒的手法。这个概括，生动地刻画了守旧派的丑恶面貌，准确地反映了当时的历史实际。

维新派立志改革的斗争精神

资产阶级维新派清楚地认识到自己与守旧势力之间力量的悬

① 苏继祖：《清廷戊戌朝变记》，见《中国近代史资料丛刊·戊戌变法》第一册，第335页。

② 光绪二十四年七月二日《申报》：《论阻挠新法》。

③ 《中国近代史资料丛刊·戊戌变法》第三册，第208-209页。

殊，也清楚地意识到改革事业的艰难。但他们仍然知难而进，英勇搏战，表现了一种极为宝贵的立志改革的斗争精神。

杨深秀在一个奏折里曾这样说："开新者通达中外，其人本寡，其势甚孤；守旧者承袭旧习，其人极多，其势甚大。"① 梁启超把自己的改革活动譬之为："犹孤身入重围之中，四面楚歌，所遇皆敌。"② 显然，他们深感自己力量不足，改革事业成功的希望是很少把握的。而且他们也懂得，所谓改革，是一个除旧布新的过程，不能只布新，不除旧。而除旧就必定会触犯某些人的利益，以致引起他们的嫉恨，所以梁启超说："变法之事，布新固急，而除旧尤急"；又说："变法之事，布新固难，而除旧尤难"③。如果为个人的荣辱安危、成败利钝计，是大可不必冒如此重大的风险去推行改革的。然而，他们终于勇敢地向旧势力发起了挑战，并没有因为困难而畏缩退却。

人们常常责备维新派过分热衷于向皇帝上书；并把这一点作为他们缺乏斗争精神的一个例证。殊不知上书也并不是一件容易的事。当康有为在光绪十四年第一次上书时，由于从来没有如此卑微的人物竟敢向皇帝进言，并且居然提出了变法的请求，于是，"朝士大攻之"，而一般守旧的人，亦"皆大哗，乡人至有创论欲相逐者"④。康有为不顾这一切，在著名的公车上书后，"四年之间，凡七上书，其不达也如故，其频上也如故，举国流俗非笑之，唾骂之。或谓为热中，或斥为病狂"。但康有为"若为不

① 《山东道监察御史杨深秀折》，见《戊戌变法档案史料》，第 2 页。

② 《戊戌政变记》，见《中国近代史资料丛刊・戊戌变法》第一册，第 269 页。

③ 《论变法后安置守旧大臣之法》，见《中国近代史资料丛刊・戊戌变法》第三册，第 33 页。

④ 《康南海自编年谱》，见《中国近代史资料丛刊・戊戌变法》第四册，第 121 页。

闻也者，无所于挠，锲而不舍”[①]。后来，有一个奏折终于送到了光绪手中。据传闻，当光绪看到奏疏中“求为长安布衣而不可得”及“不忍见煤山前事”等文字时，曾对左右说：“康某何不顾死生乃尔，竟敢以此言陈于朕前耶?”[②] 光绪有没有说过这样的话，姑置勿论，但康有为竟敢把这种犯忌讳的话写给皇帝看，无论如何是要有很大的胆量的。因为如果皇帝看了这些话而大怒，是会立刻掉脑袋的。总算好，光绪看到这些话，并没有生气，反而受到了感动，这是由于光绪具有爱国心的缘故。

维新派所从事的其他改革活动，特别是那些带有开创新局面意义的活动，其所受的压力，遇到的困难，经历的艰辛，自然更是要大得多，梁启超曾慨叹地倾吐个中苦衷，非当事人是很难体味的。关于这一点，还是拿建立学会为例加以说明：康有为等组织学会，是自觉地带有向封建政治挑战的意味的。立会之初，一些人主张回避“会”的名称，但康有为“龂龂持之，不肯迁就”。他说：“吾所以办此会者，非谓其必能成而有大补于今时也，将以破数百年之网罗，而开后此之涂径也。”[③] 很显然，如果没有顽强的斗争精神，这一类事情是很难坚持下去的。这种斗争精神，就连维新运动的反对者也不能不承认其难能可贵，如有一个名叫李宣龚的人，在一封信中大肆攻击了一通保国会之后说：“当时辇毂之下，何施不可，康、梁诸公乃敢犯冒严谴，成此异

---

① 梁启超：《康有为传》，见《中国近代史资料丛刊·戊戌变法》第四册，第11页。

② 黄鸿寿：《清史纪事本末》，见《中国近代史资料丛刊·戊戌变法》第四册，第257页。

③ 梁启超：《康有为传》，见《中国近代史资料丛刊·戊戌变法》第四册，第10页。

举，实在不能不钦佩。”[①]

守旧派对维新派的斗争精神表示“钦佩”是不难的，但要理解它就不大可能了。当时，有一些高级官僚完全凭猜测帝后之间谁可得势，维新与守旧的斗争结局如何，来决定自己是倒向慈禧太后一边，还是倒向光绪一边。但维新派与这些人完全不同，明知自己力量弱小，成功的希望渺茫，为什么还是义无反顾、一往直前呢？对于像李宣龚这类人物来说，他们是找不到答案的。

维新派立志改革的斗争精神，来源于对民族危亡的忧愤，对国家命运的关切。一句话，来源于爱国主义。康有为在一封信中说：“当是时也，谣谤盈廷，弹劾继踵，自非至愚，谁不知其险难者。仆诚哀中国之危亡，悯生民之涂炭，思振救之。”[②] 从康有为等在戊戌时期的全部社会实践来看，这个说法并非虚夸，是符合客观实际的。

戊戌维新运动的著名领袖人物，都表现了一种不求名、不求利，甚至“卓厉敢死”的献身精神。康有为自己说他“日日以救世为心，刻刻以救世为事，舍身命而为之”[③]。政变发生后，当被捕的危险尚未过去时，他在上海吴淞口的轮船上致书李提摩太说：“至于我个人的死活，全置之度外，我将尽我一生的时光，为国人效力。”[④] 梁启超在戊戌夏由湘返沪时，曾在轮舟中与同行者谈论救国志愿：“吾国人不能舍身救国者，非以家累，即以身累，我辈从此相约，非破家不能救国，非杀身不能成仁。”“同

① 《致丁在君书》，见《中国近代史资料丛刊·戊戌变法》第二册，第577页。
② 《复依田百川君书》，见《中国近代史资料丛刊·戊戌变法》第二册，第530页。
③ 《康南海自编年谱》，见《中国近代史资料丛刊·戊戌变法》第四册，第118页。
④ 《中国近代史资料丛刊·戊戌变法》第三册，第528页。

此意者，皆为同志”[①]。到政变发生时，他从容地说：“我的生命早就准备献给祖国，毫无可惜。”[②] 至于谭嗣同甘愿以自己的鲜血和生命，换取变法事业的发展和国家的进步，在反动派的屠刀面前，从容就义，视死如归，就更是“有口皆碑”的事。人们称颂他“久于生死等鸿毛”，“慷慨悲歌气若虹”[③]，是完全当之无愧的。

当我们在评价戊戌维新运动的时候，我们总是要指出资产阶级维新派的软弱性。诚然，软弱的一面无疑是存在的，这主要表现在他们的政治主张方面：他们不敢于（也不可能）与封建主义实行彻底的决裂，对于西方的资产阶级政治，他们既热烈向往，又隐隐感到某种疑惧；既认真追求，又在一些方面做出某种保留。这种软弱，无疑是阶级和时代的局限。但是，他们对于自己已经确定的政治理想，包括他们认为在当时可以而且应该推行的改革事业，他们是勇敢的、坚决的。既软弱又坚定，既怯懦又勇敢，这是当时特定条件下维新派的特定阶级性格。只强调一面而忽略了另一面。既不全面，也不符合历史的真实。

① 杨复礼：《梁启超年谱》，见《中国近代史资料丛刊·戊戌变法》第四册，第174页。

② 《中国近代史资料丛刊·戊戌变法》第三册，第572页。

③ 孙宝瑄：《忘山庐日记》，见《清代日记汇抄》，第385页。

义和团运动时期社会心理分析*

从某种意义上说，社会历史的显示是立体的而不是平面的。只有从各个不同侧面去观察，才能了解它的全貌。就义和团运动来说，绝大多数的文章都是从政治斗争的角度去进行分析，这本来是理所当然的，因为这正是问题的主要方面。我们远不能说对这一侧面已经饱览无余，研究得十分透彻了。但是，当我们调换一个角度，尝试着从一个新的侧面对这一历史事件加以审视时，我们有理由期望它会呈现若干新的形象，使我们得到一点新的认知。我们就是抱着这样一种心情，确定从社会心理方面来探索和剖析义和团运动的。

迷信思想与群体凝聚力

任何一个社会群体，之所以能结合在一起，总必定要凭借某种凝聚力。这种凝聚力往往是多元的，也就是多种因素的集合。

---

* 载《近代史研究》，1986（5）。本文与刘仰东合写。

像义和团这样的政治集团，它的群体凝聚力主要是什么呢？

在义和团运动的当时和稍后一段时期，许多记载和谈论义和团的文字，都把迷信思想看作义和团借以存在和发展的最重要的情感力量。所谓“上法焚表，闭枪炮，钝刀剑，妖言惑众，一人倡之，众人和之，举国若狂”①，所谓“挟其邪术，煽惑愚民，其说极为不经，而愚民趋之若鹜”②，就都是认为义和团是靠迷信思想加以维系的。

但是，也有少数较能细心体察而又认真思索的事件目击者，不满足于这种肤浅的说法，认为迷信的力量毕竟是一种表面现象，更深的根源却并不在此。柳堂在《宰惠纪略》中曾以自问自答的方式说过这样一段话：“或曰，五六月间，不惟村农学之，间有读书人子弟，父兄亦不深禁；即不学，亦绝不以为非而心向之者。何也?”对这个问题，他回答说：“中国受外国凌侮，平民受教民欺压，人人衔恨，无以制之。一旦传闻义和拳烧洋楼、毁电杆之奇技，明知非正，未始不足称快。”“其心向之也，亦犹是耳。”③ 就是说，由于民族压迫的存在，就产生了这样一种社会心理，虽然对义和团的那些迷信举动“明知非正”，但因为它能迎合人们对外国侵略者的反抗情绪，所以还是“不以为非”，反而向往之。管鹤在《拳匪闻见录》中也说：“方今我国自知孱弱，而不求所以自强之方；第知仇人，而不求所以自立之道。愈不振，愈闭塞，愈羞愧，乃愈愤懑。一旦有以神术售者，恐将信而奉之，倩为御侮计。”④ 如果排除作者因敌视义和团而形成的某

---

① 《义和拳倡乱原由论》，见《中国近代史资料丛刊·义和团》第二册，第 434 页。

② 《恽毓鼎庚子日记》，见《义和团运动史料丛编》第一辑，第 48 页。

③ 《中国近代史资料丛刊·义和团》第一册，第 403 页。

④ 同上书，第 467 页。

些偏见，那么这段话确实包含着这样一种具有一定合理因素的内容，人们之所以对义和团的“神术”“信而奉之”，主要是因为愤懑于国家民族之“不振”，而又未能找到一条正确的“自强之方”和“自立之道”。也就是说，义和团的迷信思想能够起作用是要有一定的土壤的，这个土壤归根到底还是对于民族危机的紧迫感和民族压迫的反抗要求。

确实，从根本上说来，义和团的群体凝聚力，最主要的还是反对外国侵略的爱国主义。这在义和团的文书揭帖中有着鲜明的反映。在这些材料里，义和团公开宣称：“混乱扰攘均由洋鬼子招来。”外国侵略者“上欺中华君臣，下压中华黎民”，“祸乱中华”，“横施强暴，无所不用其极”。他们提出要反对外国侵略者对中国“割据逞奇能”，并表示“最恨和约（指不平等条约），误国殃民”。[①] 就这一部分内容而言，义和团所做的对外国侵略的揭露和对民族危机的描述，比之康有为在保国会上的演说、孙中山在《兴中会章程》中的呼喊，可以说是毫不逊色。不仅如此，义和团还进一步把抨击的矛头无情地指向封建统治集团中的投降卖国势力，指斥他们“割地赔款”，“羽翼洋人”；“上行下效，民冤不伸”；“趋炎附势，肆虐同群”。并且指名道姓地警告奕劻“既吃了中国的俸禄，反与外洋助力，如此不改，悔之晚矣”。甚至揭露甲午战争时，正值慈禧“六十万寿”，“朝廷骄纵至甚”，“是时文嬉于内，武弛于外，以致用兵一败涂地”，这简直是直批龙鳞了。[②] 从这方面来讲，我们可以毫不夸张地说，其激烈程度是戊戌时代的资产阶级维新派所未能企及的。

---

① 上引材料均见陈振江、程歗：《义和团文献辑注与研究》，不一一注明出处。

② 同上。

但是，这些具有强烈政治色彩的思想和言论，在当时的社会环境下，毕竟只能为一小部分群众所掌握、所理解、所接受，对于僻处在荒村野寨、劳作于田间山林的贫苦大众以及那些下层知识分子来说，认识要一下子上升到这样的高度，显然还有相当大一段距离。因此，大量的迷信内容，便有意无意地作为一种必要的添加剂，掺入上述那些思想中去，以便借助“神”的力量，使之得到扩散，得到传播。

从这个意义上说，迷信思想也应该被看作义和团的群体凝聚力之一种。

我们可以具体考察一下，义和团的迷信思想，究竟包含着一些什么样的内容，它导源于——甚至还可以说迎合于——一些什么样的社会心理。

大致说来，可以分以下四个方面：

第一个方面是把外国侵略者包括教会势力的罪恶，说成是亵渎了神灵，干犯了天怒。一份借用“玉皇大帝”名义书写的揭帖说：“彼等在各地传邪教、立电杆、造铁路，不信圣人之教，亵渎天神，其罪擢发难数。我极为震怒，大发雷霆。”另一份揭帖声称，洋人弄得中国“国不泰而民不安，怒恼天庭”。“因以外教邪术迷人，上天恼怒，差众圣下界，赴坛传教子弟。”还有的说，洋人的胡作非为，使“神发怒，佛发愤”；“神爷怒，仙爷烦”。中国有句老话，是常常用来表明罪大恶极的极限程度的，叫作“天怒人怨”。义和团抬出玉皇、上帝、仙、佛、天庭等等来，强调这些主宰世界的神灵都已经被“洋鬼子”的行径所激怒，这就一下子在人们的心理上大大加重了外国侵略者所犯罪恶的分量。不仅如此，义和团还在宣传品中强调，当时北方中国广大地区之所以久旱不雨，正是由于洋教惹恼了老天而降下的惩罚，“天无雨，地焦干，只因鬼子止住天”，“天久不雨，皆由上天震怒洋教所致”。因此，只有“扫除外国洋人，象（才）有细雨”，“不平不能下大雨”，“扫平洋人，才有下雨之期”。[①] 这样，就巧妙地把对洋人罪恶的揭露同广大群众特别是农民的切身利益联系了起来。这种宣传方式在群众中显然是常见的。王照在《行脚山东记》中说，当德国人在山东修建铁路时，当地的群众就“喧传凡铁路所经若干里内，禾稼皆死”，于是群众纷纷起来，“齐向洋人拼命”。不过王照认为以这种形式动员起来的群众斗争是不能持久的，因为“铁矿大利、交通大权，被德人夺去，土人毫不能解，他日见禾稼不死，即为悦服洋人之日矣”[②]。同样的道理，一旦天下大雨，旱象解除，又将怎样来解说外国侵略者的滔天大罪呢？所以，英国公使窦纳乐在1900年5月21日致英国外交大臣的信中不无根据地说：“我相信只要下几天大雨，消灭了激起乡村不安的长久的旱象，将比中国政府或外国政府的任何措施都更迅速地恢复平靖。”[③] 这在一定程度上道出了建筑在迷信心理上的宣传的局限。

第二个方面是把义和团的灭洋斗争说成是得到上苍的支持，是符合甚至代表天意的。据仲芳氏《庚子记事》记载，义和团运动时期，各处流传着这样的话：“洋人进京四十年，气运已尽，天意该绝，故天遣诸神下界，借附团民之体，烧尽洋楼使馆，灭尽洋人教民，以兴清朝。”[④] 义和团揭帖、碑文、告白、传单中也

---

① 以上引文均见《义和团文献辑注与研究》。

② 《中国近代史资料丛刊·义和团》第一册，第410页。

③ 《义和团史料》下，第541页。

④ 《庚子记事》，第12页。

充斥着这样一类内容："今上帝大怒，免去雨雪，降下八万神兵，教传义和团神会，特借人力，扶保中华，逐去外洋，扫除别邦鬼象之流。""今以上天大帝垂恩，诸神下降，赴垣设立坛场，神传教习子弟，扶清灭洋，替天行道。出力于国家而安社稷，佑民于农夫而护村坊，否极泰来之兆也。"① 在封建时代的传统心理中，"逆天行事"还是"顺天应时"，往往被看作衡量事情的是非曲直的重要尺度。义和团强调自己是在"替天行道"，是执行天的意志，甚至是接受上天的派遣，显然是用迷信来加强自己活动和斗争的正义性、严肃性。我们综观各地义和团所打的旗号，可以发现，他们往往将自己的组织名称同两类内容相联系：一类是神权，如"义和神团""替天行道""天神天将""奉天承运"等；另一类是皇权，如"奉旨义和团""奉旨义民，保清灭洋""钦命乾字义和神拳"等。这种现象表明，义和团虽然在实际行动中做到了"国家不能敌，而民自敌之"的境地，表现了爱国主义的英雄气概，但在思想上和心理上，却总是需要寻找某种依托和支持——不是依托于现实生活中掌握统治权力的君主或封建政权，就是依托于幻想世界里主宰宇宙万物的上天和神权。这恰恰表明了农民"不能代表自己，一定要别人来代表他们"② 的特性。

第三个方面是用一些神秘的宗教预言或荒诞的宗教形式，在群众中造成一种紧张、惶恐和避祸趋福的心理，以提高义和团的声望和权威。义和团宣传品中常常有"〔今年〕人死大半""人民有灾当为善""十方大难死七分""善者方免，恶人难逃"③ 之类

---

① 《义和团文献辑注与研究》。

② 《马克思恩格斯选集》，第 1 卷，第 693 页。

③ 《义和团文献辑注与研究》。

的内容，这种宣传在社会上造成一种动荡不安的气氛，同时也就在一部分群众中制造这样一种心理：只有参加或信仰义和团，才能躲过这场空前的劫难。到了义和团运动的高潮时期，在北京、天津的街头，义和团几乎每晚要传下坛谕，或者“令家家焚香向东南叩头”①；或者“令各家烧香点灯，贴红纸条，不准睡”②；或者命“用红布写‘义和团之神位’张之门首”③；或者“传令各家，将烟囱用红纸蒙严，不许动烟火，不许茹荤，三更时在院中向东南方上供馒头五个，凉水一碗，铜钱百文，行三拜九叩礼”；等等。甚至有时荒唐地要求妇女不准梳头，不准洗脚，不准出门，不准下炕；让各家将“粪桶倒置，插纸花于上”④。这些奇特怪诞的行为在实际上当然是毫无意义的，今天看来也许十分可笑，但在当时，人们却是“不敢不遵”，几乎无敢不从者。⑤ 我们可以看一看当时社会生活的这样一些图景：“义和团民传知各户，每晚门首各点红灯一个，以助神道灭洋之举。故大街小巷，夜间如火龙。”⑥ “夜半，匪徒（按：对义和团的污称）沿街狂呼，传播邪说，一夕数惊。”⑦ “夜间则有人沿街传呼，或云：‘向东南烧香’；或云：‘供净水一盂’；或云：‘今夜勿睡，以防妖邪之入人家’。由初更至天明止，卯以后，则声息不闻矣。及昏，又复如是。”⑧ 义和团这样的令出必行，虽然不是表现在政治方面，而

---

① 《庚子记事》，第 84 页。
② 同上书，第 102 页。
③ 《庚子记事》，第 104 页。
④ 《中国近代史资料丛刊·义和团》第一册，第 475 页。
⑤ 参见《庚子记事》，第 104 页。
⑥ 杨典诰：《庚子大事记》，见《义和团运动史料丛编》第一辑，第 12 页。
⑦ 《恽毓鼎庚子日记》，见《义和团运动史料丛编》第一辑，第 49 页。
⑧ 唐晏：《庚子西行记事》，见《中国近代史资料丛刊·义和团》第三册，第 473 页。

是以迷信行为出之，在当时群众的心目中却也确实大大地增添了他们的声威。这不由得使我们想起费尔巴哈的如下一句话："神的崇拜只不过依附在自我崇拜上面，只不过是自我崇拜的一个现象。"①

最后一方面，义和团用迷信的方式夸张自己的"神术""法力"，实际上是为了弥补自己在武装斗争中物质力量方面对敌人的劣势，力图"仗神威以寒夷胆"②，在精神方面压过外国侵略者。义和团到处宣传他们"受术于神，传之〔于〕人，刀剑不入，枪子不中，掣云御风，进退自在"③。又说："教练神拳，精之能枪炮不入，借以歼灭西人，共伸大义。"④ 至于义和团能使敌人"枪炮不燃"，"可咒其火药自焚"，能"居一室斩首百里外，不以兵"，红灯照能"驾一片彩云，直上天际"，"只须红巾一拂，可使百尺楼顶发火，立时灰烬"，用扇一扇，便能使洋人"轮船在海中自烧，或一煽而城楼坚困石室俱焚"，甚至说红灯照已把俄国、日本的京都烧毁，"外洋十八国已灭去十六国"等无稽之说，在当时确实是"一唱百和"，不胫而走。⑤ 尽管有的人根本不信，有的人将信将疑，但也确实有不少群众是抱着"宁可信其有，不可信其无"的心理来对待它们的，还有一些人则采取坚信不疑的态度。不管怎样，有一点可

---

① 《宗教的本质》，第 4 页。

② 柴萼：《庚辛记事》，见《中国近代史资料丛刊·义和团》第一册，第 314 页。

③ 《义和团文献辑注与研究》，第 58 页。

④ 同上书，第 48 页。

⑤ 这个方面的材料极多。这里引用的分别见《中国近代史资料丛刊·义和团》第一册，第 13、346、470 页；《中国近代史资料丛刊·义和团》第二册，第 9、141 页；《中国近代史资料丛刊·义和团》第三册，第 374、486 页；《义和团史料》上，第 251 页；《义和团运动史料丛编》第一辑，第 126 页。

以肯定，这些迷信观念的制造者，心里一定十分清楚，这些所谓的“神术”是根本不存在的。那么，他们出于什么心理要制造出这些神话来呢？这些无稽之谈得以广泛传布，又是适应什么样的社会心理呢？看来，唐晏在《庚子西行记事》中的一段话是比较接近实际的：“甲午之役，吾国败于日人，上下之人，举以为忧。亦明知其宜发奋以自强，然自强之道，果安在乎？于是君子谋于朝，小人谋于野。”手无寸铁的群众“求其所以能制胜而杀敌者，其道无由。盖洋人之炮利也，必求所以不畏炮火者；兵精也，必求所以能制其兵者。至此而民之技穷，乃有为之说者曰：胜此者，非神道不为功。于是义和拳之说起矣”①。就是说，当广大下层群众在民族危机日益严重的情势下，谋求自强御侮的积极性没有能得到统治者的认真组织和正确引导，自己又缺乏足够的力量可以与民族敌人的坚船利炮相抗衡时，他们便自然地以善良的意愿，从神的力量中找到寄托和希望。

以上就是义和团迷信思想的主要内容。可以看出，对这些迷信思想盲目的肯定，甚至加以赞美或者粗暴的指责，甚至加以嘲笑，都未免是一种过于简单化的办法。它的存在，有着复杂的社会历史条件和社会心理背景，需要我们细致地加以分析。

不过，迷信思想这种群体凝聚力，虽然可以在一个时期里发生作用——甚至是巨大的作用，如有些材料所说，义和团“假托

---

① 《中国近代史资料丛刊·义和团》第三册，第486页。

神佛名目，以动人之听闻"[1]，正是靠迷信思想以"饰其术之神奇"[2]，才使"妖风所扇，举国为狂"[3]，"不托神不能被诱如此之速"[4]。但这毕竟是一种不科学的、反科学的思想武器，因此，它的凝聚力量是十分脆弱的。一旦神奇的预言没有兑现，无边的法力露出了破绽，人们就怀疑，就动摇，甚至会走向反面。

我们可以举两个典型例子。一个是杨典诰。此人履历不详，大概是一个并不当权的普通知识分子。在他所写的《庚子大事记》中，开始他多次认为义和团确"有法力"，"其术不止一端"，对于红灯照能"游行天空"的传闻亦照录而未加非议。但当义和团火烧大栅栏事件之后，他就改变了态度，指责义和团"其伎俩之尽于此矣"，并不断地对团民的作为加以责难和批评。到团民久攻使馆不下后，他更发出了"是其所谓能避枪炮者，至今而愈信其伪言惑听也"[5] 的感叹。另一个是仲芳氏，他的身份也不清楚，在他所写的《庚子记事》中，也曾大量记载义和团的种种迷信活动和传闻，开始，有的地方是以肯定的口吻写下的，如说义和团烧教民之家时，"四面指画，火即不能延及四邻"，"术亦奇矣"[6]。有的地方则表现出比较客观的存疑态度，如讲到义和团能避敌人枪炮时，说"未悉果确否，予未亲见"[7]。但是，也是在义和团火烧大栅栏事件之后，他的态度有了明显的变化，公开批

① 《义和团史料》下，第1009页。
② 《义和团史料》上，第366页。
③ 同上。
④ 《中国近代史资料丛刊·义和团》第一册，第404页。
⑤ 《义和团运动史料丛编》第一辑。
⑥ 《庚子记事》，第13页。
⑦ 同上书，第12页。

评团民“愚弄”群众，造成了一场“从来未有之奇灾”[①]。在这一事件之后的第四天，他在日记中记下了自己对义和团活动的思考过程：“义和团如此凶横，是正耶，是邪耶，殊难揣测。”[②]“看其连日由各处所来团民不下数万，多似乡愚务农之人，既无为首之人调遣，又无锋利器械；且是自备资斧，所食不过小米饭、玉米面而已。既不图名，又不为利，奋不顾身，置性命于战场，不约而同，万众一心；况只仇杀洋人与奉教之人，并不伤害良民；以此而论，似是仗义。若看其请神附体，张势作威……焉有杀人放火之神灵乎？且焚烧大栅栏老德记一处之房，遂致漫延如此大火，何以法术无灵？以此而论，又似匪徒煽惑扰乱耳。”[③] 这段话清楚地告诉我们，对于一个比较客观地观察问题的人来说，对于义和团的同情和肯定，主要在于政治素质和政治作风；义和团的迷信的一面，在一定的条件之下，反而成为引起人们反感的重要因素。这一点，也许恰恰是义和团所始料不及的。

讹言与从众行为

在中国近代历史上，从来没有哪一个时期像义和团运动时这样讹言四起。有的材料说：“讹言横兴，莫甚于光绪二十六年夏秋之交也。”[④] 有的说：“以谣传为掌故，以讹言为实录，怪诞支

① 《庚子记事》，第 14 页。
② 同上书，第 15 页。
③ 同上书，第 15 页。
④ 刘大鹏：《潜园琐记》，见《义和团在山西地区史料》，第 39 页。

离，不可究诘。”[①] 有的说：“谣言谬说，日盈于耳。”[②] 也有的说：“见橐驼为马肿背，今日之乱，市虎讹言，十有八九。”[③] 还有的说，清政府虽曾将造谣言者正法，然“谣言尚未息，他说东我说西，闻者难辨是非。或有谣言，谣言实有其事；此亦天意，大数至矣，非人之所能测也”[④]。

说讹言之盛传是由于人不可测的“天意”，不过是用迷信来说明历史，当然只能是愈来愈糊涂。讹言也是一种社会现象，而任何社会现象都是可以分析，并找到合理的说明的。

我们不妨先来看看义和团运动时那些讹言的几种不同类型。

一种类型是对于教会势力的罪恶的控诉。义和团以“反洋教”作为自己主要的斗争目标之一。他们对洋教的揭露，除了有一部分是从政治上指出以外国侵略者为靠山的教会势力，包揽词讼、武断乡曲、鱼肉良善、侵吞田产、霸占妇女、残害人命等之外，有很大一部分是以讹言的形式，大肆渲染外国教堂的教士如何剜目剖心、采生折割，实际上把洋教徒描绘成红眉毛绿眼睛的妖魔鬼怪一般。这本来是继承了从 19 世纪 60 年代到 90 年代的反洋教斗争的传统。只要翻一翻《反洋教书文揭帖选》，我们就可以看到，作为义和团运动先声的反洋教斗争，曾经在自己的宣传品中写了这样一些内容：什么教士“拐骗男女幼孩，取其精髓，造作丸药”啦；什么“童子割肾，妇女切乳，剜眼取胎，婴孩同煮”啦；什么“百姓被洋人哄入伊教，吃了迷药，送去传

① 《砭俗》，见《中国近代史资料丛刊·义和团》第四册，第 196 页。

② 管鹤：《拳匪闻见录》，见《中国近代史资料丛刊·义和团》第一册，第 468 页。

③ 叶昌炽：《缘督庐日记钞》，见《中国近代史资料丛刊·义和团》第二册，第 453 页。

④ 《石涛山人见闻志》，见《义和团运动史料丛编》第一辑，第 77 页。

针，与伊同歇，采补元阳元阴”啦；什么入教后“子淫其母，兄淫其妹，父奸其女，翁奸其媳”啦；什么“外国洋人雇觅讨饭穷人，诓拐中国小孩，得一个额外赏银数两。拐去小孩将心挖去，不知作何使用，害死小孩无知多数”啦！有的书文揭帖中甚至活灵活现地讲，“洋鬼子”所以要取中国人的眼睛，是因为将眼睛配药，可以在一百斤铅中煎出白银八斤，“惟其银必取中国人睛配药点之，而西洋人睛罔效”①。这一类传言的普遍程度，我们可以在鲁迅先生 1924 年所写的《论照相之类》中得到印证。这篇文章提到“三十年前”（按：正是 19 世纪 90 年代）他幼小的时候，在家乡“常常旁听大大小小男男女女谈论洋鬼子挖眼睛”的事。据说，挖眼睛，一是用于电线，二是用于照相；“而且洋鬼子又挖心肝，那用意，也是应用。我曾旁听过一位念佛的老太太说明理由：他们挖了去，熬成油，点了灯，向地下各处照去。人心总是贪财的，所以照到埋着宝贝的地方，火头便弯下去了。他们当即掘开来，取了宝贝去，所以洋鬼子都这样的有钱”②。类似这样的讹言在义和团运动时期，依然（或者说是更加）广泛流传。如叶昌炽在《缘督庐日记钞》中就记载，团民在西医学堂中看到蜡人，便“以为人腊”；在某照相馆中“搜出广东鲜荔支，传观以为挖人眼珠，莫不眦裂发指”③。佚名《庸扰录》记：“京中纷纷谣传，各教堂西人将教民家之妇女，尽行拘留，将阴户割去，再行出卖，每人卖银三两等语。”④ 龙顾山人在《庚子诗鉴》中还谈到，义和团“谓摄照必以人眼”，曾缚住丰泰照相馆老板，

① 《反洋教书文揭帖选》。

② 鲁迅：《坟》，见《鲁迅全集》第一卷，第 288 页。

③ 《中国近代史资料丛刊·义和团》第二册，第 453 页。

④ 《庚子记事》，第 250 页。

加以刑迫，“务令指出藏睛处”[①]。所有这些传言，当然都是捕风捉影的无稽之谈，并无什么事实的依据。但正是这些鲜血淋漓的讹言，以极大的煽动力激起了千千万万普通老百姓的愤懑情绪。这类讹言同上一节所讲的迷信思想不同。“游行天空”、令轮船自燃之类的迷信说教是现实世界不可能发生的事情，而剜目挖心之类，虽在实际生活中并不真正存在，却是可能做得到的事情。因此，有的人并不相信义和团的迷信观念，而对上面提到的那一类讹言却并不怀疑。如《恽毓鼎庚子日记》中曾多次提到，义和团“挟其邪术，煽惑愚民，其说极为不经”，但在五月十八日（6 月 14 日）的日记中却以肯定的语气写道：“拳民从教堂中搜出恶物甚多，人眼珠、心肝、阳物等类，有数十缸，甚至剥人皮、刳孕胎以为魇禳，伤心惨目，行路者咸悲愤。”[②] 从这里可以看出讹言对人们心理所产生的影响。

另一种类型的讹言，套用一句现代词语，可以叫作政治谣言。它是对于当时在政治舞台上活动的著名人物所编派或捏饰的种种传闻和消息。《义和团杂记》中就记有流传于民间的所谓“李鸿章侄子系东洋国的副（驸）马”[③] 的传说。王照在《山东行脚记》里谈到，义和团运动时期，他在山东莱州府一带游历，听到的“街谈巷议，大抵不外‘天灭洋人’‘李鸿章卖江山’‘光绪爷奉教’‘袁世凯造反’‘康有为封六国圣人’之类”[④]。《嵩昆庚子日记》在六月十七日（7 月 13 日）曾记录了作者听到的种种谣言，包括：盛京将军增祺“私接济洋人军火枪炮”；在直隶总督

① 《义和团史料》上，第 131 页。

② 《义和团运动史料丛编》第一辑，第 49 页。

③ 《义和团史料》上，第 4 页。

④ 《中国近代史资料丛刊·义和团》第一册，第 409 页。

裕禄宅中搜拿到康有为，“裕禄交部治罪”；李莲英谋害光绪皇帝，“事发，毒死”；李鸿章吞金身亡；等等。嵩昆忧心忡忡地说：“以上各谣如果属实，尚可问耶！”[①] 这一类讹言，假如袭用以往公文中的陈语，那就是事出有因，查无实据。人们痛恨袁世凯镇压义和团，就说他“造反”；痛恨李鸿章卖国投降，就说他侄子做了东洋国驸马，他本人“卖江山”，又吞金而亡；痛恨李莲英纳贿擅权，就说他谋害皇帝，被毒死；不满于光绪和康有为学习洋人，搞变法维新，就说光绪信了教，康有为做了“六国圣人”（意为做了汉奸卖国贼），或者已被逮捕。可以说，这些政治谣言，在很大程度上曲折地反映了群众的心理和意愿。为了证明这一点，我们还可以举出1900年七、八月间流传在湖南一带的一个所谓《和约二十五款》。这个条款冒名御前会议通过，已经“送交各国”，其实却完全是群众所伪造。这二十五款中，提出了“各国前所索赔款，一概作废”“日本将台湾交还中国”“德国将胶州交还中国”“俄罗斯将大连湾交还中国”“英国须将新安、九龙交还中国”“中国海关仍归华人办理”“各国应偿兵费四百兆两”等义正词严的爱国要求，同时也夹杂着某些笼统排外主义的内容。[②] 很显然，这个和约纯属子虚乌有，封建统治者也绝没有这样的魄力和胆量敢于拟出这样的和约条款来。但是，在这个以讹言形式出现的假文件中，却十分确切、十分可贵地蕴藏着广大爱国群众的真心实意。

还有一种类型的讹言，是在尖锐斗争和剧烈动荡的局势下，普通老百姓惊惶恐惧心理的反映和写照。《潜园琐记》中描写的

① 《义和团运动史料丛编》第二辑，第217页。

② 参见《义和团文献辑注与研究》，第53页。

山西太原讹言四起、风声鹤唳的情形，就很具典型意义。当1900年七、八月间义和团的斗争正处高潮的时候，“太原百十村庄因讹言而传扰者大半”。每当讹言一起，即“人民惊惶，群相奔走”，“悲啼呼号，男负其妻，子负其母，披星踏露，四散遁逃”。例如，七月初七（8月1日）夜半，“街市传言教民来攻城。阖城士庶奔走相蹂躏”。等到天晓，始知无事。过了几天，又传“柳林庄教民乱”，“各村人民惊恐无措，鸣铜锣，缮守御，田亩农夫佥负耒耜而归，老弱妇女咸仰屋而泣”。后来知道根本没有这回事，完全是一场虚惊，“民乃不扰”。又有一天傍晚，“城中居民无故惊惶，男号女哭，终夜惶惶。诘朝究讯，谓有黑风口至此，其实未之见也，亦不知黑风口何妖。然在城之民自是不安，谓黑风口夜出伤人，无论男女老幼各执皮鞭防护己身，以驱黑风口，如是者半月有奇”。类似这种讹言，几乎是逐日哄传，弄得群众“时惊时疑”，“一夜数惊”。最后，才知道“所传悉付子虚”。① 这种情形，大概是在大的动乱变革时期通常会发生的现象。鲁迅在一篇《随感录》中就讲到辛亥革命时期他的一点亲身经历：“民国成立的时候，我住在一个小县城里，早已挂过白旗。有一日，忽然见许多男女，纷纷乱逃：城里的逃到乡下，乡下的逃进城里。问他们什么事，他们答道：‘他们说要来了。’”② 在动荡的时刻，相当一部分没有卷入斗争旋涡的普通群众，只感到危机四伏，稍有风吹草动，立即草木皆兵，甚至还没有弄清危险的根源在哪里，就盲目遁逃，疲于奔命。鲁迅上面的描写，同义和团运动时期的情景是多么相似啊！这种相同的历史现象，正是建筑在

---

① 以上均见《义和团在山西地区史料》，第39-42页。

② 《随感录》五十六，见《鲁迅全集》第一卷，第419页。

相同的社会心理的基础之上的。

不管哪一种类型的讹言，之所以能够广泛传布，不胫而走，在人们的日常生活中产生极大的影响，都是同社会心理学中所说的“从众行为”相关联的。所谓从众行为，就是在某种社会压力下，个人盲目地接受外界的影响，采取与大多数人一致的行动，大体上有点类似俗话所说的“随大流”。讹言的特点，就是“言者不知其妄，闻者信以为真”①；“言者如是，闻而传者如是，传而力争者复如是”②。一传十，十传百，人云亦云，众口铄金，待到满城风雨、异口同声之时，便造成了一种强烈的社会舆论和环境气氛，使得人们比较容易地信而从之，做出与周围人们的一般意识相符的行动来。事实上，义和团在自己的发展过程中曾经有意无意地（虽然他们并没有心理学的依据）利用了人们的这种心理状态，所以许多传单揭帖都有诸如“传一张能免一家之灾，传十张免一方之灾”或“传三张，免一家之灾；传十张，免此方四邻之灾；如见不传，必受刀头之罪”一类的内容。其用意，就是用免祸祈福作为一种社会和团体的压力，迫使人们“顺从”或“从众”。下面这个真实的故事，对于我们了解义和团时期人们在从众行为中的微妙心理是有帮助的：《拳匪闻见录》的作者管鹤，因避乱自天津逃至青县后，借住在一个姓刘的老人家里。一日，这位老人叫管鹤出来看红灯照，并指着天空中一片黑云说：“此中无数红衣女子，即红灯罩也。”管鹤看了半天，却什么也看不见。然而“途人纷纷传说，指天画地，确切不移，刘翁亦随声附

---

① 刘孟扬：《天津拳匪变乱纪事》，见《中国近代史资料丛刊·义和团》第二册，第11页。

② 《论拳匪》，见《中国近代史资料丛刊·义和团》第四册，第176页。

和，哓哓不休”。最后，管鹤才悟出道理，是因为在这种气氛和压力下，“刘翁实为保身计，故不觉以假面孔向余也”①。这件事，颇为生动地揭示了从众行为的某种实质。

逆反心理与社会刻板印象

义和团运动时期，在民族情感空前高涨的同时，广大群众在思想和行动等许多方面表现出笼统的排外主义倾向。爱国主义与排外主义，常常是互相交叉、互相纠结在一起的。从政治上说，笼统排外主义的产生，是由于中国人民对帝国主义的认识，还停留在表面的感性的认识阶段，无法看清帝国主义内部和外部的各种矛盾，还没有可能了解帝国主义的本质。从社会心理的角度看，则显然与逆反心理和社会刻板印象的作用有密切的关系。

自从鸦片战争之后，在半个多世纪的漫长岁月里，随着外国殖民主义军事、政治、经济、文化各个方面侵略的加深，随着中国社会日益迅速地向半殖民地沉沦，一方面，在相当一部分人的观念中，恐洋、崇洋的思想越来越浓厚。在一些人看来，西洋各国，“彼之军械强于我，技艺精于我”，因此中国要谈什么“攘夷”，完全是“虚妄之论”，就是想“保和局，守疆土”，也不是随便能做到的事。② 我们绝不能把这些话仅仅看作李鸿章个人的意见。以这些言论作为指导思想的李鸿章，能够在实际上主持清

① 《中国近代史资料丛刊·义和团》第一册，第488页。

② 参见《李文忠公全集·奏稿》卷19，《筹议制造轮船未可裁议折》；卷24，《筹议海防折》。

朝政府外交和军事几十年，这件事实本身就表明李鸿章的这些话代表着一定的社会势力的认识，在某种意义上也反映了一种社会思潮。与这种观念相适应，对于外国侵略者，便表现为低声下气。帝国主义分子利用其侵略特权，颐指气使，作威作福，成为站在中国人民甚至中国政府头上的太上皇。另一方面，随着价廉物美的洋货像潮水般地涌入中国市场，人们也越来越多地在日常生活中使用舶来品。有一个材料描写义和团运动前夕的情形说："中国自通商以来，洋货日销，土货日绌。洋纱洋布，岁销五千三百万。其余钟表、机器、呢绒、毡毯、火油、食物以至纽扣、针线之细，皆窥我情形，探我玩好，务夺我小工小贩一手一足之业者，而乃销流日广，始于商埠，蔓于内地，流于边鄙。吾华靡贫靡富，靡长靡幼，日用之需，身体之间，靡不有洋式之物，舍此莫好，相习而忘。"①

这种情况，在和平时期，在旧统治秩序按部就班地、慢吞吞地日复一日维持着的时候，表面上看来，似乎是正常的、自然的，至少是习以为常的。虽然不时有人提出非议，发出改变这种状况的强烈呼喊，然而总是难以产生决定性的影响。但是，一旦长期郁积在人民心中的怒火喷薄而出，当广大群众不再安分守己地忍受侵略者的肆意凌辱和蹂躏，揭竿而起的时候，人们就不再承认前述情况是可以容忍的了。不但如此，逆反心理在这种状况下促使人们走向另外一个极端。既然洋人一直把中国人民当成可以任意宰割的牲灵，那么，义和团就号召人们"万众一心，歼灭洋丑"，"一概鬼子全杀尽，大清一统庆升平"。既然"数十年来，

---

① 转引自君朴：《十九世纪后半期几种洋货和土货在国内市场上的竞争》，载《经济研究》，1956（2），第122页。

教民恃外人之势，欺压平民，地方官恐开罪外人，左袒教民，无复曲直”①，于是“民心积愤”，要求“仇教”，“灭教”，“日以焚教堂、杀教民为事”。既然洋货成了垄断市场的时髦，义和团便“毁洋货、洋油、花露，倾倒满街”②。“团中云，最恶洋货，如洋灯、洋磁盂，见即怒不可遏，必毁而后快。于是闲游市中，见有售洋货者，或紧衣窄袖者，或物仿洋式，或上有洋字者，皆毁物杀人。”③

笼统排外主义的一个基本特点，是对事物不做必要的区别。在半殖民地半封建时代，到中国这块土地上来的洋人，固然有不少是帝国主义分子，但也不乏中国人民的真诚的朋友。即使是执行帝国主义侵略政策的人，也并不个个都是罪足至死的。至于教士，有的确实是披着宗教外衣的侵略分子，但也有专心致志地进行传道布教的。而教民，即使在赵舒翘这样的人看来，也并不是铁板一块的。他在一个奏折中认为：“入教之民，良莠不齐，其奉教安分者，固属不少，而倚教士为护符，欺压乡里者，亦复所在皆是。”④ 把教民一概看作坏人，同在“民教冲突”中把教民一概看作有理的一方一样，是完全没有道理的。此外，用不着特别的分析，大家都能理解，把资本主义的物质文明统统看作异端妖物而加以毁弃，是何等可笑。

不过，在当时，这种笼统排外主义的想法和做法，却几乎是人同此心，心同此理。左绍佐在《悟澈源头》中称：“其所仇者教民，而推原于洋人，亦禁于洋货，皆当乎天理之自然，合乎人

---

① 《恽毓鼎庚子日记》，见《义和团运动史料丛编》第一辑，第 48 页。

② 黄曾源：《义和团事实》，见《义和团运动史料丛编》第一辑，第 133 页。

③ 佚名：《天津一月记》，见《中国近代史资料丛刊·义和团》第二册，第 146 页。

④ 《义和团档案史料》上册，第 108 页。

心之大同。”[①] 刘福姚《庚子纪闻》云：“至五月间，（义和团）所在拆毁铁路、电线，焚洋堂，杀教民。官兵虽加剿捕，无如民心蓄怒已久，不约而同。闻灭鬼子、杀教民，人人踊跃思奋。……凡所云率荒诞可笑，而愚民多信之，以仇教之说得人心之故也。”[②] 鲁迅在《从孩子的照相说起》中，曾经说过这样一段话：“因为多年受着侵略，就和这‘洋气’为仇，更进一步，则故意和这‘洋气’反一调：他们活动，我偏静坐；他们讲科学，我偏扶乩；他们穿短衣，我偏着长衫；他们重卫生，我偏吃苍蝇；他们壮健，我偏生病……”[③] 出于针砭时弊的目的，鲁迅偏重于强调这种逆反心理的消极方面，但即使如此，也仍然明确地指出，这种逆反心理，归根到底还是根源于帝国主义的侵略和压迫。

除了逆反心理之外，促使笼统排外主义的流行的，还有另一种心理形态——社会刻板印象。

社会刻板印象实际上是一种成见。它表现为社会上对于某一类事物产生的比较固定的看法，也是一种概括而笼统的看法。中华民族长期生息在同一块土地上，大致相同的社会生活、地理环境和文化水准使人们在漫长的社会演变中形成了自己特有的心理、风俗、观念。这些民族特性在一代又一代的人们的脑子里渐渐形成了一种固定的模式，这就必然使得人们要以自己特有的民族观念看待世界、看待社会。然而，全世界各个民族的发展并不都在相同的时间被纳入相同的轨道。由于许多复杂的原因，当西方国家普遍进行了资产阶级革命的时候，中国社会依然停滞在相

① 《义和团史料》上，第232页。

② 同上书，第222-223页。

③ 《鲁迅全集》第六卷，第32页。

对落后的封建的社会形态上。1840 年以后，随着一系列不平等条约的签订，民族矛盾愈来愈尖锐起来。到了 19 世纪末，中华民族遭受到空前猛烈的冲击。从民族心理的角度看来，中华民族不可能一下子改变自己的特性而轻易地去接受来自另一个世界的另一种观念。虽然这个民族独立的发展轨迹被打乱了，但长期以来民族发展的惯性，使更多的中国人依然按照自己民族特有的观念去看待世界和社会，这就不可避免地对洋人、洋货和洋教形成某些成见，这样的成见实际上就是社会心理学范畴里的一种现象：社会刻板印象。

最能明白地显示民族形态的社会风俗，也容易导致社会刻板印象。特别是我们古老的中华民族的社会风俗，它的渊源能追溯到十分遥远的年代，在到义和团运动时期为止几千年漫长的社会演变中，社会风俗已经成为中华民族观念上的支柱，一旦有什么异样的东西来改变它甚至不遵从它时，便会受到社会刻板印象的冲击。于是，维护传统的民族观念同排斥异教自然地结合在一起。在山西省一些地区，出现过因古老的传统风俗而引起的争执。当时，地方官向居民分摊各项公款，“而于习教者，因其以求雨、演戏、赛会各事为异端，不愿出钱，故于别项公款，所派比常民较多”①。这里表明，求雨、演戏、赛会等事项作为社会风俗，在人们的意识中已经被固定下来，因而他们不能容忍对抗这种民族观念的形态出现。当少数教民接受了西方的教派和教习，同中国传统的民族习惯发生冲突时，社会刻板印象的作用就非常明显地表现出来了。强迫教民多出钱，实际上无异于以强制手段使某些社会风俗成为对所有人而言的权威，这当然也同时宣

① 《义和团在山西地区史料》，第 77 页。

布了他们对异教的成见。这种势态愈演愈烈，有的史料甚至记载说："去岁拳匪之乱，惨杀教民，晋案为最大，实由平日各乡社演戏之风极盛，教民不出戏资，怨积日久，故一举发，如此强烈。"① 我们看到，出于维护传统观念的动机，类似的做法已经走向了极端。冲突的发生是由教民不出戏资引起的，而事情的实质绝不是为了多收几个钱，因为教民的做法背离了传统的社会风俗，人们便视为大逆不道并用强迫乃至惨杀的手段对待教民。在人们的观念中，属于民族情感的成分已经变得模糊不清了，而社会刻板印象，也就是一种笼统而固定的意识，越来越主宰了人们的动机和行为。

上面我们只是从社会风俗的角度来说明，当人们的认识导致社会刻板印象的产生后，会引起怎样的矛盾和冲突，这种矛盾和冲突又怎样进一步发展为对抗。事实上，义和团在看待外国侵略者的时候，往往由于他们的所作所为一切都违背人们的素见习闻，而觉得格格不入。这种感情，多少还会因受封建阶级的"非我族类，其心必异"的传统观念的影响而得到加强。早在义和团以前的历次反洋教斗争中，群众散布的各类宣传品中就不乏着眼于民族差异而对外国人进行丑化的语言，如"逆夷暎咭唎者，僻处海澨。其主或女而或男，其种半人而半畜"②，"鬼子其形，于〔与〕中大有不同，羊眼猴面，淫心兽行，非人也"③。到义和团运动时期，这类内容依然触目地包含在一些传单、揭帖之中。如有的写道："女无节义男不贤，鬼子不是人所添。如不信，请细

① 《义和团在山西地区史料》，第 112 页。

② 《反洋教书文揭帖选》，第 1 页。

③ 同上书，第 157 页。

观，鬼子眼珠都发蓝。”当这种本来只属于民族性质或民族性格的差异，同民族之间的压迫与被压迫、统治与被统治的政治对抗的现实联系在一起的时候，社会刻板印象就会产生强烈的作用与影响。义和团运动时期，《中外日报》上一篇文章这样说：“夫玩所习见，而蔽所希闻，此常人恒性使然。西人性情风气，事事不与中国相同。一旦攘利权于中国，又屡以战胜得之，由愧恨之情既多，则闭拒之心愈甚。”① 且不论《中外日报》在义和团运动时期的政治倾向怎样，它在这里所发的议论，却是不无道理的。

结束语

社会心理是指在特定的历史时代，特定民族、特定的社会群体中普遍流行的一种外在的精神状态。一般说来，产生它的土壤是人们所处的经济条件、生活状况以及建立在经济条件之上的社会政治制度。也可以说，社会心理是对社会存在的直接的经验的反映。

义和团运动时期流行一时的特定社会心理，同其他社会现象一样，也是由当时的主要社会矛盾所决定和制约的。

近代中国社会的半殖民地化有一个较长时期的演变过程。以鸦片战争为契机，中国的社会性质和社会主要矛盾，发生了急剧而深刻的变化。当然，这种变化也是一个不断延续的过程。在鸦片战争以后的半个多世纪里，虽然清王朝已经在半殖民地半封建社会中泥足深陷，不能自拔，虽然愈来愈尖锐的民族矛盾使中国

① 《原乱》，见《中国近代史资料丛刊·义和团》第四册，第 227 页。

人民不断地起来反抗和斗争，虽然改良、维新、变法的呼声日甚一日，但我们注意到，在这段较长的时期里，民族危机的严重性还没有达到足以动员起全国规模的人民群众用武装反抗外国侵略者的程度。只有到了清朝军队被打得落花流水的甲午中日战争以后，列强通过《马关条约》把中国推向空前的社会危机和民族危机中，这个时候，清朝统治者已经完全失去了抵御侵略者的勇气，中华民族已经到了存亡绝续的关头，义和团运动才具备了登上中国政治舞台的客观条件。

传统的生活方式随着半殖民地社会的加深而受到了强烈的冲击。每个民族都有自己的生活方式，中国社会半殖民地化以后，不仅外国商品渐渐影响以至占领了中国市场，洋教的传播也逐渐由沿海港口转向内地，由南方转向北方。几千年来形成的原有的生活状况发生了实质性的变化，这种变化伴随着侵略的形式而出现，使更多的人从观念上对它产生抵触乃至敌视情绪。在义和团运动爆发的前夕，社会上反洋教的斗争已经达到了有史以来最激烈的程度。

甲午战争冲击波作为义和团运动爆发的一个主要因素，给中国南方和北方造成了两种不同的观念。

在南方，特别是东南、南部沿海的各个省份，由于受到资本主义因素直接和长期的影响，对西方近代文明的接受程度大大超过了北方，而变法图强的维新思潮得到了广泛的传播，这种观念不是以排外而是以相反的态度来对待战后的社会危机，它造就了著名的戊戌维新运动和维新运动的领袖们。

北方则又是一回事了。它的自然环境决定了自给自足的小农经济一直占统治地位，由于闭塞而导致的守旧观念强有力地根植在自上而下各个阶层人们的心中，鸦片战争没能打开缺口，甲午战争虽然震动了北方社会，却没有促成人们的完全觉醒。在北方，无论是统治阶级中的极端守旧派还是底层百姓，虽然他们在地位、所受教育、生活环境上都存在着很大的差异，但这并没有影响到在他们之间产生某些共同的心理，传统的观念使他们在对待列强的态度上惊人地走到一起来了。这为义和团社会心理提供了更多更大的市场。

政治制度、社会生活的变化，马上便可以在社会心理中得到反映。特别是当社会发生某些政治事件之后，人们便很快自发地反馈。义和团运动时期正是这样。甲午战争失败后不久，北方社会立即弥漫起带有反抗色彩的排外情绪，与此相关联的各种社会心理现象也不断地产生或发生，并在社会中广泛流行起来，成为一种特定的社会心理。

义和团运动时期特定的社会心理形态，在这场运动自始至终的每一个步骤和环节上都产生了巨大的影响。

它确实以一种略带畸形的方式，动员更多的人团结在抵抗外来侵略的旗帜之下。我们看到，许多社会心理都在从不同的角度帮助人们汇集成一股巨大的反抗力量。这些心理现象使人们毫不犹豫地加入义和团的队伍，使得这支队伍一时间活跃在中国广大北方地区，并且影响到中国的南部和西南地区，犹如狂飙怒涛，呼啸汹涌。

也应该看到，义和团时期形形色色的社会心理，往往同时产生着双重的甚至互相矛盾的实际社会效应。影响和支配义和团的，常常是几种互相交织的心理形态。当然，这些心理形态并不是无条件地随意而来，又随意而去。在一些场合，某一种心理特征会更突出地体现出来。在另外的一些场合，往往又是几种心理形态共同起作用。在一定时期和一定条件下，某种心理状态具有积极的意义，而在另一个时期和另一种条件下，同样的心理又会起着消极的作用。

不论是爱国也好，迷信也好，排外也好，义和团时期的社会心理主要反映了社会底层广大群众的脉搏。所有这些社会心理，归根到底，由于缺少强有力的科学的思想武器，而不免形成一种无人能够驾驭的自发的精神力量。农民、手工业者以及游民阶层，即这些组成义和团的主要力量，是不可能产生科学理论的。因此，也就不可能使社会心理上升为社会意识，从而也就失去了社会意识对社会心理的重要反作用，它最终导致了许多不利的后果，为义和团运动的迅速崩溃埋下了祸根。

社会思潮

戊戌维新派如何看待洋务运动*

在洋务运动的研究中，很自然地涉及洋务运动同维新变法运动的关系。这是一个重要的也是颇为复杂的问题。要得出合乎历史实际的结论，需要从各个方面进行细致深入的探究。其中之一，我以为不妨看看历史的当事人即戊戌时期的资产阶级维新派，对洋务运动有一些什么样的认识和评论。

维新派承认洋务运动在学习西方过程中的一定的历史地位

梁启超在《戊戌政变记》中，曾经回顾了我国学习西方、推行变法的历史过程。他把这个过程分为四个阶段：第一个阶段是自鸦片战争以后的二十余年，这个阶段中“魏源著《海国图志》，倡师夷长技以制夷之说；林则徐乃创译西报，实为变法之萌芽”。第二个阶段是自同治初到中法战争的二十余年，这个阶段中曾国

---

* 载《历史教学》，1983（10）。

藩等“渐知西人之长，创制造局以制器译书，设方言馆，创招商局，派出洋学生”，“变法之事，于是荜路开山矣”。第三个阶段是自中法战争到甲午中日战争的十年，这个阶段中“识者渐知西法之不能尽拒，谈洋务者亦不以为深耻”，但人们所学之“西法”，仍“不过称其船坚炮利制造精奇而已，所采用者不过炮械军兵而已，无人知有学者，更无人知有政者”。直到甲午战争失败，维新运动日益发展，才进入了第四个阶段。在这个阶段中，由于民族危机的空前严重，“朝野乃知旧法之不足恃，于是言变法者乃纷纷”，“天下人士咸知变法，风气大开矣”①。

梁启超的这段叙述，把洋务运动看作在学习西方过程中经历的两个历史阶段，肯定了它在推行变法中的“荜路开山”的历史地位，在某种程度上承认了洋务运动对于自己从事的维新事业的先驱作用。当然，所有这一切都是有条件的，因为他在论述这个问题时，并没有忘记指出洋务运动的根本缺陷。

即使在维新变法运动进入高潮，资产阶级维新派对洋务运动进行严厉批判的时候，他们也仍然时常以肯定甚至赞赏的态度和口吻，谈起像郭嵩焘、曾纪泽这些人在传播西学中所起的作用。梁启超在《南学会叙》中说：“湘南天下之中，而人才之渊薮也。……其乡先辈若魏默深、郭筠仙、曾劼刚诸先生，为中土言西学者所自出焉。”②《湖南时务学堂缘起》说得更详细一些：“窃闻吾乡先辈，若魏默深、郭筠仙、曾劼刚诸先生，咸于天下不讲西学之日，受怨谤，忍尤垢，毅然慨然以倡此义，至今天下

---

① 《中国近代史资料丛刊·戊戌变法》第二册，第18页。

② 《中国近代史资料丛刊·戊戌变法》第四册，第422页。

之讲西学者，则靡不宗诸先生。”[1] 谭嗣同在《浏阳兴算记》中也讲过类似的话：“然闻世之称精解洋务，又必曰湘阴郭筠仙侍郎、湘乡曾劼刚侍郎，虽西国亦云然。两侍郎可为湖南光矣。”[2] 这些大致相仿的言论，正说明这是维新派的共同认识。

事实上，维新派最早接触和获得的关于西学的知识，大都正是来自洋务派人物主持翻译出版的书籍。从这个意义上说，也许可以把洋务派称作维新人士的启蒙老师。维新派自己不仅不讳言这一点，反而常常提起它。梁启超在他撰写的《康有为传》中指出，他的老师在青年时代，“其时西学初输入中国，举国学者，莫或过问，先生僻处乡邑，亦未获从事也”。直至康有为离乡出游京师，始在沪上“悉购江南制造局及西教会所译出各书尽读之”，“自是于其学力中，别开一境界”[3]。在《三十自述》中，梁启超讲到自己的经历时又说：开始，他求学只是“日治帖括”，后来又致力于“训诂词章”，除此之外，不知天地间“更有所谓学也”；直到十八岁入京应试，“下第归道上海，从坊间购得《瀛寰志略》，读之始知有五大洲各国，且见上海制造局译出西书若干种，心好之”[4]。像康、梁这样的经历，显然具有典型的意义，基本上代表了大多数维新人士所走过的治学道路和思想发展的过程。

正因为这样，维新派对江南制造局、同文馆等翻译出版西学著作一事，尽管因其“皆初级普通学，及工艺、兵法、医学之书”，缺乏社会政治方面的内容，而颇觉不能满足，但对其草创

① 《中国近代史资料丛刊·戊戌变法》第四册，第 492 页。

② 《谭嗣同全集》，第 174 页。

③ 《中国近代史资料丛刊·戊戌变法》第四册，第 9 页。

④ 同上书，第 44 页。

之功，是并不抹杀的。梁启超在《西学书目表序例》中就指出："海禁既开，外侮日亟，曾文正开府江南，创制造局，首以译西书为第一义。数年之间，成者百种，而同时同文馆及西士之设教会于中国者，相继译录，至今二十余年，可读之书，略三百种。"①

可以这样说，维新派在评论洋务运动的时候，是充满着历史感的。用谭嗣同的话来说，叫作"惩末流之失，遂谓创始者之非，何异因噎废食、惩羹吹齑乎！"② 这句话他分别在《致欧阳中鹄书》和《报贝元徵书》里反复说过两遍，可见并非信笔所书，而是反映着对于洋务运动的一种客观态度。

维新派抨击洋务运动"根本不净，百事皆非"

所谓历史感还有另外一方面的意义，那就是：维新派并不因为承认洋务运动的一定历史地位而放松对它的指责和批判。当问题从历史拉回到现实的时候，维新派毫不含糊地指出，洋务运动是一个完全失败的运动，是一种对于国家民族非徒无益、反而有害的历史活动。

康有为在《上清帝第一书》中说："今天下非不稍变旧法也。洋差商局学堂之设，开矿公司之事，电线机器轮船铁舰之用，不睹其变，反以蔽奸。""至于奸蠹丛生，虽良法美意，反成巨害，

---

① 《中国近代史资料丛刊·戊戌变法》第一册，第447页。

② 《谭嗣同全集》，第204页。

不如不变之为愈矣。"①

梁启超在《戊戌政变记》中说："我中国自同治后，所谓变法者，若练兵也，开矿也，通商也，交涉之有总署使馆也，教育之有同文方言馆及各中国学堂也，皆畴昔之人所谓改革也。"②"中国之言改革，三十年于兹矣。然而不见改革之效，而徒增其弊。"③ 在《论变法不知本原之害》中又指出："中兴以后，讲求洋务，创行新政，不一而足，然屡见败衄，莫克振救。"④

严复在《原强》和《救亡决论》等文章中说："海禁大开以还，所兴发者，亦不少矣。译署一也，同文馆二也，船政三也，出洋肄业四也，轮船招商局五也，制造六也，海军七也，总署八也，洋操九也，学堂十也，出使十一也，矿务十二也，电邮十三也，铁路十四也，拉什数之，盖不止一二十事。此中大半，皆西洋以富以强之基，而自吾人行之，则淮橘为枳，若存若亡。"⑤"夫盗西法之虚声，而沿中土之实弊，此行百里者，所以半九十里也。"⑥

唐才常在《尊新》《尊专》等文章中说："中国之创新政求新法也，费五十年之时日，掷万亿兆之金钱，购恒河沙数之枪械，然而北胁于俄，南挫于法，东困于日，何也?"⑦"中国数十年来，同文、方言、武备等馆，次第举行，衿褛杂拉，风雨鳞萃。而临

---

① 《中国近代史资料丛刊·戊戌变法》第二册，第129页。
② 《中国近代史资料丛刊·戊戌变法》第一册，第274页。
③ 同上书，第273页。
④ 《中国近代史资料丛刊·戊戌变法》第三册，第19页。
⑤ 同上书，第52-53页。
⑥ 同上书，第68页。
⑦ 《唐才常集》，第32页。

变仓卒，不获一器一人之用。”①

这些就是资产阶级维新派对洋务运动的总的评价。

如果说甲午战争的失败在实际上宣告了洋务运动的破产，那么，在理论上宣告洋务运动的破产是在戊戌变法时期由维新派来完成的。

维新派认为，洋务运动的失败不是偶然的，既不是由于主持其事的洋务派缺乏应有的能力和魄力，也不是由于他们没有推行新政的必要的权势和地位。问题在于洋务运动在指导思想上就是完全错误的。这不是一条能够真正挽救民族危亡、促使国家富强的正确道路。只能是“经划屡年，一无所成”。用维新派的话来说，叫作“根本不净，百事皆非”②。

维新派从哪些方面去论证洋务运动失败的必然性呢？

首先，洋务派只知学习西方的船坚炮利，着意于兴矿利、筑铁路、整商务、练海军，不仅避而不谈政治的改革，反而强调封建政治的“大经大法，不可轻改”。维新派指出，这是“不变本原，而变枝叶；不变全体，而变一端”③，是“不务本而欲齐其末”④。像这样“少变而不全变，举其一而不改其二，连类并败，必至无功”⑤。

其次，由于封建政治已经十分窳败，积弊甚深，因此，即使那些枝枝节节的洋务措施，也都是“务其名而不务其实”，“徒为

① 《唐才常集》，第 33 页。

② 康有为：《上清帝第四书》，见《中国近代史资料丛刊·戊戌变法》第二册，第 178 页。

③ 《戊戌政变记》卷五。

④ 谭嗣同：《记官绅集议保卫局事》，见《中国近代史资料丛刊·戊戌变法》第一册，第 303 页。

⑤ 《康南海自编年谱》，见《中国近代史资料丛刊·戊戌变法》第四册，第 145 页。

具文"，不过是"奉行故事"而已。谭嗣同慨叹说：中国讲了几十年的洋务，其实"何曾有洋务？亦岂有能讲之者？"[①] 不仅如此，腐朽的旧势力为了达到一己之私利，总是要"将旧政之积弊，悉移而纳于新政之中"。练兵则可以拥军自重，购械则可以中饱自肥，开矿则可以串弊贪渎，通商则可以抑勒朘削。结果，如梁启超所说："如是则练兵反不如不练……开矿反不如不开……通商反不如不通"[②]，"自余庶政，若铁路，若轮船，若银行，若邮政，若农务，若制造，莫不类是"[③]。总之，是"百举俱废"，"犹治丝而棼之，故百举而无一效也"[④]。

最后，维新派强调指出，尽管洋务派同封建顽固派进行过激烈的斗争，但在挽救中国的危亡这个问题上，二者其实并没有本质的区别。如果讲区别，也只是五十步与百步之差而已。维新派声称，中国社会已是这样的衰敝危殆，任何"补漏缝缺之谋"都是无济于事的，只有"再立堂构"——按照他们的纲领实行维新改革，才是唯一的出路。

总之，维新派认为，洋务运动虚掷了数十年极可宝贵的大好时光，白白浪费了千百亿艰难筹划的国家资财，结果，"利未一见，弊已百出，反为守旧之徒，抵其隙而肆其口也"[⑤]。为了堵塞那些利用洋务运动的失败来反对变法维新、反对改革的守旧势力之口，维新派明确地要人们区分和划清洋务运动同维新运动的界限。康有为指出，洋务运动只是"变事"而不是"变法"。当

① 《谭嗣同全集》，第 158 页。

② 《中国近代史资料丛刊·戊戌变法》第一册，第 274-275 页。

③ 同上书，第 20 页。

④ 同上。

⑤ 《中国近代史资料丛刊·戊戌变法》第三册，第 21 页。

光绪召见他的时候，他又针对着社会上所谓“过去几年中国已经有了一些改革”的说法，告诉光绪说：“根据我的意见，中国不仅没有改革，而且所已经做的，恰恰是我所劝你不要做的那些事。”① 严复也说，洋务派不过是一些“有维新之貌而无维新之心”② 的人。他们这些话，主要是要人们了解，洋务运动的失败不是变法、维新、改革事业的过错，因为洋务运动根本就不是真正的变法、维新、改革。

维新派认为封建性和买办性是洋务运动的致命病根

梁启超曾概括地指出，洋务运动“其蔽有二：其一欲以震古铄今之事，责成于肉食官吏之手；其二则以为黄种之人，无一可语，委心异族，有终焉之志”③。这里涉及了两个带有根本性质的问题，前者指出了洋务运动的封建性，后者指出了洋务运动的买办性。

在维新派看来，洋务运动的封建性，主要表现在新、旧关系的处置失宜上；洋务运动的买办性，则主要表现在中、外关系的处置失宜上。

维新派指出，洋务运动“不务除旧而言布新”④，“大抵皆务增其新，而未尝一言变旧”⑤。按照这个原则，其结果，“累朝蠹

① 《中国近代史资料丛刊·戊戌变法》第三册，第 508 页。

② 《论中国分党》，见《中国近代史资料丛刊·戊戌变法》第三册，第 76 页。

③ 《论变法不知本原之害》，见《中国近代史资料丛刊·戊戌变法》第三册，第 20 页。

④ 《戊戌政变记》卷三。

⑤ 严复：《上今上皇帝万言书》，见《中国近代史资料丛刊·戊戌变法》第二册，第 319 页。

政，不忍割弃”[1]，腐朽的封建政治既一仍其旧，其他方面的举措也就只能空有其名，无补于实。在这种情况下，像办厂、开矿、筑路、练兵等事，“泰西行之而富强”者，一引到中国这块封建土壤上来，就不免“有淮橘为枳之叹”了。谭嗣同曾具体列举用封建主义的一套老办法去办新式机器工厂造成了怎样的结果：“嗣同尝往来各省机器局，见所谓总办，非道即府，问其得道府之由，上之挟万无一用之举业，弋科目而驯致之；否则入赀财而货取之，营荐举而巧攫之。中国辨士论官，固自不出此，何怪于算学制造了不省悟，则以下诸官属之懵然昏然，又不待言。即或一二奇材异能之士杂其中，夫谁知而听之！”[2] 靠这么一批人而能够办好工厂，岂不是成了怪事？

自己办不好，便“不得已而用西人主其事”。维新派认为，“当急则治标之时”，适当地“借材异域”，聘用一些外国技术人员是可以的、无可厚非的。问题是，一则洋务派对外国人的话奉命唯谨，言听计从，“于西人之言，辄深信谨奉，而不敢一致疑也”[3]。二则洋务派事事依赖外国，“练兵而将帅之才，必取于彼焉；置械而船舰枪炮之值，必归于彼焉；通轮船铁路而内地之商务，彼得流通焉；开矿而地中之蓄藏，彼得染指焉。且有一兴作，而一切工料，一切匠作，无不仰给之于彼”[4]。三则洋务派并不是把聘用外国人作为一种过渡性的权宜之计，有计划地逐步培养我国自己的人才来取而代之，而是把依靠外国人办洋务当作

---

① 刘桢麟：《复仇说》，载《知新报》，光绪二十三年十一月二十一日。

② 《谭嗣同全集》，第 203 页。

③ 梁启超：《续论变法不知本原之害》，见《中国近代史资料丛刊·戊戌变法》第三册，第 22 页。

④ 同上。

一种长远的方针。维新派批评说：洋务运动“亦既数十年，而犹然借材异地，乃能图成，其可耻孰甚也？”① 这样，中国就在很大程度上失去了自主之权，而成为处处仰洋人之鼻息行事了。

充满了爱国主义精神的维新派，对洋务运动的买办性从多方面进行了批判。他们指出，惯于侵略欺凌我国的列强，从根本上说来，是乐于中国保持“弱也，愚也”的状况的，因为正是这种状况有利于他们在中国操大权沾大利。“自西人言之，则其为中国谋者十之一，自为谋者十之九”，把侵略者的意见和谋划当作拯救中国的灵丹妙药，实在未免是南辕而北辙。② 况且，中国自已不振作，不奋起，那么，“西人竭诚忠事与否，已不可信，见我无知无识，安坐束手，以受指挥，而听愚弄，彼亦何为不遂愚弄之乎？”③ 自己不图自振、自强、自立，就只好任人摆布，受人欺凌。怨天尤人是无济于事的。

维新派对洋务派代表人物采取区别对待的分析态度

任何历史活动都是人的活动。对于历史事件的评论自然也离不开对于从事这一活动的历史人物的评论。

资产阶级维新派对倡导和推行洋务运动的那些洋务派代表人物不是抱着笼统的、一概而论的简单看法，而是采取了区别对待

① 梁启超：《续论变法不知本原之害》，见《中国近代史资料丛刊·戊戌变法》第三册，第 20 页。

② 参见《中国近代史资料丛刊·戊戌变法》第三册，第 23 页。

③ 《谭嗣同全集》，第 204 页。

的分析的态度。这是一种值得称道的态度，当然，他们所肯定的或否定的，未必都是科学的和正确的。

对于曾国藩、左宗棠等人，维新派较多地肯定了他们的历史地位。康有为在保国会的一次演说中说：“曾文正与洋人共事，乃始少知其故，开制造局译书，置同文馆、方言馆、招商局……实为绝异之事。”① 《上海强学会章程》中也说：“曾文正公开制造局，以译书为根，得其本矣。”② 特别是对于左宗棠，维新派是抱有一定的尊重态度的。谭嗣同在《上欧阳中鹄书》中颇为激赏左宗棠在请造轮船的奏疏中的如下一句话：“彼既巧，我不能安于拙；彼既有，我不能傲以无。”这里的“彼”自然是指列强，“我”则指中国。谭嗣同不仅对此发出了“善夫!”的赞叹，认为此论道出了真正足以长民族志气的心声，而且指出“傲之一字，遂足以亡天下而有余”③，因此也正是切中时弊的呼唤。

对于文祥、沈葆桢、丁日昌以及前面提到的郭嵩焘、曾纪泽等，维新派则认为他们不失为封建官僚中“稍明时局”、有一定见识和抱负的人。但是同时也指出，即使是这些封建官僚中的佼佼者，由于他们所致力的洋务运动本身的局限，也不可能做出像样的历史贡献和成绩。

对于李鸿章，维新派虽然也肯定了他在洋务运动中的某些作用，但更多的则是责难和否定。谭嗣同曾说：“到天津，见机厂、轮船、船坞、铁路、火车、铁桥、电线、炮台等，他如唐山之煤矿，漠河之金矿，无一不规模宏远，至精至当。此在他人，能举

① 《中国近代史资料丛刊·戊戌变法》第四册，第 408 页。

② 同上书，第 390 页。

③ 《谭嗣同全集》，第 157 页。

其一，功即不细，合肥兼综其长，夫亦人杰。惜晚节不终，弥增悼叹。"[①] 这里对李鸿章的一些赞誉的话，显然主要是针对他举办的一些洋务企业而言的；一谈到李鸿章主持的军事活动和外交活动，谭嗣同立即表示了深恶痛绝的态度。尤其是对于李鸿章在甲午战争时中日谈判中奴颜婢膝的卖国丑态，他更是大加抨击，甚至称之为"彼全无心肝者"[②]。谭嗣同还指出，在李鸿章实际主持下的中国政局，"日暮途穷，百政废弛，诚足恶矣"。而之所以造成这种局势，固然有种种主客观原因，不能只责备李鸿章一个人，但李鸿章之成为历史罪人，却也并非偶然，正好说明"贪位恋权之足以丧身如此，徒枉其才而已"[③]。

维新派对张之洞的评价，更能说明这种分析态度。在公车上书中，康有为等曾对张之洞一力推荐，认为张之洞和其他一些在中法、甲午中日战争中力主抗战、立有功绩的人，"皆有天下之望，宜有以旌之"，建议朝廷"悬赏功之格，为不次之擢"[④]。谭嗣同也曾说过这样的话："今之衮衮诸公，尤能力顾大局，不分畛域，又能通权达变，讲求实济者，要惟张香帅一人。"[⑤] 但当维新运动深入开展，新旧斗争渐趋激烈之际，张之洞从表面支持变法维新，一变而公然压制湖南的改革活动，多方干涉《时务报》对维新思想的宣传，直至发表以攻击维新运动为目的的《劝学篇》之后，维新派对张之洞的认识也就深了一层，明确地把他归入顽固守旧势力一流，并指出他在改革与反改革的斗争中，是

---

① 《谭嗣同全集》，第 459 页。

② 同上书，第 156 页。

③ 同上书，第 208 页。

④ 《中国近代史资料丛刊·戊戌变法》第二册，第 134 页。

⑤ 《谭嗣同全集》，第 157 页。

“深中陋儒之毒，桎梏于纲常名教之虚文”，“以乱天下者”[1]。但即使如此，维新派仍然承认张之洞是“大臣中之最贤而有闻于时者”[2]，并不完全抹杀他的一定的历史作用。只是到了张之洞以卑劣手段残酷血腥地镇压了自立军起义之后，维新派才以极大的义愤揭露张之洞“甘心为那拉后死党”“背主卖国，不忠不义”“诛杀无辜，屠戮忠贞”[3] 的罪行。

维新派并不只是就事论事地评论洋务派的活动和功过，还进一步分析了洋务派一事无成甚至在政治上每况愈下的思想根源在于缺乏真正的爱国主义精神。维新派指出，洋务派平素也常以“爱国”相标榜，但在爱国、爱名、爱身三者之间，放在最重要地位的还是“爱身”，也就是爱一已之私利。“今既自谓爱国矣，又复爱身焉，又复爱名焉；及至三者不可得兼，则舍国而爱身名；至二者不可得兼，又将舍名而爱身。”[4] 维新派认为，没有坚定的爱国信念，没有公而忘私的献身精神，是谈不上实行改革的。

以上我们简略地介绍了资产阶级维新派对洋务运动和洋务派的一些主要认识。马克思曾指出：“我们判断一个人不能以他对自己的看法为根据，同样，我们判断这样一个变革时代也不能以它的意识为根据。”[5] 尽管维新派同洋务派是两个性质完全不同的政治派别，但维新派对洋务运动的认识，毕竟也只是反映戊戌

---

① 欧榘甲：《论政变与中国不亡之关系》，见《中国近代史资料丛刊·戊戌变法》第三册，第 159 页。

② 《戊戌政变记》卷三。

③ 《驳后党张之洞于荫霖伪示》，见《中国近代史资料丛刊·戊戌变法》第一册，第 424 页。

④ 《戊戌政变记》卷三。

⑤ 《马克思恩格斯选集》，第 2 卷，第 83 页。

维新运动这个变革时代的一种社会意识，因此仍然不能作为我们确切判断和评价洋务运动的根本依据。资产阶级维新派并不掌握科学的历史观，作为历史事件的当事人，他们的意见又不免受到现实斗争中所激发的各种情绪的强烈影响，因此，客观和深刻都是难以做到的。但无论如何，前面介绍的维新派的种种认识，终究可以作为我们分析洋务运动同维新运动关系时的一个重要的参考。

清末资产阶级革命派对封建法制的批判*

在清朝封建专制政权统治的最后十年里，以孙中山为首的资产阶级革命派，曾经高举民主主义的旗帜，对封建主义的意识形态和政治制度，展开了一场范围广泛的批判运动。他们效法西方资产阶级革命时期那些启蒙思想家，将当时现实社会和政治生活中的一切，都放到理性的法庭面前，去判别其是否有继续存在的权利。由于中国资产阶级的软弱，这一次批判运动，虽然在猛烈和深刻的程度上远逊于西方的启蒙运动，但它仍然帮助许多人从封建主义的精神枷锁中解放出来，迅速提高了政治觉悟，从而推动了当时的实际革命斗争。它是 1911 年爆发的辛亥革命运动的思想先导。

作为封建上层建筑重要组成部分的法律观念和与之相适应的法律设施，自然不能不成为资产阶级革命派批判锋芒的一个主要靶的。孙中山在武昌起义后不久以临时大总统名义发布的一个命令中谈到这一点，说："本总统提倡人道，注重民生，奔走国难，二十余载，对于亡清虐政，曾声其罪状，布告中外人士。而于刑

---

* 见中国人民大学清史研究所编：《清史研究集》第 1 辑，1980 年 11 月。

讯一端，尤深恶痛绝。”① 资产阶级革命派对封建法制的批判，涉及很多方面。在中国历史上，虽有个别进步思想家对封建法制的个别方面进行过抨击，但比较集中和比较系统的批判，应该说，这还是破天荒的第一次。现在，我们就来看一看这第一次战斗达到了怎样的深度和广度，存在着哪些长处和不足，这对我们今天仍会有它的借鉴意义。

一

辛亥革命时期，资产阶级革命派对封建法制的批判，主要集中在以下几个方面：

第一，揭露封建法制是“钤制束缚”和“摧锄愚弄”人民的工具，主张法律应该是保障国民权利和自由的武器。

资产阶级革命派首先提出法律应该为谁服务的问题。他们说，在封建专制主义之下的法律，不过是要全国人民服从帝王一人之私意，是维护独夫民贼黑暗统治的工具。“试放眼一览至繁赜之律例，至森严之王法，何一非出自寡人私意者乎？而有生杀万民操纵一世之无上大权者，非此私意制成之律例王法而谁？夫至私意制成之律例王法，而乃有生杀万民操纵一世之无上大权，则其毒人祸世，害尚可胜言耶！”② 他们的揭露，在一定程度上接触到了封建法制作为反动国家机器的实质。有的说，如果军队

① 《中国近代史资料丛刊·辛亥革命》第八册，第 24 页。

② 汉驹：《新政府之建设》，见《辛亥革命前十年间时论选集》第一卷下册，第 586 页。

是封建特权阶级的“保障”，那么法律便是他们的“护符”；有的说，封建法制同科举、理学、官制及赋税制度等一样，都是用来“愚弄驭制”人民的；有的说，正因为封建政府设了“种种严酷惨毒”之法制，才使人民慑服于它的淫威之下，敢怒而不敢言；有的说，封建法制其实是一种“奴隶规律”，因为它不过为人们“划成若干套奴隶圈限”，而人民的一切权利都被剥夺得精光，所有的权力“一握于独夫民贼之手”。封建地主阶级为了维护自己的阶级利益和统治地位，总是要用严刑峻法，威吓被压迫、被剥削的人民群众不要起来触动和改变现存的统治秩序，因之，极端残酷的惩罚主义和报复主义就成为封建刑罚制度的一条基本原则。辛亥革命时期的革命派看到了这一点，指出：“近世文化日进，刑法之目的，亦因而递嬗，昔之喝威吓报复为职志者，今也则异。”① 但腐朽的清朝政府逆世界历史之潮流，仍是“法网繁密，残民以逞”，“严其刑罚，苛其条例，吾民一触其网罗，则有死无生”②。他们认为，这一切正是这个政权丑恶野蛮的一种表现，也是人们必须起来推翻这个政权的重要原因之一。

资产阶级革命派认为，建立在“人道”和“正义”基础之上的文明法律，与封建法制相反，立法的原则应该“一以国民多数幸福为标准”③，而法律的本质应该是“以平等为精髓，无压抑之理，无犯人自由之律”④，使法律真正起到保障国民权利的作用。

第二，揭露封建法制所规定的各色各样的“刑罚之不平等”，主张在法律面前人人平等。

---

① 《中国近代史资料丛刊·辛亥革命》第八册，第 24 页。

② 《中国近代史资料丛刊·辛亥革命》第五册，第 148 页。

③ 《中国近代史资料丛刊·辛亥革命》第八册，第 23 页。

④ 《辛亥革命前十年间时论选集》第一卷上册，第 481 页。

封建时代虽有所谓“王子犯法，与庶民同罪”的说法，但实际上真正对权贵绳之以法的，毕竟只是极其罕见的例外，通常实行的还是“刑不上大夫”的原则；等级森严的封建特权，其法律表现必然是赤裸裸的不平等。资产阶级革命派从诸如君民、贵贱、主奴、男女等各个方面揭露了法律上的不平等现象。他们指出：在封建专制政治下，“朕即国家，朕即法律”，皇帝可以为所欲为，不受任何法律的约束；贵戚勋臣，大小官吏，也可以依仗自己的权势，肆行不法，即使触犯了法网，法律上也有“八议”之类的条文可以公开地为他们开脱罪责。[①]至于无拳无勇的老百姓，封建统治者则“非迫民以威，即陷民以律”，“咸以重法绳民，若民以疾苦上闻，则治以越诉之罪”[②]。还有一些生活在社会最底层的所谓“贱民”，就连平民的地位也无法企及。辛亥革命后，孙中山在临时政府的一份公报里指出：“自专制者设为种种无理之法制，以凌轹斯民，而自张其毒焰，于是人民之阶级以生。前清沿数千年专制之秕政，变本加厉，抑又甚焉。若闽粤之蛋户，浙之惰民，豫之丐户，及所谓发功臣暨披甲家为奴，即俗所称义民者，又若薙发者，并优倡隶卒等，均有特别限制，使不得与平民齿。一人蒙垢，辱及子孙，蹂躏人权，莫此为甚。”[③] 此外，在男尊女卑的封建社会里，男女犯同样的罪，却“定罪有差”。资产阶级革命派根据“天赋人权”的学说，认为凡此种种，都是不公平、不合理、

---

① “八议”，指议亲、议故、议贤、议能、议功、议贵、议勤、议宾。凡贵族官僚犯了法而符合这些条款的，都可以宽大处理。

② 章太炎编：《天讨·中华民国军政府讨满洲檄》。

③ 《大总统通令开放蛋户惰民等许其一体享有公权私权文》，见《中国近代史资料丛刊·辛亥革命》第八册，第27页。

不符合正义的。

除了上述那些封建法制中共有的不平等之外，辛亥时期的革命派还着重揭露了以往历代封建王朝所没有的两种不平等现象。其一，是随着中国沦为半殖民地半封建社会而出现的中国人和外国人在法律面前的不平等。不但外国人“在中国犯了罪，中国官员不能惩办他”[①]，而且反过来，“中国有讼狱，外人得而会审之；中国有罪犯，外人得而惩罚之”[②]。其二，是由于掌握着清王朝统治大权的满洲贵族实行民族压迫政策而产生的满汉之间在法律上的不平等。“曩所谓大清律例者，袭二千年专制之遗法，益之以贵满而贱汉，满人、汉人虽同所犯之罪，而不同所运用之刑律，其专制不平等久为人所同愤矣。”[③]“其颁律也，满杀汉族，罚金二十四两；汉伤满奴，赔抵殃及妻孥。诸如此类之不平等，屈指而计，不可胜数。”[④] 由于资产阶级革命派特别致力于反满的宣传，所以类似这样内容的文章，在当时的革命报刊上几乎俯拾皆是。

针对这样一些事实，资产阶级革命派响亮地提出了在法律面前人人平等的口号，并认为，实现了这一点，就能够限制强权，伸张公理，而社会的安宁，人民的幸福，国家的进步，也就可以指日而待了。他们强调，“一国之事皆归法以范围之，一国之人皆归法以统治之，无所谓贵，无所谓贱，无所谓尊，无所谓卑，无所谓君，无所谓臣，皆栖息于法之下”[⑤]。“率一国人民无强无

---

① 陈天华：《警世钟》。

② 《中国灭亡论》，见《辛亥革命前十年间时论选集》第一卷上册，第 79 页。

③ 《辛亥革命前十年间时论选集》第三卷，第 528 页。

④ 章太炎编：《天讨·中华民国军政府讨满洲檄》。

⑤ 田桐：《满政府之立宪问题》，见《辛亥革命前十年间时论选集》第二卷上册，第 547 页。

弱、无尊无卑、无智无愚、无贵无贱，均受治于法律下而无稍偏颇，举人群之生命财产、身体名誉、无大无小、无彼无此，均支配于法律下而莫不公平。”① 他们说，这样，强者、尊者、贵者、富者就无所仗恃以肆其凌虐，弱者、卑者、贱者、贫者也就有所凭借而保其权利了。

第三，批判封建法制生杀任意，“刑章枉挠”；主张依法定罪，罪刑相当。

资产阶级革命派并不停留在指斥封建法律的不平等，他们还进一步指出：即使这样不公平的法律，封建统治者也没有打算认真遵守，在压制和镇压人民的时候，封建阶级是从来也“不依法律正当之行为”办事的。辛亥时期的革命党人，在鼓吹革命的宣传品中，常常把清朝政府称作“无法律之政府”，这是因为，皇帝的一道谕旨，朝廷的一纸文书，都可以成为法律的依据，产生法律的效力，甚至“官场一语，等于法律”②；既然什么都可以成为法外之法，也就是说什么都可以否定和破坏成文的法律，这样，有法也就等于无法。虽然《大清律》连同附例共有一千八百余条之多，人民群众却还要在此之外到处碰到更加繁密的无形的法网。这样一种随意立法、随意毁法的情况，对于人民的政治生活造成了什么样的后果呢？武昌起义时，湖北军政府在《宣布满清罪状檄》中有这样一段话：“历观数年来寻常私罪，多不覆案，府电朝下，囚人夕诛。好恶因于郡县，生杀操之墨吏，刑部不知，按察不问。遂令刑章枉挠，呼天无所。”③ 孙中山也说，清朝

---

① 汉驹：《新政府之建设》，见《辛亥革命前十年间时论选集》第一卷下册，第586页。

② 孙中山：《伦敦被难记》，见《孙中山选集》上卷，第23页。

③ 《中国近代史资料丛刊·辛亥革命》第六册，第240页。

政府“严刑峻制，惨无人理。任法吏之妄为，丝毫不加限制，人命呼吸，悬于法官之意旨”①。于是，本来就毫无政治权利的人民，其生命财产就更只能听凭统治阶级生杀予夺了。封建官吏在执行司法权力时，既不必拘守法律条文，也无须遵循什么法律程序，只要他们需要和愿意，无罪可以行罚，轻罪可以重判。这种情形，就连封建统治者自己也是不得不承认的。例如，顺治十年(1653)的一个上谕中讲道：“法者天下之平，非徇喜怒为轻重也。往者臣民获罪，必下部议，以士师之任，职在明允。乃或私心揣度，事经上发，则重拟以待亲裁；援引旧案，又文致以流刻厉。”上谕虽然说今后法司在审判时要“务得真情，引用本律，钩距罗织，悉宜痛革”②，但这一纸具文根本不可能改变封建法制黑暗状况之分毫。事实上，终清之世，那种随意对人民“钩距罗织”罪名的做法，始终没有停止过。而且，越是在阶级矛盾激化、革命形势日趋高涨的时候，就越变本加厉。到了清末，朝廷既有“就地正法，便宜行事”之令，又有“州县治盗，格杀勿论”之例，法律已经等于废纸，民命自然更是贱如蝼蚁了。《民报》上有一篇时评，相当精辟地说明了封建统治阶级不论是执行还是逾越法律，都是有利于他们的阶级利益的：“然民贼借法律以为拥护，彼法律者，不袒道义，而袒强权，遂使民贼得以行其恶，是即使按之法律，所处之刑，悉当其罪，固已甚便于民贼矣。设使所处之刑，而过其罪者，是民贼并所借为屏蔽之法律，亦悍然不顾，而惟知明目张胆，以快其嗜杀人之性也。”③

① 《临时大总统宣告各友邦书》，见《中国近代史资料丛刊·辛亥革命》第八册，第22页。

② 《清史稿》卷五《世祖本纪二》。

③ 民意：《西班牙之滥杀》，载《民报》，第26号。

资产阶级革命派强调法律的尊严和神圣性。他们宣称，在革命成功之后，不仅将用合于公理和正义的法律去取代腐朽的清朝政府的野蛮法律，而且一定要依法办事，“法律所立皆有守之之责”。如果有触犯法纪的，确定其罪行大小和量刑轻重，不是根据哪一些人的主观意愿，而只能根据法律的规定。罪与罚必须相当，既不能轻罪重判，也不能枉法骄纵。惩罚罪人的目的，既不是“快私人报复之私”，也不是单纯“以示惩创”，唯一的目的只是“保持国家之生存，而成人道之均平”①。

第四，反对刑讯逼供，主张审讯判罪要“实凭实据”。

资产阶级革命派在批判封建法制的时候，给人们描绘了一幅鲜血淋漓的图画，特别是对于公堂审讯的残酷和监狱内幕的黑暗，更是揭露得淋漓尽致。他们在文章中指出：“清律重刑讯，所用刑具有笞杖、枷锁、手扭、脚镣、夹棍、拶指、压膝、问板等，已极人世之残忍矣。而官吏取供，官刑之外，更用私刑，所造刑具尤凶毒无人理。民之死于斩绞者，不若死于监狱者之众；死于监狱者，不若死于刑讯者之众。”② 一些文章具体而详尽地记录了清朝官吏刑讯逼供的惨酷情形：有的受刑者“膝骨排裂，周身露肌淹血十余处”；有的被打得“身无完肤，如新剥皮之鸡”；有的用香火、烙铁炙烧受刑者的身体；有的把人打得血肉狼藉，然后又“附胶于纸，遍贴伤处”，再将纸连同皮肉一条一条地撕下来。如此等等，读之令人发指。资产阶级革命派特别用清朝政府虐害革命党人的事实，来激发人们的革命意识，如沈荩的惨受杖刑、邹容的庾毙狱中、禹之谟在法庭横遭非刑、徐锡麟

---

① 《中国近代史资料丛刊·辛亥革命》第八册，第 24 页。

② 《辛亥革命前十年间时论选集》第三卷，第 530 页。

被清吏剖腹刳心等，当时的革命报刊上都发表了专门的文章，记叙其事。这些文章，至今读起来，还使人兴起对于黑暗的封建政治的极大愤慨和对于革命先烈英雄行为的无限缅怀。

资产阶级革命派对刑讯逼供特别深恶痛绝，这不仅因为他们对此有切肤之痛，而且也是为了更好地求取法律的公正。他们指出，靠刑讯去断狱，是不可能得到正确的判决的，因为“三木之下，何求不得”？用那样的办法“锻炼周纳，以成其狱”，其结果只能是制造冤狱。公正的判决只有建筑在“实凭实据”的基础上。辛亥革命以后，孙中山很快就以临时大总统的名义，两次发布了禁止刑讯的命令，命令除告诫不准“重煽亡清”刑讯之“遗毒”外，十分可贵的是提出了不论“何种案件，一概不准刑讯鞫狱，当视证据之充实与否，不当偏重口供”的主张，这较之封建的法制观念来说，确实是一个重大的进步。①

第五，反对“葛抄株连”，罪及无辜；主张“父子兄弟，罪不相及”。

封建刑律中的所谓“株连”之法，由来已久。愈到封建社会的后期，“株连”的范围也愈广，处罚的手段也愈严，如明律、清律中对于人民因反抗封建统治而犯了所谓“谋反”“谋大逆”的“大罪”的，其“株连”的范围就要比唐律所规定的大得多。清王朝建立以来，“即专恃刑罚，滥兴大狱，终于近代，何止百数”②。资产阶级革命派通过对历史的回顾，指出：清朝政府“以淫威行其政策，一言之忤，九族为灰烬”③；“民间小罪，皆动

---

① 参见《大总统令内务司法两部通饬所属禁止刑讯文》及《大总统令内务司法部通饬所属禁止体罚文》，见《中国近代史资料丛刊·辛亥革命》第八册。

② 寄生：《安抚恩铭被刺事件》，载《民报》，第16号。

③ 石顽：《清政府又将兴大狱耶》，载《民报》，第2号。

辄收禁，株蔓牵连，逮及妇女”①；“连累以暨乡人，淫威加乎女子，无辜被僇，动以百计”②。这种情况，最清楚不过地说明了封建法制的野蛮性。除了封建统治者需要以这种残忍的手段威吓人民、禁阻人民的革命斗争外，它没有任何可以存在的理由。资产阶级革命派援引古代所谓“罪人不孥”的说法，认为即使一个人真的犯了罪，处罚也只能及于本人，不能累及他的家属妻儿，更不能旁及毫无关系的师友等人。“且杀人者死，载诸刑书，则亦尸行事者一人以偿，至矣。”③ 别人是绝不应该无故受到牵连的。

第六，揭露封建法制只不过是君主和贵族的“陪属”，主张司法要独立。

在资产阶级革命派看来，要革除封建法制的种种弊端，实现他们关于法制改革的种种主张，一个重要的条件就是在政治制度方面实行司法独立的原则。他们认为，清朝政府所推行的法制，不过是封建君主和王公贵族们的附属品。封建法制所表现出来的一切黑暗，归根到底是反映了封建特权阶级的贪婪和残暴。“数千年蜷伏于专制政权之下，复罔论宪法！全社会束缚于名分大防之内，复罔论法律！”④ 所以，资产阶级革命派公开号召：“以前的法律，我们都不能服从他，因为那法律实在没有道理。”⑤ 法律只有摆脱了强权的干预和支配，才能成为公正无私的东西。他

① 豕韦之裔：《普告汉人》，见章太炎编：《天讨》。

② 寄生：《安抚恩铭被刺事件》，载《民报》，第16号。

③ 同上。

④ 汉驹：《新政府之建设》，见《辛亥革命前十年间时论选集》第一卷下册，第586页。

⑤ 林獬：《国民意见书》，见《辛亥革命前十年间时论选集》第一卷下册，第896页。

们信奉孟德斯鸠的三权分立学说，认为按照这个学说建立起来的政权机构，就能保证司法的独立性。甚至 1905 年成立的资产阶级政党中国同盟会，其领导机关的组织机构，就是按照三权分立的原则设置的。后来，孙中山又根据中国的情况，把三权分立发展为“五权宪法”，其中一条重要的原则也仍然是坚持了司法权的独立。他们相信，司法独立可以保障一切法定权利，可以制裁一切违法行为，也可以对政府进行法律的监督。

从上面的这些内容可以看出，当时的资产阶级革命派确实表现了生气勃勃的革命精神，他们对于封建法制的批判在不少地方击中了要害。他们提出的许多主张，作为封建法制的对立物，是有着巨大的历史进步作用的。这些主张，鲜明地表示了对于受苦群众的深切同情，热切地反映了人们对于未来生活的无限向往。可惜的是，当他们以全社会代表的身份大谈正义、平等、自由、幸福等的时候，他们自己也并不懂得，在这些美好字眼的后面，包含着多少虚妄的幻想啊！

二

在辛亥革命时期，并不是只有资产阶级革命派一个政治派别对封建法制进行过批判。为了衡量他们的批判曾经达到怎样的历史高度，有必要联系当时政治思想战线的状况做一点比较的分析。

批判封建法制的还有资产阶级改良派。资产阶级改良派是主要由封建官僚、洋行买办、大地主、大商人、高利贷者转化而成的那部分上层资产阶级的政治代表。他们和封建势力、帝国主义势力有密切联系，因而竭力反对和仇视革命，但是为了能挤进政权，他们也对封建专制主义的政治包括封建法制表示过某些不满。

革命派和改良派都把法制问题看作仅次于官制（亦即由哪些人掌握政权）的第二位重要的问题；他们都批评封建法制的腐败，认为必须进行改革；他们都提出立法权应该属于“多数国民”（自然他们都认为自己是“多数国民”的当然代表）；他们都主张“三权分立”；他们都重视举办法政学堂、组织法政学会等活动。从表面上看来，改良派对于法制问题的议论比革命派讲得更多，有时似乎也十分激烈。但是，一接触到实质问题，改良派的保皇面目也就不能不暴露了出来。可以看出，在法制问题上，资产阶级革命派和改良派同样是针锋相对的。

资产阶级革命派对于封建法制的批判，归根到底是服务于推翻君主专制的清朝政府这个革命的总目标的。他们把封建法制的脓疮揭示给人们看，目的是为了告诉人们，封建君主专制的统治在各个方面都已经腐烂透了。他们懂得，封建统治阶级绝不肯放弃自己手中的任何一点权力，因此，也绝不会容许对封建法制做任何一点根本性的改革。他们明确地宣称：“然则吾国民而欲享受平民政治之权利，其必自倒寡人政治始；吾国民而欲沐浴法治国之幸福，其必自破专制治国始。”① 改良派与此相反，他们批评封建法制的一些弊病，目的是为了劝说皇帝，只有赶快自动地进行某些必要的改革，才能消弭人民的不满和平息革命的风暴，

① 汉驹：《新政府之建设》，见《辛亥革命前十年间时论选集》第一卷下册，第586页。

否则，人民就会自己行动起来，那后果将不堪设想。他们说："若刑法长此腐败，中国国民犹坐待执政诸人之立宪乎？犹坐待执政诸人创一司法机关乎？"① 这种貌似气势汹汹的警告，实质上却不过是忠心耿耿的献策。梁启超讲得比这更加"恳切"，也更加露骨一些，他为了说服皇帝对法制做一定的改革，一面讲拒绝改革将会招致革命之害，一面讲实行改革对于君主之利："况以立法权畀国民，其实于君主之尊严，非有所损也。……故今日之君主，不特为公益计，当畀国民以立法权，即为私利计，亦当尔尔也。苟不畀之，而民终必有知此权为彼所应有之一日，及其自知之而自求之，则法王路易第十六之覆辙，可为寒心矣。"② 不同的政治立场，不同的观察问题的方法，对于同一事物可以得出截然相反的结论。革命派以封建法制的窳败作为必须推翻专制统治的一个根据，而改良派则以此作为中国不能实行"共和立宪"的理由。梁启超在《开明专制论》一文中就发挥过这样的"高论"。他说：中国没有民法，所以无法确定什么是人民的"权利"；没有刑法，所以无法弄清什么是不能触犯的"法网"；没有好的法官，所以有司不免上下其手；司法不能独立，所以人民有冤也无处"控诉"。既然如此，宪法就没有任何用处。中国不仅不能实行"共和立宪"，就连"君主立宪"也要待之将来，今日急务只能行"开明专制"而已。

资产阶级改良派在批判封建法制的同时，时常伴之以对于封建法制的赞颂。这种自相矛盾的可笑状况，是他们在政治上既想

---

① 李庆芳：《中国国会议》，见《辛亥革命前十年间时论选集》第三卷，第119页。

② 梁启超：《论立法权》，见《辛亥革命前十年间时论选集》第一卷上册，第163页。

限制并从而分享君主的权力，又要千方百计维护封建君主的统治这种左右支绌处境的反映。他们昨天刚表示由于缺乏法律的保障，人民的生命财产“常厝于不安之地”，今天就声言人民早已有了充分的自由：“我中国谓其无自由乎，则交通之自由官吏不禁也，住居行动之自由官吏不禁也，置管产业之自由官吏不禁也，书信秘密之自由官吏不禁也，集会言论之自由官吏不禁也，信教之自由官吏不禁也。”① 总之，西方国家宪法规定的一切权利，中国人民早就统统都有了。他们在某一篇文章里刚谴责过封建特权之不合理，在另外的文章里就强调中国早就废除了不平等：“中国今日，举国人民，其在法律上，本已平等，无别享特权者。”② 康有为和梁启超甚至说中国在战国至迟在秦汉时就已取消了不平等的“陋习”，人民已经享受了两千年的自由平等了。他们一会儿讲中国几千年“国为无法之国”，一会儿又说中国早就“法律统一，举国相同，贵贱平等”，“即今万国文明，亦无能比”。如果要在中国提倡“自由之说”，搞什么革命，那不过是“无病之呻”③。资产阶级改良派就这样自打嘴巴，用对封建法制的奴颜婢膝的讴歌把曾经做出的一点批判抵消个一干二净。资产阶级革命派对于改良派美化封建法制的胡言乱语逐条做了驳斥，指出这些说法根本不符合中国历史和现实的真实情况，简直是一派“病狂之言”，使人读后“愤火内发”。他们还指出，改良派之所以要对封建法制进行粉饰和辩护，原因不是别的，只不过表明

---

① 梁启超：《十种德性相反相成义》，见《辛亥革命前十年间时论选集》第一卷上册，第 10 页。

② 《希望满洲立宪者盍听诸》（《民报》第 4 号）一文中引用《新民丛报》的话。

③ 康有为：《法国革命史论》，见《辛亥革命前十年间时论选集》第二卷上册，第 322–323 页。

这些利禄之徒"之暱于君主也，深矣"。应该说，这种揭露是一针见血的。

为了麻痹人民群众的革命情绪，抵制革命运动的日趋高涨，清政府于1906年9月颁布了决定"预备仿行宪政"的诏书。在清政府演出的伪立宪丑剧里，有一个内容就是所谓"改革法制"，包括准备在政府机构中建立司法和检察机关，制定和颁布新刑律及其他几种法律，等等。对此，改良派立即表示欢欣鼓舞，"弹冠相庆，或且以为立宪之嚆矢"。梁启超对清政府的所谓"新刑律""新民律"等充满了希望，他一面对朝廷的一年修订，二年核订，三年颁布，一直到第六年才实行这种慢吞吞的拖延做法表示不满，一面则急不可待地预先加以吹捧，说这些新律"早颁一日，即救一日之敝"①。资产阶级革命派则采取全然不同的态度，对此表示了坚决的抵制。他们说，所谓"新刑律"，不过是一纸空文，是清政府炫饰天下人的耳目的，只要封建特权不消除，"则无论刑律条文若何美备，裁判制度若何完全，要皆归于死文徒法，民命之贱无稍殊于畴昔"②。事实确实是这样。新刑律的颁布，不仅没有丝毫减少封建司法制度的黑暗，清朝政府对于人民的镇压和屠杀反而变得更加野蛮、更加疯狂了。这时已是王朝末日，这个政权为了垂死挣扎，除了不顾一切地加速开动镇压机器之外，已经没有别的什么办法可想了。

除了资产阶级改良派之外，还有一部分人值得在这里提一下，这就是一些自称是"无政府党"的无政府主义者。

---

① 梁启超：《立宪九年筹备案恭跋》，见《中国近代史资料丛刊·辛亥革命》第四册，第150页。

② 《论革命之趋势》，见《辛亥革命前十年间时论选集》第三卷，第529页。

无政府主义者也主张以革命的手段推翻清朝政府，从这个意义上说，他们是革命派的一个支流。但是，他们的许多政治主张，同信奉孙中山提出的三民主义的资产阶级革命派是有很大不同的。在对待封建法制的态度问题上，也是如此。

无政府主义者同其他革命派一样，对封建法制进行过猛烈的批判。而且，他们与那些认为西方资产阶级国家的法制完美无缺的人不同，在批判封建法制的同时，还指出资本主义法制仍然是建筑在不平等的基础上的，这是他们较之其他革命派高出一筹的地方。他们说："仔细研究各国宪法的内容，觉得为国民订出权利条文，很是有限，大半还是替政府资本家开方便之门的。"① 共和政府所订的法律，允许人们有言论、出版、集会、书信、迁徙等自由，但常常并不真的实行，即使实行了，也不过是"以小惠愚民"。"立宪共和之国……所订法律，名曰公平，实则贵族资本家咸受法律之保护，而平民则受法律之蹂躏。"② 他们所说的无疑是事实，这种事实，在那些资本主义国家里，早已是不能闭眼不看的了。问题是，无政府主义者并不是只反对封建的和资本主义的法律，而是反对一切政府，也反对一切法律。他们认为，任何法律都是自由的敌人、进步的障碍。由少数人所定而强迫大多数人遵守的法律，固然是不公正的和不正当的，就是按照大多数人的意志所订的法律，也是不可取的，因为它仍然要对某些人实行限制。而任何限制，任何服从，都是侵犯人的自由，因而是违反人的本性的。无政府主义者提出的"反对

① 景梅九：《罪案》，见《中国近代史资料丛刊·辛亥革命》第二册，第256页。

② 何震、刘师培：《论种族革命与无政府革命之得失》，见《辛亥革命前十年间时论选集》第二卷下册，第954页。

法律”“消灭法律”的口号，在当时的历史条件下只是起了混乱思想的作用，是完全错误的。至于反对一切限制和服从，要求绝对的个人自由，这在任何社会包括将来的共产主义社会里，都是不可能也不应该有的。这样的一种思想，本质上是反动的。

人们也许会觉得，无政府主义者反对一切政府和法律，可见他们是很激进的了。其实不然。他们在文章中曾经讲到消灭法律的途径，其办法不过是八个字，叫作“加强教育，发扬公德”。“（公德）增而不已，人人乃悟人类之相互，即可归极于公德，更无所用其契约，于是法之命运亦终。”[①] 靠什么增进公德呢？靠教育。“公德者，乃教育之极则。”所以，他们声称，“无政府主义以教育为革命”，除教育之外，再无所谓革命。“日日教育，亦即日日革命。”[②] 这种主张，充分反映了这些无政府党人貌似激烈实则怯懦的本质。这是从革命到改良的后退，这是在高喊“革命”的烟幕下取消革命。它比之资产阶级革命派所坚持的以暴力手段推翻专制政权而代之以新的政权、废除旧的封建法制而代之以新的法制的理论和实践，实在是差得太远了。

上面所说的一切表明，在对待封建法制的问题上，资产阶级革命派要比同时代的其他任何政治派别高明得多。在当时，他们是走在时代最前面的。当然，这并不是说他们的批判没有任何缺点。同其他方面一样，在这个问题上他们也不能不受历史的和阶级的局限。这一点，我们在下面就将要谈到。

---

① 四无：《无父无君无法无天》，见《辛亥革命前十年间时论选集》第三卷，第207页。

② 吴稚晖：《无政府主义以教育为革命论》，见《辛亥革命前十年间时论选集》第三卷，第218-219页。

三

资产阶级革命派坚信自己的事业是正义的。他们真诚地认为，他们对封建法制的批判，是在同邪恶作战，是为了使永恒公平、人类幸福这些崇高的原则真正在人们的生活中得到实现。然而，法律并不是什么抽象的原则，它乃是根源于物质生活关系的，由一定的物质生产方式所产生的利益和需要的表现。“法学家以为他是凭着先验的原理来活动的，然而这只不过是经济的反映而已。”[①] 不管资产阶级革命派有没有意识到，从根本上说来，他们所从事的一切，包括对封建法制的批判在内，都不过是为了清除横在历史前进道路上的封建障壁，以便为资本主义经济的发展创造更好的政治条件。这是时代的要求，是完全符合历史发展的方向的，应该给予充分的肯定。但也要看到，即使这些要求完满地实现了，也绝不意味着资产阶级革命派所期许的普遍幸福的人间乐园的到来。如果不联系社会的物质生活关系去考察，那么我们对革命派提出的法制原则，就很难给予确切的、实事求是的评价。拿“法律面前人人平等”这个口号来说，它同我们今天社会主义法制所要求的“法律面前人人平等”，在字面上是完全一样的，但是，二者却有着本质上的区别。资产阶级提出的“法律面前人人平等”，对于封建的等级和特权来讲，是一个巨大的进步。但是，资本主义生产关系的存在，决定了在剥削阶级与被剥削阶级之间、有产者与无产者之间、债权人与债务人之间，绝不

① 恩格斯：《致康拉德·施米特》（1890 年 10 月 27 日）。

可能有共同的利害，因而也不可能有什么真正的平等。恩格斯在谈到这一点时指出："平等原则又由于被限制为仅仅在'法律上的平等'而一笔勾销了，法律上的平等就是在富人和穷人不平等的前提下的平等，即限制在目前主要的不平等的范围内的平等，简括地说，就是简直把**不平等**叫做平等。"① 在社会主义条件下，情况就根本不同了。在这里，生产资料的私有制已经消灭，剥削已经废除，人民在经济上享有平等权利，因而在政治上也就能实现真正的平等。只要社会主义法制不遭到破坏，"法律面前人人平等"也就不是一句空话了。

资产阶级革命派同情劳苦大众，但受到他们阶级地位的限制，他们并没有能充分地相信和依靠劳动人民。由于半殖民地半封建社会资产阶级的特殊的软弱性，这一点显得更加突出。在对待封建法制的问题上，这个弱点也充分表现出来了。改良派在反对革命的时候，提出的一条重要理由是所谓"人民程度未及格"，在他们眼里，劳动群众是如此之落后，根本"未有共和国民之资格"。梁启超甚至说，"今日中国国民，只可以受专制，不可以享自由"，因为他们没有能力行使法律上的平等权利。革命派对于这种谬论表示了极大的愤慨，认为这是"厚诬"了中华民族。可是，他们用什么道理去批判改良派的这个谬论呢？他们说：所谓人人都有"参政之权者"，不过是讲人人都有这样一种"资格"而已，并非要让人人都去管理国家大事。因此，改良派的担心是毫无根据的。人民在"法律上之权利，唯选举行为，至于立法、司法、行政之事，皆有国家机关以司之"②，老百姓是不必去操

① 《马克思恩格斯全集》，第 2 卷，第 648 页。

② 《驳革命可以生内乱说》，载《民报》，第 9 号。

心的。也就是说，人民的民主权利，主要体现在他们有选举官吏之权，选举之后，一切就万事大吉，其余的事情统统听任官吏们去办就是了。这是一种何等可怜的权利啊！在这个问题上，革命派与改良派，岂不是只有五十步与百步之差吗?!

作为一个政治派别，资产阶级革命派有着基本一致的政治纲领。但是，由于革命者的成分比较复杂，革命队伍内部的认识水平参差不齐，在一些问题上，常常出现意见的分歧和混乱。这种情况也在对封建法制的批判上表现了出来。理论的不彻底、意见的不统一，在一定程度上削弱和损害了对于封建法制的打击力量。资产阶级革命派一般都主张以西方资本主义法制为蓝本，参酌中国的国情，建立新的法制。但章太炎却批评说："士人之醉于西方法令者，非直不问是非，亦不暇问利害，直以殉时诡遇，斯其见又在满洲政府下矣。"他大肆赞扬了一通"魏晋南朝之律"，认为在此之前和在此之后的封建法制虽然都是要不得的，唯独这个时期的法律有着"重生命""恤无告""平吏民""抑富人"等优点，只要以此为根据，"参以今制，复略采他方诸律"，就可以制定出最美最好的律法来。① 这种意见无异于说，应该以一种封建法制去代替另一种封建法制，这当然是极其错误的。事实上，封建法制虽然随着时代的变化而有所变化，但其基本精神却是一以贯之的。譬如，突出反映法律之不平等的所谓"八议"之法，最早恰恰出现在章太炎大为欣赏的魏律里边，以后也就一直延续了下来，并照样被吸收到清律之中。类似的情况并不仅仅表现在章太炎一个人身上。再举一个例子，前面说过，资产阶级革命派曾经反对封建法制中的"株连"之律。可是，在《龙华会

① 参见《五朝法律索隐》，载《民报》，第23号。

章程》中规定，凡是会员“坏了良心，出首会中秘密的事件”，就不仅要对本人“处以极刑”，“并且还要罪及妻子呢，重者满门诛戮，轻者妻女为娼，儿子为奴，世世代代受罚无穷”①。一个革命组织，对于叛变者应该执行严肃的纪律，这是完全必要的。但这里所规定的处罚方法，实在比封建法制还表现了更浓厚的封建性。这样，他们在实践中又把自己的主张抛到一边去了。

法律是一种强制力量。这种强制力量，只有在军队、警察、法庭等全部国家机器作为后盾的情况下才能发生作用。正如列宁所说的：“如果没有政权，无论什么法律，无论什么选出的机关都等于零。”② 资产阶级革命派似乎完全看不到这一点。他们天真地认为，法律之所以是一种“强制力”，根本原因乃是因为法的本质就是“国民之总意”，既然法律反映了“国民意志”，符合于“社会心理”，那么它对于每个社会成员自然就会产生强制的作用，每个个人也自然会乐于听从法律的制约。资产阶级革命派在法制问题上的这种错误认识，同他们轻视建立革命武装和掌握革命政权的错误一样，都表现了他们的软弱和没有力量。他们很快就为这种错误认识付出了惨痛的代价。辛亥革命后，以孙中山为首的资产阶级革命派制定并公布了《中华民国临时约法》，这部约法虽然是不完全的、有缺点的，但它带有明显的革命性和民主性。手无寸铁的资产阶级革命派幻想用这个具有革命性质的约法去约束窃取了大总统权力的袁世凯，袁世凯却凭借手中的反革命武装毫不费力地撕毁了这个象征共和制度的《中华民国临时约法》。《中华民国临时约法》从产生到被废除，从一个侧面反映了

① 《中国近代史资料丛刊·辛亥革命》第一册，第543页。

② 《列宁全集》，第11卷，第98页。

辛亥革命的成功与失败，也十分生动地反映了资产阶级革命派法制观念的一些优点和缺点。

上面，我们简略地回顾了几十年前围绕法制问题的这场斗争。作为历史发展整个链条的一个环节，这次战斗是很有意义的。资产阶级革命派提出的一些进步的法制思想，作为这次斗争的成果，给了以后的历史以积极的影响，而这次斗争所反映的弱点和局限，同样可以给后人以有益的启示。重温这一场斗争提供的历史经验和教训，也将有助于进一步清算林彪、“四人帮”践踏社会主义法制的罪行，增强我们健全和维护社会主义法制的自觉性。

鲁迅的中西文化观*

被毛泽东同志称为代表“中华民族新文化的方向”[①] 的鲁迅，对中国传统文化与西方文化的关系曾给予极大的关注。他围绕这个问题发表的许多精辟见解和议论，不但远远超过他的先辈和同时代的那些“向西方国家寻找真理”的先进人物，而且直至今日，也并未失去在社会主义文化建设中带有指导意义的思想光辉。

对传统文化应该“分别好坏”，决定弃取

鲁迅以毕生的精力，在文化战线上，代表全民族的大多数，向着敌人进行了冲锋陷阵的英勇搏击。在他的战斗业绩中，一个重要方面就是对中国传统文化中消极、落后甚至丑恶的糟粕，即封建的文化专制主义，进行了深刻、系统的揭露和清算。如他自

---

* 见张立文等主编：《传统文化与现代文化》，北京，中国人民大学出版社，1987。

① 《新民主主义论》。

己所说："我总还想对于根深蒂固的所谓旧文明，施行袭击，令其动摇，冀于将来有万一之希望。"[①]

鲁迅首先把自己的斗争锋芒集中指向封建的文化专制主义，并非偶然。

鲁迅生活在半殖民地半封建时代。从清末的封建王朝，到民初的袁世凯和北洋军阀，乃至后来的国民党新军阀的反动统治，所有的统治阶级无不一面"坦然地放火杀人，奸淫掳掠"，用反革命暴力宰割压迫着无拳无勇的小民，一面又"制礼作乐，尊孔读经"，对群众实行着文化思想上的钳制和愚弄。统治阶级的帮闲们，不论是"国学家的崇奉国粹，文学家的赞叹固有文明，道学家的热心复古"[②]，也都是把痈疽当作宝贝，"以古训所筑成的高墙"，窒息着任何一点有生气的思想，使百姓"像压在大石底下的草一样"，默默地生长，萎黄，枯死。鲁迅悲愤地慨叹："'反改革'的空气浓厚透顶了，满车的'祖传''老例''国粹'等等，都想来堆在道路上，将所有的人家完全活埋下去。"[③]

加之，帝国主义者在血腥屠戮之余，一面享用着靠封建文化所排好的"用子女玉帛所做的奉献于征服者的大宴"，一面则剔着牙齿，拍拍肚皮，别有用心地也在那里赞颂着"中国的固有文明"[④]；甚至竟高唱起"中国人要顾全自己祖国学问呀！""中国人应该整理国故呀！""要令中国道德学问，普及世界呀"[⑤] 等等来。这恰恰表明，封建的文化专制主义不但是本国统治者手中的

① 《两地书》，1925 年 3 月 31 日致许广平信。
② 《灯火漫笔》，见《坟》。
③ 《通讯》，见《华盖集》。
④ 《灯下漫笔》，见《坟》。
⑤ 《略谈香港》，见《而已集》。

反动思想武器，也是帝国主义所需要的杀人不见血的“软刀子”。

于是，鲁迅用犀利的笔，无情地揭穿了中外反动统治者所大肆鼓吹和提倡的所谓“国粹”“中国固有文明”的反动本质。按照鲁迅的说法，这是为了要“把那些坏种的祖坟刨一下”[①]。他关于“仁义道德”不过是掩盖“吃人”社会真相的发现，关于“孝”“烈”是“一味收拾幼者弱者的方法”的呼喊，关于封建礼教扭曲了人性的控诉，关于所谓中国的文明“其实不过是安排给阔人享用的人肉筵宴”的剖析，以及关于“保存旧文化，是要中国人永远做侍奉主子的材料”的警告，在当时，确实起到了振聋发聩的作用，曾经惊醒了多少个沉睡的灵魂，指引了多少个彷徨于人生歧路的过客。

鲁迅的特别深刻之处在于，他并不停留在对封建的文化专制主义本身的抨击上，而是进一步清醒而深沉地看到封建文化对广大人民精神的戕贼和毒害，勇敢地提出了“改革国民性”的问题。他在谈到“旧文明”的罪恶时同时强调，“此后最要紧的是改革国民性，否则，无论是专制，是共和，是什么什么，招牌虽换，货色照旧，全不行的”[②]。

鲁迅在许多作品中，怀着哀其不幸、怒其不争的心情，无情地解剖和揭示由封建文化涵养出来，并由“绅士的思想”影响于平民的“国民的坏根性”，诸如自私、卑怯、调和、折中、不为最先、不容改革、无持操、无是非观，以及阿Q式的精神胜利法等。他认为，对于这一些，“虽是国民性，要改革也得改革”[③]，

① 《致萧军、萧红》，见《鲁迅书信集》下卷，第717页。

② 《两地书》，1925年3月31日致许广平信。

③ 《这个与那个》，见《华盖集》。

否则，社会的进步是难有希望的。

当时有人指责说，鲁迅“把国民的丑德都暴露出来”，“真该割去舌头”[1]。其实，如果全面地了解鲁迅关于“国民性”的言论，就可以清楚地看出，鲁迅虽然出于暴露病根、催人留心设法加以治疗的热望，对“国民性”中的一些弱点加以不留情面的批评，但这与有些人把中华民族说得一无是处，似乎中国人的本性只是“丑陋”，是根本不同的。因为，鲁迅在谈到“国民性”时，还强调了以下几点：

第一，中国的国民性，从总体来说，“其实是伟大的”。他在写于 1936 年 3 月的一封信中说：“日本国民性，的确很好。……我们生于大陆……历史上满是血痕，却竟支撑以至今日，其实是伟大的。但我们还要揭发自己的缺点，这是意在复兴，在改善。”[2] 他还曾特别声明：“我所指摘的中国古今人，乃是一部分，别有许多很好的古今人不在内。”[3] 他不但指出，中国自古以来就有一批埋头苦干的人，拼命硬干的人，为民请命的人，舍身求法的人，是“中国的脊梁”，而且，当有人讥笑老百姓“庸愚”“卑鄙”的时候，他忍不住起来辩解，指出中国人并非“都是卑鄙，没有价值的”，老百姓“明黑白，辨是非”，“谁说中国的老百姓是庸愚的呢？”

第二，造成国民性格中的一些坏根性的根源，正是历代反动统治阶级。在《经验》中，鲁迅曾指出，有些人奉行着“各人自扫门前雪，莫管他人瓦上霜”的人生哲学，而这种人生哲学发展

---

① 《两地书》，1925 年 4 月 25 日许广平致鲁迅信。

② 《致尤炳圻》，见《鲁迅书信集》下卷，第 1064 页。

③ 《忽然想到·附记》，见《华盖集》。

为一种“国民性”，却正是“因豺狼当道”，使很多人付出过许多牺牲的缘故。在《中国地质略论》中，他又指出，迷信、自私、害群，这些都是“历代民贼所经营养成者”。在《上海所感》中，他还指出，“愚民的发生，是愚民政策的结果”。鲁迅指摘了一些带有普遍社会性的坏现象，但板子却始终打在“上等人”即统治阶级的屁股上。

第三，鲁迅认为，改革国民性是一件十分艰难的事情，但又坚信国民性是可以改变的。有志于改革者不应该只停留在指摘上，更不应该流于冷嘲，而是要有“正视这些的黑暗面的勇猛和毅力”，同时要“深知民众的心，设法利导，改进”①，才能收到实效。

鲁迅对于封建文化专制主义的批判，立足点在于社会的发展和进步。所以，他明确宣布：“我们目下的当务之急，是：一要生存，二要温饱，三要发展。苟有阻碍这前途者，无论是古是今，是人是鬼，是《三坟》《五典》，百宋千元，天球河图，金人玉佛，祖传丸散，秘制膏丹，全都踏倒他。”②

鲁迅在批判中国传统文化的糟粕时，曾经说过一些绝对化的话，诸如“要少——或者竟不——看中国书，多看外国书”③，以及“中国古书，叶叶害人”④之类，出现这种情况，一个重要原因是要从当时的历史条件中来加以说明的。五四运动前后，在文化战线上曾开展过一场东西方文化之争，这场争论延续了十几年，大约从1915年开始到1927年结束。争论过程中，新文化运

① 《习惯与改革》，见《二心集》。
② 《忽然想到》(六)，见《华盖集》。
③ 《青年必读书》，见《华盖集》。
④ 《致许寿裳》，见《鲁迅通信集》上卷，第20页。

动的一些倡导者，曾经对维护封建主义思想文化的顽固守旧势力进行过有力的打击，对发展新文化做出过很大的贡献，但在斗争中，由于本身未能克服形而上学的缺点，常常采取好就是绝对的好、坏就是绝对的坏的态度，以致有时对传统文化流露出全盘否定的口吻。在一个短时期里，这种形而上学的毛病也在鲁迅的思想上有所反映。但是，统观鲁迅思想的全貌，他在文化问题上，不但绝不是一个民族虚无主义者，相反倒是多次明白宣布应该继承和发扬中国传统文化的优秀遗产的。

还在鲁迅生前，就有人给他送上过一顶"虚无主义者"的帽子，认为他的笔下，只有一片黑暗，几乎否定了一切，使人失去了对于追求光明的信心，也表明自己之"没有出路"。对此，鲁迅回答说："至于希望中国有改革，有变动之心，那的确是有一点的。虽然有人指定我为没有出路——哈哈，出路，中状元么——的作者，'毒笔'的文人，但我自信并未抹杀一切。"[①] 这里所说的"并未抹杀一切"，是也包括中国传统文化在内的。早在1908年他写《破恶声论》的时候，就明白指出，不能因为古埃及"以迷信亡"，就"举彼上古文明，胥加呵斥"，更不能因为"见中国式微，则虽一石一华，亦加轻薄"。并且说，那种因中国暂时的落后而对自己民族的旧物一概否定的"竖子之见"，"按其由来，实在拾外人之余唾"[②]。在同一时期所作的《科学史教篇》中，还曾鲜明地提出既不要"笃古"也不要"蔑古"的主张，认为把现代的一切"学术艺文"，统统看作古已有之，"一切新声"都不过是"绍述古人"，自然是自欺欺人之谈，但用现代的尺度

① 《通信》，见《三闲集》。
② 《破恶声论》，见《集外集拾遗》。

去衡量“往古人文”，“得其差池，因生不满”，甚至“哂神话为迷信，斥古教为谫陋者”，也并非历史的态度。[①] 后来，他还曾热情地肯定日本学者有岛武郎“以为中世纪在文化上，不能算黑暗和停滞”的看法，是很有“史识”的。[②]

在鲁迅从思想上接受了辩证唯物论，确立了共产主义世界观之后，他对于中国传统文化的主张，就更加全面、更加科学了。他曾经根据列宁的意见，指出风俗和习惯都是“文化”的一部分，而对文化尤其是其中的风俗习惯的改革，是很困难的，“倘不深入民众的大层中，于他们的风俗习惯，加以研究，解剖，分别好坏，立存废的标准，而于存于废，都慎选施行的方法，则无论怎样的改革，都将为习惯的岩石所压碎，或者只在表面上浮游一些时”[③]。这一段话之所以重要，是因为他对于传统文化，提出了一整套重要的原则。首先，对待传统文化，应该采取细致的分析态度，经过研究、解剖，分别出好坏来。其次，根据确定的标准，好者存，坏者废，但不论存废，都不能有半点粗疏或大意，而应该谨慎从事。最后，由于文化是与广大民众的切身生活密切相关的东西，因此，绝不是只靠某些“天才”或权威个人独断就可判定其价值的，而要“深入民众的大层中”，经过群众实践的鉴定，才能得出实事求是的认识。

鲁迅的态度十分明朗，认为中国传统文化中，是不乏优秀的历史遗产可供我们继承和采取的，不过“这些采取，并非断片的古董的杂陈，必须溶化于新作品中，那是不必赘说的事”。他打

---

① 参见《科学史教篇》，见《坟》。

② 参见《〈奔流〉编校后记》（四），见《集外集》附录。

③ 《习惯与改革》，见《二心集》。

了一个生动的譬喻：这恰如人们吃牛羊，“弃去蹄毛，留其精粹”，就可以滋养和发达新的生体。[①]

鲁迅本人的实践，可以说是忠实地贯彻了他关于对待历史文化遗产的主张的。他对于中国传统木刻的总结和翻印，对于中国小说史的研究，对于碑刻拓片的搜集和整理，对于保护古建筑、保护壁画及塑像、研究古乐的建议，等等，都表现出他对于中国传统文化的科学态度和实事求是精神。所有这些，难道不正是对那种认为鲁迅否定一切传统文化的观点的有力反驳么？

对西洋文明要敢于吸取，慎于选择

从鸦片战争开始，外国资本主义、帝国主义利用军事的、政治的、经济的、文化的种种侵略手段，使中国社会一步步向半殖民地深渊不断沉沦。在这种情况下，窃据政权的统治者，一面继续对本国人民作威作福，巧取豪夺，一面却对洋主子予取予求，肆无忌惮地将国家民族的主权利益廉价拍卖。具有讽刺意味的是，尽管他们在行动上一直奉行着“量中华之物力，结与国之欢心”[②] 的卖国方针，但在口头上却又不断喧嚣着“要以中国文明统一世界”“中国的精神文明主宰全世界”之类的呓语。这不仅仅是阿Q式的自我解嘲，更重要的是对他们自己卖国行径的拙劣掩饰和对人民群众的欺骗、麻醉。

---

① 参见《论“旧形式的采用”》，见《且介亭杂文》。

② 这两句话，虽是由慈禧太后公开在谕旨中宣布的，但其实后来的反动统治者也都无一例外地继承着这个衣钵，所以可以看作清末以后所有反动统治者的共同方针。

针对着这种话，鲁迅尖锐地指出：统治者明知道“中国固有文化”是“咒不死帝国主义”的，他们之所以要故意高喊发扬“民族精神”和“固有文化”，“意思其实很明白，是要小百姓埋头治心，多读修身教科书。这固有文化本来毫无疑义：是岳飞式的奉旨不抵抗的忠，是听命国联爷爷的孝，是斫猪头，吃猪肉，而又远庖厨的仁爱，是遵守卖身契约的信义，是‘诱敌深入’的和平”①。其实，历史已经清楚地表明，“中国的精神文明，早被枪炮打败了”。出路倒在老老实实地承认中国文化在近代的落后，“将先前一切自欺欺人的希望之谈全都扫除，将无论是谁的自欺欺人的假面全都撕掉，将无论是谁的自欺欺人的手段全都排斥”，“倒去屈尊学学枪击我们的洋鬼子，这才可望有新的希望的萌芽”②。

后来，鲁迅把这个意思说得更加明白。他说：西洋文明中“有不少是优点，也是中国人性质中所本有的，但因了历朝的压抑，已经萎缩了下去”，这些是应该经过一番慎重的选择，加以学习，使之恢复过来的。“即使并非中国所固有的罢，只要是优点，我们也应该学习。即使那老师是我们的仇敌罢，我们也应该向他学习。”③

为了民族的振兴，国家的富强，应该不惜向即使是侵略压迫我们的仇敌学习，平心而论，这个思想并非鲁迅的独创。在近代历史上，从魏源的“师夷之长技以制夷”，到辛亥革命时期资产阶级革命派的“要拒外人，须要先学外人的长处”，虽然大家对

---

① 《真假堂吉诃德》，见《南腔北调集》。

② 《忽然想到》（十一），见《华盖集》。

③ 《从孩子的照相说起》，见《且介亭杂文》。

外人的“长技”“长处”的内容的理解有很大的区别，但“要救国，必须要向外国学习”，却是许多志士仁人的共同主张。当然，鲁迅讲得更加具体、更加明确，而且在当时，鲁迅的话仍然有着很强的针对性和现实性。这是因为，在一个长期封闭的社会里，统治者害怕任何一点新鲜空气的透入都会引起对现存秩序的搅扰和瓦解。因此，他们总是对一切新的思想文化采取深闭固拒的态度。在他们的影响下，社会上顽固守旧的风气仍很浓重，有些人常常无端地与“洋气”为仇，更进一步，则故意和这“洋气”反一调，自以为这样才是爱国，才是保存中国固有文化；更有些人，则还在那里唱着已经唱了几十年的学习西洋文化是“用夷变夏”的老调。

鲁迅通过总结历史强调指出，文化的发展总是要“取材异域”，吸收外来文化，才能更有生气，不断进步。在中国历史上，汉、唐文化是放射着璀璨的异彩的，之所以能达到这个境界，一个重要原因就是当时的人们能大胆地、闳放地吸取外来文化。“汉、唐虽然也有边患，但魄力究竟雄大，人民具有不至于为异族奴隶的自信心，或者竟毫未想到，凡取用外来事物的时候，就如将彼俘来一样，自由驱使，绝不介怀。”① 因此，一个有力量、有自信心的民族，是绝不应该害怕吸取外来文化的，因为外来文化经过吸收、消化，便成为滋养、丰富民族文化的材料，正像人们吃牛肉，通过吸收、消化将之变成身体的养料，“决不会吃了牛肉自己也即变成牛肉的”②。只有病态的社会，孱弱的民族，才会神经衰弱，“每遇外国东西，便觉得仿佛彼来俘我一样，推

① 《看镜有感》，见《坟》。

② 《关于知识阶级》，见《集外集拾遗》。

拒，惶恐，退缩，逃避，抖成一团，又必想一篇道理来掩饰，而国粹遂成为孱王和孱奴的宝贝”。鲁迅的结论是：应该“放开度量，大胆地，无畏地，将新文化尽量地吸收”①。在当今的世界上，各国之间有着千丝万缕的联系和频繁的接触，中国既然是世界上的一国，则不可能不受到别国的影响。我们根本无须因受到别国影响而脸红，相反，我们倒是对于别国的文化，“实在知道得太少，吸收得太少”② 了。

但是，鲁迅也坚决反对所谓的“全盘西化”论。鲁迅很早就曾毫不留情地嘲笑过那种“言非同西方之理弗道，事非合西方之术弗行”③ 的想法和做法。以后，他更一直坚持对于西方文化要采取分析的、区别对待的态度。

鲁迅首先强调，对于西方文化，要分清“送来”和“拿来”的区别。“送来”，是指帝国主义强迫我们接受的，亦即帝国主义的文化侵略；“拿来”，是我们根据自己的需要，主动从西方文化中吸取的。这是两种不同性质的东西，也是两种对待西方文化的不同的态度。

帝国主义“送来”的东西，如英国的鸦片、德国的废枪炮、法国的香粉、美国的大腿电影、日本的印着“完全国货”的各种小东西，都不过是西方文化中的一面。对于这一面，鲁迅曾辛辣地指出，“我在中国，看不见资本主义各国之所谓‘文化’”④；帝国主义输入中国的不过是“伪文明”，因为“公道和武力合为

① 《看镜有感》，见《坟》。
② 《〈奔流〉编校后记》，见《集外集》。
③ 《文化偏至论》，见《坟》。
④ 《答国际文学社问》，见《且介亭杂文》。

一体的文明，世界上本未出现”[①]。

鲁迅认为，不能被动地接受帝国主义“送来”的货色，而要“运用脑髓，放出眼光，自己来拿”。这就是大家都熟悉的鲁迅提倡的“拿来主义”。

“拿来”以后怎么办？鲁迅各举出三种情况，以说明正确态度和错误态度的对立。错误的态度是，或怕受到“染污”，以致不敢接触；或“放一把火烧光”，以示自己的清白；或“接受一切”，甚至把糟粕当成宝贝。“拿来主义”者却全不这样。正确的态度应该是“占有，挑选”，根据不同情况，“或使用，或存放，或毁灭”[②]。

这里的关键在于，对西方文化要加以慎重的择取，用鲁迅的话来说，就是要“已立准则，慎施去取”。而选择的标准，则在于是不是“善美而可行诸中国之文明”[③]。就是说，首先，它必须确实是善的、美的，即西方文化中的优秀成分；其次，它又必须是“可行诸中国”，即能够移植于中国这块土壤的，绝不能重复历史上曾经有过的形式主义地吸收外国东西的错误。不过，鲁迅也认为，某些有害的东西，包括一些“‘帝国主义者’的作品”，也不妨有计划地做一点介绍，其目的是使人们做到“知己知彼”，“恰如大块的砒霜，欣赏之余，所得的是知道它杀人的力量和结晶的模样”，这就增长了避免其毒害的知识。当然，这样做，“必须有先觉者来指示”，例如在书籍之前写出详序，“加以仔细的分析和正确的批评”[④]。

---

① 《忽然想到》（十），见《华盖集》。

② 《拿来主义》，见《且介亭杂文》。

③ 《文化偏至论》，见《坟》。

④ 《关于翻译》（上），见《准风月谈》。

基于这样的认识，鲁迅一方面期待着有更多的人从事介绍西方文化的工作，一方面自己身体力行，用很大精力像普罗米修斯一样，传播着异国知识的火种。他那几乎与创作同等分量的译著，就是一个最好的证明，也是中外文化交流史上的一座丰碑。

不过，鲁迅清醒地知道，在当时那种政治环境和社会条件下，要大规模地、系统地、卓有成效地学习和吸收西洋文化，是有很大的限制的。他曾说："凡当中国自身烂着的时候，倘有什么新的进来，旧的便照例有一种异样的挣扎。"① "每一新制度，新学术，新名词，传入中国，便如落在黑色染缸，立刻乌黑一团，化为济私助焰之具，科学，亦不过其一而已。"② 因此，首要的问题还是在政治上进行革命，用"火与剑"推翻反动统治，进行社会改革，以便为文化的继承和发展创造必要的客观条件。

在改革中创造新时代的新文化

不论是批判地继承中国传统文化也好，还是学习和借鉴西方文化也好，其最终目的都在于创造和发展适合时代要求的新文化。

鲁迅把文化的发展看作一个不以人们的意志为转移的客观历史进程，而推动发展的力量则是改革。"文化的改革如长江大河的流行，无法遏止，假使能够遏止，那就成为死水，纵不干涸，

---

① 《关于〈小说世界〉》，见《集外集拾遗》。

② 《偶感》，见《花边文学》。

也必腐败的。”[①] 它一定有迁移，绝不会“回复故道”；一定有改变，绝不会永远“维持现状”。应该说，这是一个颇具卓见的认识，其中充满着唯物辩证法的革命精神。

不管人们承认还是不承认，中国传统文化对现实生活（包括当代生活着的每个人的头脑）的作用，是个无法摆脱的客观存在。今天的社会主义新文化，毕竟只能在中国传统文化的旧基础上，经过不断的改革和创新，逐步发展和成熟起来。因为，如果把文化的发展比作江河的奔流，那么，没有上游，也就没有下游；没有源头，又何来活水？社会主义文化并不是从天上掉下来的，也不是某些自命为“超越整个社会”的“天才”杜撰出来的，它应当是人类在整个历史进程中创造出来的全部知识的合乎规律的发展。只有确切地了解人类全部发展过程所创造的文化，并对这种文化加以改造，才能建设社会主义和共产主义的新文化。

鲁迅说得好：“因为新的阶级及其文化，并非突然从天而降，大抵是发达于对于旧支配者及其文化的反抗中，亦即发达于和旧者的对立中，所以新文化仍然有所承传，于旧文化也仍然有所择取。”“古人所创的事业中，即含有后来的新兴阶级皆可以择取的遗产。”[②] 鲁迅的这段话，大致说清楚了传统文化和新文化之间的辩证关系。

所谓改革，所谓发展，当然既包括对旧文化的继承（鲁迅所说的“承传”“择取”），又包括对旧文化的批判（鲁迅所说的“对立”“反抗”）。因为在马克思主义看来，一切发展，不管其

① 《从“别字”说开去》，见《且介亭杂文二集》。

② 《〈浮士德与城〉后记》，见《集外集拾遗》。

内容如何，都可以视作一系列不同的发展阶段，它们以一个否定另一个的方式彼此联系着。而且，对于任何事物的改革，总不免是对该事物的传统的一种冒犯和亵渎。如果一味陈陈相因，当然也就谈不到改革和发展，新文化的建设也就成了一句空话。在这个意义上说，不破不立，不塞不流，不止不行，是完全正确的。不过，破、塞、止，只是为立、流、行扫清道路，创造前提。破并不等于立，塞并不等于流，止并不等于行。这一点，却不可不加以充分的注意。

"文化大革命"时期，曾经流行过一个说法，即所谓"破字当头，立在其中"。在这种思想指导下，以破"四旧"的名义"横扫"了一切传统文化，结果，社会主义新文化不仅没有得到发展，反而造成了封建主义和资本主义腐朽思想文化的沉渣泛起。这是一个沉痛的教训。其实，早在六十多年前，鲁迅对这个问题就做过比较全面和合理的论述。他说："无破坏即无新建设，大致是的；但有破坏却未必即有新建设。"① 因为破坏者有两种，一种是"革新的破坏者"，他们为了建设新轨道，便将碍脚的旧轨道一扫而空，这种破坏，"是扫除，是大呼猛进"，内心里有着理想的光；另一种是寇盗式或奴才式的破坏者，他们或者想将旧物据为己有，或者想借此占些目前的小便宜，这种破坏，结果"只能留下一片瓦砾，与建设无关"。所以，鲁迅十分强调，对于文化遗产，不论是讲破坏还是讲保存，都应该立足于未来的新的建设，"新的建设的理想，是一切言动的南针"②。

如果要举一点鲁迅如何致力于新文化建设的实例，他对新木

① 《再论雷峰塔的倒掉》，见《坟》。

② 《〈浮士德与城〉后记》，见《集外集拾遗》。

刻的提倡也许是颇具典型意义的。在这方面，他曾花过许多心血。他聚集了一批年轻的木刻艺术工作者，举办过木刻讲习班，多次举行木刻展览，竭力介绍国外的优秀木刻作品，编辑出版了如《北京笺谱》那样的古代木刻作品集和如《木刻纪程》那样的当代木刻集刊。对新木刻的发展，他多次提出过十分重要的指导性意见。他认为，木刻本来是由中国传到西欧去的，从唐到明，中国的木刻有过很体面的历史，但是，明代以后，西欧的木刻艺术水平大大超过了中国的传统木刻艺术水平。中国的木刻今后要能“开出一条新的路径来”，主要应从两个方面去努力，一是学习国外木刻艺术的新法，二是吸取“中国旧日之所长”。“采用外国的良规，加以发挥，使我们的作品更加丰满是一条路；择取中国的遗产，融合新机，使将来的作品别开生面也是一条路。”只要做到二者很好地“融合起来”，“中国的木刻界就会发生光焰”。①

对于新文化，鲁迅十分强调这样两点：一个是时代性，一个是民族性。所谓时代性，就是说应该跟得上世界时代的潮流；所谓民族性，就是要始终保持中国的特色。他说，新的文化应该是“外之既不后于世界之思潮，内之仍弗失固有之血脉”②。在称赞陶元庆的画展时，他主要也是肯定其作品既“和世界的时代思潮合流，而又并未梏亡中国的民族性”。他认为，这样的作品，才是“存在于现今想要参与世界上的事业的中国人的心里”③ 的真正的艺术。

---

① 以上参阅《〈木刻创作法〉序》，见《南腔北调集》；《〈木刻纪程〉小引》，见《且介亭杂文》；《致李桦》，见《鲁迅通信集》下卷，第746页。

② 《文化偏至论》，见《坟》。

③ 《当陶元庆君的绘画展览时》，见《而已集》。

中国的新文化怎样才能走向世界？鲁迅的看法是：愈是民族化，愈是具有浓郁的中国特色和地方色彩，才愈能为世界所承认。因为世界各国环境不同，情景各别，文化艺术又最忌千篇一律。用带有中华民族特性的文化，去丰富世界新文化的宝库，才是我们对于世界的应有的贡献。“现在的文学也一样，有地方色彩的，倒容易成为世界的，即为别国所注意。打出世界上去，即于中国之活动有利。”①

鲁迅一向认为，从历史上看，并非各种知识均出于圣贤、学者之口，相反，“一切文物，都是历来的无名氏所逐渐造成的”②。只不过有些东西，原先在人民中间萌芽，后来却被特权者所收揽，成为他们独占和把持的专利品了。因此，鲁迅十分重视新文化的大众化，实际上，这是一个把文化重新交还到工农劳动大众手里的问题。鲁迅要求，新文化应是大众喜闻乐见，而又不是一味“迎合和媚悦”大众，真正为大众服务、于大众有益的文化。他竭诚地期待着“多有为大众设想的作家，竭力来作浅显易解的作品，使大众能懂，爱看，以挤掉一些陈腐的劳什子”。不过，鲁迅完全清楚，在那样的社会里，“全部大众化，只是空谈”，因为这是需要“政治之力的帮助”③ 的，但当时掌握着政权的却是只知对工农大众剥削压榨的反动统治阶级。鲁迅把自己的期望寄托在将来。

后期的鲁迅，坚定地相信“惟新兴的无产者才有将来”。这不但在政治上是如此，在文化上也同样如此。他认为，当时的反

---

① 《致陈烟桥》，见《鲁迅通信集》上卷，第528页。

② 《经验》，见《南腔北调集》。

③ 《文艺的大众化》，见《集外集拾遗》。

动统治者是新文化的死敌，而资产阶级也未能完成创造新文化的任务。这个任务，历史地落到了无产阶级身上。面临着各种反动势力对他进行的文化“围剿”，他豪迈地宣布：“历史的巨轮，是决不因帮闲们的不满而停运的；我已经确切的相信：将来的光明，必将证明我们不但是文艺上的遗产的保存者，而且也是开拓者和建设者。”[①] 而要完成这开拓与建设新文化的任务，则必须进行长时期的锲而不舍的韧性战斗，因为鲁迅有着深切的体会：“要在文化上有成绩，则非韧不可！”[②]

---

① 《〈引玉集〉后记》，见《集外集拾遗》。

② 《对于左翼作家联盟的意见》，见《二心集》。

晚清爱国主义的历史特点*

爱国主义是我们中华民族的优良传统。几千年来，我国人民的爱国主义精神从来就是推动祖国社会历史前进的一种巨大力量。作为一种伟大的凝聚力和向心力，它使中华民族能够经受住无数自然的、社会的难以想象的困难和风险的考验。当然，爱国主义又是一个历史的范畴。在我国历史发展的长河中，爱国主义的具体内容，是随着历史条件和历史阶段的变化而发展变化的。在鸦片战争以前的封建社会阶段，总的来说，爱国主义主要是同反对分裂、反对民族压迫、反对统治阶级内部昏庸腐败和封建专制的斗争相联系的。

历史进入近代之后，爱国主义又增加了新的内容和特点。它主要表现为对外反对殖民主义和帝国主义的侵略，捍卫祖国的独立和领土完整，对内反对同列强相勾结、出卖祖国利益的反动统治阶段，要求改变造成祖国贫弱、阻碍祖国振兴的封建专制制度。当中国无产阶级产生了自己的先锋队，独立地登上了政治舞台，并成为中国各族人民的领导力量以后，爱国主义运动也发生

* 见《世纪之交的晚清社会》，北京，中国人民大学出版社，1995。

了伟大的飞跃。它不仅以反帝反封建作为自己的斗争目标，而且同争取中华民族的彻底解放，实现祖国的社会主义前途紧密联系起来，同维护世界和平联系起来。从此，中国人民的爱国主义发展到了一个崭新的历史阶段。

拿晚清这一历史阶段来说，爱国主义的存在和发展具有鲜明的历史特点。其主要内容是：

一、对“振兴中华”的执着追求同英勇无畏的牺牲精神和献身精神的统一

近代中国的爱国者，面对着国家民族被侵略、被奴役、被凌辱的悲惨现实，无时无刻不在梦寐以求着中华的振兴。但是，他们并不是一群高谈阔论的空想主义者。他们脚踏实地，用自己的全部聪明才智，为国家的美好未来而奋斗，只要需要，他们可以牺牲个人的幸福和利益，必要时甚至可以牺牲自己的生命。中国近代史上第一位民族英雄林则徐，为了坚持正义的禁烟运动，为了坚持抗击英国殖民主义的野蛮武装侵略，即使被道光皇帝革职查办，甚至发配到新疆，也仍然以国家民族利益为重，一往无前，不改初衷。他的著名诗句：“苟利国家生死以，岂因祸福避趋之”，就很好地反映了他忠贞不贰的爱国情操。

为着“救亡”而矢志改革的梁启超，在戊戌维新运动失败之后不久，曾经讲了这样一段话：“令夫所谓爱国志士，苟其事有利于国者，则虽败己之身，裂己之名，犹当为之。今既自谓爱国矣，又复爱身焉，又复爱名焉，及至三者不可得兼，则舍国而爱

身名，至二者不可得兼，又将舍名而爱身。吾见世之所谓温和者，如斯而已，如斯而已!”(《戊戌政变记》卷三)

梁启超所批评的“所谓温和者”，是指李鸿章、张之洞等洋务派。当时，他们和康有为、梁启超等维新派，都以“爱国”相标榜，也都倡言“变法”。有些人认为二者的区别只是在于洋务派主张“温和”地改革，维新派主张“急激”地改革。梁启超对此做了驳正，强调指出他们之间的区别在于在国家利益和个人私利之间把什么放在第一位。梁启超在这里实际上提出了一个重要原则：如何处理爱国、爱名、爱身的关系，是区分真爱国主义、假爱国主义的试金石。

中国近代史上出现过一批又一批爱国的志士仁人：有的是在反侵略的民族战争中血洒疆场的将士，有的是勇敢探索富强之路的改革者，有的是对封建旧秩序进行武器批判的革命先烈，也有的是为创造和传播先进的科学文化而呕心沥血的学术人物。尽管他们的斗争业绩和历史贡献各不相同，但有一点是共同的，那就是他们对祖国、对民族、对人民，都有一种执着而真诚的献身精神。他们的爱国并不以爱名、爱身为前提，相反，他们把自己的一切包括宝贵的生命，统统奉献给了伟大而苦难的祖国。

爱国者并不是没有觅取个人名利权位的机缘和条件。梁启超在谈到他的老师和同志康有为时说，以康的才力学识而论，如果他“曲学阿世”，不难在封建宦途上飞黄腾达，安富尊荣。但他并不受名缰利锁的羁绊，决心为争取国家的进步，“逆势而与社会战”，虽遭受“奇险殊辱”，也“无所于挠，锲而不舍”(《康有为传》)。康有为的选择，表现了一个爱国主义者视富贵如浮云、履崎岖若坦途的情操和勇气。

他们也并不是没有一己的眷顾和爱恋。著名的同盟会会员方声洞，在参加黄花岗起义的前夕，写给他父亲的诀别书中，满怀深情地叙说了对家庭的系念，同时又慷慨从容地剖白了为国捐躯之必要。他在信中说："夫男儿在世，不能建功立业，以强祖国，使同胞享幸福，虽奋斗而死，亦大乐也；且为祖国而死，亦义所应尔也。儿刻已念有六岁矣，对于家庭，本有应尽之责任，只以国家不能保，则身家亦不能保，即为身家计，亦不能不于死中求生也。"他反复要求他父亲"以国事为心，勿伤儿之死"（《方声洞传》）。后来他果然在这次战斗中英勇牺牲。同时就义的另一位革命党人林觉民，在起义爆发前夕给他妻子写的一封绝笔书中说："吾至爱汝，即此爱汝一念，使吾勇于就死也。吾自遇汝以来，常愿天下有情人都成眷属。然遍地腥云，满街狼犬，称心快意，几家能够！""吾充吾爱汝之心，助天下人爱其所爱，所以敢先汝而死，不顾汝也。"（《林觉民传》）爱国主义的民族英雄不是铁石心肠的无情汉，他们对于自己的父母妻子，有着炽烈的爱，但是，在爱祖国与爱一己的对立面前，他们心甘情愿地忍受着与亲人生离死别的苦痛，使自己的家人骨肉之爱服从于和融化于对国家民族之爱。

在一个文艺作品中，有一位主人公曾提出过这样的问题："我爱祖国，但祖国爱我吗？"后来，这个问题颇为一些人津津乐道。如何看待这个问题，我以为还是结合中国近代史上的事例来回答。在旧中国，爱国是"有罪"的，因为爱国就不能不同统治着中国并把它拖上了绝境的帝国主义和封建势力做殊死的斗争。因此，要爱国，就必须准备承受反动势力的侵袭打击，甚至要冒坐牢杀头的风险。在那个时候，任何一个真诚的爱国主义者，从来不期待自己振兴祖国的努力会换得祖国对自己的什么报偿。对于许多人来讲，他们清楚地知道祖国的独立富强是无法亲眼看到的，但他们坚信，自己的努力将会为这一天的早日到来创造条件。辛亥革命时期领导安庆起义的革命党人熊成基，被清政府逮捕后，在狱中写了这样的话："我今早死一日，我们之自由树早得一日鲜血，早得血一日，则早茂盛一日，花方早放一日。"(《熊烈士供词》)这短短的几句话，生动而鲜明地反映了一个爱国主义者的伟大胸怀。正如大家所知道的，共产党人为了爱国而救国，不惜抛头颅、洒热血的事例，是数不胜数的。

这种充溢着献身精神的爱国主义，同那种口头上高唱"爱国"，但一遇到爱国、爱名、爱身"三者不可兼得，则舍国而爱身名"的假爱国主义，是不可同日而语的。爱国主义是一种崇高的思想感情，它同任何市侩心理都格格不入。如果心里老装着一架利己主义的天平，时刻盘算着对祖国的贡献同国家的报偿之间是否"等价"，甚至有时还发出诸如"我爱祖国，但祖国爱我吗?"之类的责难，那就不但愧对历史上的爱国志士，而且也亵渎了爱国主义。

二、强烈的忧患意识与坚定的民族自信心的统一

晚清社会是半殖民地半封建社会，帝国主义的野蛮蹂躏，封建主义的黑暗统治，把曾经创造了灿烂的物质文明和精神文明的中国推向了沉沦和毁灭的边缘。在这种情况下，"救亡"就成了近代爱国主义的中心主题，争取民族的生存和解放，追求祖国的

独立和富强，就是这一历史阶段爱国主义的基本内容。

在近代历史上，国家民族的屈辱和危难每增加一分，爱国主义思潮的影响也扩大一步。一些重大的爱国运动，往往都是在我们国家民族存亡绝续的危急关头酝酿和爆发的。正是在这样的背景下，近代的一些爱国主义者，无不具有极为强烈的忧患意识，鸦片战争时期的民族英雄林则徐，在清政府被迫签订了第一个不平等条约《南京条约》后，就提醒人们“须防蚕食念犹纷”，并且悲愤地指出：“正是中原薪胆日，谁能高枕醉屠苏!”戊戌变法的领导人康有为，把在帝国主义列强瓜分危机下的中国比喻为一个“枯干瘦羸，渐无精气”，病入膏肓的垂死老人；梁启超则把它比作一栋“瓦墁毁坏，榱栋崩折”，即将倾圮的千岁老屋。据梁启超自己说，甲午战争以后，他曾“日攘臂奋舌，与士大夫痛陈中国危亡朝不及夕之故”，希望“使吾四万万人者，咸知吾国处必亡之势，而必欲厝之于不亡之域”。伟大的革命先行者孙中山同梁启超一样，也曾把当时的国家比作一栋即将坍塌的大厦，忧心如焚地发出“强邻环列，虎视鹰瞵”，“蚕食鲸吞，已效尤于接踵；瓜分豆剖，实堪虑于目前”的呼喊。近代历史上无数志士仁人，正是为了挽救祖国的危亡而勇敢地投身到救亡斗争中去。五四运动、一二·九运动，以及无数热血青年奔赴抗日救亡的战场，都是在这个前提下发生的。

但是，近代的爱国主义者决不是民族虚无主义者。他们痛切淋漓地大声疾呼“国势危蹙”情状，是为了唤起人们的觉醒，激发人们的斗争勇气，而不是为了把我们的国家民族描绘得一团漆黑，一无是处，使人们看不到前途和希望，从而瓦解斗志，涣散士气。他们的忧患意识同炽烈的民族自豪感和坚定的民族自信心紧密地交融在一起。梁启超下面的这段话，颇为典型地反映了二者的联系与统一："必有忧国之心，然后可以言变法；必知国之危亡，然后可以言变法；必知国之弱，由于守旧，然后可以言变法；必深信变法之可以致强，然后可以言变法。"孙中山认为，中国凭借"四百兆苍生之众，数百万里土地之饶"，只要奋臂而起，"振兴中华"，即可"发奋为雄，无敌于天下"；一旦推翻了封建专制主义的统治，中国一定能够在经济发展中取得"异常之速度"，不但可以"举西人之文明而尽有之"，而且可以胜过和超过他们。不难想象，如果近代的爱国志士们没有对祖国和人民的美好未来的热切向往和坚定信念，他们是不可能如此义无反顾地将自己的一切无私地奉献给祖国母亲的。

三、抵抗侵略与向外国学习的统一

大力提倡爱国主义，会不会导致狭隘民族主义的滋长，民族虚骄心理的复归，甚至重新走闭关锁国的老路，影响改革开放呢？

晚清爱国主义历史发展的具体实践，已经对此做了清楚明确的否定回答。这正好涉及近代爱国主义的第三个历史特点，即抵抗侵略与向外国学习的统一。

近代中国是个半独立国家。绝大多数的爱国人士都懂得，不抵抗外国资本主义和帝国主义的侵略，不首先争取国家的独立和民族的解放，祖国的进步和富强就没有必要的前提条件。人们正是围绕着争取祖国独立而展开各式各样的爱国行动的。晚清历史上，对于中华民族任人宰割的“腥风血雨”黑暗岁月的悲愤填膺的揭露，对于帝国主义强盗残杀掠夺中国人民的撕肝裂胆的控诉，都曾经极其强烈地激发起人们的爱国热情，振奋起人们的革命精神。

但是，近代的绝大多数爱国主义者，并没有把抵抗外国侵略同向外国学习对立起来。改变祖国贫弱落后的迫切愿望，开阔了他们的胸怀，使他们努力在历史条件所许可的范围内认真吸取世界各国的优秀的文明成果。

林则徐对发动罪恶的鸦片战争的英国殖民主义者的英勇斗争，谱写了近代爱国主义的第一曲乐章；同时，他也是近代中国睁眼看世界的第一人，深信为了有效地抵抗侵略，必须知己知彼，了解西方。他通过同外国人的直接接触和阅读西方书报，获得了不少有关西方国家政治、军事、经济、史地等方面的知识，并辑译了《四洲志》《华事夷言》《各国律例》等资料。和林则徐同时代的魏源，在林则徐的启发、影响下，提出了“师夷之长技以制夷”的主张，这个主张简洁明了地表述了抵制外国侵略和学习外国“长技”的相互关系。

太平天国运动时期，后期“总理朝纲”的干王洪仁玕，为了能够“与番人（指外国人）并雄”，写作了《资政新篇》，提出了一系列学习外国政治经济制度的建议，这些建议得到了天王洪秀全的赞同和支持。这表明，即使是农民阶级的政治代表，为了祖国的富强，也并不拒绝学习外国某些有益的东西。与此同时及稍后一段时间，封建统治阶级中的某些有识之士和一批关心祖国命运的爱国知识分子，也不断提出学习西方先进科学技术的主张，并在一些方面付诸实践。

上一世纪末叶发生的戊戌维新运动，既是一次具有鲜明爱国色彩的救亡斗争，又是一场按照资本主义蓝图来改造封建统治的政治改革。维新派的信条是：要救国，只有维新；要维新，只有学外国。在他们的政治纲领和政治实践中，救亡图存同学习外国的先进经验是逻辑地、内在地统一在一起的。

戊戌变法失败之后，资产阶级革命派领导的革命斗争蓬蓬勃勃地开展起来，在本世纪的最初 10 年中，逐渐成为爱国运动的时代主流。爱国主义成为资产阶级革命派动员群众、宣传群众的一个最主要也最有力的武器。资产阶级革命派在淋漓尽致地揭露帝国主义列强对中国“割要地，租军港，以扼其咽喉；开矿山，筑铁路，以断其筋络；借债索款，推广工商，以吮其膏血；开放门户，划势力圈，搏肥而食，无所顾忌”的侵略罪行的同时，十分强调要敢于和善于学习世界各国的长处。他们针对有些人认为既讲爱国，就不应该向自己的民族敌人学习，“一言学人则骂之耻之”的论调，进行了很有说服力的反驳。如著名爱国宣传家陈天华说：“须知要拒外人，须要先学外人的长处。”“凡他种种强过我们的事件，我那一件不要学他的呢？不把他们的好处学到手，可抵得住他吗?”他们强调，中国今日，不应当以学人为可耻，相反，应当以不学为可耻。那种认为学习外国就是丢了脸面的“高论”，“固欲中国之束手以待列强之烹割而已”。

如果说在近代历史上的绝大多数爱国主义者，都能正确地处理和对待抵抗侵略和学习外国的关系，那么，对于我们一直坚持爱国主义与国际主义相统一的马克思主义者来说，当然就更应当把弘扬爱国主义同坚持改革开放辩证地统一起来。目前正在进行的社会主义现代化建设，是“振兴中华”的宏图大业，实现这个空前伟业，需要立足于中国的实际，一方面继承和发扬中华民族的优秀文化传统，一方面注意学习和吸收世界各国人民在历史上包括在资本主义制度下创造的优秀文明成果。敢于和善于吸取世界各国的文明成果，这也正是一个民族具有自信心的表现。

四、炽烈的“报国之志”同冷静探索“强国之路”的统一

爱国主义作为人们对于“生于斯，长于斯，衣食于斯”的祖国的一种神圣的感情，在近代历史上曾经最大限度地团结了各种社会力量，为祖国的前途和命运进行了积极的斗争。在各个不同历史时期，在各种不同的战斗岗位上，无数仁人志士，受到爱国主义这一强大精神力量的鼓舞和推动，把自己毕生的精力投入捍卫祖国独立和追求祖国富强的伟大斗争中去。其中，有在帝国主义列强的武装侵略面前不畏强暴、奋起抵抗，不惜英勇献身的战士，有为了争取祖国的发展和进步而同反动腐朽的封建势力进行殊死搏斗的改革者和革命者，有为了维护民族的团结和祖国的统一而做出重大贡献的杰出政治家，也有为了发展祖国的民族经济、民族文化而殚精竭虑的实业家、教育家、文学家、艺术家、科学家。至于更多为祖国的利益而牺牲一己私利的无名的爱国志士，就更是无法数计了。

所有这些具有炽烈的“报国之志”的爱国者，由于历史条件的限制，在从鸦片战争到五四运动的整个旧民主主义革命时期，如果以单个的个人来说，不论其事业有多大的成就，以“救亡”这个近代爱国主义的主题来衡量，似乎都是“无力回天”的悲壮

的失败者。也就是说，任何一个杰出的爱国英雄、任何一次伟大的爱国运动，都没有能争取到祖国的独立，没有能真正解除民族危殆的险恶处境。但是，也正是这些此呼彼应、前赴后继的爱国者连绵不绝的斗争，才使得近代中国在那么多帝国主义的军事的、政治的、经济的、文化的各种手段的侵略面前，没有被瓜分，没有出现亡国灭种的悲惨局面，在这个意义上，近代的无数有名的和无名的爱国者，真正是“中国的脊梁”。

爱国主义是一个历史范畴。如同毛泽东同志所说的：“爱国主义的具体内容，看在什么样的历史条件之下来决定。”[①] 在近代社会，爱国主义的历史发展，始终同对于“强国之路”的艰难探索紧密联系在一起。随着对于中国社会发展道路的认识的一步步提高，爱国主义的内容也一步步得到丰富和发展。

从鸦片战争、太平天国运动一直到辛亥革命，随着时代的变化，爱国主义的内容也不断丰富、发展。到辛亥革命时期，以孙中山为代表的资产阶级革命派，把近代历史上的爱国主义提高到一个新的水平。他们把爱国主义与民主主义相结合，在历史上第一次从革命立场阐明爱国与“忠君”的区别，把爱国与推翻封建专制主义政权统一起来。他们不仅要求在政治上改造中国，而且要求在经济上建设中国，真诚地追求祖国的繁荣昌盛，把民族独立与国家富强相互统一起来。他们鲜明地反对国家分裂，要求国家统一，指出中华民族“有统一之形，无分割之势”，只有国家的“统一独立”才有国家的“兴盛”。他们不是把祖国看作一个抽象的概念，而是把数万万同胞看作是祖国的实体，热爱、关怀人民群众，真诚地为谋取人民幸福而献身。最后，他们把中国的

① 《毛泽东选集》，第 2 卷，第 520 页。

民族运动同世界被压迫民族的民族运动相互联系起来，争取与世界各民族平等相处，以达到“大同之治”。

但是，辛亥革命虽然推翻了清朝封建君主专制的统治，却并没有找到解救中国的正确道路。于是，真诚热爱祖国的先进的中国人，继续进行冷静而又痛苦的探索，终于经过伟大的五四运动，经过中国共产党的成立，使中国人民接受了马克思主义，选择了社会主义这个唯一能够救中国的历史道路。从那以后，随着革命性质的变化，爱国主义也发生了新的升华，进入了一个崭新的历史阶段。

这也正是我们今天强调在当代中国，爱国主义与社会主义本质上是统一的一个历史依据。

社会生活

甲午战争的历史启示*

一个世纪以前，经过长期策划和准备的日本政府，发动了一场大规模的侵华战争。战争的结局是中国遭到了惨痛的失败。那一年是 1894 年（清光绪二十年），按中国干支纪年为甲午年，所以历史上称这次战争为“甲午战争”。

随着岁月的流逝，甲午战争似乎已成了一个与当今无关的历史陈迹。但是，历史是不应该忘却的。正如邓小平同志指出的：“了解自己的历史很重要。青年人不了解这些历史，我们要用历史教育青年，教育人民。”① 江泽民同志也曾说过：“现在，有不少的年轻人，对于我们国家和民族过去饱经忧患的历史，争取独立和解放的历史，不了解，不熟悉，甚至有些年纪大的人也渐渐淡忘了。这就给我们提出了一个任务，必须向人们，特别是青年人，加强国情教育，加强爱国主义、社会主义教育。”② 重新翻开 100 年前中华民族的这一页痛史，我们将会从中得到丰富的历

---

* 见《世纪之交的晚清社会》，北京，中国人民大学出版社，1995。

① 《邓小平文选》，1 版，第 3 卷，第 206 页。

② 《浩然正气·代前言》。

史启示。

没有民族的独立就不可能有国家的富强

甲午战争是日本政府蓄谋已久、强加给中国人民的一场侵华战争。日本进入资本主义社会后，便把半殖民地半封建的中国作为它向外扩张的首要目标。1885 年，日本政府制订出针对中国的十年扩军计划。1887 年，部分日本军国主义分子进一步制订《征讨清国策》，对吞并中国做了十分具体周密的设计。1893 年，日本成立战时大本营，对发动大规模侵华战争做了最后的准备。

1894 年 7 月 25 日，日本军舰在朝鲜牙山口外的丰岛海面拦击北洋海军的“济远”“广乙”等舰，不宣而战。几天后，清政府被迫对日宣战。此后直至 1895 年的春天，中国军队与来犯的日军多次展开激战，其中在 1894 年 9 月 17 日的黄海海战中，“致远”舰管带邓世昌、“经远”舰管带林永升及数百名官兵壮烈牺牲，北洋舰队虽付出惨重代价，却也使日舰遭受了重创。然而，由于清政府的腐败和李鸿章一意执行这个腐败政府的失败主义方针，北洋海军最终藏在威海卫内坐以待毙，直至全军覆没；辽东的陆路战场也形不成有效的抵抗，军事要地连连瓦解。甲午战争历时八个月后，以清政府的放弃抵抗和签订屈辱的《马关条约》而告终。

在战争爆发的前后，国内外许多人都曾提出一个令他们感到迷惑不解的问题——“日本幅员仅四岛，地不为广；丁不满十万，兵不为强；洋债日增，国不为富”，为什么竟敢悍然侵略有如此广大的土地、如此众多的人口的中国呢？

答案其实很简单。日本侵略者看准了中国早已就是一个没有民族独立的国家，清朝政府是一个依附于外国的半殖民地半封建政权。这样的国家，这样的政权，是可以欺侮的。

1840 年以后，殖民主义列强通过频繁的侵略战争和一个又一个不平等条约，使中国丧失大量权益，一步步沦为半殖民地社会，从而失去了独立发展的基本前提，这早已是铁的历史事实。甲午战争不过是沿着历史剧情逻辑发展的更加惊心动魄的一幕而已。

前些年，曾经有人发表文章，对那种认为西方殖民主义侵略造成东方普遍落后的谴责深表不满，主张要把这种“缺乏理性思维”的“传统观念”尽早抛弃，因为在文章作者看来，殖民主义对东方历史“起了一种革命的作用”，“成为东方民族赶上现代文明的唯一的现实良机”。

这种看法究竟符合不符合历史的真实？殖民主义究竟给中国人民带来了什么？这些问题，只要看一看甲午战争的前前后后，就一清二楚了。

日军挑起战争后，于 1894 年 10 月在辽东半岛的花园口登陆，进而攻占了旅顺口，随即制造了惨绝人寰的旅顺大屠杀。当时英国的《泰晤士报》根据目击者的报道刊文说：“日本攻取旅顺时，戕戮百姓四日，非理杀伐，甚为惨伤。”

不止如此，日军还在战争中表现了十足的强盗行径。它从中国掠夺去包括舰艇、轮船、汽船、军港设备、机器、弹药、金银、粮食在内的大量战利品，价值一亿多日元，而当时日本政府的年度财政收入仅为八千万日元。《马关条约》签订后，中国蒙受了更大的屈辱和灾难。条约规定中国向日本赔款二万万两白银，加上后来的赎辽费等，共达23 150万两白银，相当于清政府三年的财政收入。为了偿还几近天文数字的赔款，清政府不得不大量出让海关、税收、铁路等权益，大借外款，无论在经济上、政治上都失去了自身发展的条件和机会。此外，日本还强占了台湾岛和澎湖列岛，岛上富庶的宝藏沦于敌手。正是在这以后，列强掀起了瓜分中国的狂潮。

答案再清楚不过了。这场战争表明，没有民族的独立，就从根本上失去了国家发展、社会文明和进步的前提，每一场侵略战争之后，中国只会在半殖民地的社会中愈来愈泥足深陷，从而长期处于挨打、受辱和任人宰杀的灾难之中。殖民主义、帝国主义给中国带来的始终是血雨腥风和无穷的灾祸。

今天的中华民族早已走出了百年前那种被人“蚕食鲸吞”“瓜分豆剖”的险恶处境，我们已拥有一个一步步迈向昌盛、文明和强大的祖国。这同我国人民在中国共产党的领导下选择了社会主义道路是分不开的。没有社会主义，就没有民族的独立和国家的主权，只能沦为西方资本主义大国的附庸，实现“四个现代化”就无从谈起。因此，我们要铭记历史的教训，珍视今天的来之不易的民族独立，以清醒的认识面对未来。不管国际风云如何变幻，我们都要毫不动摇地坚持社会主义。

一个腐败的政权不可能领导反侵略战争取得胜利

在刚刚过去的一个世纪里，中日之间发生过两次大的战争，即 19 世纪末叶的甲午战争和 20 世纪中叶的抗日战争。这两次战争，发生的原因是一样的，都是日本军国主义利用中国的落后，乘机侵略扩张；性质也是一样的，就中国方面来说都是正义的反侵略战争。但结局却截然相反。前一次中国一败涂地，后一次却是日本军国主义遭到了彻底的失败，中华民族破天荒地在反侵略的民族战争中赢得了最后的胜利。

一般说来，战争的胜负，很大程度上同战争的性质有关。但战争的正义性，并不能天然地保证胜利。当甲午战争刚刚爆发的时候，长期在中国生活和做官的英国人赫德就说过这样一段话：

> 日本是根本没有什么正义可言的，除非借口代别人打抱不平而自己捡便宜也可以算作正义。正义完全在中国方面。我不相信单靠正义可以成事，就像我相信单拿一根筷子不能吃饭那样，我们必须要有第二支筷子——实力。但是，中国人却以为自己有充分的正义，并且期望能够以它来制服日本的铁拳，这想法未免太天真了。

赫德说得不错。在甲午战争时期，中国缺少战胜日本的“第二支筷子”——实力。这里所说的实力，实际指的是综合国力。如果仅仅是指军事力量和经济力量而言，在甲午战争时期，中日之间可以说是各有所长，日本并不占绝对优势；甲午战争中导致中国失败的，是综合国力的落后，它不仅仅指经济因素、军事因素，还包括政治因素、心理因素等等在内。

历史表明，一个腐败的政府是不可能领导反侵略战争取得胜利的。当时清政府和军内的腐败现象已经严重到了难以想象的程度。甲午战争期间，恰值慈禧要过“六十大寿”，她竟置外患日亟、敌兵压境于不顾，在京师大兴土木，筹备寿庆。当有人奏请

"停止庆典寻常工程"时，慈禧扬言"今日令我不欢者，吾亦将令彼终身不欢"，压制反对者，并于战事急剧恶化的 11 月 7 日，举行了极尽奢华的"万寿庆典"，下令大宴群臣，连续赏戏三天，停止一切公务活动，共耗去白银 541 万余两。日本方面正是看透了清政府的腐败实质，才选择这个当口挑起并扩大侵华战争的。而慈禧确也十分担心自己的"万寿庆典"泡汤，"但求从速和解了结，免得耽误做寿"，妥协便成了这个腐败政府的唯一选择。在军内，腐败现象也与政府的作为相呼应。不仅常常出现"逃军溃卒，势如潮涌"的现象，而且有的部队更是"沿途肆掠，所过之处，鸡犬骚然，海城、盖平一带，居民逃避几空，畏官兵甚于畏倭寇"。

这样的政府和军队，即使在武器装备上超过敌人，又怎么可以指望它们去打胜仗呢？因国家机器和军队日益腐败从而导致综合国力的日益衰落，是清政府在一系列反侵略战争中无一胜例的根本症结所在。

半个世纪以后的抗日战争，尽管敌强我弱，双方力量对比悬殊，加之国民党顽固派消极抗日，积极反共，但昔日清政府的腐败统治已为中国共产党的正确领导和全国人民的团结一心、同仇敌忾所替代。在共产党的领导下，中国人民的思想素质和政治觉悟日益提高，这可以说是中华民族走向胜利的最根本的保障。

现在我们的国家正处在社会主义建设时期，振兴经济是避免"落后就要挨打"的命运的当务之急。但我们同时也应该从甲午战争的历史中看到，腐败现象往往是祸国的根源。我们在倡导和实践发展经济、富国裕民的同时，一定要注意提高我国的综合国力，其中包括诸如加强反腐倡廉，健全社会主义的民主、法制，大力发展教育、科技，提高全民族的素质等工作，也就是说，既要建设好社会主义的物质文明，也要建设好社会主义的精神文明。

爱国主义是振兴中华的强大精神力量

虽然清政府在甲午战争中最终奉行的是一条投降主义路线，但在整个战斗进程中，还是涌现出许多可歌可泣的爱国主义场面。特别是参加黄海海战的北洋海军，除个别舰只临阵脱逃外，绝大多数官兵在 9 月 17 日整整一个下午的激战中，顽强拼搏，浴血奋战。“致远”舰管带邓世昌在战舰受重伤势将沉没之时，毅然“鼓轮怒驶”，向日舰冲去，率全舰官兵壮烈牺牲；“镇远”舰管带杨用霖在战斗中率全舰将士奋力杀敌，被誉为“巍巍铁甲”。当北洋海军军舰困于刘公岛，失败之势已无可挽回时，杨用霖拒绝投降，口诵“人生自古谁无死，留取丹心照汗青”的诗句，愤然自杀。这些说明，尽管旧中国的统治阶级极其腐败，但爱国主义的精神始终在这片半殖民地的人民中间激荡！

甲午战争的惨败结局和《马关条约》的签订，把中国进一步推向半殖民地的深渊，同时也极大地促进了中华民族的觉醒。梁启超说：“吾国四千余年大梦之唤醒，实自甲午战败，割台湾偿二百兆以后始也！”这是确实的。稍后，《湘学报》上有篇文章对人们经历了创巨痛深后大梦初醒的情景，有着更为生动形象的描写：

自甲午一役，城下行成，割地偿金，数万万人正如酣睡

> 至四鼓以后，蜀鸡一鸣，沉寝方觉，四肢疲软，双目朦胧，环顾室中，悍盗蜂拥，从容计议，攫其所有而去。临去之时，且徐言曰：“姑俟异日，瓜分若产。”一二家人之有心计者，始敢倡言筹所以御盗之策。

这里所说的“御盗之策”，实际上也就是各式各样如何拯救国家危亡的方略。果然，从此以后，不论是下层劳动群众，还是上层统治集团中的有识之士；不论是以孙中山为代表的资产阶级革命派，还是以康有为、梁启超为代表的维新派，纷纷提出了自己的救国方案，并且各自付诸实践。在爱国主义的伟大旗帜下，一个又一个的斗争浪潮，推动着中国社会一步一步地前进，直到中国共产党领导全国人民，最终取得了民主革命的彻底胜利，走上了社会主义的康庄大道。

现在，我们的祖国正处于社会主义建设的新时期。从某种意义上说，追求国家的富强与争取民族的独立，需要付出同样艰苦的探索和奋斗。爱国主义不仅在百年之前是一副促人警醒的良药，今天仍然是我们在振兴中华的不懈努力中要永远高举的一面旗帜！

甲午战争前夕，谭嗣同写过一首题为《夜成》的诗，其中有两句是“斗酒纵横天下事，名山风雨百年心”，用以抒发他忧国忧民的情怀。今天，我们回顾一个世纪以来国家民族走过的风雨历程，放眼即将来临的新的世纪的天下大势，我们不能不对 100 年来所有为国家、为民族、为社会的前进和发展做出了历史贡献的志士仁人们充满了由衷的崇敬。

戊戌维新运动时期的学会组织*

由初次走上政治舞台的中国民族资产阶级发动和领导的戊戌维新运动，不论是在思想领域还是在社会实践方面，都有许多以往的历史活动家所未能提供的新的东西。盛行一时的学会组织，就是这个时期中出现的若干新鲜事物之一。

维新派对学会组织的重视

戊戌时期的维新派普遍认为，组织学会，对于挽救民族危亡、争取祖国富强、推动变法维新运动的开展，是一件至关重要的大事。康有为说："泰西所以富强之由，皆由学会讲求之力。"[①] 梁启超认为，只要把学会普遍组织起来，则"一年而豪杰集，三年而诸学备，九年而风气成"，"以雪仇耻，何耻不雪？

* 见胡绳武主编：《戊戌维新运动史论集》，长沙，湖南人民出版社，1983。

① 康有为代张之洞作《上海强学会序》，见《中国近代史资料丛刊·戊戌变法》第四册，第385页。

以修庶政，何政不成？”[1] 所以他说：“欲救今日之中国，舍学会末由哉！”[2] 谭嗣同说：“今日救亡保命，至急不可缓之上策，无过于学会者”[3]；“今之急务，端在学会”[4]。当时还是维新思想信奉者的章太炎，也在《时务报》上发表文章，呼吁“学会有大益于黄人，急宜保护”[5]。总之，他们认为，“今日之中国，以开学会为第一要义”[6]。

正是基于这样的认识，他们便以极大的努力为发展学会组织创造必要的条件。除了在报刊发表文章加以鼓吹提倡外，他们还通过各种方式，试图争取朝廷的支持。康有为曾经专门编了《日本会党考》，附在《日本变政考》之后，进呈给光绪。在光绪召见的时候，康有为又特意强调了要“推广社会，以开民智而激民气”[7] 的问题。在《应诏统筹全局折》中，他甚至建议政府专门设立“游会局”，“凡举国各政会、学会、教会、游历游学各会，司其政律而鼓舞之”[8]。

维新派为什么把组织学会放到如此重要的地位呢？他们期望学会组织在维新运动中发挥哪些作用呢？概括起来，他们认为，学会的作用，一在开风气，二在联人才，三在伸民权。用他们的话来说，就是“学以此兴，士以此联，民以此固，国以此强”[9]。

---

① 梁启超：《论学会》，见《中国近代史资料丛刊·戊戌变法》第四册，第 376 页。

② 《会报叙》，见《中国近代史资料丛刊·戊戌变法》第四册，第 377 页。

③ 《论全体学》，见《谭嗣同全集》（增订本，下同），第 405 页。

④ 《报涂儒翯书》，见《谭嗣同全集》，第 274 页。

⑤ 《章太炎政论选集》上册，第 9 页。

⑥ 《湖南龙南致用学会章程序》，见《中国近代史资料丛刊·戊戌变法》第四册，第 465 页。

⑦ 《康南海自编年谱》，见《中国近代史资料丛刊·戊戌变法》第四册，第 147 页。

⑧ 《中国近代史资料丛刊·戊戌变法》第二册，第 201 页。

⑨ 《郴州学会禀》，见《中国近代史资料丛刊·戊戌变法》第四册，第 466 页。

所谓“开风气”，就是通过学会制造舆论，扩大影响，增强变法维新运动的声势。

维新派一向把实行变法维新的主要希望寄托在皇帝的支持之上，所以他们，一而再，再而三地向光绪上书言事。但是，他们也懂得，如果不同时广泛制造社会舆论，动员一定的社会力量，形成相当的政治声势，维新变法运动的进行也将是窒碍重重、寸步难行的。所以，他们一方面“上书求变法于上”，一方面“开会振士气于下”[①]，上下呼应，双管齐下。康有为说：“中国风气，向来散漫，士夫戒于明世社会之禁，不敢相聚讲求，故转移极难。思开风气，开知识，非合大群不可，且必合大群而后力厚也。合群非开会不可。”[②] 梁启超也说：“先是胶警初报，事变綦急，南海先生以为振厉士气，乃保国之基础，欲令各省志士各为学会，以相讲求，则声气易通，讲求易熟。”[③] 特别是在维新派多次上书不达而碰壁之后，他们更悟出了这样一个道理：像他们这样一些既无显赫的官职，亦乏强大的权势的青年士子，人微言轻，所上的奏折是否能“上达天听”就很成问题，至于能否收到实际效果就更属渺茫了。因此，即使从争取皇帝支持的角度看，也有必要着意于组织学会，扩大影响，从而引起朝廷的注意。梁启超《戊戌政变记》中的一段话，对这一点说得很明白：“此书既不克上达，康有为以为望变法于朝廷，其事颇难，然各国之革政，未有不从国民而起者，故欲倡之于下，以唤起国民之议论，

① 梁启超：《记保国会事》，见《中国近代史资料丛刊·戊戌变法》第四册，第416页。

② 《康南海自编年谱》，见《中国近代史资料丛刊·戊戌变法》第四册，第133页。

③ 《林旭传》，见《中国近代史资料丛刊·戊戌变法》第四册，第56页。

振刷国民之精神，使厚蓄其力，以待他日之用。”[①] 康有为也说：“上书不达之后，日以开会之义，号之于同志。”[②] 他们相信，只要把学会认真地创办起来，坚持下去，“吾未见我朝廷之不曲谅苦衷，俯如人愿也”[③]。康有为最初强调变法首先要“变于上”；后来又“倡为不变于上而变于下之说，其所谓变于下者，即立会之谓也”；等到他受到光绪的青睐，被破格接见之后，又转而强调变法“非尊君权不可”。对于这种变化，王照感到有点难于索解。[④] 其实，虽然在各个不同时期，康有为由于情势不同而强调不同的重点，但他的基本思想却是一以贯之的。那就是：一方面利用君权来“提携”，一方面组织学会以推动。而学会的普遍发展，又将反过来有利于争取君权的支持。

所谓“联人才”，就是通过学会培养一批通晓“西学”的知识分子，团聚和组织一支致力于变法维新事业的骨干队伍。

维新派一直把培养人才看作振兴中国的根本，而培养人才的重要方法之一就是组织学会。维新派认为，维新运动的发展迫切需要“广求同志”，而“广求同志”的重要方法之一也在于组织学会。他们声称：“天下之变，岌岌哉！夫挽世变在人才，成人才在学术，讲学术在合群”[⑤]；“今欲振中国，在广人才；欲广人才，在兴学会”[⑥]。这里所说的人才，是指那些学习西方资产阶级社会学说或自然科学的知识分子。在维新派看来，这样的知识

① 《中国近代史资料丛刊·戊戌变法》第一册，第297页。

② 《康南海自编年谱》，见《中国近代史资料丛刊·戊戌变法》第四册，第133页。

③ 《论热力》（下），见《唐才常集》，第143页。

④ 参见《在逃犯官王照笔谈一则》，见《中国近代史资料丛刊·戊戌变法》第四册，第331页。

⑤ 《上海强学会序》，见《中国近代史资料丛刊·戊戌变法》第四册，第385页。

⑥ 梁启超：《论学会》，见《中国近代史资料丛刊·戊戌变法》第四册，第375页。

分子越多，维新事业的社会基础也就越雄厚，对窳败落后的封建政治和学术的改造也就越迅速，祖国的富强昌盛也就越有指望。人才的培养当然可以通过新式学堂，但学堂有两个方面的局限：一是学堂数量有限，能够吸收就学的学生不可能很多。学会则不同，"一省有一省之会，一府有一府之会，一州县有一州县之会，一乡有一乡之会，虽数十人之寡，数百金之微，亦无害其为会也。积小高大，扩而充之，天下无不成学之人矣"①。另一是学堂只能培养少年儿童，而对于数量很大的成年人，特别是那些受过封建教育的士子，向他们灌输资产阶级的新知识，使之扩大眼界，转变思想，却是一个更为现实也更为紧迫的任务，所谓"欲实行改革，必使天下年齿方壮、志气远大之人，多读西书、通西学而后可"②。这个任务有赖于通过学会去完成。学会的普遍建立，不仅可以使一批志同道合的维新志士集合在一起，形成一支变法维新的骨干力量，而且可以吸引和争取很多人加入维新运动的行列，"齐万而为一"，把分散的力量团聚和组织起来。所以维新派说："群者学会之体，而智者学会之用。"③ 又说："以群为体，以变为用。"④ 讲的就是研求学术、组织群众、推动变法的关系。

所谓"伸民权"，就是通过学会争取和扩大群众的某些政治权利，锻炼和提高资产阶级从事政治活动的能力。

维新派认为，中国封建政治的大弊在于尊卑悬殊，上下隔

① 梁启超：《论学会》，见《中国近代史资料丛刊·戊戌变法》第四册，第 376 页。

② 梁启超：《戊戌政变记》，见《中国近代史资料丛刊·戊戌变法》第二册，第 29 页。

③ 《群萌学会叙》，见《谭嗣同全集》，第 430 页。

④ 梁启超：《说群自序》，见《中国近代史资料丛刊·戊戌变法》第三册，第 26 页。

绝。这种君主专制主义的统治，压抑了人们的政治活力，摧残了民气，堵塞了统治者的视听，断绝了政治进步的通道。康有为形容封建专制政治“如浮屠十级，级级难通，广厦千间，重重并隔，譬咽喉上塞，胸膈下滞，血脉不通，病危立至”①。他得出结论说：“考中国败弱之由，百弊丛积，皆由体制尊隔之故。”② 因此，维新派提出了“兴民权”的主张，要求“通上下之情”，适当限制封建统治阶级的特权和削弱森严的等级制度，在一定程度上给予人民群众某些政治权利。在维新派看来，学会的建立将能在这一方面发挥良好的作用。谭嗣同说，中国的政治一向是“君与臣隔，大臣与小臣隔，官与绅隔，绅与士隔，士与民隔，而官与官、绅与绅、士与士、民与民又无不自相为隔”。很多人虽然看到了这个问题，力图加以改变，“用力非不勤，而卒于罔效”。为什么呢？因为他们“未得其道，而乌合兽散，无会焉以为之联系也”。如果学会能普遍建立起来，情况就可立即改观。“凡会悉以其地之绅士领之，分学会各举其绅士入总学会，总学会校其贤智才辨之品第以为之差。官欲举某事、兴某学，先与学会议之，议定而后行。议不合，择其说多者从之。民欲举某事、兴某学，先上于分学会，分学会上总学会，总学会可则行之。官询察疾苦，虽远弗阂也；民陈诉利病，虽微弗遏也，一以关捩于学会焉。”③ 不过，维新派所讲的“民权”，其实主要是资产阶级（包括某些资产阶级化的地主绅士）之权，用他们的话来说，

① 《上清帝第七书》，见《中国近代史资料丛刊·戊戌变法》第二册，第 204 页。

② 同上书，第 205 页。

③ 《壮飞楼治事十篇》，见《谭嗣同全集》，第 438 页。

就是“绅权”。所以，梁启超说：“欲兴民权，宜先兴绅权；欲兴绅权，宜以学会为之起点。”[①]“故欲用绅士，必先教绅士。教之惟何？惟一归之于学会而已。”[②] 维新派既然认为学会能发挥如此重大的作用，因而就不遗余力地从事学会的组织工作。在他们的努力下，各式各样的学会果然如雨后春笋般建立起来了。

戊戌时期学会的数量和规模

光绪二十一年（1895）七月，康有为、梁启超等在北京组织了戊戌维新时期的第一个学会——强学会。[③] 同年 10 月，康有为南下上海，成立了强学分会。不久，守旧势力攻讦康有为等“私立会党，将开处士横议之风”，强学会遭到封禁。“然自此以往，风气渐开，已有不可抑压之势”[④]，学会纷纷创建。在戊戌政变前的一个短时间里，学会组织发展十分迅速。梁启超说：“各省学会极盛，更仆难数。”[⑤] 又说：“自是学会之风遍天下，一年之

① 《上陈宝箴书论湖南应办之事》，见《中国近代史资料丛刊·戊戌变法》第二册，第 553 页。

② 同上书，第 555 页。

③ 梁启超在《谭嗣同传》中曾提到，谭嗣同“自甲午战后，盖发愤提倡新学，首在浏阳设一学会，集同志讲求摩厉，实为湖南全省新学之起点焉。时南海先生方倡强学会于北京及上海，天下志士，走集应和之。君乃自湖南溯江，下上海，游京师，将以谒先生”。按这个说法，谭嗣同在浏阳所设之学会，似稍早于强学会，至少也是与强学会同时。但这个学会叫什么名字，有何活动，均不可考。谭嗣同自己也从未讲起过这个学会。故我们仍按通常的说法，把强学会看作最早成立的学会。

④ 梁启超：《强学会封禁后之学会学堂报馆》，见《中国近代史资料丛刊·戊戌变法》第四册，第 395 页。

⑤ 《中国近代史资料丛刊·戊戌变法》第二册，第 30 页。

间，设会百数。”[①] 康有为也说：“自强学会开后，海内移风，纷纷开会，各国属目。”[②] 又说：“学堂学会，遍地并起。”[③]《湘学报》谓：“各行省则学会如林。”[④] 唐才常谓：“学会林立，万众沸腾。”[⑤] 这些不同的说法汇合起来，便勾画了当时学会发展的一个总的面貌。但这些毕竟只是一种笼统的形容，当时有名称、有组织、有活动的学会，究竟一共有多少个，却并不能从中得到确切的答案。

梁启超在《戊戌政变记》中，曾经列举“强学会封禁后之学会、学堂、报馆”的名称，其中学会共三十三个。[⑥] 胡思敬在1913年刻印的《戊戌履霜录》中，附有《二十一省新政表》，其中列举的学会名称共三十四个。[⑦] 梁启超是戊戌维新运动的领导人物之一，胡思敬则是对维新运动持反对态度的亲历者。两个政治立场截然对立的人，提供了大体相同的情况，这些材料自然是极为重要和极有价值的。但是，更多的材料表明，他们二人所列举的学会名目仍很不完全。中华人民共和国成立以后，汤志钧同志对这个问题做了专门研究，在他所写的《戊戌变法时的学会和报刊》一文中，根据大量资料，共列举了那一时期的学会组织共四十九个。[⑧] 张玉法先生在《清季的立宪团体》一书中，谈到戊

---

① 《中国近代史资料丛刊·戊戌变法》第四册，第10页。

② 《康南海自编年谱》，见《中国近代史资料丛刊·戊戌变法》第四册，第135页。

③ 《中国近代史资料丛刊·戊戌变法》第四册，第157页。

④ 《论西政西学治乱兴衰俱与西教无涉》，载《湘学报》第28册，1902年3月10日。

⑤ 《唐才常集》，第182页。

⑥ 包括各种分会，如加上强学会及上海强学分会，则为35个。参见《中国近代史资料丛刊·戊戌变法》第四册，第395页。

⑦ 未含强学会、上海强学分会及保国会，如加上这些，则为37个。参见《中国近代史资料丛刊·戊戌变法》第一册，第399页。

⑧ 参见《戊戌变法史论丛》，第243页。

戌时期的学会组织，则比汤著又有增加，一共列举了各种学会七十八个。[1] 尽管其中有若干不准确之处，但这仍然是目前我们所看到的最为详备的一个材料。下面我们根据该书所列学会名称按地区分述如下：

北京：

强学会　强学小会（强学会被封禁后成立）

知耻学会　粤学会　经济学会

关西学会　闽学会　商业总会

蜀学会　保国会　保浙会

保川会　保滇会　尚贤堂

上海：

强学分会　地图公会　东文学社

农学总会　务农会　兴亚会

医学善会　戒缠足会　集学会

蒙学公会　女学会　译书公会

算学会　实学会　戒鸦片烟会

戒烟会　亚细亚协会

湖南：

南学会（设于长沙，岳州、邵阳、武冈、沅州、衡州均有分会）

延年会（长沙）　群萌学会（浏阳）

湘学会（长沙）　校经学会（浏阳）

明达学会（常德）　三江学会（会同）

学战会（长沙）　致用学会（龙南）

质学会（衡山）　郴州学会（郴州）

---

① 参见《清季的立宪团体》，第 199-206 页。

公理学会（长沙）　保湘会（长沙）

任学会（衡州）　公法学会（长沙）

地学公会（长沙）　法律学会

戒缠足会

广东：

东文学社　戒缠足会　群学会

公理学会　显学会　农学会

戒鸦片烟会

广西：

圣学会（设于桂林、广州，梧州有分会）

戒鸦片烟会

福建：

算学会　东文学社　不缠足会

江苏：

测量会（江宁）　蒙学会（江宁）

劝学会（江宁）　苏学会（苏州）

匡时学会（扬州）　雪耻学会（吴江）

浙江：

农学会（温州）

江西：

励志学会　同心会

湖北：

质学会　不缠足会

贵州：

仁学会（贞丰）

陕西：

味经学会

天津：

天足会

此外，中国香港、澳门以及居住日本横滨之华人中，均设有戒鸦片烟会。

前面说过，这个材料有若干不准确之处。这里所说的不准确，既包括不该列入而列入了的舛错，也包括应该列入而未予列入的脱漏。下面我们举一些例证。

材料中提到，强学会被封禁之后，京师又出现了一个名为“强学小会”的组织。其实，这个组织是并不存在的。《清季的立宪团体》的根据，大概是梁启超的如下一段话：“自强学一役，被议中辍，而京师一二劬学之士，犹为小会，月辄数集，相与讲论治平之道，亹亹勿绝，今琉璃厂之西学堂是也。”①

光绪二十三年五月初一（1897 年 5 月 31 日）的《知新报》上还登过这样一条消息：“京师强学会封禁以后，一二有志之士，倡为小会，数日一集，每假陶然亭、枣花寺等处，为讲学之地。后官书局复开，而此小会仍别行，相与讲求实学，惟日孜孜。顷闻集者益众，已有数十人。……闻顷间常住会中者，为刑部主事总署章京张君菊生元济云。”②

这两条材料中提到“数日一集”或“月辄数集”的“小会”，其实不过是一些志同道合的京官士夫的不定期会晤。他们在一起讲学论政，却并没有说已经成立了什么组织，更无所谓“强学小

① 《会报叙》，见《中国近代史资料丛刊·戊戌变法》第四册，第 377 页。

② 《中国近代史资料丛刊·戊戌变法》第四册，第 381 页。

会”之名。这一点，被称为“常住会中”的张元济在《戊戌政变的回忆》中说得很明白：“丙申年（1896年，光绪二十二年）前后，我们一部分同官，常常在陶然亭聚会，谈论时政，参加的一共有数十人。当时并没有会的名称，只是每隔几天聚会谈谈而已。”①

材料中提到的“经济学会”，同样是一个并不存在的组织。固然，梁启超说过“胶变之后，康有为开经济学会于京师”②。但实际上，这个学会最终并没有能够成立起来。《康南海自编年谱》中记道：“（光绪二十三年冬）又与文中允焕、夏编修虎臣及旗人数辈，创经济学会，已为定章程呈庆邸，请庆邸主之，且为庆邸草序文。既而以欲删‘会’字，议不合，事遂已。”③ 可见，这个经济学会虽然连章程、序文等都已拟好，但由于奕劻不同意用“会”的名义，最后发生意见分歧，在奕劻的反对下，会事也就搁浅了下来。类似这样酝酿而未成的还有一些，如谭嗣同曾拟议成立“矿学会”，并写好了十二条章程，但“议久不决，事以未果”④。这些胎死母腹的学会，当然都是不能算数的，因为它们根本就没有出世。

材料中也有一会二名，却被误算作两个不同学会的，如“校经学会”和“湘学会”就是一例。“校经学会”是湖南学政江标创设的，其实也就是一所学校，有时也被称作“校经学堂”或“校经堂学会”。在这个学堂里，江标又成立了一个“湘学会”。

① 《新建设》，第1卷第3期。

② 梁启超：《强学会封禁后之学会学堂报馆》，见《中国近代史资料丛刊·戊戌变法》第四册，第395页。

③ 《中国近代史资料丛刊·戊戌变法》第四册，第138页。

④ 《谭嗣同全集》，第268页。

光绪二十四年五月十一日（1898 年 6 月 29 日）《国闻报》上《湖南学会林立》一文称："自上年前学使江建霞文宗创立湘学会于校经书院，为多士讲学之地。近则日新月异，继长增高。"① 可见，"湘学会"与"校经学会"，实际上是一而二、二而一的组织。

另外，由美国传教士李佳白等组织的"尚贤堂"，是与广学会同一类型的组织，与维新派组织的学会性质不同，而且它的正式成立时间也晚于戊戌数年，自然也以不列入为宜。

除了这样一些错讹之外，还有一些确实存在并有活动的学会组织，《清季的立宪团体》却未曾提到，如湖南浏阳的算学会，是有相当成绩的一个学会。《浏阳兴算记》记载，谭嗣同等本想将南台书院改为算学馆，筹备已经就绪，恰逢湖南大旱，经费临时改充赈灾之用，算学馆也就只好暂停。"（欧阳）瓣薑师乃纠同志十余人，醵资结算学社，聘新化晏君壬卿为之师。"② 谭嗣同等在呈湖南巡抚的禀帖中也说："况现今风气大开，人思自励，忽值停课之举，遂各纠合同志，自立算学社，精研算学，以备下年考取入馆。在本城中已结三社，余城乡续议结社者尚纷纷未已。"③ 谭嗣同在致汪康年的信中也曾提到："此章程（按：指《浏阳算学社章程》）亦嗣同违众硬做者。去年尚系私结之社，极有效验。"④ 可是这个学会却在材料中漏掉了。此外，湖南的方言学会等，似乎也是应该补入的。

尽管有这样一些小的不准确之处，但无论如何，该书给我们

① 《中国近代史资料丛刊·戊戌变法》第四册，第 383 页。
② 《谭嗣同全集》，第 184 页。
③ 同上书，第 185 页。
④ 同上书，第 494 页。

提供了一个比较接近当时实际面貌的学会发展情况。

认真地估量这一时期学会组织涉及多大的社会面，不仅需要弄清学会总的数量，而且需要看一看各个学会的规模大小。

应该指出，戊戌时期的学会组织，除少数几个影响较大者外，其余的学会一般都是规模较小、成员不多的。例如，粤学会只有二十余人："时欲续强学会之旧，先与乡人士开会，曰粤学会，于（光绪二十三年）十二月十三日在南海馆创办，京友集者二十余人。"[①] 金陵测量会成立之初，参加者只有几个人："拟每人先习一器，各专一门，先联合同志数辈行之，俟成效既著，徐图扩充云。"[②] 寿富筹建知耻学会时，参加者寥寥无几："都人士咸以为狂，莫或应也。"[③] 广西圣学会是被康有为称为"士夫云集，威仪甚盛"的，但其实会员数量也极其有限："（康有为）夤缘臬司蔡希邠，倡圣学会。粤西僻在一隅，士纯朴，不尚声气，久之无所发舒。"[④] 这种情况并不是个别的例外，而是代表了当时学会组织的一般状况。造成这种情况的原因，在客观上固然是由于封建专制主义的统治一向将集会结社悬为厉戒，因此当开创风气、冲决禁例的时刻，难免有许多人瞻顾踟蹰，"惮会之名号，咸欲避之"[⑤]，甚至"党会二字，当时视如蛇蝎"[⑥]，从而增添了

---

① 《康南海自编年谱》，见《中国近代史资料丛刊·戊戌变法》第四册，第138页。

② 《学会彬彬》，见《中国近代史资料丛刊·戊戌变法》第四册，第381页。

③ 梁启超：《饮冰室诗话》，见《中国近代史资料丛刊·戊戌变法》第四册，第347页。

④ 胡思敬：《戊戌履霜录》，见《中国近代史资料丛刊·戊戌变法》第一册，第373页。

⑤ 梁启超：《康有为传》，见《中国近代史资料丛刊·戊戌变法》第四册，第10页。

⑥ 张元济：《追述戊戌政变杂咏》，见《中国近代史资料丛刊·戊戌变法》第四册，第351页。

组织工作的困难。但从主观上说，却也由于维新派在指导思想上本就主张多立小会，可以事半功倍，易于见效。梁启超说："学者一人独立，难以成群，或力量不能备购各书，则莫若设立学会；大会固不易举，则莫若小会。数十人可以为会，十余人可以为会，即等而少之至三四人，亦未尝不可以为会。"① 汪康年也强调应多"开小学会"，"一月数聚，自三人以上，即可创办，以渐增加"，并认为这是一种"易行之法"②。

人数较多、规模较大的，只有强学会、南学会、保国会等少数几个。但即使这几个组织，其参加的实际人数也常常是被夸大了的。

拿北京强学会来说，谭嗣同在一封信里曾经说："康长素倡为强学会，主之者，内有常熟，外有南皮，名士会者千计，集款亦数万。"③ 这条材料曾被人们广泛引用，但实际上，参加强学会的不仅没有"千计"，连几百个也说不上，一共只有几十人。梁启超《戊戌政变记》云："乃倡设强学会于北京，京朝士大夫集者数十人，袁世凯、文廷式与焉，英、米人士亦有列名会员者。"④ 佚名《袁世凯全传》也说，强学会成立时，"京朝士大夫集者数十人，世凯与焉"⑤。光绪二十四年十月十六日（1898 年 11 月 29 日）的《中外日报》转载了《天南新报》的一则新闻，其中说："京师强学之会以立，一时京内外闻人如张之洞……康

① 《西学书目表》，见《中国近代史资料丛刊·戊戌变法》第一册，第 457 页。

② 《论中国求富强宜筹易行之法》，见《中国近代史资料丛刊·戊戌变法》第三册，第 134 页。

③ 《致欧阳中鹄书》，见《谭嗣同全集》，第 455 页。

④ 《中国近代史资料丛刊·戊戌变法》第一册，第 297 页。

⑤ 《中国近代史资料丛刊·戊戌变法》第四册，第 102 页。

祖诒，余外尚数十人，互相讲论，而文廷式实预其选。”[①] 就连康有为在《上海强学会后序》中，也只是说：“昔在京师，既与诸君子开会以讲中国自强之学，朝士集者百数。”[②] 这个数字虽较“数十人”稍多，但大体亦相差不远。强学会成立之时，谭嗣同远在浏阳，而且他自己说“嗣同于（强学会）总会分会均未与闻，己既不求入会，亦无人来邀”[③]。他所讲的情况，自然不过是传闻之辞，绝不如康、梁等主持其事的人所讲的确切可靠。

南学会的会员数，据平山周在戊戌政变以后到湖南考察返回日本所发表的谈话，说是“其会员当时一千二百余名”[④]。梁启超也曾讲过，湖南新政“以南学会最为盛业”，“每会集者千数百人”[⑤]。但这个数字也是不实的。南学会成立以后，基本上坚持了七日一讲的制度，前后共有几个月之久。从现有材料看，每次开会讲演，参加者也就是三百余人。如光绪二十四年四月十四日（1898 年 6 月 2 日）的《国闻报》载：“湘省创设南学会……二月朔日为开会第一期，是日自陈右铭中丞、徐研甫学使、黄公度廉访以下官绅士庶，会者三百余人。”[⑥] 唐才质所撰《唐才常烈士年谱》中也说：“夏历二月初一日，为南学会开讲第一期，官绅士民集者三百余人。首推皮鹿门（锡瑞）学长主讲，继由各长官士夫以次讲演，阐明古今学术盛衰之源流，以及近代学术之情况，且俾互相问答，以资讨论。”[⑦] 这一情况在《皮锡瑞年谱》中

---

① 《中国近代史资料丛刊·戊戌变法》第三册，第 460–461 页。

② 《中国近代史资料丛刊·戊戌变法》第四册，第 389 页。

③ 《致欧阳中鹄书》，见《谭嗣同全集》，第 455 页。

④ 《中国近代史资料丛刊·戊戌变法》第三册，第 470 页。

⑤ 《谭嗣同传》，见《中国近代史资料丛刊·戊戌变法》第四册，第 50–51 页。

⑥ 《中国近代史资料丛刊·戊戌变法》第四册，第 383 页。

⑦ 《唐才常集》，第 272 页。

也得到了印证。该谱云："戊戌，复创南学会于长沙，公被聘为学长，主讲学派一科。开讲之日，官绅士民集者三百余人。"①可见，梁启超所说"每会集者千数百人"，显然是大大超过了实际情况。至于平山周所说的会员有一千二百余名，就更加言过其实了，因为前往听讲的，并不一定全是南学会的会员。南学会章程规定，必须"既登会籍"，才能称作"会友"，而听讲者则范围稍广一些，"讲演时任何人都可预先领听讲凭单，届时参加"②。

保国会的情况又怎样呢？保国会集会数次、参加人数大体与南学会举办讲演会相仿，也许要略多一些，但绝不如康有为在《明夷阁诗集》中所说的，"胶旅割后，各国索地，吾与各省志士开会自保，末乃合全国士大夫开保国会，集者数千人"③。康有为这里所说的，几乎要比实在数目扩大了十倍。谓予不信，请看以下材料：

英国驻华公使窦纳乐于 1898 年 9 月 28 日致英国外交大臣的信中提到："康最近在北京所组织的保国会，这会社的会员有三百多人。"④

光绪二十四年八月十七日（1898 年 10 月 2 日）《申报》的一条消息说："又闻目前康有为倡设保国会，结党三百数十人，皆系宦途。"⑤

文悌在参劾保国会的奏折中说："康有为不知省改，且更私聚数百人，在辇毂之下，立为保国一会。"⑥

---

① 《中国近代史资料丛刊·戊戌变法》第四册，第 190 页。

② 韩秉芳：《维新变法在湖南》，见《中国近代史研究论丛》，第 111 页。

③ 《中国近代史资料丛刊·戊戌变法》第四册，第 341 页。

④ 《中国近代史资料丛刊·戊戌变法》第三册，第 541 页。

⑤ 同上书，第 428 页。

⑥ 《中国近代史资料丛刊·戊戌变法》第二册，第 485 页。

胡思敬在《戊戌履霜录》中云："戊戌三月，开保国会于粤东馆，京僚集者四百余人。"①

梁启超在《记保国会事》中则说："于三月二十七日在粤东会馆第一集，到会者二百余人……再会于崧云草堂，三会于贵州馆，来会者尚过百人。"②

以上这些材料，出自各种不同身份的人之手，其写材料之目的也迥然各异，但所讲人数却基本接近。其实，康有为自己在有的材料中也只说开保国会时"士夫集者数百"③，否定了他本人关于"集者数千人"的说法。

上面的材料，有的是讲保国会的会员数，有的是讲参加集会的人数，这里当然还要说明一句，这二者是有区别的。正如当时有人所说的，参加集会的人，"其有识之士则意在听议论，其无知之徒亦无非赶热闹，故当日与闻此会之人，未必即入会之人也"④。因此，对于保国会的规模，也是绝不应估计得过大的。

学会的活动内容及其性质

戊戌时期数量众多的学会，是一种什么性质的组织呢？

关于这个问题，维新派自己有过各式各样的回答。康有为曾把强学会称作"政党嚆矢"⑤；梁启超则说"强学会之性质，实

① 《中国近代史资料丛刊·戊戌变法》第一册，第 374 页。
② 《中国近代史资料丛刊·戊戌变法》第四册，第 416 页。
③ 《康南海自编年谱》，见《中国近代史资料丛刊·戊戌变法》第四册，第 143 页。
④ 《中国近代史资料丛刊·戊戌变法》第三册，第 438 页。
⑤ 《南海先生诗集》，见《中国近代史资料丛刊·戊戌变法》第四册，第 338 页。

兼学校与政党而一之焉”①。关于南学会，有的说“实隐寓众议院之规模”②；有的说“兼学会与地方议会之规模”③；有的说“国会即于是植基，而议院亦且隐寓焉”④；连反对者也说这是“议院之权舆”⑤。至于戊戌维新运动史的研究者，则一般把学会（至少是其中的一部分）看作近代资产阶级“政党的雏形”，或者说已经“略具政党的规模”。

在判断学会性质的时候，首先应该看看当时那些学会的活动内容和活动方式。

当时的学会，大体上可以分成三种类型：一种是以政治性为主的，如强学会、南学会、保国会以及保川、保滇、保浙等会；一种是以学术性为主的，如质学会、算学会、测量会、郴州学会、法律学会、校经学会等；一种是以改革社会习俗为主的，如不缠足会、戒鸦片烟会、延年会等。⑥

第一种类型的学会，其具体的立会宗旨，一般是研讨某种政治学说，宣传某种政治思想，如强学会“专为中国自强而立”，

---

① 《莅北京大学校欢迎会演说词》，见《中国近代史资料丛刊·戊戌变法》第四册，第255页。

② 梁启超：《戊戌政变记》，见《中国近代史资料丛刊·戊戌变法》第一册，第301页。

③ 梁启超：《谭嗣同传》，见《中国近代史资料丛刊·戊戌变法》第四册，第51页。

④ 《谭嗣同全集》，第278页。

⑤ 《掌陕西道监察御史黄均隆折》，见《戊戌变法档案史料》，第253页。

⑥ 延年会并不是讲究健身益寿的卫生团体，而是针对把光阴虚耗于无益的纷扰、烦琐的礼仪以及无所事事的懒散之中等陋习，力主加以改革的。《延年会叙》说：“虽然无能延于所得之年之外，自可延于所得之年之中；无能延年于所阅之时，自可延年于所办之事。则惟有明去其纷扰以耗吾年者，即以所腾出闲暇之年，为暗中增益之年。少一分之纷扰，即多一分之闲暇。无纷扰，有闲暇，则一日可程数日之功，一年可办数年之事。统合算之，将使一世之成就可抵数世，一生之岁月恍历数生，一人之才力若并数人。”（《谭嗣同全集》，第410页）

"开会以讲中国自强之学"[①]；保国会"以国地日割，国权日削，国民日困，思维持振救之，故开斯会以冀保全"[②]；南学会也是为了"集诸志士相与讲爱国之理，救时之法"[③]。这里应该特别说明的是，我们说这类学会以政治性为主，只是指它们所研求之"实学"主要是政治性的，并不是指这类学会有组织其成员去实现某种具体的政治主张和政治目标的任务。这类学会组织的成员，主要是一部分官僚和士大夫。[④]

第二种类型的学会，一般是学习和讲求一门至几门具体的社会学说或自然科学，如郴州学会主要是研究舆地和算学两科，"舆地以绘险要究兵略为主，旁及农矿，算学以程功董役行军布阵制器为主，旁及天文"[⑤]；上海农学会主要是学习和推广西方农业新法，"俾中国士夫咸知以化学考地质，改土壤，求光热，以机器资灌溉，精制造之法之理"[⑥]。湖北的质学会共设十四科：一、经学；二、史学；三、法律学；四、方言学；五、算学；六、图学；七、天文学；八、地学；九、农学；十、矿学；十一、工学；十二、商学；十三、兵学；十四、格致学。会员"各占一科"，"分科肄习"[⑦]。事实上，有一些学会实际就是学堂（如校经学会），或者是学校的预科、预备班（如浏阳的算学社、常德的明达学会），或者是某种专科学校（如湖南的法律学会）。但

---

① 《中国近代史资料丛刊·戊戌变法》第四册，第 389 页。

② 《保国会章程》，见《中国近代史资料丛刊·戊戌变法》第四册，第 399 页。

③ 陈乃乾：《谭嗣同年谱》，见《中国近代史资料丛刊·戊戌变法》第四册，第 180 页。

④ 保国会曾有几个"商号中人""行商坐贾"参加，但这是数量极少的。参见《中国近代史资料丛刊·戊戌变法》第三册，第 438 页。

⑤ 《郴州学会禀》，见《中国近代史资料丛刊·戊戌变法》第四册，第 466 页。

⑥ 《务农会章》，见《中国近代史资料丛刊·戊戌变法》第四册，第 429 页。

⑦ 《武昌质学会章程》，见《中国近代史资料丛刊·戊戌变法》第四册，第 442 页。

是也应该指出，这一类型的学会，虽然是以学术性为主，却并非脱离现实政治的纯学术团体，因为当时人们之所以要立会以研习声光化电、格致测算等西方科学技术，目的就在于求中国之富强，所以这些学会总是强调在学好各门具体学科的同时，“尤宜讨论中外古今盛衰之源，联合士气，互相师法，庶几合天下为一群，合一群以振中国”①。这类学会的成员，主要是一部分中青年知识分子。

第三种类型的学会以改革封建陋俗、提倡社会新风为目的。这一类学会，提倡者和反对者双方都很清楚，在对待社会习俗不同态度的背后，包含着鲜明的政治内容和尖锐的政治冲突。拿不缠足会来说，维新派在讲缠足之害时，一下子就把批判的锋芒指向了“污君独夫民贼贱丈夫”，认为正是这些人“苟以恣一日之欲”，才使得缠足之丑习“波靡四域，流毒千年”。而在宣传成立不缠足会之必要性时，也是从储人才、强国本方面立论，从而把它纳入了维新运动的轨道。② 反对者也首先是从政治方面着眼。《申报》刊《论康有为大逆不道事》一文云：“其设不缠足会也，彼盖以缠足之禁已弛，自康熙朝在国家弛之，而我必设法禁之，是明以匹夫而与国家抗也，谓非心存反叛而何?”③ 这就是说，反对者根本撇开妇女缠足之是非、好坏、美丑等问题的争论，一下子提到了遵从还是反叛封建秩序的高度。这一类型的其他学会，大体也是如此。这类学会，参加者的范围较上两种要略为广泛，“士农工商”各阶层的人都有一些。

① 《郴州学会禀》，见《中国近代史资料丛刊·戊戌变法》第四册，第467页。

② 参见梁启超：《戒缠足会叙》，见《中国近代史资料丛刊·戊戌变法》第四册，第432页。

③ 《中国近代史资料丛刊·戊戌变法》第三册，第358页。

这三种类型的学会，尽管有着各自不同的特色，但就其基本的活动内容和活动方式来说，却是大致相同的。其活动主要是：

第一，定期或不定期的集会。强学会“三日一会”[①]；南学会“每七日大集众而讲学”[②]；保国会“会期有大会、常会、临时会之分”，并详细制订了开会宣讲的规则[③]。其他的学会组织，也都把集会当作一种主要的活动方式，如衡州任学会规定“每年开大会一次，两月小会一次”[④]；京师关西学会规定“每一星期聚会一次”[⑤]；广西圣学会规定“每逢庚子日大会”，“其每旬庚日，皆为小会”[⑥]。所不同的是，强学会、保国会等之集会，主要“演说万国大势及政学原理”[⑦]，“发明中国危亡之故，西方强盛之由”[⑧]。而那些以学术性为主的学会，则是“以读书所得，质疑辨难，如有撰述，互相质证”，也就是着重于学术内容的切磋、交流。南学会的集会宣讲，则两个方面兼而有之，既有政治问题的阐绎，也有学术方面的探讨。

第二，藏书阅书。许多学会都集款购置各种书报，供会员借阅，有的也自己翻译和刻印一些。这是各类学会着力进行的第二项主要工作，甚至可以说，有相当一部分学会主要就是做了这一件工作。例如，上海农学会，这是一个颇有点影响、被称为“行

---

① 《康南海自编年谱》，见《中国近代史资料丛刊·戊戌变法》第四册，第134页。也有材料说强学会是“每十日而一集”的。

② 梁启超：《谭嗣同传》，见《中国近代史资料丛刊·戊戌变法》第四册，第51页。

③ 参见《保国会章程》及《会讲例》，见《中国近代史资料丛刊·戊戌变法》第四册，第399－402页。

④ 《中国近代史资料丛刊·戊戌变法》第四册，第473页。

⑤ 同上书，第427页。

⑥ 同上书，第439页。

⑦ 同上书，第51页。

⑧ 《中国近代史资料丛刊·戊戌变法》第二册，第555页。

之有效”的学会组织，但是，尽管在创办之初曾规划设计过各种各样的工作，如在江浙两省购田试办农场、试种“中外各种植物”、选用并推广各种农业机械、改良种子、举办农业“赛会”(博览会) 等，但由于条件的限制，结果全都落空了，真正做出了一点成绩的不过是翻译和搜集了一批“东西洋农报农书”，传播了资产阶级近代化的某些农业知识。又如，蒙学会明确说明，“本会创始先办书报”，“本会初办……只书报二端”①。苏学会除于每月朔望“作为会集之期”外，唯一的活动就是组织会员借阅图书，“每逢五逢十，为发书之期，以五日为一限期，能多阅者每期发书两本，少者一本，上期取去，下期缴换”②。其实，不仅这些学会是如此，就是强学会、南学会等，最经常、最实际的活动，也就是藏书、译书和供人阅书。据梁启超的回忆，强学会“最初着手之事业，则欲办图书馆与报馆”，所以开始第一件事就是“向上海购得译书数十种”③。又说，强学会组织起来后，“备置图书仪器，邀人来观，冀输入世界之知识于我国民”④。无怪乎封禁强学会的上谕在论及强学会的主要罪责时，也只是说“创立强学书院，专门贩卖西学书籍”⑤。南学会也是这样。据熊希龄说，他“劝捐家藏书籍于南学会，准人入会看书，以益寒士”⑥。欧阳中鹄说，南学会浏阳分会“仿省城学会办法，立定

① 《中国近代史资料丛刊·戊戌变法》第四册，第 428 页。

② 同上书，第 448 页。

③ 《莅报界欢迎会演说词》，见《中国近代史资料丛刊·戊戌变法》第四册，第 253 页。

④ 《莅北京大学校欢迎会演说词》，见《中国近代史资料丛刊·戊戌变法》第四册，第 255 页。

⑤ 《中国近代史资料丛刊·戊戌变法》第二册，第 2 页。

⑥ 《上陈右铭中丞函》，见《中国近代史资料丛刊·戊戌变法》第二册，第 590 页。

章程，招人看书”[①]。陈宝箴说，南学会于戊戌年二月始创时定期宣讲，但不久以后，即“以阅经史文书为主，到四月即已停讲，惟听人时往翻阅书籍”[②]。这些材料都说明，许多学会在立会之初，虽做过这样那样的设想，但实际上所能经常进行的活动，只是“招人看书”而已。

第三，出报纸。维新派认为，报纸和学会是互相呼应的，“以书报为起点，而以学会为归宿”[③]，“报出而学可联”[④]，所以许多学会在章程中都有创办报纸的计划。但没有一定的资金和人力，报纸是办不起来的，而许多学会又规模甚小，资金短缺，因此只有一部分学会真正出版了自己的报纸，如京师强学会的《中外纪闻》，上海强学分会的《强学报》及后来的《时务报》，校经学会的《湘学报》，南学会的《湘报》，上海农学会的《农学报》，译书公会的《译书公会报》，算学会的《新学报》，广西圣学会的《广仁报》，蜀学会的《蜀学报》，上海女学会的《女学报》等。这些报纸，成了西方资产阶级新学的重要宣传阵地，推进变法维新运动的有力舆论工具。

除了以上这些活动内容，许多学会本来还规定了其他一些工作，如开博物院、派人出国游历等，大抵限于条件而未能实现。南学会本来还规定有“治事”一条，“一切新政，将举办者，悉交会中议其可办与否”[⑤]。但实际上也只在很小程度上实行了。

---

① 《致谭嗣同书》，见《中国近代史资料丛刊·戊戌变法》第二册，第599页。

② 《陈宝箴致张之洞电》，见《中国近代史资料丛刊·戊戌变法》第二册，第616页。

③ 《蒙学会公启》，见《中国近代史资料丛刊·戊戌变法》第四册，第453页。

④ 《谭嗣同全集》，第267页。

⑤ 《中国近代史资料丛刊·戊戌变法》第二册，第555页。

如果根据这些具体情况，来对戊戌时期学会组织的性质做出判断，那么，我们不妨说，这是一些具有鲜明政治性和浓厚学术性的社会群众团体。

毫无疑问，假使没有这些社会群众团体作为萌芽状态而存在，那么在以后的中国政治舞台上也就不可能会有近代资产阶级性质的政党出现；同样毫无疑问，戊戌时期的学会组织，作为一种新出现的政治幼芽，它与后来资产阶级性质的政党还存在着极大的差别。

首先，戊戌时期的学会组织，并没有什么明确的政治纲领。维新派不论在政治方面、经济方面还是在文化教育方面，都有相当全面的目标和主张，也就是说，维新派对于变法维新运动，是有一个系统的政治纲领的。但是，他们从来就没有把这个纲领贯彻到学会活动中去。不错，各个学会大抵有一个立会宗旨，但即使是以政治性为主的学会，其宗旨也只是一些笼统的政治口号，如“自强”“保国保种保教”之类，既没有具体要求争取实现的政治目标，更没有为达到此种目标而规定的实际政治步骤。参加此种组织的成员，并不都是为着一个共同政治目的而奋斗的同志，“闻见既歧，趋向各异”①，有的人自己说：“不过逐队观光，并不识有所谓政治思想。”②

其次，任何人参加此类组织，并不需要有什么条件或履行什么严格的手续。一般“愿入会者”，“不分畛域，一律延揽”，“来

---

① 张元济：《追述戊戌政变杂咏》，见《中国近代史资料丛刊·戊戌变法》第四册，第351页。

② 李宣龚：《致丁在君书》，见《中国近代史资料丛刊·戊戌变法》第二册，第576页。

者听之"[①]。办法也很简单，只要将自己的姓名、籍贯、职业等向学会办事机构开个单子就可以了。有些学会，几乎连会员数目和名册都是没有的。大名鼎鼎的强学会就是一例。《中外日报》有一篇文章说："京师强学会，仅有议论，未见实事，何来人名清单?"[②] 保国会稍微严格一些，章程规定："欲入会者，须会中人介之，告总理值理，察其合者，予以入会凭票。"[③] 但这个规定实际上并未认真执行。所以后来甚至发生有些人听说自己列名于保国会中，为之"哗然，纷纷函请除名"[④] 的事。这虽是政变后披露的消息，是否确实，还需存疑，但至少可以看出保国会在吸收会员时也是十分随便的。

最后，这些学会对自己的成员没有什么组织纪律的约束，如农学会竟明确宣称，"本会本无强人遵守章程之权"，"惟无权强人遵守，故所定章程，悉从极简、极易，必不至因繁难而生厌倦"[⑤]。极简、极易的结果，也就是取消了任何义务、纪律、规章，使得学会成了一种极其松散的团体。有一些学会制定了对会员的某些禁例，如武昌质学会有这样的规定："惟夫识趣嵬琐，气习嚣张，纯盗虚声，广为道径，既乖本义，公议辞退。"[⑥] 衡州任学会的章程中有这样的条文："惟其人志不宏毅，识不坚凝，遇事作骑墙之见者，未便接引入会。"[⑦] 但这些也只是学会对于

---

① 很多学会章程都有类似的规定，这里引用的是关西学会略规及质学会章程。

② 《读天南新报逐臣踪迹记》，见《中国近代史资料丛刊·戊戌变法》第三册，第463页。

③ 《中国近代史资料丛刊·戊戌变法》第四册，第400页。

④ 《缕记保国会逆迹》，见《中国近代史资料丛刊·戊戌变法》第四册，第419页。

⑤ 《农学会会友办事章程》，见《谭嗣同全集》，第271页。

⑥ 《中国近代史资料丛刊·戊戌变法》第四册，第443页。

⑦ 同上书，第474页。

会员的道德修养方面的要求，并不能看作政治纪律。

曾经亲历戊戌维新运动，后来成为我们党老一辈无产阶级革命家的吴玉章同志说得好："戊戌变法时期虽然有学会一类的组织，这些组织在变法运动中也起了一些作用，但是它们没有坚强的领导，没有明确的政治纲领和组织原则，没有严格的组织纪律。"① 我们在分析学会组织的性质时，对此自然是不能忽略的。

学会的社会影响

戊戌维新运动时期的学会，是一种与以往封建社会中的文人结社完全不同的组织形式，是一个具有开创意义的新事物。正因为这样，在它身上表现出各种不成熟性、过渡性以及种种弱点和缺点，不仅毫不足怪，反而是理所当然的。也正因为这是在历史上首次出现的东西，因此不论它多么幼稚，却终究要在社会生活中产生广泛而深刻的影响。

在学会的组织和发展过程中，维新派理直气壮地论证了集会结社的正当性和必要性，在观念上冲破了封建专制主义"君子群而不党"的教条，在政治实践上冲破了封建专制主义不准结社的禁令。

封建专制主义的政治统治，为了维护皇权的独断地位，绝不容许在封建统治集团之外的任何社会势力享有"干预国政"的权利。因此，封建政治一向把集会结社悬为厉禁，"广集徒众，妄议朝政"就是大逆不道，必定要予以严惩，更何况形成组织？与

① 《戊戌变法的历史教训》，见《戊戌变法六十周年纪念论文集》，第 3 页。

此相适应，封建统治阶级在意识形态上也极力宣扬“君子群而不党”之类的说法。长期以来，在人们的思想上，形成了这样一种观念：“朋党”总是与“奸人”联系在一起，“结党”总是与“营私”联系在一起。维新派勇敢地向千百年来被视为天经地义的这种封建政治和传统观念进行挑战，给予了社会极大的震动。

维新派批判封建主义“疾党如仇，视会为贼”的极端荒谬性。他们指出，集会结社可以“破旧例愚民抑遏之风，开维新聚众讲求之业”，是“智民而利国”的大好事。朝廷应该像西方国家那样，对会社“尊重保护而奖借之，或君主亲临，以重其事，或拨帑津贴，以助其成”[①]。维新派是充分意识到创建学会对于封建政治的斗争意义的，甚至可以说，他们正是把冲决封建专制政治的网罗作为组织学会的首要目的。梁启超在《康有为传》中指出：“自近世严禁结社，而士气大衰，国之日孱，病源在此，故务欲破此锢习。所至提倡学会，虽屡遇反对，而务必达其目的然后已。”[②] 梁启超还讲了这样一段故事：“强学会之开也，余与其役，当时创议之人，皆赞此举，而惮会之名号，咸欲避之，而代以他字，谓有其实不必惟其名也，而先生（按：指康有为）断断持之，不肯迁就，余颇怪焉。先生曰：吾所以办此会者，非谓其必能成而有大补于今时也，将以破数百年之网罗，而开后此之途径也。后卒如其言。”[③] 确实，在戊戌维新运动时期，不仅维新志士理直气壮地把组织学会当作爱国、救国的正义事业，不仅社会上一部分要求进步的知识分子对学会从畏忌、犹疑到赞成、

① 梁启超：《论学会》，见《中国近代史资料丛刊·戊戌变法》第四册，第375页。
② 《中国近代史资料丛刊·戊戌变法》第四册，第10页。
③ 同上。

参加，而且相当一部分反对维新的封建官僚，也不敢明目张胆地再讲结社是大逆不道了。当光绪要军机大臣和总理各国事务王大臣对康有为关于开制度局的奏折加以议复时，他们对于是否应“劝谕民人立会”的问题，也只好说当前“风气未开，民间见闻固陋，势难骤然奋兴”①，建议“缓办”而已。这种拖延的策略，表明封建顽固势力再要简单地禁止结社已是不太容易的了。所以，尽管戊戌政变后清廷发布了“禁立会社”的诏谕，但报纸上仍然不时出现宣传救国必须立会结党的议论②，也仍有新的学会组织起来③。

学会的普遍建立，确实对维新运动的发展起了很大的推动作用。“按中国近两年来风气骤开，颇赖学会之力。”④ 康有为曾把强学会的建立看作维新运动的发轫，“自强学会首倡之，遂有官书局、《时务报》之继起，于是海内缤纷，争言新法，自此举始也”⑤。这个说法并非没有道理。梁启超对比强学会到保国会成立前后的社会风气及士人见识的变化，一则说，在强学会成立前，他在京师“陈中国危亡，朝不及夕故，则信者十一，疑者十九”，而到保国会成立时，他“复游京师与士大夫接，则忧瓜分、惧为奴之言洋溢于吾耳也”⑥。再则说，强学会成立前，很多人

---

① 《戊戌变法档案史料》，第 11 页。

② 如光绪二十四年九月初六（1898 年 10 月 20 日）《国闻报》，同年十一月初一（12 月 13 日）《知新报》，都有这样内容的文章。

③ 如《翁同龢日记》于光绪二十四年八月十九日（1898 年 10 月 4 日）记：“俞生送厉志学会章程，此会江西候补官四人所创，捐赀才千余金，俞生四人之一也。”

④ 梁启超：《戊戌政变记》，见《中国近代史资料丛刊·戊戌变法》第一册，第 281 页。

⑤ 《三月二十七日保国会上演讲会辞》，见《中国近代史资料丛刊·戊戌变法》第四册，第 408 页。

⑥ 《演说保国会开会大意》，见《中国近代史资料丛刊·戊戌变法》第四册，第 413 页。

"自尊自大，自居于中国"，把外国人一概视作"夷狄"，"经保国会后，又有保滇会、保浙会继之，自余各省从风，州县并起，不可指数，虽有政变，而民智已开，不复可遏抑矣"①。人们思想认识上和社会舆论上的这些变化，反映了时代的深刻动荡、形势的急剧发展、人们的迅速觉醒，也说明了学会组织在维新运动中起了巨大的作用。

如果不仅向前而且也向后做一点历史的对比，那么，戊戌时期学会组织的开创作用就更加明显。进入 20 世纪之后，资产阶级的宪政运动和革命运动同时迅速发展起来，这时，更大规模和更多数量的各种政治组织纷纷建立起来了。这些政治组织，当然与戊戌时代的学会有了很大的不同，但不论是立宪团体还是革命团体，有相当一部分却仍然沿用着学会、学社等名称，如立宪团体中，就有"自治研究会""宪政研究社""群学会""科学会""岭南学会""算学研究会"等；革命团体中，也有"励志学会""知耻学社""爱国学社""兴学会""群学社""少年学社""合肥学会"等。正是在这里，我们看到了历史发展链条的相互环接。马克思说："一切发展，不管其内容如何，都可以看作一系列不同的发展阶段，它们以一个**否定**另一个的方式彼此联系着。"②辛亥革命时期的立宪团体和革命团体，对于戊戌时期的学会组织来说，无疑是一种否定，但我们正是在这种否定中，看到了它们之间的联系，并且认定，戊戌时期的学会组织，对于辛亥革命准备时期的立宪团体和革命团体来说，正是一个必经的发展阶段。

---

① 《强学会封禁后之学会学堂报馆》，见《中国近代史资料丛刊·戊戌变法》第四册，第 396 页。

② 《马克思恩格斯选集》，第 1 卷，第 169 页。

论义和团的纪律*

一

义和团的纪律究竟怎样，是好还是坏，这是义和团运动中一个较为具体的问题。

中华人民共和国成立以来中国近代史的一般论著，对这个问题大抵做了肯定的回答。在谈到义和团纪律的地方，通常用的是“严明的”“良好的”“严正的”“森严的”“严格的”“自觉的”一类形容词；一些文章和专著斩钉截铁地宣布：“义和团严明的纪律，是绝对不容许任何人抹杀的”，“是丝毫不容许歪曲的”。最近，有的文章对此提出了不同的看法，认为“义和团的纪律是靠封建迷信与对死亡的恐惧来维持的”，而“用这种办法来维持纪律是不会长久的”。因此，到后来，抢劫财物等就成了常事，“封

---

* 载《近代史研究》，1980（4）。

建迷信的无效和农民的无组织无纪律更使得义和团的组织涣散解体，成为不可避免”。

两种结论截然相反，但历史的真相却只有一个。究竟哪一种说法更加符合或接近历史的本来面目呢，这就引起了我们进一步探究的兴趣。就义和团运动史的研究来说，这自然说不上是最为重大的课题，但弄清楚这个问题的具体情况，对于分析这一运动的优点和缺点、长处和局限，却也绝不是毫无意义的。

应该说明，上述两种看法都是有一定的历史资料作为依据的。问题是，社会现象是如此复杂，对于同一事物往往有着相互矛盾抵牾的记载。义和团运动时期，社会上各个阶级、各种政治派别和各色人物，由于各种不同的原因，对义和团采取了不同的态度：或者同情、支持、赞助，或者反对、敌视、镇压；有的欺骗、利用，有的坐视、观望。在不同人物的笔下，对义和团的纪律，也就有的说坏，甚至坏得一塌糊涂；有的说好，简直好得无以复加。其实，在历史上对农民武装或褒或贬都曾发生过，只是义和团由于所处社会矛盾和斗争形势的特殊复杂性，表现得更加突出罢了。例如，信奉义和团的刘以桐在《民教相仇都门闻见录》中称赞团民“均自备口粮，毫无滋扰”①，而坚决主张剿灭义和团的劳乃宣在《拳案杂存》里则宣称“其党焚杀劫掠，无所不至”②。又如，西什库天主堂的法国主教樊国梁在信中指斥义和团“抢掠焚杀，有逾土匪”③，而为

① 《中国近代史资料丛刊·义和团》第二册，第183页。

② 《中国近代史资料丛刊·义和团》第四册，第457页。

③ 《近代史资料》，1963（3）。

了某种政治目的利用义和团的刚毅则声言"拳民出死力为国宣难，入京以来，秋毫无犯"[①]。不仅如此，就是同一个人，在不同时期，也可以对义和团的纪律做出完全相反的评论。我们可以举直隶布政使、曾经一度任署理直隶总督的觉罗廷雍为例。廷雍是著名的"溺信"义和团的官僚之一。当时，他曾对义和团的许多方面当然也包括纪律在内，做过种种的赞扬。但是，一到八国联军占领了北京，慈禧在逃亡途中下了"剿团"的上谕之后，廷雍也就立即见风使舵，积极地调兵遣将，四处屠杀义和团，而这时他在奏折里也就谈起义和团"扰害地方，勒索财物，欺侮官商"[②] 等来了。

哪一种说法可靠一些？我们应该相信谁？

可不可以设想：由于义和团从事的是爱国的正义的斗争，因此，在纪律方面，说好的才是真实，说坏的统统是"诬蔑"？或者反过来，由于义和团发动的是一场没有先进阶级领导的自发的农民运动，而且又受了封建主义的严重影响，因此，说坏的才是真实，说好的只是"吹捧"？——不，不能这样，这是一种过于简单的办法，而历史却并不是如此简单的。

看来，即使对待如纪律好坏这样的具体问题，随意抽出一些个别事实和罗列一般例子也是无济于事的，必须掌握大量的、批判地审查过的历史资料，努力按照列宁提倡的方法，"从事实的全部总和、从事实的联系去掌握事实"[③]，才能在矛盾混乱的材料中逐步弄清它的真实面貌。

---

① 《中国近代史资料丛刊·义和团》第二册，第486页。

② 《义和团档案史料》上册，第584页。

③ 《列宁全集》，第23卷，第279页。

二

如果狭义地来谈论纪律，也就是说，如果把问题限制在义和团对待普通群众（当时的文字材料一般称作“平民”或者“良民”）是否随意烧杀抢掠这个范围之内，那么，应该说，义和团的纪律在主要的、基本的方面来说是好的。

请看事实。

义和团在山东发展起来以后，较早的一次军事行动是朱红灯等在平原的战斗。有两个材料谈到这个时期义和团的纪律问题。一个是光绪二十五年十一月二十四日（1899年12月26日）翰林院侍讲学士朱祖谋的奏折，其中说：“拳会人数既众，良莠自不能齐，果有不法，岂可概从宽纵，致贻养痈之患。第该拳会等为徒虽夥，未闻扰害平民，劫掠官府。”① 另一个是同年十二月初五（1900年1月5日）御史高熙喆的奏折，其中说：“即如山东平原教案……平心而论，罪在教民，不在平民也。不知者，顾归咎于义和团诸会，竟以会匪目之。夫村民联壮结会，并无他意，不过为各保身家起见。虽其间良莠不齐，然究无骚扰闾阎情事。”②

这两个人，朱祖谋认为义和团“将为不测之患”，因而主张“剿办解散”；高熙喆则认为团民是“朝廷赤子”，竭力反对袁世凯的“痛剿”方针。他们对义和团的政治态度不同，然而，当谈

① 《义和团档案史料》上册，第43页。

② 同上书，第49页。

到义和团的纪律时，却异口同声，一个说“未闻扰害平民”，一个说“究无骚扰闾阎情事”，这当然不能认为是偶然的巧合。

义和团从山东发展到直隶，在更加广阔的范围内展开了斗争。1900 年春夏之交，义和团先在涞水击毙了前来镇压的清军统领杨福同，接着数万团民占据了涿州城，引起了帝国主义和清朝政府的极大的震动。那么，义和团在这一地区的纪律又是如何呢？

跟着刚毅、赵舒翘到涿州一带调查情况的顺天府尹何乃莹曾两次谈到义和团在这一地区的纪律问题。据《高枏日记》，于式枚给高枏看过一封何乃莹的“涿州来信”，信中谈及义和团时，“谓其吃小米、苦盐，持戒甚严，故无掳掠”①。另外，何乃莹在与赵舒翘一起写的奏折中也说义和团“并无抢劫焚掳之事”②。

不过，我们对这些材料且不要忙于轻信，因为何乃莹同赵舒翘一样，都是看刚毅眼色行事而表示“支持”义和团的。他们讲的是不是事实，还需要别的材料的印证。

有一个名叫吴正斋的退休小官僚，在写给儿子的家信中谈到义和团占据涿州城的事，信中说：“闻其居城一日，城内毫无扰害。”③ 从信的口气看，此人是坚决反对义和团的，自不会替义和团故意做什么粉饰。不过，他此时住在保定，涿州的事也只是得诸耳闻，所以，也还算不得是第一手的资料。

相比之下，下面两个材料的可靠性要更大一些。光绪二十六年五月初四（1900 年 5 月 31 日），直隶总督裕禄的中军副将张士

---

① 《庚子记事》，第 145 页。

② 《义和团档案史料》上册，第 110 页。

③ 《义和团运动史料丛编》第一辑，第 261 页。

翰在致裕禄的一封电报中报告说："（义和团）踞城自卫，尚无骚扰衙署、居民之事。"[①] 张士翰自称，他这个消息是"细询"兵丁后得来的。过了两天，裕禄在回复总理衙门的电报中说："现在拳众聚集涿州关厢甚多……与民杂处，虽未搅扰百姓，而匪势甚为猖獗。"[②] 裕禄后来也是一个著名的"信团"的官僚，但那是在刚毅等到过涿州之后，此时的裕禄则对义和团还多少抱着一种敌对的态度，就在这同一封电报里，他还主张"厚集兵力，稍加惩创"。因此，这时他口中所说义和团并不"搅扰百姓"的话，应该说是大体可信的。

所有上面这些材料，最后都在一个上谕里得到了证实。这个上谕这样写："涞、涿拳匪，既焚堂毁路，急派直隶练军弹压。乃该军所至，漫无纪律，戕虐良民，而拳匪专持仇教之说，不扰乡里，以致百姓皆畏兵而爱匪。匪势由此大炽，匪亦愈聚愈多。"[③]

这件材料的权威性，并不是由于它出自所谓"皇皇圣谕"，而在于它发布的时间。那是光绪二十六年十二月二十六日（1901年2月14日）。这时，慈禧等一行早已逃到了西安。他们为了向帝国主义乞求原宥，也为了应付清政权内部某些政治势力的压力，就一而再，再而三地宣称，"此次衅端，实由拳民肇祸"，把一切罪责全都推到义和团身上，并且竭力洗刷他们对义和团除了围剿"弹压"外还曾有过的其他一切关系。在这种情势下，上谕仍然不得不承认义和团"不扰乡里"，并且拿官军的纪律败坏做

① 《义和团运动史料丛编》第二辑，第137页。

② 同上书，第147页。

③ 《义和团档案史料》下册，第945页。

陪衬，得出“以致百姓皆畏兵而爱匪”的结论。这里，除了“匪”之一字是对义和团的污称外，其余的我们没有什么理由怀疑它的真实性。

在直隶的其他地区，如景州、易州、良乡、雄县等地，也有一些材料谈到当地义和团的纪律问题，因为情况同涿州一带的差不多，为节省篇幅计，不一一征引了。我们只是举出一位官吏在直隶各州县的旅途见闻，以窥一斑：“余于四月廿三日至德州，均属平顺。廿四日到景州，即闻往北州县，皆有义和团匪与奉教人为难，并不伤害行客。……廿九日到雄县，则沿途皆有，或三五人，或十人八人、四五十人不等，皆腰束红带，首帕用红裹，亦有束带用黄裹者……途中相遇，秋毫无犯。”①

人们更加关心的，大概是义和团进入京津以后的情形。因为义和团进入这个地区之后，一方面斗争更加尖锐了，另一方面封建统治者对他们的控制和影响也加强了，再加上参加义和团的成员的进一步复杂化，这一切不能不对义和团的纪律产生一定的影响。这种影响的具体表现，我们暂且留待下一节再去叙述。这里要讲的是，尽管估计到这一些，但义和团在纪律方面也还没有发生根本的、性质上的变化，同以往一样，从主要的和基本的方面来说，他们的纪律还是好的。

为了选择比较客观的舆论，我们首先挑出这样三个人的著述来分析，这三个人对义和团的态度，大体说来，既不是狂热的信从，也不是势不两立的敌对，而是多少带着一种旁观的意味。对于义和团是“邪”是“正”，他们在那里观察、琢磨、思索。他

① 《节录某大令自京来函》，见《中国近代史资料丛刊·义和团》第一册，第250页。

们对义和团不无微词，有的甚至偶尔觉得为长远计，也许真应该像某些洋务派官僚主张的那样，非“痛剿一二股不可”①。但他们对义和团的所作所为，却并没有故意的诋骂或美化。那么，他们是怎样谈论义和团的纪律的呢？

仲芳氏《庚子记事》说：“义和团如此凶横，是正耶，是邪耶，殊难揣测。谓系匪徒滋事，借仇教为［名］，乘间叛乱。看其连日由各处所来团民不下数万，多似乡愚务农之人，既无为首之人调遣，又无锋利器械；且是自备资斧，所食不过小米饭、玉米面而已。既不图名，又不为利，奋不顾身，置性命于战场，不约而同，万众一心；况只仇杀洋人与奉教之人，并不伤害良民；以此而论，似是仗义。若看其请神附体，张势作威，断无聪明正直之神，而附形于腌脏愚蠢之体，更焉有杀人放火之神灵者乎？且焚烧大栅栏老德记一处之房，遂致漫延如此大火，何以法术无灵？以此而论，又似匪徒煽惑扰乱耳。”

《恒谦手札残稿》说：“东城四牌楼以南，各胡同皆有坛，少者亦有四五十人，每日三餐，老米咸菜饭。总理衙门设坛，有八百余人，吃一回切面，须八百余斤，终久将京中吃穷为止。”

《石涛山人见闻志》说：“国家大事，有此一变，不知后来大局如何。论义和团实为神意，众志成城，大家一志，吃素，喝白开水，不为一钱，不扰百姓，不沽名气。拳众皆打仗为事，出自心中愿意。不知天意此一变是何局也，是以加心记之。”

从这些材料反映的情况看，在京师的义和团，首先，生活是清苦的，所食不是“小米饭、玉米面”，就是“老米咸菜饭”，再者就是“吃素，喝白开水”。至多也不过吃一点切面，还引得恒

---

① 《石涛山人见闻志》，见《义和团运动史料丛编》第一辑，第78页。

谦发出“终久将京中吃穷为止”的感叹。其次，行动也是约束检点的，他们“既不图名，又不为利”，“不为一钱，不扰百姓，不沽名气”，“并不伤害良民”。材料的作者们对这些是满意的。他们不满意的是“请神附体”而又“法术无灵”，以及对洋人教民的随意烧杀。此外，义和团的行动显然也引起这一部分人对“后来大局如何”的恐惧和忧虑。但这些问题，已经超出了纪律的范围。

不论是在北京还是在天津，义和团都抢过不少教堂、洋行及教民的财产。对于这类事，需要说明这样一点：这主要是义和团的一种政治性行动，它同通常所说的掳掠是有区别的。有材料表明，在抢这些地方的时候，一般情况下（当然并不是无例外地）义和团自己是不取东西的，财物多半让“贫民”“穷人”任意“恣取”。一个极端仇视义和团的人在一份笔记中写道：“里巷之人，始信其术，继利其货。（原注：若辈火人居室，不私一物；火发时令人恣取什物，故火不延烧，而贫民极感戴。）”①

前面提到过的刘以桐，在五月十八、十九两日（6 月 14、15 日）分别记：“顺治门外、内城根天主堂，义和团民炸则桥（?），会齐围烧，喝令穷人抢取财物。”“前门西城根，烧钟表卫姓住宅，奇特东西甚多，穷民分抢无遗。”②

引用这些材料只是想说明，不能因为义和团烧抢教堂、洋行等，就笼统地说义和团纪律已经败坏了。至于义和团这样做在政治上是否可取，是否正确，那是另外一个问题，我们将在下一节中再做分析。

---

① 黄曾源：《义和团事实》。

② 《中国近代史资料丛刊·义和团》第二册，第 186 页。

总之，义和团进入京津以后，就纪律而言，并没有变得一塌糊涂，不可收拾。这一点，就是当时一些坚决反对义和团的人也是承认的。英国驻北京公使窦纳乐在致英国外交大臣的信中称：吏部侍郎许景澄就曾对他“公然说出，在中国政府缺乏代议制的情形下，决不可忽视像很孚人望的义和团运动所提供出来的这种民意反映”。“虽然教徒遭受很重的报复，国家财产也被损坏，然而迄今为止，普通安分的人民并没受到任何损害。”谁都知道，许景澄是坚决反对义和团的，后来他还为此而送掉了自己的性命，既然连他都认为义和团运动“很孚人望”，“普通安分的人民并没受到任何损害”，想必这种说法不至于离事实真相太远吧！

三

然而，纪律并不是可以孤立存在的东西。任何一支武装队伍的纪律，归根到底，是这个队伍的政治素质的一个方面的反映。义和团对一般的“平民”不掳掠，不“扰害”，有时还让一些“穷民”分取一点“什物”，正表明这支队伍基本上是下层劳动群众的武装，其成员中“农民占其多数”[①]。但是，农民并不是先进的阶级。农民阶级的局限，使得这次运动在政治上和组织上都存在着许多缺陷，而这些缺陷又不能不影响到这支队伍的纪律。

这种影响主要表现在以下三个方面：

---

① 王崇武译：《英国档案馆所藏有关义和团运动的资料》，载《近代史资料》，1954(2)。

第一，义和团的主要斗争锋芒针对的是帝国主义，但是，这个时候，中国人民对于帝国主义的认识，还停留在表面的感性的认识阶段，因此在斗争上便表现为笼统的排外主义。义和团最重要的口号是“灭洋、仇教”。所谓“灭洋”，就是消灭（包括杀戮和驱逐）洋人；所谓“仇教”，便是烧教堂，杀死或惩罚教士、教民，分抢他们的财物，迫令信奉天主、基督等教的教民“反教”。义和团把这一些看作自己最重要的斗争目标。他们在做这些事情的时候，对于什么样的人该不该杀死、什么样的财产该不该烧抢，并没有明确的标准，也不根据具体情况（如是否作恶、是否犯罪等）加以认真的区别。而没有区别，也就是没有政策；或者说，义和团的“政策”正是对于“大毛子”“二毛子”的财产和生命可以任意地烧杀抢掠。这当然首先不是纪律的问题而是政治方针的问题。义和团对于教士、教民等任意烧杀，并不是由于纪律败坏造成的，而是由于政治上的笼统排外主义方针导致的。上一节里我们讲到，义和团在抢教堂和教士、教民财产时，自己“不私一物”，而“喝令穷人抢取财物”，就更加说明了这一点。但是，如果从纪律的角度来看问题，那么事情就变成了这样：义和团对于一般“平民”是不加滋扰的，但对于教士、教民则是“焚杀任意，抢掠无禁”。我们在文章的开头曾经讲到当时存在着两种针锋相对的舆论，其部分原因就是双方所谈问题的角度不同。强调义和团“毫无扰害”的，一般是指对“平民”“良民”而言；指责义和团“抢掠焚杀”形同土匪的，则往往是指对于教士、教民等而言。有时，这两个方面竟同时从一个人的口中说了出来，如御史郑炳麟在一个奏折里写道：“臣闻义和团风声日恶，专以仇杀教民洋人为事，每至一处，焚毁教房，秋毫无犯，故民心易于翕服。”[①] 从逻辑上说，到处焚杀同“秋毫无犯”恰恰是互相对立的，但在这里却很自然地把二者统一了起来，其原因就在于烧杀专施于“教民洋人”，对“平民”则是“秋毫无犯”，这才得出了“故民心易于翕服”的结论。

义和团的笼统排外主义，并不仅仅表现在以上所述方面。他们不但反对一切洋人，反对一切与洋人有过交往的人，而且反对一切“洋货”以及使用洋货的人。有一个材料说：“匪中呼洋人为老毛子，教民为二毛子。先犹专杀教民，次则凡家有西洋器具货物，或与西人稍有交往者，概加以二毛子之名，任意屠掠。”[②] 另一个材料说：“又哄传各家不准存留外国洋货，无论巨细，一概砸抛；如有违抗存留，一经搜出，将房烧毁，将人杀毙，与二毛子一样治罪。大凡铺户住户大小多寡不拘，谁不使用洋货？弃之可惜，留之不敢，人人惶恐，合城不安。”[③] 这样一来，打击面就扩大很多了，也就是说，义和团对之可以不受自己纪律约束的那部分对象大大地增加了。我们假定义和团的纪律确实是“秋毫无犯”的，又假定没有任何成员想有意地去破坏这秋毫无犯的纪律（在实际上当然不可能有哪一支队伍能做到这一点），但仅仅由于这种笼统排外主义的政治方针，也必然要使这种纪律在适用范围上打上一个不小的折扣。因为它把相当一部分家里或多或少有一点“西洋器具货物”的人都排除到“良民”范围之外去了。

义和团的笼统排外主义，是和封建迷信思想结合在一起的，这种迷信思想又在客观上使义和团的纪律受到一定程度的损害。

---

① 《义和团档案史料》上册，第135页。

② 吴永：《庚子西狩丛谈》，见《中国近代史资料丛刊·义和团》第三册，第377页。

③ 《庚子记事》，第12－13页。

我们可以举著名的火烧大栅栏事件为例子。光绪二十六年五月二十日（1900年6月16日），义和团在排外主义方针指导下，到北京最繁华地区前门外大栅栏去烧老德记洋货铺和屈臣氏大药房。由于相信自己的法力，他们“不许人救，曰断不连烧民房”①。谁知一把火烧起来之后，便再也控制不住，迅速地变成了一场真正的火灾。据当时人记载，有的说烧了一千余家，有的说烧了三千余家，有的说烧了四五千家。总之，“此火非小。将大栅栏、廊房头二三条胡同、西河沿、煤市街北半截、杨梅竹斜街东半截、煤市桥、纸巷子、前门大街路西北半截、西月墙、东西荷包巷、帽巷子，并正阳门南门楼洞，皆烈焰飞腾，金龙万顷，付之丙丁而已矣。可怜几千家生意生业，一刻而尽！皆在义和拳说专烧奉教、不连别家之误也”②。这件事，就义和团的主观意愿来说，他们并不是在那里破坏纪律，恰恰相反，倒是在认真地执行他们的政治方针，实现他们的斗争目标，而其结果，却是上千家无辜“平民”的房屋统统付之一炬。这不能不引起群众的惊恐和不安，“被烧者如醉如痴，未烧者心惊胆战”③，“自大栅栏等处烧毁，市面萧条，人心惶惑”④。这件事造成了很坏的政治影响。

第二，义和团为了解决经费问题，在很多地区实行过“勒捐富户”的办法。这种办法又给了义和团的纪律以何种影响呢？

前面有材料讲到义和团是“自备”资斧和口粮的，但是，对于绝大部分穷困的劳动群众来说，所带显然是很有限的，这至多

① 袁昶：《乱中日记残稿》，见《中国近代史资料丛刊·义和团》第一册，第348页。

② 《石涛山人见闻志》，见《义和团运动史料丛编》第一辑，第76页。

③ 《庚子记事》，第14页。

④ 《义和团档案史料》上册，第161页。

只能解决短期的问题。在所谓“宣战”以后，朝廷也曾“奖”给团民一些银两和粮米，但数量也不是很多。要解决如此庞大的队伍的给养，支持较长时期的斗争，必须另想筹措经费的方法。其中重要的一项，就是“向富户勒捐银米”①。有记载说，不少“绅耆富室曾被匪众勒令助器、助饷……勒派供支”②。

本来，在历史上的农民起义中，采用这种办法来解决军费问题是屡见不鲜的。人们并不认为这是农民军纪律败坏的表现，恰恰相反，倒是体现了他们反封建的革命精神。但是，义和团运动同以往的历次农民起义和农民战争有一个很大的不同之点，那就是他们的斗争锋芒，主要不是反对封建主义而是反对帝国主义。他们尽管不可避免地要同封建统治秩序发生这样那样的冲突，有时甚至是很严重、很尖锐的冲突，但却没有提出过明确的反封建主义的斗争纲领。在这种情况下，义和团的“勒捐富户”，似乎变成了名不正言不顺的事。义和团没有勇气理直气壮地宣布这样做的必要性和合理性，于是，他们只得在方法上借助于某些不那么光明正大的手段。李鸿章在一个奏折里说：“窃查顺直地方，自本年五月拳匪倡乱以来，每勒有力之家捐助钱米，稍不遂欲，辄加以二毛之名，任意烧杀，官司不敢过问。”③

这是不是李鸿章的诬蔑之词呢？恐怕不能这样说，因为类似的记载还有很多。《赵声伯庚子纪事长札》云：“于民间则指称教民，勒令捐助银米，不遂即焚杀从事。”④ 杨慕时《庚子剿匪电文录》载：“凡有富厚之家，指为教民，则所掠无算。”柳溪子

① 佚名：《天津一月记》，见《中国近代史资料丛刊·义和团》第二册，第143页。
② 阎骏业：《蓨城冒险记》，见《义和团运动史料丛编》第一辑，第240-243页。
③ 《义和团档案史料》下册，第929页。
④ 《中和》月刊，第2卷第1期。

《津西毖记》称："又诈称某富户奉教，馈以财物得赎罪。"龙顾山人《庚子诗鉴》记："凡教民皆目为直眼。其鱼肉富室，亦以直眼论，必输多金乃免，否则屠其人、火其居。"①

应该说明，这种硬给人扣上"二毛子"（这在当时是一顶十分吓人的帽子）之名以勒捐财物的办法，只是用于"富室"，对一般"平民"则是"随意捐助"，并不做任何的强迫。《都门纪变百咏》中即曾讲："自六月初旬起，街坊无赖辈挨户写捐，米麦银钱，随意捐助。"② 但即使如此，实行这种"勒捐富户"的办法，仍然使义和团在某种程度上丧失了社会舆论的同情，因为谁都看得清楚，这种"罪名"（如果算是"罪名"的话）是无中生有地加上去的。随便入人以罪，不管出发点和目的是否正当，都必然要引起人们的疑虑和戒惧。而且，这么一来，"获罪"和"赎罪"都变成了不确定的东西，没有什么客观的标准，一切都取决于某些人的主观意志，这就不能不为那些混入义和团的不法之徒破坏纪律造成可乘之机。

第三，义和团的组织是十分松散的，没有统一的领导，没有严密的建制，更没有必要的管理。任何人，只要愿意，挂起红带子便成了团民，聚集若干人便可以立坛。如果任何一次大的群众斗争都不免会有一些不纯分子混入的话，那么，在义和团运动中，鱼龙混杂、泥沙俱下的情况便表现得格外突出。

这种组织状况当然要给义和团的纪律带来消极的影响。

佚名《天津一月记》说："城中自有团匪以来，焚杀任意，抢掠无禁。甚至抢衙署，劫监狱，无人过问。是以素不安分之

① 《庚子事变文学集》上册，第 103-104 页。

② 同上书，第 121 页。

徒，或设坛附和，或仿效装束，鱼肉良善，人人思乱，不复知有法纪矣。”前半句所说的“抢衙署，劫监狱”，显然属于一种政治性的活动，而自从一些“素不安分之徒”也穿上了义和团的装束之后，便不免出现了“鱼肉良善”的现象。这种情况在北京也同样存在。仲芳氏《庚子记事》说：“各乡村团民，尚多粗食布衣。京城内新设各坛团民，虽亦蒙头裹腿，打扮相同，而衣履旗帜皆多绸绉。人人洋洋得意，夸富争荣。”“京城无业游民亦多立坛集众，竖旗为团，借端生事。”

这个材料特别强调了从各地农村进入京师的义和团同城里那些无业游民或纨绔子弟所组织的“团”在纪律方面的区别，指出“近观各州县之义和团民，粗食布衣，尚有朴实耐劳之气象”，而后面那一类的“团民”，“立坛愈多，勒财之法愈奇”①。

这里，材料的作者对义和团的纪律采取了分析的态度，既不是绝对的肯定，也不是绝对的否定，并且实事求是地指出了纪律好和不好的都分别是些什么人。我认为这是比较客观和公正的。

义和团组织松散，不但难以杜绝某些投机分子混入义和团为非作歹，甚至还出现某些人出于政治目的而嫁祸于义和团的现象。例如，有一个材料说：“直北一带，天主教民往往效拳匪服色，四出行劫。有被获者，自称义和团，则地方官即刻释之。”②另一个材料说：“（自昌平）到京，闻大炮声不解，到宅，则闻拳团尚守法，某军不服朝命，所为烂事，皆推之于团。”③

这两个材料，一个说的是教民，一个说的是官军，他们冒充

① 《庚子事变文学集》上册，第25页。

② 佚名：《庸扰录》，见《庚子记事》，第256页。

③ 《高枬日记》，见《庚子记事》，第151页。

义和团，做了“烂事”，则都推到义和团身上，其目的显然是为了败坏义和团的声誉。顺便说一下，这两个材料的作者对义和团都是持反对态度的。

义和团曾对专门扰害百姓的所谓“假团”进行过斗争，甚至还杀了一些人。但是，这一工作是自发和零星地进行的，并不曾有计划地和大规模地做过，因此收效不大。义和团组织方面的弱点，使得他们没有能力整顿和纯洁自己的队伍，及时清除那些混入队伍的投机分子。也正因为这样，义和团对于一般群众的纪律，也只能说基本上是好的，绝不可能真正地做到秋毫无犯。这一点，甚至可以说是不以他们自己的主观意志为转移的。

四

比较，往往能使人更好地看清事物的真相。在这篇文章即将结束的时候，我们稍稍花点笔墨，把义和团的纪律和清政府军的纪律做一点比较，我想是有好处的。

这种比较，在义和团运动当时就已有不少人做过。

前面提到的那个讲涞、涿地区情形的上谕，就是一例。不过，上谕中所说的“百姓皆畏兵而爱匪”的现象，却绝非只是涞、涿一地如此。

光绪二十六年五月十五日（1900 年 6 月 11 日），守护西陵大臣奕谟等在一个奏折里谈到易州一带的情形，说：“（义和团）虽日聚日众，从无扰累平民。今练勇以剿灭拳教为名，乃至肆意焚掠，戕杀无辜，势必至百姓不畏拳匪而畏勇营，则拳民之煽惑人心，弥易为力。”[①] 尽管这个奏折写在前述上谕之前半年多，但所用的语言却几乎和上谕的一模一样。不过，这里的叙述还是比较抽象的。究竟官军怎样“肆意焚掠”，义和团怎样并不“扰累平民”，在上谕、奏折之类的文件中大概是难以详述的。要看具体生动的描绘，还得找私人笔记。

有一个名叫王大点的人，原是京城五城公所的一名差役。义和团运动起来后，他无所事事，便整日在街头闲逛。在他留下的《王大点庚子日记》中，详细地记载了他所目睹的一些抢劫事件。统计了一下，日记中提到抢掠之事共十七处，其中说明是官军（甘军、游勇等）所抢的五处，土匪所抢的五处，其他的（所谓“回籍人”）一处，未讲抢者身份的六处，但没有一个地方说是义和团抢劫的。在日记中，王大点并不讳言他自己也常常趁火打劫，在混乱中拿些木料、皮衣、瓷锡器、现钱等，甚至在一次抢兴隆斋书铺时，他也跟着进去“抢抄”了“旧书数十本”[②]。既然如此，他当然不会专门为义和团做什么隐饰，何况从日记看，他对义和团也并不怎么信奉。他没有提义和团抢劫，想必这类事确实主要发生在官军和土匪身上。

仲芳氏的《庚子记事》，对于这方面的情形有着更加详尽的记述。作者在光绪二十六年五月二十七日（1900 年 6 月 23 日）这一天记：

> 前门内枪声昼夜未息。棋盘街东城根、户部街、兵部街、东交民巷、达子馆、南北御河桥、东长安街、台基厂、东单牌楼头条二条三条、王府井、丁字街、东华门皇城根，

① 《义和团档案史料》上册，第 130 页。

② 《王大点庚子日记》，见《义和团运动史料丛编》第一辑。

> 并霞公府、甜水井、蔡厂［菜厂］、阮府［大阮府］等处大小各胡同，无论贫富铺户住户官宅民居，俱被武卫各军大肆抢掠，骚扰无遗。有因移避别处中途被劫者；有将人口逃出，家货被抢者；有因武卫军闯入院内，枪伤事主，打劫者；有因官军进院逐杀男子，霸占妇女者；有因土匪假扮营勇团民，借端抢掳者；有因奉教二毛子躲避进院，营勇团民追入院中，玉石俱焚者；有因二毛子进院，先将良民杀害，欲图藏匿者。各铺户有因保护货物，不敢开门，合铺被烧者；有因逃避，携带财物，遇匪劫杀者，更有全家殉难自尽者。种种惨祸，不堪胜记。大抵逃出性命，即为万幸，何敢顾及保全财产。总之，武卫军大肆劫掠，土匪乘机抢掳，满街巷男哭女啼，寻儿觅父，惨乱之状，不忍见闻。①

这里展示了当时烧杀抢掠奸淫的各种形态，而其中涉及义和团的只有一件事，那就是追拿“奉教二毛子”。至于其余一切令人发指的罪恶行径，全都是官军和土匪——特别是武卫军干的。

其实也不仅是武卫军如此。在京津一带，除武卫军外，神机营、虎神营、八旗军、甘军以及后来添募的虎军等，无不“肆行劫掠，其凶横直与强盗无异”。他们“诬良为盗，指民为二毛子，搜抢财物，奸掳妇女，强买强卖，霸占民房，焚烧铺户，种种残虐，不堪枚举”，以致“众怨沸腾，人心共愤”②。官军纪律之窳败，连老于行伍的李秉衡也说是见所未见。他在一个奏折里这样说：“就连日目击情形，军队数万充塞道途，闻敌辄溃，实未一战。所过村镇则焚掠一空，以致臣军采买无物，人马饥困。臣自

① 《庚子记事》，第 17 页。

② 《义和团档案史料》上册，第 245 页。

少至老屡经兵火，实所未见。”① 难怪有人说：“此等兵勇，以之御敌则不足，以之殃民则有余。”②

总之，就纪律而言，义和团确实要比官军好过不知多少倍，这是不可否认的事实。

由于历史的和阶级的局限，义和团在自己的斗争中存在着许多错误和缺点。尽管如此，他们的运动仍然得到了广大群众的普遍同情和支持，这除了取决于这个运动的革命性和正义性之外，良好的纪律恐怕也是一个重要的因素。

这篇文章并不是对义和团运动的全面评价，只是就纪律论纪律，稍微涉及一点其他方面的问题，也只以直接、间接地与纪律有关的为限。我想，一个一个具体问题弄得比较清楚了，也会有助于对这个运动的综合评价吧。

---

① 《义和团档案史料》上册，第 469 页。

② 同上书，第 188 页。

义和团运动中的“假团”问题*

义和团组织的发展，在初期虽曾有过一定的简单仪式和手续，但很快就在实际生活中被它的广泛的群众性所冲破而取消了。到运动的高潮阶段，任何人只要“立坛集众，竖旗为团”，就可以自行组织起一支义和团武装队伍来。它们既不需要得到谁的认可，相互间也没有严格的隶属关系。从这个意义上说，义和团似乎也就无所谓真假的问题。正如当时有些人指出的：“义和团初无真伪之分。”① 或曰：“并无黑团、真团之别。”②

但是，在当时，几乎各种政治派别和政治势力都曾大谈过“假团”问题。有关“假团”的种种说法，不仅见诸皇帝的诏书，还见诸廷臣的奏疏、督抚的告谕、地方文武官员的来往公牍、报刊的消息评论，以及帝国主义的外交文书；此外，更广泛地见于

---

* 载《近代史研究》，1983（3）。

① 龙顾山人：《庚子诗鉴》，见《义和团史料》上，第44页。

② 刘孟扬：《天津拳匪变乱纪事》，见《中国近代史资料丛刊·义和团》第三册，第35页。在有关义和团的资料中，“黑团”一词，有两个各不相同的意思：一是指义和团的一个派别，即所谓“乾团黄巾，坎团红巾”，人们有时把他们称作黄团、红团；兑字门、巽字门尚黑，称黑团，“黑团者以黑巾缠头”。另一是指假团。下文所引材料“所谓黑团者，伪团也”，是后一种意思。

时人文字的或口头的议论。显然，“假团”问题，曾经是当时人们普遍关心的问题之一。如果仔细地加以观察，还可以发现，在持不同立场和政治态度的人们中间，对于“假团”的解释和态度也是各不相同，有时甚至是截然相反的。

这种历史现象表明，“假团”问题，对于义和团运动史来说，是一个具有研究价值的课题。

一

利用“假团”问题大做文章最起劲的，是封建统治阶级中对义和团力主剿杀的那一派。

1900 年 5 月底以前，清政府对义和团的政策和方针，虽然在镇压的方式、规模、手段等方面表现出若干犹疑和节制的态度，但总体是强调要禁遏、解散、惩办的。那时，那些坚决主张“剿团”的官吏，在他们权势和力量所及的范围内，大肆屠杀团民，从他们那一面说，完全是“合理”（当然是封建阶级之理）、“合法”（当然是封建阶级之法）的——虽然某些过分的举动也不免偶尔受到朝廷的牵制和责备。由于各种错综复杂的矛盾的发展，到 6 月初，清朝中央政权对义和团的政策，至少在表面上，发生了急剧的变化。6 月 21 日，清廷发布了“宣战”诏书，同时又颁发了褒奖义和团的上谕，并明令各省督抚对“此等义民”要“招集成团，借御外侮”[①]。这一来，对于主张剿团的那一派官吏，无疑提出了一个绝大的难题。

① 《义和团档案史料》上册，第 163 页。

朝廷政策的变化，带来了两个明显的后果：一方面，义和团由于取得了某种合法地位而大大地加速发展起来。如《庚子记事》云：“连日义和团既奉旨为义民，更大张其势。”[①] 连山东这样因袁世凯大力镇压使义和团活动一度沉寂的省份，此时也重新活跃起来。东平州的一个禀帖回顾说：“讵自今夏六、七月间，北方开战之后，信息传闻不一，拳匪猖獗滋事，以致中外开衅，既而改称拳民，既而改称义民，谣传纷纷，人心慌慌。始则直东交界窜扰，继则到处蔓延波及”；“阖省一百另五州县，被扰教民无处无之”[②]。另一方面，在朝廷正式把义和团称作“义民”之后，如果继续对他们公然进行剿杀，就不免会与中央政权的公开政策发生抵牾和冲突。这对于主剿派来说，不能不说是一种障碍和困难。当时还是怀来县令的吴永说过的一段话，就颇有代表性地反映了这一派人的为难处境：“无何而奖励拳民之上谕，已四处张布，并由省转行到县。于是邑绅署幕，内外交逼，禁拘之人，不得不悉予省释矣。越日，闻西园子坛中，拳首已公然号召徒众，从者云集，念已奉明令，更无法可禁阻，只得听之。”[③]

吴永所说的“只得听之”，绝不意味着他们就此歇手，再不与义和团为敌了。事实证明，除了很少几个见风使舵、谄谀干进的投机之徒外，绝大多数主张剿团的人都并没有因朝廷政策的变化而改变自己的立场。他们不得不暂时稍加收敛，只不过是为了要找到一个既可以继续剿杀义和团而又不致有“违旨”之嫌的巧妙口实。这个口实怎样毫不费力地被制造出来，我们可以先举一

① 《庚子记事》，第 16 页。

② 《山东义和团案卷》下册，第 537 页。

③ 吴永：《庚子西狩丛谈》，见《中国近代史资料丛刊·义和团》第三册，第 387 页。

个小小的实例。

河南省河北道道员岑春荣，为了镇压义和团，同一些士绅筹设了团防局。岑春荣的一个幕僚王锡彤建议应立即由团防局出面对义和团严加查禁。但岑春荣颇有些顾虑，说："义和拳是义民，奉朝旨嘉许者，倘加查禁，不违旨乎？"王锡彤回答说："此何时耶？旨之真伪不可知，纵使有之，文字上固可躲闪也。"也就是说，只要在文字上玩弄一点花招，义和团是可以照杀不误的。我们且看王锡彤是怎样在文字上进行"躲闪"的。他起草的一个告示写道：

> 为严拿假充义和团民以靖地方事：照得前因中外失和，民教仇杀，近畿一带有义和团民练习拳勇，不取民间一草一木，曾经奉旨嘉奖，此等义民，至为难得。乃近来风闻河北三府竟有无知愚民烧香聚众，名曰学习义和拳，而良莠不齐，地方痞棍夹杂其中，派费派捐，种种不法，殊堪痛恨。……除已将河内县假义和团严提到案即日办理外，合行示谕各该县民知悉，自示之后，如有匪徒借义和拳之名，烧香聚众，设立坛场，希图敛费肥己者，即系假义和拳，即当照章就地正法。①

据说，岑春荣看了这个稿子后，大为赞赏，连声说"此如我心"。那么，这个告示"高明"（应该说是恶毒）在什么地方呢？它一方面抽象地肯定义和团，说什么"此等义民，至为难得"；另一方面却把大批"烧香聚众，设立坛场"的真正义和团，统统冠以"假义和拳"之名，宣布要对之"就地正法"。既然正法的是"假

---

① 王锡彤：《河塑前尘》，见《义和团史料》上，第420页。

义和拳”，当然也就与奖励团民之朝旨并不相悖，他们又可以“名正言顺”地剿团了。

王锡彤颇为自己有这样反革命的“聪明”而洋洋自得。其实，玩弄这一类小小的手法，几乎可以说是封建官吏的素习；这样的阴谋诡计，在封建政治中差不多是家常便饭。所以，像王锡彤提出的这一套办法，几乎在各个地方都不约而同地有人在使用着。在 1900 年 6 月至 8 月这一段时间里，在许多地区都发生了以惩办“假团”为名残酷剿灭或强迫解散义和团的事实。

6 月 25 日，贵州提督梅东益在直隶沧州对义和团发动突然袭击。他在团民毫无戒备的情况下，猝然出动马队、步队，关闭城门，对义和团不分青红皂白地大加屠戮，一次即杀害团民三千左右，“河水尽赤”。事后，他向朝廷报告时，“只以千余上告，则是时京师尚未失陷，端、庄等仍执前见，恐受谴责。且所报千余人，仍以假团为说，以不违政府宗旨故也”①。

7 月 18 日，临榆县知县俞良臣接到上司关于严加约束义和团的札饬，其中说：“如本境内有假冒拳名之匪徒及各项贼匪扰害地方者，即令拳民与官军竭力剿捕，毋任滋蔓。”俞良臣立即限令境内各坛“造册送县”，以便“层层钤束”。团民看出了俞良臣的阴谋，知道他这样做的目的是想在“假冒拳民”的罪名下将团民“绳之以法”，“预为日后就办张本”，“遂各自分散，虽大师兄百计羁縻，而赴坛者日少，各坛遂不禁自散”②。这个地区的义和团就这样被封建统治阶级破坏搅散了。

甚至山西这样一个在著名的“信团”巡抚毓贤管辖下的省

① 管鹤：《拳匪闻见录》，见《中国近代史资料丛刊·义和团》第一册，第 483 页。
② 邹渭三等：《榆关纪事》，见《义和团运动史料丛编》第一辑，第 166-167 页。

份，也有许多地区发生了以“假团”为名杀害或搅散义和团的事件。平阳府太平县的一个姓侯的县令，因为看到义和团“日即纵横”，便下令他们一律要“赴县署报名，以便申送天津御敌，否则即为假冒，当以匪徒治之。习拳者遂日解散”①。雁平兵备道出的一个告示也强调，“其学习义和拳之人，必有奇技可观，即钦遵上谕，招集成团，以备调赴天津助战”。仍留在本地“滋事”者，即“假冒义和拳民”，“自应严拿惩办”②。此外，阳曲、榆次、太原、平遥、介休、赵城、洪洞、临汾等处，也都发生了把义和团民作为“假冒拳民”之“土匪”加以杀害的事。这些情况引起了毓贤的注意和不满，他不得不起来干预。在一个文件中，他申斥一些人“不辨拳民之真伪，但凭一胥吏呈报，教民控告，遂将拳民惩办，实不知是何居心”。他警告说：“如系真正拳民，各在村庄，安分演习，仍应听其操练，毋得禁遏。如或偏袒洋教，抗不遵旨，擅行惩办，恐该地方官不能当此重咎也。”③

山东的情况正好与山西相反。在那里，全省所属各州县，正是在巡抚袁世凯的严行督促和统一指挥之下，全面地、有组织地以惩办“假团”的名义，对真正的义和团民进行了大规模的血腥屠杀。

袁世凯在给他几个下属的一封密信中，曾经讲了以下一段话，这段话实际成为朝廷“招抚”义和团期间山东“办团”的基本方针：

鄙意以为，现在办法，总以不牵动东省全局为第一要

---

① 佚名：《综论义和团》，见《义和团史料》上，第181页。

② 《山西省庚子教难前后纪事》，见《中国近代史资料丛刊·义和团》第一册，第503页。

③ 同上书，第498页。

> 义。而欲不牵动全局，则非先弭内患不可。好在拳民、土匪，本有区别。拳民自谓设坛读符咒，能避枪炮，能御强敌。现在津沽西兵麇集甚众，拳民亦麇聚甚众，是该□忠义之民执干戈以卫庇厦者，即指天津所聚之拳民言之也。各处拳民，胥以忠义自负，亦必先后驰往天津前敌助战，方不失同仇敌忾本意，是所谓真拳民也。其余托词观望，往来直东边境，借词纠众，借端滋事，以为地方害者，是为土匪。以土匪而冒充拳民，仍以从严惩办为是。……现已恭奉廷寄，有拳匪势众，患生肘腋，朝廷迫于万不得已之苦衷等因。是于初乃是一时权宜办法，大约不久即须戡定。①

在这封密信里，袁世凯首先强调，朝旨中所说的“忠义”之民，是专指“天津所聚之拳民”而言的，言外之意，天津地区以外的义和团，朝廷并没有承认都是“义民”。这当然也是在玩弄文字花招，但却完全经不住推敲，因为上谕明明说“此等义民，所在皆有”②。其次，袁世凯又强调，只有“驰往天津前敌助战”，才是“真拳民”。这样说的目的，是为了在表面上设法与朝旨保持一致，意谓对于真拳民，他袁世凯也是不反对的。关于这一点，我们很快就可以看到它的极端虚伪性。再次，袁世凯指出那些“托词观望”，仍然留在山东境内，“借词纠众，借端滋事”的，统统是土匪，是假拳民；对于这些假拳民，一律应予严惩。这一点，正是全文的主旨所在。最后，袁世凯以其敏锐的反革命嗅觉，精明地判定朝廷对于义和团实行“抚”的方针，不过是“一时权宜办法”，绝不会持久，很快就会转而采取“剿”之一

---

① 《筹笔偶存》卷九，中国第一历史档案馆藏稿。

② 《义和团档案史料》上册，第163页。

法。他之所以敢于有恃无恐地把山东境内的义和团一概称作“土匪”和“假拳民”，并下令严加剿办，就正因为他看准了这一点。这也是他鼓动部属在继续镇压义和团方面放手大干而吃的一颗定心丸。

袁世凯对于贯彻这个方针，抓得很紧，真可谓不遗余力。他先是饬令各属，对于本地或外来的团民，一律“劝令前赴天津一带应敌”①，“北上助战”②。接着就声称：“查东省拳民均已赴直境助战，凡窜扰本省各州县假托义民寻仇劫杀者，即是土匪乱民。”③“现在津沽洋兵麇集，拳民均赴前敌奋勇助战，何至窜扰内地，显系土匪冒充拳会，希图扰害地方。仰即督饬各州县会同防营实力捕治。如敢拒捕，格杀勿论。”④ 他曾几十次地重复这个意见，仅在《山东义和团案卷》一书中，我们就可以看到，6月4日他对清平县和武城县的批示，6月5日对武定府和乐陵县的批示，6月6日对禹城、博平、长清等县的批示，6月8日对海丰县的批示，6月11日对长清县的批示，6月14日对齐河县的批示，6月15日对夏津县的批示，6月23日对茌平县的批示，6月24日对武城县的批示，7月7日对临邑的批示，7月14日对乐陵县的批示，7月18日对泰安县的批示，都曾反复申述了这些内容，尽管所用的文字略有不同。

袁世凯把是否“前赴津沽前敌助战”作为区分真团、假团的标准，其中奥妙，本来是司马昭之心，路人皆知的。即使在当时，也绝不会有人天真到以为这个著名的帝国主义走狗和奴才会

① 《山东义和团案卷》上册，第106页。

② 同上书，第151页。

③ 《山东义和团案卷》下册，第497页。

④ 同上书，第609页。

忽而勃发起爱国之心，真的要动员人民来“陷阵冲锋”，“执干戈以卫社稷”。不过袁世凯是个老奸巨猾的人物，他是绝不肯捅破这层窗户纸，把真正的底完全亮出来的。后来还是他的一位自作聪明的部属禹城县令，揣摩志意，在献策中愚蠢地把袁世凯那一套只可意会不可言传的心思说了出来。这个县令在 1900 年 7 月 11 日的禀帖中写道：

> 合计拳会所聚，多者百余人，少者数十人。莫若申谕其众，尽数北归，前往津门，居前助战，再以兵勇押送出境，不过押送三次，则其情伪立见。匪众畏离乡土，必不复起，此不剿而剿之一法也。其不去者，劝令归农，如不去亦不归农，则是甘心构乱，然后晓谕居民，使人人皆知此等匪徒罪无可逭。及其勾连未广，随其所起而剿之，可以一击而散。此又剿之而惩一儆百之法也。①

在他们看来，这无疑是一箭三雕的好主意：(1) 如果义和团真的出境前往津沽前线，则可以借用洋人的枪炮加以消灭②；(2) 如果义和团“畏离乡土”，不愿赴津，就可以指责他们不为国家效力，强迫解散归农；(3) 如果拒绝解散，就可以扣上“甘心构乱”的帽子，当作土匪冒充的“假团”而严加剿杀。三条中不管哪一条，都可以达到扑灭义和团的罪恶目的，何况三管齐下？问题十分清楚，什么区分真团、假团，都不过是幌子。说到底，就是要千方百计使义和团不复存在。袁世凯之流所谓的“假团”“伪团”，恰恰是那些不受他们的欺骗和摆布，继续坚持斗争

---

① 《山东义和团案卷》上册，第 267 页。

② 他们是把与洋人开仗看作“送死”的，在一个禀帖里就公然写有“免得北上送死”字样。参见《山东义和团案卷》下册，第 631 页。

的真正的义和团。这一点，可以从历史事实中得到充分的证明。当时在袁世凯部下担任先锋后路左营管带的张勋，在一次屠戮了一百多名所谓“冒充拳民之匪”后，向袁世凯报告说：“细查各尸身，均头扎黄巾，腰系红兜，确系匪党。”[①] 1900年8月12日，副将方致祥和武城县令在会禀中说：“细加体察，盖土匪初冒拳民而滋事，饥民即随土匪以求生，故半月以前，拳民、饥(民)溷厕其间，所在皆匪。”[②] 很显然，那些被称作“土匪”“匪党”而惨遭杀害的，都是“头扎黄巾，腰系红兜”的拳民和饥民。袁世凯在山东究竟一共残害了多少义和团民，难以确数，有人说：“世凯之在山东，杀红巾以万计。”[③] 这中间有很大一部分正是在惩办“假团”的名义下进行的。

二

说来也许有点奇怪，出于某种政治需要而最先造出“假团”之说的，倒并不是借此大做文章的主剿派，而是封建统治阶级中主张“招抚”、利用义和团的那一派别。

有一些主剿派在大肆屠杀所谓“土匪冒充拳民”的“假团”时，曾声称他们是根据光绪二十六年六月初四(1900年6月30日)的一个上谕行事的。这个上谕第一次提到了“假托冒充义和团”的问题。上谕内容是：

---

① 《山东义和团案卷》上册，第32页。

② 《山东义和团案卷》下册，第849页。

③ 李希圣：《庚子国变记》，见《中国近代史资料丛刊·义和团》第一册，第31页。

前因义和团民皆以忠勇为名，自应深明大义，原冀其戮力报效，借资折冲御侮之用。乃近日京师附近莠民，多有假托义和团之名，寻仇劫杀，无所顾忌，殊属不成事体。若不严加分别，恐外患既迫，内讧交乘，大局何堪设想！所有业经就抚之义和团民，即著载勋等严加约束，责成认真分别良莠，务将假托冒充义和团借端滋事之匪徒，驱逐净尽。倘仍有结党成群，肆意仇杀者，即行拿获，按照土匪章程惩办，以靖地方。①

朝廷在发布奖义和团为“义民”的诏书仅仅九天之后，就又颁发了这样一个上谕，这其间，自然反映着各种政治力量间错综复杂的微妙斗争。但发布这个上谕的直接因由，史书中均语焉不详，迄今为止，我们只看到了一个比较具体地讲述了这个上谕的出笼经过的材料：

近畿拳众劫杀无忌，凶慝渐彰。上以诘，统拳王公诿为伪团。于是有严惩伪团之诏，略谓……（按：内容同前引上谕，此处从略）当日朝野上下，咸知伪团之说，由于诿饰。先公（按：指该文作者之父，当时为光禄寺卿，荣禄亲信）言于荣文忠，谓彼既认有伪团，则即以拿办伪团为名，亟下明诏，庶外镇剿匪者得所措手。文忠韪之，言于上，遂有是诏。②

这个材料中所讲的具体情况是否完全确实可靠，只能存疑。这不但因为只是孤证，也因为此文是事隔多年以后的追记，而且

① 《义和团档案史料》上册，第206-207页。

② 龙顾山人：《庚子诗鉴》，见《义和团史料》上，第44页。

作者在文中对荣禄常多吹捧辩护之词，态度并不很客观。但其中有两点却大体是可信的：一是说颁布“严惩伪团之诏”一事是发端于“统拳王公”的主张，另一是说他们之所以要提出“伪团之说”是“由于诿饰”。关于前一点，管鹤在《拳匪闻见录》中也有类似说法：“肇祸诸人，迫于时势已坏，公论不容，遂勉强下剿办假团之令。”[①] 关于后一点，则有更多的历史材料足资证明。

当载漪、刚毅、载勋等一派人一度在朝廷中占了上风，清政府做出宣战和“招抚”义和团的决策之后，慈禧立即派载勋、刚毅等为团练大臣，以便“统率义和团民”，“引之就范”。但是，尽管有一些义和团组织到庄王府等处“挂号”，并自称是“奉旨义和团”，表示“受抚”外，另有许多团民并不愿意使自己成为“官团”；即使已经挂了号的，也并不完全听凭封建统治阶级的控制和摆布。义和团不顾载漪的阻拦，坚持要杀在攻打西什库的战斗中向义和团打黑枪的纳继成时，曾亲口告诉载漪：“王所遵者皇上，我们遵者玉帝。”[②] 那桐、许景澄奉旨出都，走到丰台，为团民所阻，那桐等告以朝命在身，义和团回答说：“吾民知有祖师之命，不必问朝廷之命。”[③] 这些都说明，封建统治阶级“约束”义和团“引之就范”的打算，在很大程度上是落空了的。所以当时不少记载都说：“然拳匪专杀自如，载勋、刚毅不敢问。”[④] “自五月以来，生杀予夺皆在团。团曰可，不敢否；团曰

① 《中国近代史资料丛刊·义和团》第一册，第 492 页。

② 刘以桐：《民教相仇都门闻见录》，见《中国近代史资料丛刊·义和团》第二册，第 193 页。

③ 《拳乱纪闻》，见《中国近代史资料丛刊·义和团》第一册，第 135 页。

④ 李希圣：《庚子国变记》，见《中国近代史资料丛刊·义和团》第一册，第 15 页。

否，不敢可。”[①]

这种情况，对于载漪、刚毅、载勋等人自然是个绝大的难堪。因为一来，他们曾竭力保证，只要“抚之果能得法”，即可对义和团“收而用之”，团民们是绝不会“与朝廷为难的”。二来，他们负有“统率”和“约束”义和团的直接责任。但义和团的斗争实践，既证明了他们言论之虚妄，也证明了他们行动之无能。在这种情况下，他们需要做出某种解释或者叫作搪塞，以便下用以应付封建阶级中政治舆论之不满，上用以应付最高当权者慈禧的诘责。于是，他们便发明了所谓的“伪团之说”，意思是：那些不听他们约束而“借端滋事”的，乃是“假托冒充义和团”之“匪徒”，与他们所说的“真正义和团民”无关。既然如此，他们自然也就无须对此承担任何政治责任了。

作为这种用“假团”来“诿饰”的一个典型事例，这里可以稍稍讲一讲庆恒被杀一事。庆恒是清军的副都统。1900 年 7 月间，庆恒的家属因故被义和团杀死，载勋等闻悉后，立即将义和团五人“正法”。此事引起了团民的强烈不满，“哓哓不已”，结果团民又将庆恒杀死。杀掉一个副都统，自然不是一件小事，如果承认这是义和团所为，岂不与义和团“业经受抚”的说法发生矛盾？为此朝廷专门发布了一个上谕，“旨中均指为伪义和团所为”[②]。并且借着这个题目，大讲了一通区分真、假义和团的“道理”：“务将真正义和团众，勉其恪守戒规，义以和众。其有匪徒假托义和团之名，寻衅焚杀，著照土匪之例，即行严办。经此次淘汰后，义和团之真心向善者，益当爱惜声名，同心御侮，

① 黄曾源：《义和团事实》，见《义和团运动史料丛编》第一辑，第 128 页。

② 佚名：《庸扰录》，见《庚子记事》，第 264 页。

其伪托之匪徒，自无所逃于显典。从此泾渭攸分，当亦该团之所深愿也。”①

就像“假团之说”曾是主剿派用以“剿团”的一个法宝一样，它对于端、刚之流来说，则成了用以“诿过”的一个法宝。不过，端、刚之辈并不只是把“伪团之说”作为消极的“诿饰”之词，同时，他们也企图把它当作“约束”义和团的一个积极的武器。1900 年 7 月 28 日，载勋等向慈禧报告说：“窃奴才等自统率义和团以来，即与严定条规，引之就范。嗣奉谕旨，饬令严加约束。奴才等钦遵之下，惶悚莫名。当将假冒滋事之团随时拿办，并与京外各团申明约束，刊发团规，俾令众见共闻，咸知遵守。”② 这里提到了他们控制义和团的两条最主要的措施，一是“拿办”“假冒滋事之团”；一是“刊发团规”，“申明约束”。这两条本是紧密相连的。因为所谓的“团规”，除了规定义和团不得“滋事”，打仗“不可畏葸退缩”，不得与官军“稍存尔我之见”，必须“谨遵”官府“号令”，以及一切重大行动均须报告官府，“听候办理”外，关键的还有以下一条：“如有不守团规，循私偏听，借端滋事，诬害良民，或报复私仇，或意图讹诈，任意烧杀抢掠等情，即系匪徒假冒。……若经访有确据，或被指名告发，禀明总团，即带团往拿，照匪徒办理，如敢抗拒，应格杀勿论。”换言之，义和团必须全部放弃自己的斗争目标和斗争权利，一切听命于封建统治者，成为他们手中随意摆弄的驯服工具，否则，就是“匪徒”冒充的“假团”，就应“格杀勿论”。③

① 《中国近代史资料丛刊·义和团》第四册，第 133 页。

② 《义和团档案史料》上册，第 392 页。

③ 参见《近代史资料》，1957（1）。

有意思的是，载澜等在“团规”中所用的语言，与袁世凯在山东所用的语言，是如此相似，几乎如出一辙。在封建统治者中间，主张利用义和团的和主张镇压义和团的，曾经形成了互相对立的两大派。两派围绕着对义和团的政策，展开了激烈的斗争，简直是水火不容，势不两立，甚至闹到使政敌杀头流血的地步。可是在一定条件下，在一定问题上，他们之间又可以有共同的语言、共同的步调。这绝不是偶然的，说到底，还是因为他们“本是同根生”，既属一个阶级，自然也就有相同的阶级利益。马克思和恩格斯在《德意志意识形态》中曾经指出：统治阶级的内部矛盾可以造成政治上的分裂，“这种分裂甚至可以发展成为这两部分人之间的某种程度上的对立和敌视”，可是一旦实际的冲突使阶级本身受到威胁，共同的阶级利益受到侵犯时，“这种敌视便会自行消失”①，对立的两派又会统一行动了。

端、刚等人制造出这样一个“假团之说”，其效果究竟如何呢？看来并不太妙。至于用以控制义和团，前面说过，实在是收效甚微。接二连三发布要求进一步“钤束”义和团及惩办“假团”的上谕，就是控制失效的最好证明。用以搪塞舆论，似乎也没有起多大的作用。有一个材料说，关于“京师附近莠民假托义和团，借端滋事”的上谕，“见者匿笑”②。人们为什么要“匿笑”呢？因为大家心里明白，所谓“假团”，其实正是真团。人们笑的就是上谕炮制者掩耳盗铃的愚蠢行径。

如果说人们意味深长的“匿笑”表示了一种含蓄的批评，那么，有两个人曾对这种“假团之说”表示了鲜明而强烈的反对态

① 《马克思恩格斯全集》，第3卷，第53页。

② 佚名：《庸扰录》，见《庚子记事》，第295页。

度。一个是太常寺卿袁昶，他在《请速谋保护使馆维持大局疏》中说："若云真义和团确能为国宣力，其寻衅焚杀，皆依附其间之伪义和团所为。一类之中，既分真伪，扰乱已极；且既容附入之伪者无恶不作，则真者亦非善类可知。……无论真伪，总之藐视王法，均为冥顽不灵，罪在不赦。"[①] 袁昶向以敌视义和团著称，他的立场无疑是反动的；所谓"无恶不作""冥顽不灵"等，也都是对义和团的诬蔑。但他不同意人为地在"一类"之中硬分出真伪来，这却是触到了端、刚等人的隐痛。

另一个人是英国驻华公使窦纳乐。他在致英国外交大臣的信中说："你将看出，在五月二十九日和三十日的上谕中，虽在谴责假义和团运动而捣乱的坏分子，但对义和团却表现出十分宽大的精神，而在六月六日颁发的上谕中，这种精神表现得更加明显。"在另一封信中，他还担心"地方官吏将毫不迟疑地利用在公布的诏令中反复申述过的一句话'义和团中有好人也有坏人'来作为懈怠职务的口实"[②]。窦纳乐的不满是因为清政府只谴责了"假义和团"，尽管他也许会意识到这里所说的"假团"，其实正是真的义和团，他也不能赞同这种吞吞吐吐、遮遮掩掩的所谓"明抚暗剿"的态度，他所需要的是把取缔和镇压义和团作为一种正式政策明确地肯定下来。因此，他的反对自然是毫不奇怪的。不过他毕竟对中国的封建政治半通不通，他只是担心地方官吏会利用"义和团中有好人也有坏人"（上谕原文是"良莠不齐"）这句话放松镇压，却不知道对于袁世凯那样一类地方官吏来说，也可以利用这句话作为对义和团加强镇压的依据。

---

① 《中国近代史资料丛刊·义和团》第四册，第163页。

② 《英国档案馆所藏有关义和团运动的资料》，载《近代史资料》，1954（2）。

三

从上面的材料可以看出，封建统治阶级中不论是主张镇压的一派也好，还是主张利用的一派也好，他们所说的“假团”“伪团”，其实恰恰都是指坚持斗争的真义和团。

除了封建统治阶级之外，义和团本身也常常谈到“假团”问题。他们所说的假团有哪些含义呢？义和团也在那里反对“假团”，这种历史现象又说明了什么呢？

义和团自己所说的假团，情况比较复杂，需要做具体的分析。

大体说来，义和团所说的“假团”，包括以下三种不同的情况：

第一，教会武装或清军组织假团。义和团同这一类假团的斗争，是对敌斗争的一种形式。

由帝国主义势力控制的教会武装，或者为了同义和团作战，或者为了败坏义和团的声誉，常常假扮团民，这种事屡有发生。《庸扰录》记：“直北一带，天主教民往往效拳匪服色，四出行劫。有被获者，自称义和团，则地方官即刻释之。”[①]《石涛山人见闻志》记京师情形说：“奉教皆扮成假义和拳会，各处杀人寻仇，惟西城更多。”[②] 直隶总督裕禄在奏折中也谈到这个问题：“教匪亦乘间效其装束，以红黄布裹首，混迹城乡，暗埋地雷，

① 《庚子记事》，第 256 页。

② 《义和团运动史料丛编》第一辑，第 79 页。

无从分辨。”[①] 义和团对这种假团，一经发觉，就展开斗争。叶昌炽《缘督庐日记钞》中就记载，距昌平十余里的冬瓜村，“有教民七八十人，假团肆扰”，被昌平开去的义和团一夜“荡尽”[②]。

除教民武装外，清军在镇压义和团过程中，有时也采用这种手法，山东清平县令曾建议对义和团实行所谓“以毒攻毒之法”，办法是：“密派劲兵一营，脱去号衣，携带短枪，扮作拳会，星驰该匪出没之区。一遇此项匪徒，责其假冒之罪，乘机格杀。该匪既被诛灭，而不知其所由来。”[③] 自己“扮作拳会”，却要对义和团“责其假冒之罪”，非但滑稽，而且无耻。不过，这种恶毒的手法却会给缺少战斗经验和训练的义和团武装带来很大的损失。

第二，义和团在发展过程中，鱼龙混杂，泥沙俱下，确有不少不纯分子乘机混入。其中有一些组织，领导权掌握在流氓分子手里，专事打家劫舍，完全失却了反抗帝国主义侵略的斗争方向，这是一些打着义和团招牌的真正的假团。义和团对这一类假团的斗争，表明了他们为纯洁队伍、维护纪律所做的可贵努力。

义和团的一个突出弱点，是组织的松懈。在斗争趋向高潮、义和团迅速发展，特别是进入大城市之后，许多投机分子也纷纷抱着各式各样的自私动机，参加到义和团的组织中来。例如，在天津，“立团之始，颇能践言，与人无怨”。但稍后，即有一些“素不安分之徒，或投机附和，或仿效装束，鱼肉良善，人人思乱，不复知有法纪矣”[④]。在北京，“京城内外游手好闲之人，希

---

① 《义和团档案史料》上册，第366页。
② 《中国近代史资料丛刊·义和团》第二册，第449页。
③ 《山东义和团案卷》上册，第416页。
④ 佚名：《天津一月记》，见《中国近代史资料丛刊·义和团》第二册，第144页。

图分惠，均在各庙宇安坛设团，聚集无业莠民，以保国保家为名，乘机牟利”[1]。“驯至南城外之戏子杂流诸人，遂各立一团，亦事效扎巾带，群充义民，遂益相率抢掠。”[2] 对于这些人，从组织上说，是很难说他们是假团的。因为组织义和团本没有什么严格的手续，而组成之后，“皆以红布蒙头，红兜肚，黄腿带，各处一般装束，真假并无区别”[3]。但从政治上说，他们却无疑是义和团的异己力量。杨典诰《庚子大事记》在谈到有义和团拦路抢劫的事之后，感叹说：“真团未见其功，假团已肆行无忌矣。”[4] 这就可见，在群众的心目中，这部分人是被以假团目之的。

以小生产者为主体组织起来的义和团，是没有力量真正解决这个问题的。组织的自发性既不可能有效地防止投机分子的混入，组织的分散性又决定了无法采取有力措施制裁和清除自己队伍中数量不小的乘时射利之徒。但是，绝不是说义和团丝毫未曾察觉到这部分痈疽对自己健康肌体的危害。事实上，义和团的一些领导者，也曾做出“整饬”组织的若干努力。例如，张德成和曹福田就在天津“查拿”过“假团”，并取得了一定的成效。“先是津匪肆行，商民疾首。忽传张老师、曹老师带神拳至，声言来拿天津伪团，匪众闻之顿敛迹。盖匪皆土棍冒充拳民，故以为张、曹有神术而惮之也。”[5] 另一个材料也有大体相仿的记载：“连日津匪肆行无忌，商民敢怒而不敢言。忽传独流张老师带两

① 《庚子记事》，第 18 页。

② 袁昶：《乱中日记残稿》，见《中国近代史资料丛刊·义和团》第二册，第 348 页。

③ 《庚子记事》，第 20 页。

④ 同上书，第 86 页。

⑤ 龙顾山人：《庚子诗鉴》，见《义和团史料》上，第 69 页。

万人至，声言天津假团太多，特来查拿。此说一播，次日津匪居然敛迹。盖津匪皆土棍，自充拳民，故以为张德成真有神术而惧之。又有曹老师，亦津匪所畏惧，是日亦然，故街巷间无复向日之纷扰矣。”① 在北京，也有假团躲避真团的记载。《庚子大事记》说：“并听传言，满街塞巷皆有假义和团，到处烧杀；有遇真者，望影而逃，或还杀之。”② 可惜的是，由于我们前面说过的原因，这种查拿假团的事，并没有自觉地、有计划地、大规模地进行。因此，它可以取效于局部和一时，却终究未能从全局上解决义和团队伍不纯的问题。

第三，由于小生产者的分散性和褊狭性，义和团之间常常发生内部纠纷，互相指责对方是“假团”，进行无原则的派别斗争。

在一些义和团资料中，常有关于“团斗团”③ 的记载。这种“团斗团”，很多是由于一些细故引起的。例如，有的是因为两个坛的人“言语相触”，以致“反戈怒目”④；有的是因为此团的人途遇另一团的队伍，未及让避，“闯队碰徒”，以致双方发生“争斗”⑤；也有的是坎团围观了乾团的活动，引起“乾怒与坎斗”⑥。总之，他们“虽同为拳团，亦复各树门户”⑦，“互相猜忌，并不联络”⑧。恩格斯在《德国农民战争》中曾反复指出，由于农民平时毫无联系，散居四方，所以他们不仅散漫而难以组织起来，

---

① 管鹤：《拳匪闻见录》，见《中国近代史资料丛刊·义和团》第一册，第477页。

② 《义和团运动史料丛编》第一辑，第84页。

③ 如《高枬日记》六月二十四日即记有良乡城外团与城内团“开仗”之事，又七月初二记“乔宅旁，团斗团”。参见《庚子记事》，第158、160页。

④ 《义和团运动史料丛编》第一辑，第86页。

⑤ 同上书，第105-106页。

⑥ 同上书，第126页。

⑦ 《中国近代史资料丛刊·义和团》第二册，第145页。

⑧ 《中国近代史资料丛刊·义和团》第三册，第374页。

即使组成农民军之后，也常常表现出强烈的地方狭隘性和顽固的褊狭性，这个弱点几乎“毁坏了整个运动”[①]。在义和团运动中，中国农民的这一弱点可以说表现得与德国农民战争中的情形同样突出。

一旦团和团之间发生矛盾，他们就互相指责对方为“假团”。“拳党互相结拜，名曰‘拜团’，亦多互相仇视攻击者，则此称彼为‘假团’，彼亦指此为‘强盗’。故同一拳党，而有真假之说。”[②] 另一材料也说：“自伪拳说起，于是展转仇杀，辄以伪拳目之。”[③] 这种在“假团”名义下的相互仇杀，与上面所说的“查拿”真的假团，显然是完全不同的两类性质的斗争。

团与团之间无原则的矛盾、纠纷、攻击、仇杀，削弱和抵消了自身的力量，结果常常被敌人所乘，使之坐收渔人之利。吉林省海龙县样子哨地方的义和团，就发生过这样的事：当地两股团民，因抄没教民资产事发生矛盾，一方对另一方“斥其神拳为伪，往袭之，杀戮甚众”，官兵乘机出动，结果团民“多被官兵击死，时大雨，尸蔽街衢，血流漂杵”[④]。这种情况，在山东、直隶发生得更多，如1900年6月底，直隶、山东交界的南皮、盐山的义和团因故互斗，双方即死伤甚众，“有名者杀死八十八人，无名者尚不计数”。负责“剿办”这一带义和团的张勋，按捺不住高兴的心情，向袁世凯报告说：“似此自相残杀，不久必将扑灭。”[⑤] 后来这一地区的义和团，果然在张勋的“围剿”下受到

① 《马克思恩格斯全集》，第7卷，第481页。

② 管鹤：《拳匪闻见录》，见《中国近代史资料丛刊·义和团》第一册，第492页。

③ 龙顾山人：《庚子诗鉴》，见《义和团史料》上，第50页。

④ 《海龙县志》卷十七，见《义和团史料》下，第1012页。

⑤ 《山东义和团案卷》上册，第29页。

很大的损失。山东蒲台县大刀会与义和团互斗，一次即战死七十余人。正在双方斗得难解难分之际，又是张勋的队伍，突然于半夜“衔枚疾驰”，加以包围，“四面搜剿”。结果，一举残酷杀害农民武装五百余人。[①] 这种惨痛的血的教训，实在值得革命人民永远记取。

上面，我们围绕着“假团”问题的各个方面，做了一点粗略的论析，可以算是“假团”问题的面面观。在“假团”这样一个简单政治术语之下，竟包含了如此迷离混沌、五光十色的内容，实在使我们惊异于历史现象的丰富和多样性。《红楼梦》中写太虚幻境入口处的大石牌坊上有一副对联，上联是“假作真时真亦假”，用这句话来形容这个问题，倒是相当贴切。对“假团”问题的分析，既使我们进一步看到了封建统治阶级对义和团政策的复杂性和反动性，也从一个方面反映出义和团本身的某些优点和弱点。这也许是弄清这个问题的意义所在吧！

① 参见《山东义和团案卷》下册，第784—787页。

封建统治阶级与义和团运动*

八十余年前发生的义和团运动，是一次反对帝国主义的爱国斗争。在中国历史上，大规模的武装起来的农民不是把革命暴力的主要锋芒指向封建统治者，这还是头一次，同时也是仅有的一次。① 对于封建统治阶级来说，怎样对待这一场既不是主要反对自己又在很多方面冲击和超越了封建统治秩序的声势浩大的群众运动，怎样在急风暴雨中最大限度地保持和维护自己的阶级利益，确实是一个前所未遇的全新的课题。本文就是分析封建统治阶级是如何回答这个课题的，他们的回答又给了义和团运动一些什么样的影响。

统治阶级内部的一场激烈争论

著名的因反对义和团而为封建统治集团中另一派势力所杀害

---

* 载《中国历史博物馆馆刊》，1982（4）。本文与林敦奎合写。

① 这里不包括中国共产党领导的农民运动在内。

的太常寺卿袁昶，曾经在一个奏折里这样说：“盖发匪、捻匪、教匪之乱，上自朝廷，下至闾阎，莫不知其为匪，而今之拳匪，竟有身为大员，谬视为义民，不肯以匪目之者，亦有知其为匪，不敢以匪加之者”①。

这一段话反映了义和团运动爆发后封建统治阶级的态度，同对待以往的农民起义的态度有很大的不同。过去，对于类似太平天国和捻军等的农民起义军，封建地主阶级的态度是完全一致的：大家都目之为“匪”，大家都主张严厉地镇压。现在，对于义和团，从这个组织的性质到对待它的方针，封建地主阶级内部却产生了严重的分歧。这种分歧立即表现为政见的争论，并且引起了人们广泛的关注，以至京师大学堂的季考亦“以义和团剿抚议命题”②。有意思的是，莘莘学子做出来的文章，也是众说纷纭，莫衷一是。这正是社会上关于这个问题意见错杂的一个缩影。

这种意见分歧，最后不能不反映到封建政治机构的统治中枢里。有一个材料这样说：“在廷臣工，议及此事，意见各殊。有谓拳民为义民者，有谓拳民为叛民者。由前之说，意在敷衍了事；由后之说，意在剿捕严惩。”③

以后的事态发展，是大家都知道的：不但中央和地方的大员们纷纷上书言事，各执己见，而且朝廷还为此专门召开了几次御前会议。在激烈的争论中，包括前面提到的袁昶在内的五位大臣，竟因此而丢掉了脑袋。在统治集团的内部斗争中诛戮大臣，

---

① 《严劾大臣崇信邪术请旨惩办疏》，见《中国近代史资料丛刊·义和团》第四册，第165页。

② 《赵声伯庚子纪事长札》跋，载《中和》月刊，第2卷第1期。

③ 《詹事府司经局洗马檀玑折》，见《义和团档案史料》上册，第131页。

造成流血事件，在有清一代虽不乏先例，但毕竟是非比寻常的事。

那么，如此广泛而又尖锐的争论，主要包含一些什么内容呢？

从上面的材料已经约略可以看出，争论的基本点就是义和团是“义民”还是“邪教”（或曰“乱民”“叛民”）。双方的言论和主张，都是围绕这个基本点而展开的。具体地说，分歧集中在以下几个问题：

其一，义和团“灭洋仇教”，是好事还是坏事？

一种意见认为，义和团之起，是由于洋人和教民“借端扰害乡里，民间不堪其苦，以致衅端屡起。地方官不论曲直，一味庇教而抑民，遂令控诉无门，保全无术”，“国家不能敌，而民自敌之”。这种“义愤所激，万众同心”表现出来的民气，是十分可贵的。“义愤之气，足以御侮于无形”，若“民心一去，大局立危”①。反对者虽然也承认，义和团之起因，“推原其故，固由教民之强横，亦多由地方官未能持平办理”。但是，一则，他们认为“民教互仇，积愤外侮，国家自有办法，断不容匪徒自行报复”。二则，他们强调，“拳会仅恃邪术，各国非比流寇”，“论兵力，一国焉能敌各国，不败不止”。如果“外衅一开”，后果将不堪设想。

其二，义和团是“自卫身家，并非谋乱”，还是“借闹教而作乱，专为国家挑衅”？

一种意见认为，义和团对上“并无与官为仇之意”，对下则

---

① 争论双方的言论，基本都收集在《义和团档案史料》一书中，为避免烦琐，不一一注明出处。

“秋毫无犯”，“未闻扰害平民”。因此，不能把义和团等同于“寻常会匪”。他们是“良民”，是“朝廷赤子”；他们组织起来，拿起武器，不过是为了“自卫身家”。反对者则强调，义和团“名为忠义，实则叛乱”，“实系会匪，断非良民”。他们援引历史，指出“结会联盟，例有严禁”，人民群众自行组织拳会，这本身就是触犯封建刑律的。义和团同白莲教、大刀会等一样，都是“为法所必诛”。何况他们还“抗敌官兵，戕害官长，焚烧铁路，劫杀良民，种种行为，逆迹显著”。他们的结论是：义和团“乃借闹教而作乱，专为国家挑衅”，是封建政权的叛逆。

其三，对义和团是“抚”还是“剿”？

一种意见认为，对待义和团，绝不能用“剿”之一法，一来因为“团民与教民为仇，其名近正”，剿之则师出无名；二来“剿拳民则失众心”，将引起广大群众的怨愤；三来怕“一意剿击”，会“激之生变，铤而走险，势所必然”。因此，主张“不如抚而用之”，“因其仇教之心，用作果敢之气。化私忿而为公义，缓急可恃”。反对者则主张，对义和团必须“一意主剿”，“格杀勿论”。如果姑息宽容，就会养痈遗患，“蔓延日久，收拾益难”。他们特别强调要“先清内匪，再退外兵”，也就是说，只有中国政府自己赶快剿灭义和团，才可以“慰安洋情”，“乃可免洋兵助剿”。

为什么在同一个时期，对于同一件事物，同一阶级的人们之间会产生如此根本对立的不同看法？为什么封建统治阶级中的一部分人，会在一定程度上对人民群众的反帝武装斗争抱有同情、支持甚至赞助的态度？原因固然很多，最主要的一点还在于当时社会矛盾的特殊复杂性。长期以来，特别是甲午战争以后，中国的民族危机日益加深，帝国主义瓜分中国的威胁日益严重。到义和团运动时期，民族矛盾上升为主要矛盾，国家内部各阶级的一切矛盾，包括封建制度和人民大众之间这个主要矛盾在内，都暂时地降到次要和服从的地位。上面所说的一切，正是在这个大的背景下出现的历史现象。当时的一份报纸在一篇文章中描述那个时候的社会思想状况，说："夫中国外交之起，出于不得已而成互市，其间丧师辱国，赔款割地，盖几乎无约不损，无战不败。故其时通国臣民上下，以复仇为雪耻，以积愤思报怨，以下令逐客为最快人意，以闭关绝市为复见太平。其处势应变，虽曰非宜，其抗志负气，殆非无取。"① 正是这样一种思想状况，造成了社会舆论上对义和团的巨大同情。在义和团运动的当时及稍后的一段时期内，一些著作中曾流行这样一种观点：义和团运动完全是由载漪、刚毅等"二三愚妄大臣"为了实行皇位的废立而一手煽动起来的，封建统治阶级中对于义和团的不同态度，只不过是统治集团之间争权夺利的一种反映。这种观点完全是把事实真相颠倒了。不错，载漪、刚毅等出于自己一派小集团的政治私利，别有用心地对义和团表示支持，加以利用；他们的"支持"和利用对于义和团的活动确实也起了相当的影响。不估计到这一点，当然是不对的。但夸大这一点，把它看作全部事情的出发点和关键，却是更加错误的。如果没有上面所说的在封建统治阶级中广泛存在的那一场争论，载漪、刚毅等就没有施展他们欺骗、利用伎俩的客观基础；即使想搞欺骗、利用，也将很难产生什么实际的影响。不是载漪、刚毅等制造了这一场争论，而是这一场

① 《论近日致祸之由》，载《中外日报》，1900－06－09，收入《中国近代史资料丛刊·义和团》第四册，第182页。

争论所造成的政治形势为他们提供了一定的活动条件。

还应该说明一点，就是不能简单地以对待义和团的态度作为判断当时某个政治派别和政治人物是非曲直的唯一标准。不能认为，凡是支持义和团的，都是爱国的、进步的；凡是反对并主张镇压义和团的，都是卖国的、反动的。当然也不能反过来，如中华人民共和国成立前大多数论述和研究义和团运动的著作那样，认为支持义和团的一律都是昏昧顽固之徒，而反对义和团的则统统都是明达有识之士。历史的真实要远远比这个复杂得多。我们可以先举一个小小的例子。直隶布政使，后来曾一度署理直隶总督的觉罗廷雍，是著名的“赞助”义和团的地方大吏，可是当帝国主义侵略军兵临保定时，他亲自率领僚属开城门欢迎，接着又卑贱地跪在侵略军面前乞求宽恕他过去“信团”的“罪过”，最后终于可耻地俯首就戮。直隶提督聂士成是坚决主张镇压义和团的，但当帝国主义军队侵入天津一带时，聂士成英勇地率军转战，最后悲壮地死在抗击外敌的战场上。这两个人，谁是爱国者？显然不能仅仅根据对待义和团的态度来判定，尽管义和团运动本身具有明确无误的爱国性质。事实上，在表示支持义和团的封建官僚和士绅中间，很多人固然是发自爱国忧时之心，但也确实有些人如载漪、刚毅之流，“非真为土地日削，权力日失，发动公愤之心，起而与之一抗也；欲一挫强敌，免为挟制干预，得成其大欲耳”①。也有像王培佑那样因此而钻营到顺天府尹官位的“贪利无耻希荣干进者流”②，还有赵舒翘、裕禄等因“功名念重”“慑于端、刚之言”而见风使舵的人物。同样，在反对义

① 《中国近代史资料丛刊·义和团》第四册，第208页。

② 《赵声伯庚子纪事长札》，载《中和》月刊，第2卷第1期。

和团的人们中，不可否认有一部分是由于在半殖民地半封建的政权中，与帝国主义有着更多一些的联系和勾结，如一个材料所说的：“有通洋情而受贿者，有仗洋势而升官者，有借洋务而致富者，有隶名教堂而甘心从逆者，有资财寄顿于洋行、子弟游历于各国、直与洋人相依为命者。”① 但确也有一些人，比较冷静地估计到当时的客观斗争形势，他们之反对义和团只是出于认为义和团的斗争方式并不足以挽救民族的危亡，反而可能会给国家招来大祸，其中如许景澄、袁昶等，为了这种政治信念甚至不惜牺牲自己的生命②，对他们显然也不能简单否定。如果超出封建地主阶级这个范围，那么，问题就更明显了。当时的资产阶级革命派和资产阶级维新派，也都是反对义和团的。尽管他们由于阶级的局限，对义和团和帝国主义在不少方面存在着错误的认识，但却并不能因此而改变或抹杀他们的革命性或历史进步性。在这个问题上，必须做具体的历史的分析。

剿或抚——不剿不抚、半剿半抚和只剿不抚

封建统治阶级内部的广泛争论，必然要对清朝中央政权的政策产生重大的影响。

作为清廷最高决策者的慈禧，在逃亡途中，曾经详细叙述她

---

① 《御史徐道焜折》，见《义和团档案史料》上册，第255页。

② 从许景澄、袁昶的几个著名奏折中可以看出，他们对自己可能被杀，是有思想准备的。参见《中国近代史资料丛刊·义和团》第四册，《袁昶奏稿》。

对于义和团所采取的方针的前后经过。[①] 这段话，虽不无辩解和虚饰的成分，但大体反映了她在义和团运动中左右支绌、前后矛盾和表里不一的处境、心情、手法。如果我们联系慈禧的这个自白，再认真地看一看当时清政府处理义和团问题的上谕、朱批之类的正式文件，那就会发现，这些文件颇有点儿特别之处。首先，文件的用语常常是模棱两可、捉摸不定的，如光绪二十五年十一月二十七日（1899 年 12 月 29 日）的一个上谕说“拳民聚众滋事，万无宽纵酿祸之理”，紧接着则又说“不可一意剿击，致令铤而走险，激成大祸”[②]。涞水事件后，裕禄向清廷报告了情况，并提出要“添调营队”“予以惩罚”的主张。两天以后得旨，对裕禄的请示完全避而不答，只是说：“此事各处情形不同，迁就适足养奸，操切亦恐滋变。该督务当严饬派出文武，相机操纵，勿稍大意，是为至要。”[③] 这样的指示，往往弄得地方官摸不着头脑，不知如何执行是好。其次，是方针的变化多端、反复无常。正如当时有人评论的：“朝廷办义和拳诏书，前后反复，不类一人一时所为。”[④] 仅就对义和团的称呼来说，上谕中一会儿称“乱民”，一会儿称“拳民”“团民”，一会儿称“义民”，一会儿又变成了“拳匪”。不但如此，甚至还有今天的谕旨这样讲，过了一两天，又一个谕旨完全加以推翻；公开的文件一种说法，私下的“密旨”又是另一种说法。有人说，这个时期“政令最

---

① 参见吴永：《庚子西狩丛谈》卷四，见《中国近代史资料丛刊·义和团》第三册，第 436－438 页。由于这段话篇幅较长，又是常被人们所引用的，故此处从略了。

② 《中国近代史资料丛刊·义和团》第四册，第 9 页。

③ 《义和团运动史料丛编》第二辑，第 26 页。

④ 胡思敬：《驴背集》，见《中国近代史资料丛刊·义和团》第二册，第 520 页。

乱，或剿或否，毫无宗旨”[①]。最后，有的时候，谕旨失去了约束力，有些官吏并不完全按照谕旨所说的去办理。有一个材料这样说：“谨案五月以来，有禁团民滋扰禁城谕旨七道，严饬步军统领、顺天府、五城御史及派出之统兵大员，缉拿首要，解散胁从，撤坛拆棚，至矣尽矣。乃禁者禁而为者为……虽明诏煌煌，不特团民蔑视无关，即地方官吏亦视若弁髦，是则诏谕直等于官样文章耳。”[②] 当各县令去向顺天府尹王培佑“请示机宜”，询问应如何执行“拿办”义和团的上谕时，王培佑竟公开答复说，“汝等奉行故事，即属尽职”，就是说只要敷衍一下就可以了，根本不必认真执行，“否则定遭参办”[③]。也有另外一种情况：当朝廷称义和团为“义民”而大加奖励时，有些地方官照样在那里对义和团肆行剿杀。总之，在这一个短时期内，清政府的各级官吏在对待义和团的问题上颇有点各行其是的味道了。

这种种情形，表明了这样一个事实：封建统治阶级内部在对待义和团问题上存在着严重分歧，以致清政府在政策上出现了某种程度的含糊、混乱和不统一的状况。

但绝不是说，清朝中央政权对于义和团的政策，完全失去了任何一点的确定性，已经没有某种固定的原则和总的倾向了。事实上，在一些混乱和矛盾的表面现象背后，仍然可以清楚地看出清政府在各个不同阶段对于义和团的基本方针来。

作为正式的官方政策，清政府对于义和团运动的态度大体经历了以下三个阶段：从义和团运动发生到光绪二十六年（1900）

---

① 《庚子记事》，第 222 页。

② 杨典诰：《庚子大事记》，见《义和团运动史料丛编》第一辑，第 13 页。

③ 佐原笃介等：《拳事杂记》，见《中国近代史资料丛刊·义和团》第一册，第 260 页。

四月底义和团占据涿州，是第一阶段。这个阶段，清政府的基本政策是“防范查禁”，也就是限制和禁止。从同年五月初刚毅及赵舒翘察看、“晓谕”义和团返京到七月下旬八国联军侵占北京，是第二阶段。这个阶段，清政府的基本政策是对义和团进行控制和利用。从七月下旬慈禧一行逃亡以后，进入第三阶段。这个阶段清政府的基本政策是对义和团进行剿杀。

中华人民共和国成立以后研究义和团运动的文章和著作，一般都把清政府对于义和团运动的态度，说成是“一开始”就进行血腥的镇压和残酷的屠杀，也就是自始就采取“剿”的方针。只是由于义和团的力量愈来愈强大，清政府剿不胜剿，才不得已“改剿为抚”。我们认为，这并不符合历史实际。恰恰相反，在第一阶段，清廷在责令各地方官对义和团“防范查禁”的同时，曾三番五次地禁止对团民随意“剿击”。限制和禁止，这当然也是一种镇压，但只是一种有限度的镇压，它同大规模的血腥屠杀即“剿”的方针是有很大的不同的。

从有关上谕来看，清廷在第一阶段中对于义和团的方针，大致包括在以下三句话中间：一是“调和民教”；二是遇有拳教斗争，要“持平办理”；三是力争“化大为小，化有为无”。这是义和团刚刚起来时，清朝政府力图以拳教双方的调停人的面目出现，在拳民和教民之间搞平衡，避免事态扩大所采取的方针。但是，义和团很快地发展起来，到处组织拳会，并纷纷展开了斗争，于是，清政府提出了“止论其匪不匪，不必问其会不会”的原则，就是一方面承认立会练拳的合法性，一方面则限制义和团的斗争，如果超越了封建统治秩序所许可的范围，就加以“匪”的罪名进行适当惩办。然而，事情并不按照封建统治者的愿望发展，义和团不仅没有被限制住，其斗争规模反而越来越扩大了。清朝政府只得下了禁止练拳设厂的命令，对于参加义和团的人，方针是“严拿首要，解散胁从”，就是惩办个别为首的领导人物，而对其余的人则勒令解散。

对于清廷的这样一种方针，封建统治阶级中一部分坚决反对义和团的人是很不满意的，他们纷纷批评这种方针是“剿抚不定”，“剿抚无定见”，“既不剿，又不抚，依违持两可”。直隶安平知县何子宽在批评朝廷“严拿首要，解散胁从”的方针时说：“查义和拳设厂，凡属入伙演习者，皆系甘心乐从，并非由于逼胁。而首要以伙从为羽翼，若不翦其羽翼，何能得其首要?”“窃拟欲拿首要，必须用兵，合力兜捕，先不问其为首为从，但能畏罪逃避，即毋庸穷追；倘敢在场拒捕，概予格杀勿论。如是，首要易于就擒，从犯亦不解而自解。”① 从反对者的批评意见中也可以证明，朝廷这个时期并不是采取什么“剿”的方针。如果一定要用“剿”或“抚”来概括清政府这一阶段对待义和团的政策，那么，批评者们所说的“既不剿，又不抚”，倒是勉强接近当时的实际情况。

在义和团运动的当时和稍后时期，曾经有很多人指出：如果清政府一开始就采取“剿”的方针，义和团是很容易“荡平”而不至于发展到后来那样的规模的。这个说法并非毫无道理。但是，到了第二阶段，情况就不同了。如果说第一阶段清廷是能剿而不剿，到第二阶段则是欲剿而不能了。

由于在错综复杂的条件下义和团得到了空前迅速的发展，也

---

① 何子宽：《义和拳民陈锅元等讯供保释案》，见《义和团运动史料丛编》第一辑，第253页。

由于载漪、刚毅等一派在宫廷斗争中占了上风，于是就出现了这样一种政治局势——按照慈禧的形容，就是“那时他们（按：指义和团）势头也大了，人数也多了，宫内宫外，纷纷扰扰，满眼看去，都是一起儿头上包着红布，进的进，出的出，也认不定谁是匪，谁不是匪，一些也没有考究”，“因此更不敢轻说剿办”①。按照上谕的说法，叫作“既有法不及众之忧，浸成尾大不掉之势”②，“剿之，则即刻祸起肘腋，生灵涂炭，只可因而用之，徐图挽救”③。而按照巴德兰的叙述，则是“（义和团）滋闹既久，聚集愈众，国家虽欲弹压，一时亦难措手矣”④。清政府对于义和团实行控制和利用的政策，就是在这种背景下被迫确定下来的。

人们通常把清政府这个阶段的政策称作“抚”的方针，或者叫作“全面招抚”的方针，这自然不能算错，但却是很不确切的。因为“抚”之一字，并不能包括这样一个重要事实：在清政府正式褒称义和团为“义民”、屡次“传旨嘉奖”并赏赐银米，甚至下令各省督抚要对之“招集成团，借御外侮”的同时，清朝统治阶级中的许多人，包括某些所谓“支持”义和团的封建官僚在内，几乎是不约而同地在那里设法并实行着借刀杀人的阴谋，即借助帝国主义的武装，消灭义和团的有生力量。

清廷在发布所谓“宣战”上谕以后的第四天和第五天，就先后向各省督抚解释过“朝廷万不得已之苦衷”⑤；八天以后，就

① 吴永：《庚子西狩丛谈》，见《中国近代史资料丛刊·义和团》第三册，第436页。

② 《义和团档案史料》下册，第946页。

③ 《义和团档案史料》上册，第187页。

④ 《中国会党论》，见《中国近代史资料丛刊·义和团》第四册，第242页。

⑤ 《义和团档案史料》上册，第187页。

向各帝国主义国家表示“此种乱民，设法相机自行惩办”[1]，这已是众所周知的了。但是，公开的“惩办”毕竟条件还不成熟，于是，封建统治者便采取了将手执刀矛棍棒等原始武器的义和团驱赶到前线，与使用洋枪洋炮等新式武器的侵略军队硬拼的阴谋手段，以图削弱和消灭义和团。

袁昶曾经这样说：“现禁城有拳团三万余人，来者穰穰不止，日久必生变，既不能部勒使受约束，不如导使随（甘军马玉崑）往津御洋兵，少两得之。”[2]

所谓“两得之”，是指一方面可以借团民之力抵挡一阵洋兵，阻止或者延缓帝国主义向京师进军；另一方面又可以把大批义和团群众引出京外，减轻朝廷的危险和压力，借帝国主义军队之手削弱和打击义和团的力量。对于封建统治者来说，这真是“一石双鸟”的好主意。

前面说过，袁昶是坚决反义和团的。可是，说来奇怪，曾被慈禧形容为相信义和团迹类癫狂并且受命“会办义和团事宜”的载澜，却居然与袁昶不谋而合，并且把袁昶的主张积极地付诸实施了。《高枬日记》七月初八载：“又闻澜公昨日饯团，誉其忠义；饬往前敌，而断不可回；如一回，则以军法从事。”[3]

曾经为义和团问题争斗得你死我活的两位著名人物，在这个问题上，难道不是异曲而同工吗？

封建统治阶级的这种阴谋，在当时几乎成了公开的秘密。《石涛山人见闻志》有这样两段记载：

---

① 《义和团档案史料》上册，第202页。

② 《乱中日记残稿》，见《中国近代史资料丛刊·义和团》第一册，第341页。

③ 《庚子记事》，第163页。

七月初六日，天气仍热。外间言，天津各团众闭枪炮者，说只说，听只听。马玉崑指挥各团前敌打仗，有进无退。中间武卫军，前团进有敌枪所伤，稍退，勇两旁一分，大炮开矣，各团众皆赴鬼门关闭枪炮去者！大内各邸堂与各堂密语，京东及天津一炮可打四千余人，因地旷得手；西什库则不能者，地窄也。看此光景，里外皆夹打团匪，此半抚半剿之道露出。京城各门有令，准出不准入，实情不虚。由京调出者无日无之，皆以夸讲为奖励之辞；出京师即刺杀之。天津教民不必言，官军一见，亦杀拳匪；各将官见而杀之。

闻各路兵及庄王、荣相、董军门、各统兵大臣，皆设密法收抚团众。有不受抚者，均遣至各处攻打前敌，少有退缩，迎以大炮，一炮休矣，升天矣。实露半抚半剿之法。①

这位石涛山人虽然在叙述中多少带着某些赞许的意味，却不自觉地把这个时期封建统治者的阴谋揭露得淋漓尽致。对于这种办法，他想出了个“半抚半剿”的名词，意思无非是说，清政府在表面“招抚”的名义下，暗地里还干着某种剿灭义和团的勾当。这种“剿”自然不是公开的剿，但所谓“抚”却也并非完全的抚。这个说法倒颇有点值得人玩味的地方。

到了第三阶段，形势的发展已经再也不需要这种遮遮掩掩的“半抚半剿”法，于是，清政府便公开发布谕旨，宣称“此次衅端，实由拳民肇祸”，因此要“责成带兵官实力剿办，以清乱源”了。从此，清政府对于义和团的政策，便变成了地地道道的“只

① 《石涛山人见闻志》，见《义和团运动史料丛编》第一辑，第96-97页。

剿不抚”。

组织控制和思想渗透

封建地主阶级一方面通过封建政权的统治政策，另一方面通过本阶级成员直接加入义和团组织，给予以农民为主体的义和团运动巨大的影响。

义和团运动时期，特别是在上面所说的第二阶段，不少封建官僚和士绅，抱着各式各样不同的动机和目的，纷纷加入义和团组织中去。地主阶级分子的广泛参加，无疑大大地壮大了义和团的声势，同时，也不可避免地将这个阶级的意识、心理、作风等渗入了义和团组织。尤其是，由于他们的社会地位和活动能力等原因，地主分子往往较易掌握团坛的领导权，他们的影响就更加不容低估了。吴永在《庚子西狩丛谈》中曾这样说：“各团领袖，皆称大师兄。……大师兄躬代神位，口含天宪，因此声势赫耀，可以颐指而气使，凡隶该团本域住民，无论富贵贫贱，生死祸福，举出于其一言之下。此职率由地方豪猾充任，其威力直远出郡县长官之上。”① 相当一部分义和团组织被控制在那些“地方豪猾”手中，这是义和团运动受到封建主义严重影响的一个重要原因。

封建地主阶级并不只是自发地在组织上去控制义和团。在很大程度上，这种组织控制往往是统治阶级有意识、有计划地进行的。《榆关纪事》中曾讲到这样一件事情：当关于将拳民“招集

① 《中国近代史资料丛刊·义和团》第三册，第373页。

成团”的上谕传到山海关之后，临榆县知县俞良臣立即执行上级指示，“将拳民编成乡团，择立团首，约束拳众”。并宣布：“至统率各团，即以该团大师兄立为团首；尤宜选择有功名身家公正素著绅董，作为团总；以团总管团事，约束团民。遇有事件，州县传谕团总，团总传知团首，务使遵奉教令，不得抗违。如此层层钤束，庶无尾大不掉之患。”显然是俞良臣做得太过分了，广大义和团群众一下子就看出这样“严加约束”的结果是义和团将完全被捏在统治阶级的手心里，不仅丧失了任何自主活动的权利和可能，而且还是“预为日后就办张本”，于是，团众“遂各自分散，虽大师兄百计羁縻，而赴坛者日少，各坛遂不禁自散”①。这个典型例子，相当生动而明白地说明了封建统治阶级的用心所在。而这种情形，几乎是在各地都可以见到的。

封建统治阶级在政治上给予义和团的影响，一个突出的方面，就是大肆煽动排外主义。本来，对于农民来说，一方面，他们对帝国主义还处于感性认识的阶段；另一方面，他们的经济地位决定了他们除具有巨大的革命性之外，还有着保守、落后的一面，因此，排外的思想在他们身上原先就是存在的。而封建统治阶级特别是那些顽固派官僚，更把这种排外推进到狂热的程度。许多官僚曾上书建议，对教民要“按户搜杀，以绝乱源”②。朝廷也“竟有奖励各省拳民焚毁教堂之诏令”③。庄王载勋不仅曾

---

① 《义和团运动史料丛编》第一辑，第166-167页。

② 李希圣：《庚子国变记》，见《中国近代史资料丛刊·义和团》第一册，第15页。

③ 吴永：《庚子西狩丛谈》，见《中国近代史资料丛刊·义和团》第三册，第375页。

“以步军统领下令，能捕斩一夷人者，赏五十金，生致者倍之，妇女婴儿以差次受赏”①，而且亲自指挥，一次就“于庄王府外杀害教民数百名”②。毓贤在太原“带领兵勇”，“亲自兜拿”，一次就“将洋人大小男女四十四名口”及教民十七人杀害，此事竟受到朝廷的表扬。③ 所有这些，对于义和团显然起着一种鼓励和示范的作用。义和团的排外行为，越是在直隶一带特别是京津地区，表现得越严重、越突出，这绝不是偶然的。难怪当时的报纸上对于清政府有这样的评论：“忽闻助清美名，灭洋快事，满朝心醉，举国皆狂，则斯时非惟纵之，且或煽之。故以拆铁路，毁电杆，烧学堂，焚译署，杀教民，攻使馆，事事合政府宗旨，即事事为政府主使，盖亦可知。”④ 应该说，这个评论大体是正确的。

封建地主阶级大量加入义和团，对义和团的纪律也产生了消极的影响。总体说来，义和团的纪律还是比较好的。当时的舆论，不仅同情和赞助义和团的人常常称赞义和团“持戒甚严”“秋毫无犯”，就是反对义和团的人中，也颇有人承认义和团并不“搅扰百姓”，“普通安分的人民并没受到任何损害”。但是，那些士绅富豪所立的团坛，则往往破坏纪律，胡作非为。《庚子记事》中有这样的记载：“看其连日由各处所来团民不下数万，多似乡愚务农之人，既无为首之人调遣，又无锋利器械；且是自备资

① 李希圣：《庚子国变记》，见《中国近代史资料丛刊·义和团》第一册，第37页。

② 《景善日记》，见《中国近代史资料丛刊·义和团》第一册，第74页。

③ 参见《山西省庚子年教难前后记事》，见《中国近代史资料丛刊·义和团》第一册，第501页。

④ 《原乱》二，载《中外日报》，1900-12-08，收入《中国近代史资料丛刊·义和团》第四册，第228页。

斧，所食不过小米饭、玉米面而已。既不图名，又不为利，奋不顾身，置性命于战场，不约而同，万众一心。”“各乡村团民，尚多粗食布衣。京城内新设各坛团民，虽亦蒙头裹腿，打扮相同，而衣履旗帜皆多绸绉。人人洋洋得意，夸富争荣。”作者评论说，“近观各州县之义和团民，粗食布衣，尚有朴实耐劳之气象”，而那些京城新立之团则到处“借端勒索”，“勒财之法愈奇”[①]。作者仲芳氏对义和团既不完全信从，也不坚决反对，他对于义和团的纪律，采取了比较客观的分析的态度。这个材料极有说服力地表明了地主富豪的加入怎样败坏了义和团的纪律。

当然，封建统治阶级对于义和团运动的影响，并不止这些。这里我们只是把最主要的几点略加论述而已。

封建统治阶级之所以能够在义和团身上施展其影响，根本原因还要从作为义和团主体的农民这个阶级自身的分析中得到说明。外因总是要通过内因才能起作用。组织极其涣散、迷信思想严重的义和团，在封建统治阶级错综微妙的统治政策面前，缺乏正确处理和对待的能力；对于封建统治阶级通过各种渠道、各种形式的渗透，也没有抗拒、抵制的觉悟和办法。在一些问题上，他们曾勇敢而坚决地冲击了封建统治秩序，但在另一些问题上，他们又软弱而天真地接受了封建统治阶级的欺骗和愚弄。对义和团运动的最后失败，这不能不说是一个重要的原因。

在历史研究中，人们常常更多地注意对于革命方面的分析和总结，而比较容易忽略对于反动方面的了解和考察。明于知己而昧于知彼，这样一个不足之处，在对于义和团运动史的研究中，应该说也是有所反映的。但是，社会历史本来就是各个阶级、各

① 《庚子记事》，第 25 页。

种政治力量之间相互联系、相互制约、相互斗争、相互依存着的矛盾统一体，不对矛盾的各个方面进行具体的分析，也就不可能真正了解历史事件的全貌。在义和团运动的历史上，封建地主阶级的活动、清政府的统治政策，当然还有帝国主义方面的各种行动，都不能不对义和团产生巨大而深刻的影响。同时，在反动势力的措施和对策中，也可以曲折地间接反射出革命力量方面的某些面貌的轮廓来。我们的文章远远没有完成从封建统治阶级这一方来分析义和团的任务，我们只是希望能够进一步引起大家的重视而已。

辛亥革命与会党*

一

五十年前发生的辛亥革命是一次全国规模的资产阶级民主革命运动。这次革命取得了巨大的成果。但是，由于领导这个革命运动的民族资产阶级及其政党本身的软弱，它们不能正确地对待和处理有关革命的根本问题，革命终于失败。

任何革命必须依靠一定的社会力量。依靠什么社会力量，如何动员、团结、组织这种力量，就是许多革命根本问题中的一个。

辛亥革命时期最活跃的三支力量是所谓“学界”（资产阶级、小资产阶级知识分子）、“军界”（新军和巡防）、会党。当时最通行的革命组织工作，“其方法不外借会党之声气，以鼓舞军、学

---

* 载《教学与研究》，1961（4）。

界，复以军、学界之名义，歆动会党"[①]，而以资产阶级革命派为“鼓舞”“歆动”这些力量的“原动力”。这表明：辛亥革命的领导者即资产阶级革命派，已经接触到了如何建立、掌握一支革命武装以及如何寻找、团结同盟者这两个基本问题。他们企图通过运动新军以掌握一支武装，又企图通过联络与劳动群众有密切联系的秘密组织——会党来团结同盟者，壮大革命力量。但软弱的资产阶级革命派毕竟没能真正地、彻底地解决这两个问题。他们只是运动新军而不是严格地按革命要求去组织建立一支崭新的、自己的武装队伍，他们只是联络会党而不是艰苦地放手发动广大的工农群众。

二

在以反帝反封建为基本内容的整个旧民主主义革命时期，会党一直是一支十分活跃的社会力量，在辛亥革命这一特定历史舞台上，会党也始终扮演着一个重要的角色，并不是什么偶然因素把会党推上历史舞台的。会党是阶级斗争的产物，而当它既经产生之后，也就当然地成为阶级斗争的工具。

会党的最早组织是天地会，根据现存的天地会文件和与会党有过直接接触的人们所说，天地会成立于清代初年（具体的说法是康熙十三年，即 1674 年），其宗旨为“反清复明”。孙中山对会党的产生做过描述，他说：在康熙以前的一连串反清斗争迭告

① 《中国近代史资料丛刊·辛亥革命》第三册，第 62 页。

失败之后，“二三遗老，见大势已去，无可挽回，乃欲以民族主义之根苗流传后代，故以反清复明之宗旨，结为团体，以待后起者可借为资助也”[①]。把以后发展得如此广泛的会党之产生归于二三有心人的安排，这自然是不符合事实的。但是，他却说明了会党本来不过是站在汉族立场上反对所谓“异族压迫”的秘密团体，既然民族压迫的实质不过是阶级压迫的变形，则民族斗争最终必会转化或还原为阶级斗争。所以，当清朝封建政权的统治渐趋稳定与巩固后，所谓“反清”也就具有了反对现存封建政权的内容，待到天地会正式发动第一次大规模武装起义，即乾隆五十一年（1786）的台湾林爽文起义时，我们看到，其斗争内容基本上已是一种反封建斗争了。当地的人们，在数十年间，因求“免地方官暴政”而纷纷参加到天地会中去[②]，终因这种暴政之无法避免而不得不拿起了武器。在这以后，直至太平天国革命爆发之前，天地会继续不断地发动着反封建的武装起义，著名的如 1841 年湖北崇阳县钟人杰起义，1843 年湖南曾如炷起义，1845 年广西邓立奇、钟敏和等起义，1847 年湖南雷再浩起义，1852 年广西天地会起义，等等，无一不是劳动人民——首先是农民群众的反封建斗争。在农民反封建革命高潮时期，会党的活动也就更加活跃起来。例如，在太平天国起义前，由于封建统治者的镇压，浙江地区会党曾一度显得沉寂，但当太平军入浙后，“会党之势力乃又炽”[③]。不仅浙江一地如此，在整个中国南半部，会党与太平军的联合或没有直接联合的配合作战，共同造成了高涨的革

① 《建国方略》。

② 参见《中国秘密社会史》，第 22 页。

③ 《浙案纪略》。

命声势。关于这，只须举出广西的大成国起义和上海福建的小刀会起义就够了。

属于天地会系统的其他一些会党组织，以及不属于天地会系统的若干较小规模的会党组织，它们之作为反封建的阶级斗争的工具这一特性，也是显而易见的。在太平天国革命失败后，这些会党组织继续不断地进行反封建斗争。它们有的反清吏催课，有的与土豪械斗，或与官吏冲突，或谋起兵“独立”。陶成章说，浙江地区“自太平天国兵兴后，迄今四十余年，会党之起义者，不下数十次，盖几于无岁无之”[①]，就很概括地说明了这一点。又如陕西省，到清代末叶，“政以贿成，剥削民脂，扣减军饷，军民怨愤已久，投身会党者日众，哥老会之势力，及于全陕”[②]。这个材料也说明了会党势力正是在阶级矛盾尖锐的基础上得到发展的。

随着外国侵略者侵入中国，中国人民开始了反侵略斗争之后，在会党的斗争中也就加进了反抗侵略的内容。例如，天地会支派之一的哥老会，其宗旨本来“亦不过反清复明而已。自耶教传播……遂生嫌恶洋人之情，化为激烈之排外党”[③]。《梁任公先生年谱长编初稿》中比较具体地讲到这种情形，说：“按长江一带，自蜀至苏数千里，其中只哥老会一种，已不下数十万人，会名不一，山名不一，每会有一票，票……下方其宗旨下，或八字或四字或两字，语句多不通，有曰灭洋者，有曰杀尽洋鬼者，其宗旨实则排外，与义和团相等。”[④] 哥老会的这种斗争宗旨的变

---

① 《浙案纪略》。

② 郭孝成：《陕西光复记》。

③ 《中国秘密社会史》，第76页。

④ 《梁任公先生年谱长编初稿》第二册，第227页。

化正反映了时代的变化、社会矛盾的变化。此外，一些带有地方性的小会党，也有着明显的反抗外国侵略的倾向，像浙江的伏虎会，“立会招贤，以排外为宗旨，于庚子、辛丑之际，屡闹教案”[①]。白布会也曾“假反抗教名义起兵”[②]。江西之洪莲会“借仇教为名，希图起事”[③]。有的会名干脆就叫“平洋党”。其他如“乌带党、金钱党、祖宗教、百子会、白旗会、红旗会、黑旗会、八旗会等，皆以仇洋为主义，以愤耶教之跋扈故也”[④]。这里所引的记载全都出自中外资产阶级之手，他们笔下的“排外”“仇洋”“仇教”之类，实际上具有反抗侵略的内容，这一点当然是不必再加证明的了。到了从 1890 年开始的四川余栋臣起义时，会党的反侵略斗争便进一步发展为规模巨大的武装斗争。这次起义主要由哥老会组织，斗争一直坚持了好几年，影响极大。无怪乎作为封建地主阶级政治代表、帝国主义忠实走狗的清政府要三令五申地禁止会党的活动！无怪乎清政府对会党抱着如此深刻的仇恨与恐惧！

但是，我们说会党有着反帝反封建的一定的历史传统，它是人民群众手里用以进行斗争的一种工具，这还只是说了问题的一个方面，还应该指出问题的另一方面：它是一种落后的并不犀利的工具，在某些场合下，它的斗争方向是模糊的、不鲜明的。

有一些小会党是由某些地主分子为了报个人私仇而组织起来的，像浙江的“平阳党”，就是由“清季文生”竺绍康，“因与本地土豪蔡老虎有杀父仇，特组织此会以谋报复”而发展成拥有数

① 《浙案纪略》。

② 冯自由：《革命逸史》。

③ 《东方杂志》丙午六月，第七期。

④ 《中国秘密社会史》，第 80 页。

万党徒的大团体的。[①] 又像浙江“黄某因受人欺凌，特（按：疑为‘持’字）其资劝（王）金宝倡建一会，以图报复”[②]。在这种情形下组织起来的会党，它之得以发展尽管终究有客观社会矛盾作为基础，尽管在以后阶级斗争的洗练中会逐渐改变性质，但无论如何，这毕竟是阶级性和斗争方向不鲜明的一种表现。

在通常的情况下，这个会党和那个会党，某一会党的这一部分和那一部分，不仅在斗争中“不相联络”，反而常常产生“彼此相仇”的现象[③]，甚至彼此“常又有械斗之举”[④]。举个具体的例子，四川“永宁会党分两大派：曰成会，曰义会。两派水火不容，常纠合数百人至千人械斗，俗呼斗龙。各奉天主、福音两教作护身符，泸街、大坝……一带为最甚，各持械赶场，逢着便打”[⑤]。这个资料说明，此地区的会党不仅互相械斗，而且双方各与帝国主义侵略势力纠缠在一起，敌我观念是很不分明的。但这种现象却并不只是个别的。

我们还时常看到，会党中有些人有时甚至干出抢劫掳掠的勾当。《警世钟》说，哥老会、三合会中，不少人“不过图奸淫掳掠四字”。《苏报·客民篇》说，哥老会“其会中人屡屡肇事……阴实济其抢劫之计”[⑥]。贵州革命团体“自治学社”的主要成员周培艺等作《贵州血泪通告书》谓：“满清时之哥老会发源于郑成功，其初皆优秀人物，为日既久，面目渐失，烧杀抢掳之事，

① 参见《浙案纪略》及《革命逸史》。

② 《浙案纪略》。

③ 参见陈天华：《猛回头》。

④ 陶成章：《教会源流考》。

⑤ 《辛亥革命四川回忆录》，载《近代史资料》，1958（2）。

⑥ 《苏报》，1903-05-08。

半出于此辈之中。"[①]《教会源流考》的作者评论会党说："会党之弊，结联团体，大者流而为铁算，小者流而为鼠窃，或且为流丐，要以皆狗盗而已。"[②] 这些评论并不是完全出于资产阶级的偏见，而是有确切的事实依据的，而这一切当然与鲜明的阶级性和斗争方向距离很远。

这里所列举的还远不是会党弱点和落后性的全部。但仅凭这一些就已能使会党的政治性掩盖在厚厚的尘污下了。所以，资产阶级革命家们异口同声地说，会党"政治之意味殆全失矣"，甚至"反清复明之口语，亦多有不知其义者"[③]。这种说法不是没有原因的。那么，产生这些弱点的原因何在呢？我认为，首先，会党的成员是复杂的，但其基本群众是贫苦农民和手工业工人。这些人作为被剥削被压迫者，有着十分强烈的革命性，但作为小生产者，却又有着盲动、散漫、缺少政治远见、纪律松弛等落后性。斯大林同志指出，个别农民起义队伍甚至"带有'强盗性'和无组织性"[④]。这些落后方面，在农民和封建统治阶级进行你死我活的阶级搏斗之时，在残酷的战斗面前，比较易于克服或者暂时隐藏不发。但是会党这种组织，不仅存在于阶级斗争高涨之时，而且在阶级斗争低潮时，它也仍然是团聚劳动人民革命力量的一个纽带。在漫长的"和平时期"，小生产者的落后性便不免暴露得更加充分，更加突出。其次，在会党中出头露面的具有较大影响的人物，有不少是流荡江湖的游民无产者，另外也还有不少的地主。这两部分人与一般的小生产者有所不同。前者与小生

① 《云南贵州辛亥革命资料》，第 205 页。

② 《中国近代史资料丛刊·辛亥革命》第三册，第 106 页。

③ 《中国近代史资料丛刊·辛亥革命》第一册，第 6 页。

④ 《斯大林全集》，第 13 卷。

产者的劳动大众相比，一方面，他们固然有更为强烈的反抗性，另一方面却也有更为强烈的盲目性和破坏性，而后者的参加，他们的阶级意识当然会给予会党这一组织强烈的影响。前面所提到的会党的那些落后方面，显然更多地是这两部分人的政治反映。

总之，一方面，会党是阶级斗争的工具，但它的阶级性又常常是模糊的；另一方面，它有着反帝反封建的历史传统，但它的矛头又常常不能对准真正的敌人：这就是会党的历史面貌。

三

对于这样一支社会力量，正确的态度显然应该是：发动它，团结它，同时又教育它，改造它。发扬它反帝反封建的历史传统，克服它的组织散漫、纪律败坏的弱点。资产阶级革命派是否这样做了呢？——没有，也不可能。

本来会党对于资产阶级革命派的联络表示了热烈响应的态度。孙中山说，他开始革命时，“其闻革命排满之言而不以为怪者，只有会党中人耳”①。资产阶级革命派和会党结合的基础，就正是上一节中所说的：作为阶级斗争的产物和工具的会党，有着反帝反封建的历史传统，资产阶级革命派因为这一点而重视对会党的“联络”，会党因为这一点而可能较快较易地与资产阶级革命派结合起来。

那么，在资产阶级革命派与会党的结合中，还存在着一些什么样的问题呢？

---

① 《中国近代史资料丛刊·辛亥革命》第一册，第7页。

从资产阶级革命派这一方面来说，他们中间对于联络会党的必要性的认识，对于会党在革命中可能起的作用的认识，是很不一致的。大致说来，有如下三种看法：第一种认为会党和他们没有什么区别，所谓“洪门宗旨，不外反清，与吾党主义无殊”，故“应联络以厚势力”①。说这段话的是同盟会会员余永兴、陈涌波。同盟会著名领袖之一黄兴也认为，他们与会党是“同一排满宗旨”②。第二种认为会党“脑筋简单”，“知识幼稚”③，故“只能利用”，“而不可恃为本营”④。这种看法可以孙中山为代表，他说：“彼众皆知识薄弱，团体散漫，凭借全无，只能望之为响应，而不能用为原动力也”⑤。第三种看法，以陕西的革命派为典型，他们认为会党“其首领有救民伐暴之宣言，其党员挟乘机劫掠之希望”，而在革命形势已经一触即发之际，“即民军不举，彼等亦必揭竿而起，不如联络利用，输以常识，免致地方糜烂，故亟与会党合谋，早日举义”⑥。就是说，他们之联络会党，只是为了避免会党的破坏作用。湖北的革命党人中也有类似的看法。1904 年春，他们中的很多人集合在武昌，“谈及革命进行方略，众意以会党发难易，成功难；即成而嚣悍难制，不成则徒滋骚扰”⑦。这真是三种截然不同的看法。有趣的是，这三种看法正好反映了资产阶级革命派在领导革命时的三个致命弱点。

第一种看法只看到了会党的积极方面，完全忽略了它还有消

---

① 《中国近代史资料丛刊·辛亥革命》第二册，第 543 页。
② 《中国近代史资料丛刊·辛亥革命》第四册，第 277 页。
③ 张难先：《共进会始末》。
④ 《中国近代史资料丛刊·辛亥革命》第二册，第 237 页。
⑤ 《中国近代史资料丛刊·辛亥革命》第一册，第 7 页。
⑥ 《中国近代史资料丛刊·辛亥革命》第六册，第 41 页。
⑦ 杨玉如：《辛亥革命先著记》，第 11 页。

极的一面，而且也不承认资产阶级革命派与会党在“主义”上有什么不同。他们认为，革命党人和会党，同是以“排满”为宗旨。——这已经不是他们对会党的认识不正确，而首先是他们对“革命”的认识不正确。这反映了资产阶级革命派在革命理论和纲领上的思想混乱。一部分激进的革命家提出了包括在同盟会纲领中的民族主义革命理想，而更多的人却只是把“革命”理解或要求为“反满”。辛亥革命的很多研究者都已指出了当时资产阶级革命派在革命纲领上的混乱如何损害了这一次革命，以及这种混乱如何反映了资产阶级革命派的弱点。现在我们看到，这种弱点在对待会党问题上也是能表现出来的。

与第一种看法相反，第三种看法只看到了会党消极的、落后的一面。自然，这一面本来是客观地存在着的。但是资产阶级革命派只把会党看作一种足以“糜烂地方”“徒滋骚扰”的可怕的破坏力量，他们没有设法去引导这种力量，改造这种力量。或者更正确地说，他们没有力量去引导与改造（他们感到会党“嚣悍难制”），因而也就感觉不到有去“引导”与“改造”之必要。他们联络会党，只是为了抵制它。确实，资产阶级革命派自己既然没有一个坚强的组织和彻底的纲领，又如何能期望他们正确领导其他社会力量呢？毛泽东说：“领导的阶级和政党，要实现自己对于被领导的阶级、阶层、政党和人民团体的领导，必须具备两个条件：（甲）率领被领导者（同盟者）向着共同敌人作坚决的斗争，并取得胜利；（乙）对被领导者给以物质福利，至少不损害其利益，同时对被领导者给以政治教育。”[①] 资产阶级革命派既不向会党指明谁是和为什么是“共同敌人”，并引导他们

① 《关于目前党的政策中的几个重要问题》。

“作坚决的斗争”，又不给会党“以政治教育”，他们怎么能够实现自己在革命中的领导呢？

第二种看法在当时的资产阶级革命家中是最普遍、最通行的。这种看法见到了会党和革命派在政治上的差别，也企图进行某些政治工作的努力。如孙中山曾说：“洪会中人，犹以推翻满清，为袭取汉高祖、明太祖、洪天王之故智，而有帝制自为之心，未悉共和真理……望时以民族主义、国民主义，多方指导为宜。”① 但是，他们既然对会党抱着一种鄙视的态度和利用的目的，当然也就不可能对之进行有效的改造。他们对于会党持一种矛盾的心理：一方面，认为会党是鄙陋的、幼稚的、不足以成大事的；另一方面，又觉得只有从会党那里去寻求力量才是最容易、最可靠和最能收速效的。就是说，他们对于会党，既是“貌合神离”，却又不得不“倚为主力”。这种矛盾心理产生的根本原因在于，他们不知道到哪里去寻求真正的力量。软弱的资产阶级即使在青春时期、革命时期也仍然有轻视甚至害怕工农群众的一面。他们既然看不见也不敢依靠人民群众首先是广大农民群众的铜墙铁壁之力，当然也就只能“半心半意”而又“迫不及待”地去“利用”和“运动”会党（还有新军）。

总而言之，他们对会党这支社会势力的异乎寻常的重视，出发点是他们的这样一种自我感觉：他们既感到自己空虚，又觉得自己“强大”。一方面他们缺乏一支足以依靠的真正强大的阶级力量（尽管当时工农群众在迅速革命化），因而急于向会党伸出手去；另一方面，他们却又抱着民粹主义的天真想法，认为只要由他们做“原动力”，会党和新军在他们的“指挥”之下，“聚而

---

① 《中国近代史资料丛刊·辛亥革命》第四册，第284页。

为我用，各尽其能”，奔走用命，则革命胜利就指日而待了。

资产阶级革命派抱着如是种种的态度去“运动”会党，会党又是持什么态度呢？

从会党方面来说，他们倒是比较积极主动地接受了资产阶级革命派的领导的。他们接受资产阶级革命家到自己的组织中去任地位较高的统领（如“龙头”），在武装斗争中他们服膺资产阶级革命派的指挥，纷纷加入各种革命团体，推戴资产阶级革命家做会党和革命团体联合组织的领导（如哥老会、三合会曾派人到香港与兴中会联盟，并推孙中山为“总会长”）。

这一切说明：会党群众这些“人类生活中最不安定”的人，他们对于现存的统治秩序，有一种渴求变革的欲望，有一种渴求反抗的欲望，有一种渴求斗争的欲望。对于这种行将到来的政治变革具有什么性质和意义，他们也许并不十分明确，但是我们仍得说，在辛亥革命前夕，会党活动的日趋活跃，正是广大群众日趋革命化的一个反映。而在这一个时期的阶级斗争舞台上，资产阶级革命派正是生机勃勃的主角，于是，会党便很快地与资产阶级革命派站到一起，进行共同的斗争了。

四

前面我们谈到了，因为辛亥革命的领导者的软弱，他们尽管十分重视对于会党的联合，但是却没能对会党进行积极的引导。群众手里既然没有更加先进的组织作为工具，那么即使像会党这样的旧有的原始形态的组织，当然也绝不会在波及全国政治生活一切方面的大斗争中无所动作。现在，当我们来观察会党在辛亥革命中到底起了什么积极作用的时候，我们会发现，有趣的是，正是资产阶级革命派的软弱这同一理由，使得会党在这次斗争中的积极作用更加突出。

如果要用简单的历史追述来说明会党在辛亥革命中的作用，那么，我们可以说：在革命组织方面，从兴中会直到领导武昌起义的文学社；在武装起义方面，从 1895 年广州起义到 1911 年黄花岗之役；在各省独立的过程中，从武昌起义到四川独立，每一个革命组织、每一次武装起义、每一个省份的独立过程，若完全没有会党力量的参加，几乎是绝无可能的。有一些革命组织（如“共进会”“华兴会”）、有一些武装起义（如萍浏醴起义）、有一些省份的独立（如陕西、贵州），则主要是依靠会党的力量。

显然，会党力量的参加，壮大了革命声势，扩大了革命势力的政治影响。革命声势的造成、政治影响的扩展凭借于革命思想的宣传，同时却也依靠着革命斗争的实践。会党群众纷纷参加到革命团体中去，就使得革命组织迅速发展。在辛亥革命前夕，清政府深以为忧的所谓“伏莽遍地”，有很多正是接受了资产阶级革命派联络的会党势力。会党分子积极地参加了武装斗争，尽管这些武装斗争都因缺乏周密的准备和正确的指导而陷于失败，但却产生了巨大的影响。血的宣传比文字的宣传更加有力。它对人民群众是一种鼓舞和启发，而对反动派则是一种警告和冲击。它造成了“山雨欲来风满楼”的革命形势，促进了革命高潮的到来。

1907 年六月，江苏巡抚陈夔龙致清政府军机处电文中，有如下的一段话，生动地道出了会党在壮大革命声势中的作用：

“长江一带，各帮匪徒本众，孙汶逆党亦多，不独联络勾结，固属滋蔓难图，即使各不相谋，而闻风响应，为患何可胜道。”在同一电文中，又说：“第逆党可忧矣，不与盗匪合，其势尚孤，是锄伏莽急于治逆党也。盗匪可虑矣，不与饥民合，其患犹小，是抚穷黎急于诛盗匪也。”[①] 这里，所谓“逆党”是指革命党，所谓“盗匪”“伏莽”是指会党势力，所谓“饥民”“穷黎”则是指被压迫被剥削的广大劳动人民。反动而狡猾的陈夔龙在这里提出了一个重要问题，那就是资产阶级革命派、会党、劳动群众这三者的关系问题，由于会党在这次革命斗争中的广泛参加，它便成为一种中介，使得资产阶级革命派在一定程度上联系了劳动群众。这正好是会党在辛亥革命中的积极作用的又一表现。

从数量上说，会党的基本群众正是广大的农民和其他贫苦劳动大众。蔡寄鸥说，会党“散则为民，集则成伙，当时之所谓‘会匪’，实际上都是人民”[②]。《浙案纪略》在谈及会党成员服从统领命令的情形时说，“会中兄弟”一闻命，“市者无不即弃筐筥，耕者无不即弃耒耜”，也反映了这一点。当然，除了从量上说绝大部分是劳动大众之外，会党的领袖人物有不少是游民无产者。而游民无产者本身与劳动人民也有着历史的联系（他们不过是失了土地的农民和失了工作机会的手工业工人）。资产阶级革命家把会党叫作“下等社会”的组织，除了说明他们固有的对劳动人民的轻视而外，倒是正确地反映了会党与下层劳动人民的关系。

资产阶级革命派没有在更加广大的范围内对劳动人民进行艰

---

① 《中国近代史资料丛刊·辛亥革命》第三册，第 172-173 页。

② 《鄂州血史》，第 16 页。

苦细致的革命宣传和组织工作。当时的革命家们认为，联络会党本身就已经算是在吸收广大群众参加革命了。而其实，联络会党本身只不过是为接触群众开辟了一条极其窄小的途径而已，它离着真正地发动工农大众还有很远的距离。但是，对于社会基础异常薄弱、面对的敌人又异常强大的资产阶级革命派来说，其意义是十分重大的。

在以会党为主力发动起来的萍浏醴起义中，我们看到反革命方面的惊呼，一则说“此间乡民，兵到即民，兵去即匪，可恨之至”①。再则说“萍醴至宜万一带，到处皆有伏莽，平日倡言无忌，兵到则散为民，兵去又结为匪”②。这两个电文表明，在会党联系下的劳动人民，如何在当时的革命斗争中发挥了巨大的作用，给反动派以沉重的打击。没有这个，辛亥革命要取得如此迅速的发展是不能设想的。

当革命经过了艰苦曲折的酝酿而准备成熟之时，在对封建专制政权的最后一击中，会党也发挥了颇大的作用。会党成员基本上成为冲锋陷阵的主力军。这在那些对于反动势力多少经过了流血斗争而取得独立的省份，表现得尤为明显。陕西是进行了武装起义的，而“陕西光复，革党与会党联合之力也”③。其实，如果要论到对革命局势的控制力量，则资产阶级革命派远远比不上会党。下面一事就清楚地表明了这一点：陕西的新军起义后，某些革命党人想着手对之进行整编，以便迎接即将到来的更大的战斗。然而这个企图却并未成功，“后乃就会党中当日所推标舵营

---

① 《江西巡防队统领袁坦第四次致赣抚吴重熹电》。

② 《萍乡矿局林道台志熙致赣抚吴重熹电》。

③ 《从戎纪略》，见《中国近代史资料丛刊·辛亥革命》第六册，第77页。

舵者发委状，令其自行编集，众始稍定”[①]。新的政权正是在这支武装的支持下建立起来的。湖南也是经过了武装斗争而宣布独立的，在宣布独立前，湖南已是“伏莽遍地，各属哥弟会党，风起云涌”[②]。而湖南的发难，则正是由革命党人、会党首领焦达峰率领武装在长沙首先举义的。由于在革命前一些革命党人进行了发动会党的长期工作，因此在杭州光复后，浙江其余各府各县的响应，很多是会党势力所发动的，如绍兴就是由平阳党首领王金发领导建立革命政权的。此外，四川独立时，“哥老遍地”[③]；贵州独立时，“哥老会为自治学社革命的辅助力量之一”[④]；会党同样是这些省份的革命元勋。甚至在像山西这样的省份的独立过程中，会党也十分活跃地进行了斗争，成为重要的革命推动力量。[⑤] 确实，如毛主席所说，这一批人很能勇敢奋斗，他们勇敢地拿起武器，勇敢地战争，勇敢地流血牺牲。在推翻几千年封建帝制的丰功伟绩中有他们一份不小的功劳。

这一切的汇合，使我们有理由说，由于在革命中广泛发动会党，当时的阶级斗争，在当时社会条件许可的范围之内，进一步深化了。《中国秘密社会史》一书的作者说：“(三合会）徒党遍伏各地，此次（辛亥）革命之所以风靡南方者，三合会未始无力也。”[⑥] 这个评价是并不过分的。

---

① 《从戎纪略》，见《中国近代史资料丛刊·辛亥革命》第六册，第 67 页。

② 《湘事记》，见《中国近代史资料丛刊·辛亥革命》第六册，第 155 页。

③ 《贵州辛亥革命史略》，载《近代史资料》，1956（4），第 121 页。

④ 同上书，第 116 页。

⑤ 参见《清山西巡抚张锡銮等奏折》，见《中国近代史资料丛刊·辛亥革命》第六册，第 217 页。

⑥ 《中国秘密社会史》，第 33 页。

五

当时的资产阶级革命家们，在论及会党的作用时，往往加以过多的指责和否定，这是一种偏见。根据前面所说的，显然应该把会党看作辛亥革命的元勋之一。当然，这不是说要我们走入另一个片面，不是说我们不应该指出会党在某些时期、某些地区、某些场合下确实有过的若干消极作用。

在辛亥革命时期，会党的某些消极作用通常表现为以下几种形式：

第一，由于会党本身有种种弱点，又由于资产阶级革命派没有能对之加以正确的“引导”，会党的参加就使得革命派中原来就显得混乱的革命思想更加混乱起来。我们可以举出两个典型的例子。

其一，在以会党为主发起的萍浏醴起义中，我们发现了两个内容互相矛盾的檄文。在具名为《中华国民军起义檄文》的文件中，起义者宣传了同盟会的“驱除鞑虏，恢复中华，建立民国，平均地权”的资产阶级民主革命纲领。而在另一个具名为《新中华大帝国南部起义恢复军布告天下檄文》的文件中，却赫然写道：“勿狃于立宪专制共和之成说，但得我汉族为天子，即稍行专制，亦为我家中祖父，虽略示尊严，其荣幸犹为我所得与；或时以鞭扑相加，叱责相遇，亦不过望我辈之肯构肯堂，而非有奴隶犬马之心。我同胞即纳血税，充苦役，犹当仰天三呼万岁，以表拥忱爱戴之念。”① 在同一起义中出现这样两个互相抵牾的文

① 《中国近代史资料丛刊·辛亥革命》第二册，第47页。

告，起义者之间思想的不一致和混乱竟到如此地步，确实是使人惊异和难以置信的。然而这却是无可置疑的事实。

其二，我们都知道"共进会"将同盟会纲领中的"平均地权"改为"平均人权"的事实。据记载，这一修改正是出于"长江一带会党的首领"张伯祥，"他认为中国的人阶级太多，太不平等了。中国人除视官僚为上品外，士农工商都有地位，独视会党为下品，为江湖流派，所以社会上多有称会党为'汉流'的，伯祥乃主张革命成功后，无论各界的人，一律平等相待。所以改为平均人权，他是见好于会党，俾努力革命的意思"[①]。

"建立民国"和"平均地权"的政治纲领的提出，是资产阶级革命派的伟大的贡献，是资产阶级民主革命的最重要的内容。尽管当时有一些革命者并不完全赞成这两点，但会党居然公开加以修正和批驳，就不能不起着降低运动水平的坏作用。革命队伍中革命理论和革命思想的混乱是造成辛亥革命失败的重要原因之一，而这种思想上的混乱，虽然不是由会党造成的，但是，会党却起了推波助澜之作用。

第二，辛亥革命时期，有些省份在独立之后，会党势力有着较大的发展，但是会党不仅没有迅速地帮助建立革命秩序，反而胡作非为，加速了革命的失败。

在这方面，典型的例子是陕西省。对陕西的光复，会党曾起了相当主要的作用。独立后，"所有要位都在不识字的哥老会的手上"，但他们"不知民主共和为何事，误以为会党出头之时，气焰甚张，一日千丈"[②]。结果是"码头"林立，"不能悉计。办

① 杨玉如：《辛亥革命先著记》，第 37 页。

② 张奚若：《辛亥革命回忆录》。

支应，理词讼，直代县官行政，甚至公然以地方主人自居，鱼肉良懦，苛派钱款，乡民畏惧”，将陕西弄成一个“会党世界”①。叙述这一段话的郭希仁，在清末是陕西谘议局副议长，他虽然参加了同盟会，但实际上却是个立宪党人。正像《邹永成回忆录》所说：“宪政党的人素来仇视革命党人和会党的。”② 因此其中显然有些污蔑夸张之词。但我们却也不能因此而否定这方面的事实。我们不妨证之以贵州的情形。下面一段话是贵州革命党人胡刚、吴雪俦所说的：“贵州光复前，各县哥老会，均由自治学社（按：自治学社，系领导贵州进行革命的组织）派人组织联络。光复后已成军的编为巡防军，其余的则在各城乡公开活动。各行各业，纷纷开公口、立山堂，头打包巾、身穿短打、背插双刀、额竖英雄结子的人，随时可见。各地哥老会中人，亦趁机大肆活动。地方秩序，逐渐呈现混乱。”③ 可以想见，正当旧政权被摧垮，革命需要进一步深入之际，群众睁眼看到的革命新政权是这个样子，这对革命将是一个如何重大的打击。

胡刚等后来总结贵州辛亥革命失败的教训，其中谈到会党时说：“运用哥老会力量，虽也是革命过程中的一种策略，但在运用之先，就要熟计利害，于革命成功后，如何安顿这种力量，改造这种力量，使不致动摇革命的基础，影响社会的秩序。自治学社对于这方面并未作到适当的处理。因而革命后……贵州公口盛行，秩序混乱，人心恐怖，确是革命政权失去全省人民拥护的最大原因。”④

---

① 郭希仁：《从戎纪略》。

② 《近代史资料》，1956（3），第80页。

③ 《贵州辛亥革命史略》，载《近代史资料》，1956（4）。

④ 同上。

第三，辛亥革命以后，各省立即展开了立宪派与革命派争夺革命果实的斗争。在这场斗争中，有一些会党常常被具有丰富政治斗争经验的立宪派所利用，直接间接地成为他们争夺江山的工具。

我们仍然可以举贵州的情形为例。前面已经提到，在贵州光复中，会党是起了颇为重要的作用的。贵州光复会后，会党得到漫无节制的发展，这不仅由于革命派没有妥善安排，更由于立宪党人的故意制造。立宪党人组织了“耆老会”，与当地的革命派“自治学社”进行斗争，在斗争中，他们一方面“煽动哥老会保安公口龙头蓝钠谋乱，蓝党遂嗾使巡缉队暴动，欲得（陈）永锡（自治学社领导人之一）而甘心焉”[①]。另一方面则“在立法院登台演说，谓今日之贵州，非公口不足以立国；贵州之政府及社会，非公口不足以辅助而保全。此语既出，不两日而省内外公口已达百余处之多。……并袭取满官威仪，设大堂，摆公案，俨与政府对埒”[②]，以此来扰乱革命秩序。接着，立宪党人又以会党扰乱治安为借口，对革命力量大肆镇压，终于使贵州的革命党人被杀的杀，逃的逃，政权落入了反革命力量之手。总之，在这场斗争中，会党成为被玩弄于立宪派掌中的工具。

确实，会党在辛亥革命中所起的这些消极作用，是一个历史的悲剧。我们不能要求会党克服这一切，然而我们也不能抹杀这一切。正如我们不能要求资产阶级革命派不软弱，然而我们终于还是要批判他们的软弱一样。

---

① 冯自由：《革命逸史》。

② 《贵州血泪通告书》。

六

辛亥革命已经过去五十年了。历史的发展是如此迅速，很多当年在政治舞台上大显身手的各种社会力量已经消失了，或者只剩下了一点残余，不仅封建皇帝被消灭了，封建势力也基本上被消灭了，领导过辛亥革命的资产阶级，在新的历史条件下也失去了赖以存在的经济基础。本文所论及的主要对象——会党，也早已失去了它存在的价值。但是，前一历史事变永远是以后历史发展的一个阶梯，前人的斗争也永远值得我们分析和总结。

会党毕竟是一种落后的原始的组织，“农民和手工业工人不可能依靠这类团体得到出路”①。但在辛亥革命时期（同样，在我国整个旧民主主义革命时期），这一多少具有群众性的落后组织的确在斗争中起过巨大的作用。它的群众性决定了它在斗争中起过很大的积极作用，而它的落后性又决定了它在斗争中所起的消极作用。历史地说，它在当时的积极作用是主要的。

但重要的还不在于此，重要的问题在于，从辛亥革命时期的会党的活动中，我们又一次体会到：如果没有下层群众的参加，辛亥革命哪怕要取得推翻封建帝制的成就，也是根本不可能的；同时，不在更大范围内对劳动群众进行真正的彻底的发动，不依靠工农群众自己起来，只是利用他们中间的某种现成的陈旧组织，要取得更进一步的胜利，同样是不可能的！

---

① 《中国社会各阶级的分析》。

社会灾荒

中国近代灾荒与社会生活*

自然灾害是全人类的共同大敌。人类一直在同各种自然灾害的顽强斗争中艰难地发展着自己。我国地域辽阔，地理条件和气候条件都十分复杂，自古以来就是一个多灾的国家。历史进入近代之后，由于封建统治的日趋腐败，帝国主义的肆意掠夺，社会的动荡，经济的凋敝，使本来就十分薄弱的防灾抗灾能力更为萎缩，自然灾害带给人们的痛苦和劫难也更为严重。自然灾害曾经给予我国近代的经济、政治以及社会生活的各个方面以巨大而深刻的影响，同时，近代经济、政治的发展，也不可避免地使得这一时期的灾荒带有自己时代的特色。

因此，研究中国近代灾荒史，应该是中国近代史研究的一个十分重要的领域。一方面，它可以使我们更深入、更具体地去观察近代社会，从灾荒同政治、经济、思想文化以及社会生活各方面的相互关系中，揭示出有关社会历史发展的许多本质内容；另一方面，也可以从对近代灾荒状况的总体了解中，得到有益于今天加强灾害对策研究的借鉴和启示。

---

* 载《近代史研究》，1990年第5期。

本文将对近代灾荒状况及其同社会生活的关系，做一个轮廓的介绍。

一、“十年倒有九年荒”——近代中国灾荒的频发性

一旦接触到大量的有关灾荒的历史资料，我们就不能不为近代中国灾荒之频繁、灾区之广大及灾情之严重所震惊。就拿水灾来说，在各种自然灾害中，这是带给人们苦难最深重、对社会经济破坏最巨大的一种，而在一些重要的江、河、湖、海的周围，几乎连年都要受到洪水海潮的侵袭。黄河是历史上决口、泛滥最多的一条大河，有道是：“华夏水患，黄河为大。”进入近代以后，黄河“愈治愈坏”，“河患至道光朝而愈亟”。尽管封建阶级吹嘘说“有清首重治河，探河源以穷水患”，但实际上还是“溃决时闻，劳费无等，患有不可胜言者”[①]。1885 年 12 月 26 日的上谕也承认：“黄河自（咸丰五年）铜瓦厢决口后，迄今三十余年，河身淤垫日高，急溜旁趋，年年漫决。”[②] 事实上，从鸦片战争开始到铜瓦厢决口的 15 年间，黄河就有鸦片战争期间的连续三年大决口和太平天国运动初期的连续三年大决口，给当时已经剧烈动荡的社会带来更大的震颤和不安。铜瓦厢决口后，黄河发生了离现在最近的一次大改道，河患更是变本加厉。举一个例子，自 1882 年到 1890 年，黄河曾连续九年发生漫决，其中 1888 年虽无新的决口，但上年冲塌之口全年未曾合龙，也就是说，这

① 《清史稿》，卷 383、卷 126。

② 《光绪朝东华录》（二），总 2042 页。

九年之间，滔滔的黄水始终浸淹着黄河下游数省的广大田地。所以山东巡抚张曜在1889年4月11日的奏折中这样说：“山东地方十余年来，黄水为患，灾祲频仍，民间地亩或成巨浸，或被沙压，不能耕种，生计日蹙。”① 据不完全统计，自1840年到1919年的80年间，发生黄河漫决的年份正好占了一半，即平均两年中即有一年漫决，而且有时一年还漫决数次。

我国第一大河长江，全长6 300公里，流域面积达180多万平方公里，两岸特别是中下游地区，历来是我国重要的产粮区。尽管由于上游两岸山岩矗立，宜昌以东进入广阔的平原地区后，水流比较平缓，加之又有许多湖泊调节水量，所以较之黄河来说，造成的水患要小得多，但在近代的80年间，也曾发生30余次漫决，只是浸淹的区域较黄水泛滥为小而已。

流经湖北、河南、安徽、江苏四省的淮河，也曾是一条带给人们无穷灾难的河流。特别是安徽、江苏两省，“沙河、东西淝河、洛河、洱河、茨河、天河，俱入于淮。过凤阳，又有涡河、澥河、东西濠及澮、浍、沱、潼诸水，俱汇淮而注洪泽湖”。一旦淮河涨水，“淮病而入淮诸水泛溢四出，江、安两省无不病”②。1910年侍读学士恽毓鼎曾经因为“滨淮水患日深”，上过一个奏折，其中说：“自魏晋以降，濒淮田亩，类皆引水开渠，灌溉悉成膏腴。近则沿淮州县，自正阳至高、宝尽为泽国。”③ 由于淮河流域地貌复杂，加之淮河年久失修，使这一带出现了“大雨大灾、小雨小灾、无雨旱灾”的景象。

---

① 第一历史档案馆藏：《录副档》，张曜折。

② 《清史稿》，卷128。

③ 同上。高，指高邮湖；宝，指宝应湖。

位于京师附近的永定河，由于“水徙靡定，又谓之无定河。康熙三十七年，赐名永定”①。1871 年 2 月直隶总督李鸿章在奏疏中曾谈到它的地位之重要：“永定河南北两岸，绵亘四百余里，为宛平、涿州、良乡、固安、永清、东安、霸州、武清等沿河八州县管辖地面。”“永定河为畿南保障，水利民生，关系尤巨。”②康熙皇帝虽然把这条河的名字从“无定”改成了“永定”，河患却并不因此而消失，仍然是连年漫决，成为威胁京师的重要祸害。永定河两岸皆沙，无从取土，所筑之堤不固，而出山之水，湍激异常，变迁无定，一遇水涨，堤防即溃。防守之难，甚于黄河，有小黄河之目。据各种资料统计，从鸦片战争开始到清王朝灭亡的 71 年间，永定河发生漫决 33 次，平均接近两年一次。其中，从 1867 年到 1875 年曾创造了连续 9 年决口 11 次的历史纪录，给永定河两岸的人民带来了深重的灾难。

湖南的湘、资、沅、澧四大河，都汇流于洞庭湖，然后注入长江，使洞庭湖成为我国最大的淡水湖之一。本来，拥有如此丰富的水利资源，自然条件极为优越，洞庭湖周围地区理应是物产丰盈的鱼米之乡。但由于封建统治者对湖区不加治理，不但使洞庭湖对长江水量的调节作用日益减小，而且出现了沿湖州县如巴陵、岳州、临湘、华容、安乡、南县、澧州、安福、武陵、龙阳、沅江、湘阴等几乎年年“被水成灾”的怪现象。据《清实录》及其他有关资料记载，中国近代史的 80 年中，上述地区明确有遭受水灾记录的共达 72 年，另一年为出乎常规地出现了旱荒，其余 7 年则因资料缺乏而情况不明。湖南的一些地方官僚称

① 《光绪顺天府志》，第 1230 页。

② 同上书，第 1418 页。

这些地区“滨临河湖，地处低洼，俱系频年被淹积欠之区”，“各灾民糊口无资，栖身无所，情形极其困苦，且多纷纷外出觅食”①，确是实际情况。

谈到水患，不能不涉及江、浙两省的海塘问题。《清史稿》说：“海塘惟江、浙有之。于海滨卫以塘，所以捍御咸潮，奠民居而便耕稼也。在江南者，自松江之金山至宝山，长三万六千四百余丈。在浙江者，自仁和之乌龙庙至江南金山界，长三万七千二百余丈。”② 江苏的滨海之地，因为面对的海湾“平洋暗潮，水势尚缓”，所以海塘还颇能起一点拦阻海潮的作用；浙江“则江水顺流而下，海潮逆江而上，其冲突激涌，势尤猛险”。一旦海塘坍塌，“海水漂入内地百里，膏腴变为斥卤，田禾粒米不登”；加之潮涨海溢之时，势极汹涌，潮头高达数丈，浪涌如山，居民连躲避都来不及，往往“漂溺不计其数”。晚清时期，“海塘大坏”。据称，“综计两省塘工，自道光中叶大修后，叠经兵燹，半就颓圮”③。因此，海塘溃决之事，连年发生。浙江水灾，相当一部分与海塘坍塌有关，而且只要是由海潮引起的水灾，一般灾情都较严重。太平天国时期，浙江嘉兴附近农村的一个小地主，面对着海潮浸淹、流民塞途的情形，感慨地说：“海塘工事，承平所难，况当乱离，岂有修筑之期乎！塘不修筑，则海水不能注溢，田禾不能不被害。然则此等流民，自今一二年中，岂能复归故土乎！”④

上面我们只是从水灾的角度，从各个侧面来反映近代社会中

① 第一历史档案馆藏：《录副档》，道光二十九年湖南巡抚赵炳言折。

② 《清史稿》，卷 128。

③ 同上。

④ 《太平天国史料丛编简辑》，第 2 册，第 269 页。

国大地上灾荒的频发性。水灾之外，各种自然灾害还有很多很多。按照《清史稿》的说法，自然灾害的种类，除去一些迷信的内容，还包括：恒寒，恒阴，水潦，淫雨，雪霜，冰雹，恒燠，恒旸，灾火，风霾，蝗蝻，疾疫，地震，山颓，等等。如果只讲常见的灾害，至少也应该提到水、旱、风、雹、火、蝗、震、疫诸灾。在一个时期和一个地区，或者是一灾为主，或者是诸灾并发。因此，在说明灾荒的频发程度时，还需要以地区为单位，对各类灾荒做一点综合的考察。下面，我们举出几个地区，为读者提供一点例证：

位于珠江下游的广东省，气候条件优越，降水量不但充沛，而且季节分配比较均匀。因此，农业生产和其他经济发展一向较好。即使这样，在这里不时也有各种自然灾害发生。据张之洞在1886年11月10日的奏折所说，广东水患“从前每数十年、十数年而一见，近二十年来，几于无岁无之”[①]。据不完全统计，近代80年中，该省遭受较大水灾22次，局部地区水灾18次，先旱后涝或水旱兼具的灾荒2次，较大旱灾1次，较大风灾8次。

直隶的情况要比广东严重得多。前面已经讲到永定河连年漫决的情形，再加上这一地区其他一些河流如滦河、沙河、大清河、潴龙河、拒马河、滹沱河、徒骇河、南运河、北运河等也不时漫溢，使水灾成为这一地区的主要威胁。谭嗣同在《上欧阳中鹄书》中说：“顺直水灾，年年如此，竟成应有之常例。”[②] 据统计，近代80年中，顺直地区遭受较大水灾竟有38次；但与此同时，旱灾也并不少见，较严重的旱灾有7次，水旱灾害同时发生

① 《光绪朝东华录》（二），总2175页。

② 《谭嗣同全集》，增订本，下册，第449页。

的有22次，另有一些年份则还伴有蝗灾、震灾、雹灾及瘟疫。“中稔”以上的年景在整个近代历史上只占一小部分。

安徽也是多灾省份之一。该省兼跨长江、淮河两流域，其中横贯北部的淮河，河床坡度甚小，汇入支流又极多，加上雨季降水量集中，极易造成水灾，已如前述。所以有人说：皖省“滨临河湖之区，本来水涨即淹，岁岁报灾”①。而皖西山地及皖南丘陵地带，都是“平陆高原”，只有“雨润水足”，才能获得收成，一旦雨水略少，立即亢旱成灾。因此，安徽自然灾区的一个特点，常常是诸灾杂陈，水旱交作。据不完全统计，近代80年中，该省共发生较大水灾22次，较大旱灾3次，同时发生水旱之灾的13次，水、旱、风、虫、疫、震诸灾并发或同时发生其中三种以上灾害的20次。

最后我们还想举山东作为例子。有人曾对整个清代山东的水旱灾害做过颇为认真的统计：“在清代286年中，山东曾出现旱灾233年次，涝灾245年次，黄、运洪灾127年次，潮灾45年次。除仅有两年无灾外，每年都有不同程度的水旱灾害。按清代建制全省107州县统计，共出现旱灾3 555县次，涝灾3 660县次，黄、运洪灾 1 788县次，潮灾118县次，全部水旱灾害达6 121县次之多，平均每年被灾34县，占全县数的31.8%。”② 这里需要补充说明的只是：愈到晚清，山东的水旱灾害愈益严重。尤其是黄河在铜瓦厢决口后，造成大规模改道，黄河不再自河南省兰考县北铜瓦厢向东，经江苏省徐州、淮阴等地直达黄海，而改由自河

① 第一历史档案馆藏：《朱批档》，光绪二十三年十月十八日安徽巡抚邓华熙折。

② 袁长极等：《清代山东水旱自然灾害》，见《山东史志资料》，1982（2），第150页。

南通过山东境内，于利津、垦利两县间流入渤海。这样，山东受黄河泛滥之害，就更为直接也更为频繁了。据记载，从铜瓦厢决口到1912年清王朝覆亡的56年中，山东省因黄河决口成灾的竟有52年之多，成灾平均年县次为改道前的7倍。另外，上面列举的灾荒数字只涉及水旱二类，还有许多其他种类的灾荒未包括在内。

以上的叙述足以说明，在中国近代社会，“十年倒有九年荒”这句话，丝毫不是文学上的夸张，而是现实生活的真实写照。

二、人祸加深了天灾——灾荒的社会政治原因

自然灾害，顾名思义，是由自然原因造成的，就这个意义说，是天灾造成了人祸。但是，人生活在一定的自然环境之中，同时也生活在一定的社会条件之下，自然现象同社会现象从来不是互不相关而是相互影响的。恩格斯在批评自然主义的历史观的片面性时说道：“它认为只是自然界作用于人，只是自然条件在决定人的历史发展，它忘记了人也反作用于自然界，改变自然界，为自己创造新的生存条件。”① 每当人们通过自己的智慧和劳动，改变自然界，有效地克服自然环境若干具体条件的不利影响时，便能减轻或消除自然灾害带来的灾难。反之，由于社会生活中经济、政治制度的桎梏和阶级利益的冲突，妨碍或破坏着人同自然界的斗争时，人们便不得不俯首帖耳地承受大自然的肆虐和蹂躏。遗憾的是，后一种情况，在剥削阶级掌握着统治权力的

① 《自然辩证法》，见《马克思恩格斯选集》，第3卷，第551页。

条件下，是屡见不鲜的。从这个意义上说，人祸又常常加深了天灾。

愈是生产力低下、社会经济发展较落后的地方，人类控制和改变自然的能力愈弱，自然条件对人类社会的支配力愈强。近代历史上自然灾害的普遍而频繁，从根本上来说，当然是由于束缚在封建经济上的小农经济生产力水平十分低下的结果。以一家一户为经济单位的小农经济，不可能有有效的防灾抗灾能力，一遇水旱或其他自然灾害，只好听天由命，束手待毙。胡适在谈到中国人对付灾荒的办法时，不无嘲笑意味地说："天旱了，只会求雨；河决了，只会拜金龙大王；风浪大了，只会祷告观音菩萨或天后娘娘；荒年了，只好逃荒去；瘟疫来了，只好闭门等死；病上身了，只好求神许愿。"① 这段话，虽仍有他惯常存在的那种民族自卑心理的流露，却也不能不说在一定程度上反映了那个时代的社会现实。当然，对这种现象进行嘲笑未免有失公正，把产生这种状况的原因只是看作观念的落后也过于浅薄。如同其他社会现象一样，归根到底，在这里经济状况也起着决定性的作用。

但仅仅把问题归结为生产力水平的低下，或者放大一点说，全部从经济的角度去分析问题，也还是很不全面的。有必要把视野扩展一点，从社会政治领域考察一下近代灾荒频发的缘由。

事实上，把自然灾害同社会政治相联系的看法，在历史上很早就产生了。这突出地表现在所谓"天象示警"的传统灾荒观念上，一切大的自然灾荒的发生，"皆天意事先示变"，是老天爷对人们的一种警告或警诫。因为"天人之际，事作乎下，象动乎上"，人间社会生活和政治生活的不正常，必然引起"天变"。这

① 《胡适论学近著》，第638页。

种灾荒观念，几乎流传了几千年，一直到清代还在实际生活中起着很大的影响。不过，同样从“天象示警”的观点出发，却可以引出消极的和积极的两种不同的态度来。消极的态度是竭力用“祈祷”来对待天灾，如清王朝规定：“岁遇水旱，则遣官祈祷天神、地祇、太岁、社稷。至于（皇帝）亲诣圜丘，即大雩之义。初立天神坛于先农坛之南，以祀云师、雨师、风伯、雷师，立地祇坛于天神坛之西，以祀五岳、五镇、四陵山、四海、四渎、京畿名山大川、天下名山大川。”① 似乎只要“祈祷”得越虔诚，天灾自然就可以防止或减少了。积极的态度则要求从灾荒的发生中“反躬责己”，修明政治。如 1882 年有一位名叫贺尔昌的御史上奏说：“比年以来，吏治废弛，各直省如出一辙，而直隶尤甚。灾异之见，未必不由于此。”② 在戊戌变法中惨遭慈禧杀害的“戊戌六君子”之一的刘光第，于 1894 年所上的《甲午条陈》中这样说：“国家十年来，吏治不修，军政大坏。枢府而下，嗜利成风。丧廉耻者超升，守公方者屏退，谄谀日进，欺蔽日深。国用太奢，民生方蹙。上年虽有明谕申饬，言者不计，牵涉天灾。而上天仁厚，眷我国家，屡用示警。故近年以来，畿辅灾潦频仍，京师城门，水深数尺，天坛及太和门均被水灾。今年二月天变于上，三月地鸣于外城，旋有倭人肇衅之事，此殆非偶然也。”他要求皇帝“引咎自责，特降罪己之诏”，“痛戒从前积习之非”，并认为只有这样才能使全国同仇敌忾，团结御侮，抵抗日本的侵略，取得甲午战争的胜利。③ 这些话，虽然没有科学地揭示灾荒

① 《清朝文献通考》。

② 《光绪朝东华录》（二），总 1445 页。

③ 《刘光第集》，第 2 页。

发生的原因，但无疑有着揭露时弊的战斗的进步意义。

在我国近代历史上，对灾荒问题谈得最深刻的，要数民主革命的伟大先行者孙中山先生。关于灾荒频发的原因，他着重强调两点：一是人们对生态环境的破坏；另一是封建政治的腐败。关于前一点，他在刚刚从事政治活动之初，就在一封信中写道："试观吾邑东南一带之山，秃然不毛，本可植果以收利，蓄木以为薪，而无人兴之。农民只知斩伐，而不知种植，此安得其不胜用耶？"[①] 后来，他更明确指出：近来水灾一年多过一年，原因就在于人民采伐木料过多，采伐之后又不行补种，森林很少。一遇大雨，山上没有森林来吸收雨水和阻止雨水，山上的水便马上流到河里去，河水泛涨起来，即成水灾，多种树木是防水灾的治本方法。防止旱灾也是种植森林。有了森林，天气中的水量便可以调和，便可以常常下雨，旱灾便可减少。[②] 关于后一点，他很早就认为："中国人民遭到四种巨大的长久的苦难：饥荒、水患、疫病，生命和财产的毫无保障。这已是常识中的事了。"这种令人不堪忍受的情况是怎样造成的呢？他非常鲜明地回答说："中国所有的一切灾难只有一个原因，那就是普遍的又是有系统的贪污。这种贪污是产生饥荒、水灾、疫病的主要原因，同时也是武装盗匪常年猖獗的主要原因。""官吏贪污和疫病、粮食缺乏、洪水横流等等自然灾害间的关系，可能不是明显的，但是它很实在，确有因果关系，这些事情决不是中国的自然状况或气候性质的产物，也不是群众懒惰和无知的后果。坚持这说法，绝不过

---

① 《孙中山全集》，第1卷，第1-2页。

② 参见《孙中山全集》，第9卷，第407-408页。

分。这些事情主要是官吏贪污的结果。”①

这两个方面，前者主要是社会方面的原因（当然并非同政治绝对无关），孙中山的有关论述，不但在当时是无与伦比的，即使在今天，也并没有完全为所有的人所真正地了解。后者主要是政治方面的原因，在这方面，有无数历史事实足以证明孙中山的说法确实是不易之论。

还是从黄河说起。晚清时期为什么会出现“河患时警”的现象呢?《清史纪事本末》是用以下这段话来回答的：“南河岁费五六百万金，然实用之工程者，什不及一，余悉以供官吏之挥霍。河帅宴客，一席所需，恒毙三四驼，五十余豚，鹅掌、猴脑无数。食一豆腐，亦需费数百金，他可知已。骄奢淫佚，一至于此，而于工程方略，无讲求之者。”②

这大概很可以作为孙中山关于灾荒根源于官吏贪污的生动注脚。实际上河工之弊，真是说不胜说，像一位官员所揭露的，“防弊之法有尽，而舞弊之事无穷”。连道光皇帝在上谕中也承认，对于黄河，基本上是“有防无治”的状况。上谕引用当时的河道总督张井的奏折说：“历年以来，当伏秋大汛，司河各官，率皆仓皇奔走，抢救不遑。及至水落霜清，则以现在可保无虞，不复再求疏刷河身之策。渐至河底日高，清水不能畅出，堤身递增，城郭居民尽在河底之下，惟仗岁请金钱，将黄河抬于至高之处。”1825 年 11 月的这个上谕问道：朝廷每年所花“修防经费数百万金”，“惟似此年年增培堤堰，河身愈垫愈高，势将何所

① 《孙中山全集》，第 1 卷，第 89 页。

② 《清史纪事本末》，卷 45，《咸丰时政》。

底止?”①

其实，说对黄河“有防无治”，仍未免是一种美化的说法。在那个时候，“治”固然谈不上，“防”也常常因为各种原因而成为具文，每当大汛来临之际，“司河各官”中真正能够“仓皇奔走，抢救不遑”的能有几人?这里，我们可以提供一个颇具典型意义的实例：1887年9月29日，黄河在河南郑州决口。决口之前，黄河大堤上数万人“号咷望救”，在“危在顷刻”的时候，“万夫失色，号呼震天，各卫身家，咸思效命”。但因为管理工料的幕友李竹君“平日克扣侵渔，以致堤薄料缺”；急用之时，“无如河干上曾无一束之秸，一撮之土”，大家只得“束手待溃，徒唤奈何!”河决之时，河工、居民对李竹君切齿痛恨，痛打一顿之后，便将他“肢解投河”，以泄民愤。河道总督成孚“误工殃民”，决口前两天，“工次已报大险”，但成孚“借词避忌”，拒不到工。次日，他慢慢吞吞地走了40里路，住宿在郑州以南的东张。及至到达决口所在，他不作任何处置，“惟有屏息俯首，听人詈骂”。而向朝廷奏报时，却竭力讳饰，本来是决口，却说成是漫口；本来决口四五百丈，却说成三四十丈；本来是“百姓漂没无算”，却说成“居民迁徙高阜，并未损伤一人”②。广大群众的生命财产就这样成了腐败黑暗的封建政治的牺牲品。

几乎谁都知道，那个时候的“河工习气”，一方面是“竞尚奢靡”，一方面是“粉饰欺蒙”，靠这样的管理机构去防止灾荒，自然无异于缘木求鱼。但这还毕竟只是防灾不力，比这更有甚

① 《河南通志·经政志稿·河防》篇。

② 第一历史档案馆藏：《录副档》，光绪十三年九月二十七日翰林院编修李培元等折。

者，则是人为地制造灾荒。如1882年夏，有人参劾湖北署理江陵县令吴耀斗，当长江、汉水涨溢之时，竟任意将子贝垸堤开挖，使南岸七百余垸，“田庐尽没”。吴耀斗这种“决堤殃民”的罪行，引起群情激愤，清政府也不得不下令彻查。最后，湖北巡抚涂宗瀛以“查无实据”为由，认为“毋庸置议”，就此不了了之。三年后，又有人奏：“广东频遭水患，皆由土豪占筑围坝牟利所致”，因为一些地方土豪，凭借势力，“私筑围坝，壅塞水道”，水势被阻，便不免泛滥成灾。这也是由于人为的因素而加重了自然灾害的一种表现。对此，广东督抚查了两年，结论还是那四个字：“毋庸置议。”

一旦自然灾害发生，真能同广大群众战斗在抗灾斗争第一线的封建官僚，实在是凤毛麟角。如前面提到的成孚那样束手无策的，是大多数。还有一些则更为恶劣，平日自许为“民之父母”的地方官，在灾害来临时，早已置自己的“子民”于不顾，慌慌张张地逃之夭夭了。这里随手举一个例子：同治末年，四川发生水灾，酆都知县徐濬镛当江水进城时，“并未救护灾黎”，而是匆匆忙忙地收拾了细软，登上一只大船，一走了之。事后徐濬镛虽得了个革职处分，但到光绪初年，就多方活动，要求平反。像这类事情，真可以说是指不胜屈。

至于乘机贪污勒索，大发“赈灾”财的，更是司空见惯了。我们不妨先读一读革命文学团体“南社”的主要成员高旭，在1907年至1909年甘肃连续遭了三年大旱灾之后，目睹灾民之惨状，恨贪官之暴行，所作之《甘肃大旱灾感赋》一诗：

天既灾于前，官复厄于后。贪官与污吏，无地而蔑有。
歌舞太平年，粉饰相沿久。匿灾梗不报，谬冀功不朽。

一人果肥矣，其奈万家瘦！官心狠豺狼，民命贱鸡狗。
屠之复戮之，逆来须顺受。况当赈灾日，更复上下手。
中饱贮私囊，居功辞其咎。甲则累累印，乙则若若绶。
回看饿莩余，百不存八九。彼独何肺肝，亦曾一念否？①

高旭的这种感慨，确实是对当时现实生活的绝好的艺术概括。下面我们举一些具体的事例。

1882 年安徽发生十数年未有的大水灾。"水灾地广，待赈人稠。"直隶候补道周金章，领了赈款银 17 万两，赴安徽办理赈灾事宜。他只拿出 2 万余两充赈，其余的统统"发商生息"，填饱私囊。②

1893 年，山东巡抚福润因为将历城等八个濒临黄河的州县灾民安置完毕，要求朝廷奖擢"出力人员"。但这种安置灾民究竟意味着什么呢？据有人揭露，原利津县知县钱镛，纵容汛官王国柱，"将临海逼近素无业主被潮之地安插灾民，而以离海稍远素有业主淤出可耕之田，大半夺为己有"。灾民迁入被潮之地后，"民未种地，先索税租"，钱镛、王国柱在灾民身上"催科征比"，一共搜刮了"二万余千，尽饱私囊"。他们事先曾领了藩库银二万余两，本来是"为灾民购房置牛之用"的。但他们只拿出一小部分给灾民，"其余尽以肥己"；为了可以报销，他们"逼令灾民出具甘结，威胁势迫，以少报多，以假混真"。灾民们迁入新区不久，突然有一天"风潮大作，猝不及防，村舍为墟，淹毙人口至千余名之多。甚至有今日赴海而明日遂死者，不死于河而死于海，不死于故土而死于异乡"。这时，利津知县已由吴兆镤接任。

① 《辛亥革命诗词选》，第 215-216 页。

② 《清德宗实录》，卷 168。

吴兆镞不但“佯为不知，坐视不救”，弄得哭声遍野，惨不忍闻；反而强迫老百姓“送万民衣伞”，而且大排筵宴，替他母亲祝寿。“被灾之民，有舆尸赴公堂号泣者，有忍气吞声而不敢言者，又有阖家全毙而无人控告者。”① 利津如此，其余亦可概见。老百姓遇到这样的灾难，天灾耶？人祸耶？真是有点说不大清了。

甲午战争后，清政府增加了许多苛捐杂税。御史曹志清在谈到地方官吏“敲骨吸髓”“虎噬狼贪”地大肆搜刮的情形之后，还说了这么一段话：“尤可骇者，去秋水灾，哀鸿遍野，皇上轸念民艰，拨款赈济，乃闻滦州、乐亭各州县将赈银扣抵兵差，声言不足，仍向民间苛派，灾黎谋食维艰，又加此累，多至转于沟壑，无所控告。”他深有感触地说：“是民非困于灾，直困于贪吏之苛敛也。”②

1897 年，江苏北部大水成灾，灾民达数十万人之多。但“赈务所活灾黎不过十之一二”，其余的“转徙道殣”，冻馁而亡，弄得“城县村落，十室九空”。为什么出现这种悲惨情景呢？据御史郑思赞分析，“推原其故，不由于办赈之迟，而由于筹赈之缓”。因为当灾象已显时，各州县官“但知自顾考成，竟以中稔上报”。等到灾情十分严重后，仍“征收无异往日”。这种情况，不能不使大批灾民日趋死亡。所以郑思赞慨叹说：“是沟壑之民不死于天灾而反死于人事”③。

“民非困于灾”而“困于贪吏之苛敛”也好，“沟壑之民不死于天灾而反死于人事”也好，都充分说明了这样一点：在观察、

① 《光绪朝东华录》（三），总 3281 页。

② 《光绪朝东华录》（四），总 3632 页。

③ 第一历史档案馆藏：《录副档》，光绪二十四年六月初四日郑思赞折。

分析、研究自然灾害的问题时，决不能同社会问题割裂开来，决不能无视政治的因素。

三、灾荒对社会经济和人民生活的严重影响

在以往的历史文献中，每当讲到自然灾害的严重后果时，总常用“饥民遍野”“饿莩塞途”等来加以形容。由于经过了高度的抽象和概括，对这些字眼间所包含的具体内容，往往不大去细想。实际上，在这短短的几个字的背后，融涵着多少血和泪、辛酸和悲哀！只有具体而深入地去研读近代历史上有关灾荒的各种记载和资料，才使我们痛切地了解，我们这个灾难深重的民族，经历了中外反动派在政治上奴役欺压的苦难，经历了特权阶级在经济上残酷朘削掠夺的苦难，经历了封建伦理纲常钳制束缚的苦难，此外，还经历了自然灾害带来的水深火热的苦难。这些苦难，是我们永远不应该忘记的。

灾荒对社会生活的严重影响，首先表现在对人民生命的摧残和戕害上。一次大的自然灾害，造成人口的死亡，数字是十分惊人的。这里举一些例子，如：

水灾——1906 年，湖南大水，“淹毙人不下三万，情状惨酷”。1912 年，浙江宁波、温州等地遭洪水狂飙猛袭，仅青田、云和等五县即“共计淹毙人口至二十二万有奇”。至于当洪水汹涌而至时，侥幸未被浊浪吞没，露宿在屋脊树梢，一面哀戚地注视着水中漂浮的尸体，一面殷切而无望地等待着不知何时才能到来的“赈济”的芸芸灾民，更是不计其数。如 1884 年黄河在山

东齐东等县决口，灾民达百万余人。1906 年江苏大水灾，“统计各处灾民不下二三百万”，仅聚集在清江一处的灾民，“每日饿毙二三百人”。1917 年直隶大水灾，总计“灾民达五百六十一万一千七百五十九名口”，这些灾民“房屋漂没，移居高阜，所食皆草根树叶，所住皆土穴席棚，愁苦万分，不堪言状”。

旱灾——1877 年著名的北五省大旱荒，山西很多村庄，居民不是阖家饿死，就是一户所剩无几，甚至有“尽村无遗者”。有的历史资料概括说：“一家十余口，存命仅二三；一处十余家，绝嗣恒八九。”仅太原一个城市，“饿死者两万有余”。负责前往山西考察灾情、稽查赈务的工部侍郎阎敬铭在奏折中报告他目睹的情景说：“臣敬铭奉命周历灾区，往来二三千里，目之所见皆系鹄面鸠形，耳之所闻无非男啼女哭。冬令北风怒号，林谷冰冻，一日再食，尚不能以御寒，彻旦久饥，更复何以度活？甚至枯骸塞途，绕车而过，残喘呼救，望地而僵。统计一省之内，每日饿毙何止千人！目睹惨状，夙夜忧惶，寝不成眠、食不甘味者已累月。”[①] 至于在千里赤地上，靠剥挖树皮草根、罗捉猫犬鼠雀，最后不得不艰难地吞咽着观音土而苟延残喘的灾民，则更是随处可见。据记载，这一年山西这样的灾民有 500 余万，河南有 500 余万，陕西有 300 余万，甘肃有近 100 万，直隶缺乏具体数字，只是说“嗷鸿遍野”。这些灾民，有的勉强存活了下来，但相当一部分仍因经受不住饥寒的煎熬而陆续死去。到这年冬天，仅河南开封一城，“每日拥挤及冻馁僵仆而死者数十人”，山西全省“每日饿毙何止千人”！1902 年，四川大旱，灾区遍 90 余州县，灾民每州县少则 10 余万，多者 20 余万，全省共计“灾民数

① 《光绪朝东华录》（一），总 514－515 页。

千万”。1909 年，甘肃春夏久旱不雨，连同上两年全年亢旱，出现连续 995 日“旱魃为虐”的严重灾害，以至于“不独无粮，且更无水”，“牛马自仆，人自相食”。全省饿死多少人虽无确切统计，但前引高旭诗说“回看饿莩余，百不存八九”，数量之大，当可想见的了。

风灾——1862 年 7 月 27 日，“广东省城及近省各属风灾，纵横及千里，伤毙人口数万”。1864 年 7 月 13 日，一场飓风，使上海黄浦一带“人死万余”，浙江定海“溺死兵民无数”。1874 年 9 月 22 日，香港、澳门发生大风灾，波及广东，“统计省内各处商民之殉此灾者，殆不下一万人云”。1878 年 4 月 11 日，广州再次遭暴风侵袭，“倒塌房屋一千余间，覆溺船只数百号，伤毙人口约计不下数千人”；一说“房屋倾毁九千余所，大树拔折二百余株，伤毙至万余人”；更有称“男女老稚压毙及受伤者几及数万”者。如果做一点对比，也许可以使我们对上述风灾的严重程度有一个更加清晰的认识：《纽约时报》于 1989 年 9 月 19 日发表文章，历数 20 世纪发生的最厉害的大西洋飓风，自 1900 年至 1980 年，共列 19 次，其中损害最严重的分别为 1900 年 9 月 8 日发生在美国得克萨斯州的加尔维斯顿的飓风，1928 年 9 月 12 日至 17 日发生在西印度群岛和佛罗里达的飓风，1963 年 10 月 4 日至 8 日发生在古巴与海地的“弗洛拉”飓风，死亡人数均为 6 000 人。这与前面所说伤毙动辄“万余”“数万”的情况相比，真是小巫见大巫了。

疾疫——1849 年，湖南“全省大疫”，仅同善堂等所施棺木就“以数万计”，后来疫死者愈来愈多，棺木无力置备，只得挖坑随地掩埋了事。1910 年，东北三省鼠疫流行，疫毙人数“达五六万口之谱”。

严重的自然灾害，除了造成人口的大量死亡以外，还对社会经济造成巨大的损害和破坏。其实，人口的大规模伤亡，本身也是对社会生产力的极大摧残，因为人——准确一点说是劳动者，本来就是生产力系统中起主导作用的因素，或者如列宁所说，是全人类的首要的生产力。但问题还远远不止于此。较大的水、旱、风、雹或地震等灾害，除了人员伤亡以外，一般都伴有对物质财富的严重破坏，如庐舍漂没、屋宇倾圮、田苗浸淹、禾稼枯槁、牛马倒毙、禽畜凋零等等。这里举几个并非最严重的例子：1844 年夏，福州发生水灾，仅闽县一地就“被淹田园四万四千四百三十余亩”。1846 年 6 月江苏青浦大水，一次就“漂没数千家”。同年 7 月吉林珲春因河水涨溢，该县 8 000 余垧田地中，“水冲无收者六千余垧”，就是说 80%的田地被水冲毁，毫无收成。1849 年春夏之间，浙江连雨 40 余日，“以致上下数百里之内，江河湖港与田连成一片，水无消退之路”，在这广阔区域之内，庄稼颗粒无收自不待言，而且“房屋倾圮，牲畜淹毙”也“不知凡几”。1851 年 4 月末，新疆伊犁连降大雪，5 月中又暴雨倾盆，雨水加消融之雪水，一下子把许多田地冲成深沟，“田亩不能复垦者”达 36 982 亩之多，庄稼被冲毁的自然就更多了。至于大旱之年，饥民在剥掘草根树皮以果腹的同时，被迫“争杀牛马以食”，结果在灾情缓解之后，却导致没有牲畜、种子等基本生产资料可以恢复生产的情形，则更是普遍存在的现象。

每年，清政府要根据各地灾情大小，对成灾地区宣布蠲缓钱粮。据《清实录》等资料的粗略统计，鸦片战争到太平天国运动爆发前这段时间，清政府宣布因灾蠲缓钱粮的厅、州、县，1840

年为262，1841年为330，1842年为320，1843年为329，1844年为365，1845年为280，1846年为378，1847年为435，1848年为450，1849年为366，1850年为354。应该说明，这个数字并不能完全反映当时全国受灾地区的范围，因为它极不完全，特别是一些经济落后的边远地区，那里的钱粮征收在清政府的全部财政收入中本来就不占什么重要地位，所以那些地方一向很少报灾（当然并不意味着自然灾害很少），当然也谈不上蠲缓之事了。但即使如此，也已很能说明自然灾害对全国的社会经济带来何等重大的影响。按照清朝的行政区划，光绪朝以后，府、厅、州、县1 700多个，也就是说，清王朝因为自然灾害的原因而不得不减征、缓征或免征钱粮的地区，每年约占全国府、厅、州、县的1/8到1/6。清朝对怎样才算“成灾”是有严格规定的，即只有减产五成以上，直至颗粒无收的，才准予报灾，在这个范围之内，再按灾情的轻重分别确定蠲缓钱粮的数额。那么，这也就意味着在近代社会，就全国而言，每年通常有1/8到1/6的地区，收成不足一半，严重的甚至减收七成、八成、九成或根本就颗粒无收。

每当发生重大的水旱或其他灾害之后，决非一二年之内就可以缓过劲来，把社会生产恢复到正常水平的。更何况，近代自然灾害的一个显著特点，是灾害的续发性非常突出。如直隶省，自1867年至1874年，曾连续八年发生遍及全省的水灾，其中后四年灾情十分严重，紧接着1875年又发生较大旱灾；1885年至1898年曾连续14年发生全省性水灾，紧接着1899年、1900年又发生两年旱灾。又如两湖地区，自1906年至1915年，湖北除两年外连续八年发生水灾，湖南则连续十年均有水灾，其中一半以上年份的灾情颇为严重。类似的情况各地都有。这样的连续被灾，旧灾造成的民困未苏，疮痍未复，新的打击又接踵而至，不但对社会经济的破坏极为严重，而且抗灾防灾的能力每况愈下，使得同样程度的灾害造成的后果更具灾难性，更使人无力承受。在连续几年大灾之后，往往十几年、几十年都难以恢复元气，如前面提到的鸦片战争爆发后连续三年黄河大决口，造成河南省自祥符到中牟一带长数百里、宽六十余里的广阔地带，十余年间一直成为不毛之地，“膏腴之地，均被沙压，村庄庐舍，荡然无存”。光绪初年连续三年的“丁戊奇荒”，使山西省“耗户口累百万而无从稽，旷田畴及十年而未尽辟”，说明较大自然灾害对社会经济所带来的消极影响，是那样长远、持久而难以消除。

灾荒对社会生活影响的再一个方面，是增加了社会的动荡与不安定，激化了本已相当尖锐的社会矛盾。

清朝封建统治者，常喜欢宣扬他们如何“深仁厚泽，沦浃寰区，每遇大灾，恩发内帑部款，至数十万金而不惜”①。辛亥革命后，窃取了胜利果实的袁世凯也吹嘘他的政府“实心爱民”，“遇有水旱偏灾，立即发谷拨款，施放急赈，譬诸拯溺救焚，迫不及待”②。要说这些话完全是无中生有的欺骗宣传，倒也未必。去掉自我标榜的成分，应该说，他们对赈灾问题，从主观上还是比较重视的。其原因，并不是如他们自己所说的出于“爱民”之意，“悯恻”之心，而是他们清醒地懂得，大量的饥民、灾民、流民的存在，会增加社会的动荡不安，直接威胁到本已岌岌可危的统治秩序的稳定。在统治集团的来往文书中，充斥着这样的语

① 第一历史档案馆藏：《录副档》，光绪二十四年八月二十七日刘坤一、奎俊折。
② 《东方杂志》，第12卷，第11号，第7页。

句："近年生计日艰，莠民所在多有，猝遇岁饥，易被煽惑"，"忍饥无方，又恐为乱"，"民风素悍，加以饥驱，铤而走险"，"设使匹徒借是生心，灾黎因而附和，贻患何堪设想"，这些话颇能道出问题的实质。辛亥革命前夕，梁启超从另外一种立场发表了大体相似的议论："中国亡征万千，而其病已中于膏肓，且其祸已迫于眉睫者，则国民生计之困穷是已。……就个人一方面论之，万事皆可忍受，而独至饥寒迫于肌肤，死期在旦夕，则无复可忍受。所谓铤而走险，急何能择，虽有良善，未有不穷而思滥者也。"①

在近代历史上，即使在"承平"之时，也就是阶级斗争相对缓和的情况下，在局部地区，因为灾荒以及赈灾中的种种弊端而引起小规模群众斗争的事，也是经常发生的。1841 年浙江归安县灾民因反对地方官"卖灾"而闹事，就是一个小小的例子：起先，前县令徐起渭于"报灾各区轻重等差，勘详不实；又定价卖灾"；后来，接任知县赵汝先又"与乡民约定，完纳条银，再给灾单，及至完成，爽约不给"，终于引起了"灾民滋扰"②。1849 年江苏大水灾，各地农村不断发生"抢大户""借荒"等斗争，是又一类型的例子。嘉定"其时乡间抢大户，无日不然"③。娄县"乡中富户以怕抢故，纷纷搬入城中。然仅可挈眷，不能运物，运则无有不抢"④。所以，左宗棠曾经发表过这样的意见："办赈须借兵力"——赈灾的时候，一只手要拿点粮、拿点钱，救济灾民；另一只手要拿起刀，拿起枪，以防灾民闹事。他说："向来各省遇有偏灾，地方痞匪往往乘机掠食，或致酿成事端。

① 沧江：《论中国国民生计之危机》，载《国风报》，1（11）。

② 《清宣宗实录》，卷 364。

③ 王汝润：《馥芬居日记》，见《清代日记汇钞》，第 184 页。

④ 姚济：《己酉被水纪闻》，见《近代史资料》，1963（1）。

故荒政救饥，必先治匪也。”“匪类借饥索食，仇视官长，非严办不足蔽辜。韩、郃饥民啸聚，起数颇多，亟宜一面赈抚，一面拿首要各犯，以靖内讧。”[①] 不言而喻，这里的所谓“匪”“痞匪”“匪类”等等，不过是那些无衣无食而又不甘坐以待毙，不惜铤而走险冲击封建统治秩序的灾民。

及至社会矛盾十分尖锐、阶级斗争或民族斗争日趋紧张的时候，自然灾害往往成为诱发大规模群众起事的重要客观条件；受到灾荒的打击而流离失所的数量巨大的灾民，又往往成为现存统治秩序的叛逆力量，源源不绝地加入到战斗行列中去。这在太平天国运动、义和团运动以及辛亥革命运动中，得到了最清楚不过的表现。太平天国的领导者们在历数封建清王朝的罪恶时，就特别强调了“凡有水旱，略不怜恤，坐视其饿莩流离，暴露如莽”[②] 这一条。一个外国人把“很多地区的庄稼由于天旱缺雨而歉收，人民的心里烦躁不安”[③] 看作是义和团兴起的重要原因之一。严复在谈到辛亥革命发生的“远因和近因”时则提到了“近几年来长江流域饥荒频仍”[④] 这个因素。不论这些运动在性质上是何等的不同，广大群众勇敢地拿起武器，义无反顾地同中外反动势力展开殊死搏斗，无论如何是值得讴歌的。但我们毕竟不应该忘记，不少人是付出了极为惨痛的代价，在饥寒交迫甚至是家破人亡的困境中，被迫走上“造反”之路的。我们赞颂他们的斗争精神，却要诅咒促使他们起来斗争的种种苦难——其中当然也包括自然灾害带来的苦难。

---

① 《左宗棠未刊书牍》，第 132－133 页。

② 《太平天国文书汇编》，第 105 页。

③ 《清末民初政情内幕》（上），第 422 页。

④ 同上书，第 782 页。

晚清义赈的兴起与发展*

有清一代，政府对于灾荒的赈济，形成了一套颇为严密的制度。虽然由于封建政治的日趋腐败，有关“荒政”的一些规定渐成具文，甚至存在着种种黑幕和弊端，但无论如何，这种由朝廷和各级政府主持的“官赈”，在很长时期内，毕竟是灾荒救济的主要的和基本的形式。直到光绪初年，随着社会政治生活和经济生活的新的变化，才开始兴起了一种“民捐民办”，即由民间自行组织劝赈、自行募集经费，并自行向灾民直接散发救灾物资的“义赈”活动。这在中国救荒史上，无疑是一个值得加以认真研究的问题。

一

义赈兴起的经过，积极参与其事的经元善写过这样两段文字说明：

---

* 载《清史研究》，1993 年第 3 期。

> 自丙子、丁丑，李秋亭太守创办沭阳、青州义赈以来，遂开千古未有之风气，迄今十余载矣。……戊寅，晋豫巨灾，苏扬沪设立协赈公所，筹募义捐甚旺。①

“从前未有义赈，初闻海沭青州饥，赠阁学秋亭李君，集江浙殷富资往赈。光绪三、四年间，豫晋大祲。时元善在沪仁元庄，丁丑冬，与友人李玉书见日报刊登豫灾，赤地千里，人相食，不觉相对凄然。”经过一段时间的酝酿，“遂拟募启，立捐册，先向本庄诸友集千金”，又纠合了一些志同道合者，并募得了更多的资金，大家“公举元善总司后路赈务”。元善“因思赈务贵心精力果，方能诚开金石。喻义喻利，二者不可兼得，毅然将先业仁元庄收歇，专设公所壹志筹赈。……沪之有协赈公所，自此始也”②。

这两段话讲的是同一个历史过程，中间包含着前后两件事情：丙子（1876 年，光绪二年）至丁丑（1877 年，光绪三年）间，江苏沭阳和山东青州发生较重灾荒，李秋亭首倡义赈；丁丑至戊寅（1878 年，光绪四年）间，山西、河南等地大旱奇荒，经元善等人成立了沪上协赈公所，使义赈在更大规模上开展起来。

上面提到的李秋亭，名金镛，江苏无锡人。《清史稿》本传称他“少为贾，以试用同知投效淮军。光绪二年，淮、徐灾，与浙人胡光墉集十余万金往赈，为义赈之始”③。《清史列传》也记：“光绪二年，淮安、徐州饥，金镛首倡义举，与浙绅胡光墉等筹十余万金，前往灾区散放，并绘图遍告同志，所济者博。嗣

① 《筹赈通论》，见《经元善集》，武汉，华中师范大学出版社，1988，第 119 页。

② 《沪上协赈公所溯源记》，见《经元善集》，第 326 页。

③ 《清史稿》，卷 451，《李金镛传》。

后如山东之青州、武定两属十余州县，直隶之天津、河间、冀州三属二十余州县，水旱各灾，金镛均亲莅查放，用款至五六十万金。”① 《清朝碑传全集》补编也收有他的传略，其中称：“(光绪二年）淮、徐、河、沭大饥，官赈勿给，而民气刚劲，饥则掠人食，旅行者往往失踪，相戒裹足。金镛独慨然往抚视，至则图饥民流离状，驰书江浙闽粤募义赈，全活无算。”②

这些材料，虽然角度和详略均有所不同，但基本内容都是一致的，都可以作为经元善所说的佐证。

与上述说法稍有差异的，是盛宣怀在1916年1月20日《致内务部农商部公函》中的一段话：“查前清光绪二、四年，山西、直隶等省有旱灾，赤地千里。上海仁济善堂董事施善昌等，慨然以救济为己任，筹款选人，分头出发，是为开办义赈之始。”③

盛宣怀此处所说的，实际上是指经元善讲到的第二件事，即因丁丑、戊寅大旱而成立上海协赈公所之事。其中提到的施善昌，确系协赈公所的重要成员，而且后来一直是各种义赈活动的积极参与者。

根据这些材料，“开千古未有之风气”的义赈，最初是怎么搞起来的，应该说已经有了一个大致的眉目。

前面材料中所说的“光绪三、四年间，豫晋大祲”，或“丁丑、戊寅，晋豫巨灾”，指的就是历史上著名的“丁戊奇荒”。这是中国近代社会最为严重的一次大面积旱灾。这次大旱灾，以山西、河南为中心，旁及直隶、陕西、甘肃全省及山东、江苏、安

① 《清史列传》，卷77，《李金镛传》。

② 《清朝碑传全集》补编，卷19，《李金镛传》。

③ 《盛宣怀未刊信稿》，第257页。

徽、四川之部分地区，灾区之广，灾情之重，实在是罕见的，有人说是清朝“二百三十余年来未见之惨凄，未闻之悲痛”。当时任山西巡抚的曾国荃在谈及晋省灾情时说：“赤地千有余里，饥民至五六百万之多，大祲奇灾，古所未见。”《申报》报道河南的情况则称：“一入归德府界，即见流民络绎，或哀泣于道途，或僵卧于风雪，极目荒凉，不堪言状。及抵汴城，讯问各处情形，据述本年豫省歉收者五十余州县，全荒者二十八州县。……非特树皮草根剥掘殆尽，甚至新死之人，饥民亦争相残食。而灵宝一带，饿殍遍地，以致车不能行。如此奇灾，实所罕有。”① 小林一美先生在《清朝末期的战乱》一书中，曾引用了在这次大旱灾中山西、河南重灾区死亡人数的资料，并列出如下简表②：

山西省灾情严重地区的死者数

地区	灾前人口	死者	生者	死亡率
太原府	100 万	95 万	5 万	95%
洪洞	25 万	15 万	10 万	60%
平陆	14.5 万	11 万	3.5 万	75.86%

河南省灾情严重地区的死者数

地区	灾害以前	1877 年	1878 年	死亡率
灵宝	15～16 万		9 万	37.5%～40%
荥阳	13～14 万		6 万	53.8%～57%
新安	15 万	10 万	6 万	60%

我们极为简略地介绍光绪三、四年的华北大旱灾的情景，目的是帮助了解义赈是在一种什么样的社会背景下兴起的。当然，

---

① 详见李文海等：《近代中国灾荒纪年》，第 349－386 页；《灾荒与饥馑》，第四章第二节。本处所引材料均见该二书。

② 小林一美：《清朝末期的战乱》，日本新人物往来社，1992，第 247 页。

我们在下面将会谈到，严重的灾荒并非义赈得以在这个时候迅速兴起的主要的或者根本的原因，真正的原因还要从另外方面去寻找。

上海协赈公所自 1878 年 5 月创办，至 1881 年 4 月基本结束，前后三年时间中，开始因为河南灾情特重，故专办豫赈；后来了解到陕西“境连晋豫，田尽歉收”，“一望千里已罄草根，野无炊烟，人皆菜色，奄奄垂毙，残喘难延，处处成灾，谋生无计，朝不保夕，闻之伤心”，乃“议定兼办秦赈”①。不久以后，协赈公所又将赈济范围扩大到直豫秦晋四省。特别是在接到山西地方官吏提出要求“协助晋赈”的呼吁后，考虑到“晋灾独久且酷”，又在《申报》发表《急筹晋赈》的启事，专门筹集解晋赈款。一时间，上海协赈公所成为赈济光绪初年华北大旱灾的重要机构和社会力量。在上海协赈公所的倡导和影响下，各地纷纷兴办起类似的组织机构来。仅据《上海详报晋赈捐数并经募善士禀》中开列的各地以“协赈公所”为名的义赈机构即有：澳门协赈公所、台南协赈公所、台北协赈公所、绍兴协赈公所、安徽协赈公所、汉口协赈公所、烟台协赈公所、湖北协赈公所、宁波协赈公所、牛庄协赈公所等。② 各地的协赈公所都与上海协赈公所保持着密切的联系，后者俨然成为义赈活动的中心。

1883 年（光绪九年），山东继上年黄河在境内多次决口之后，本年又于春夏间直至霜降后连续漫决，卫河等地也水势盛涨，漫溢出槽，造成全省性的大水灾。时任山西巡抚的张之洞奏称：“山东河决为灾，经年未塞，本年夏间复决数口，泛滥数百里，灾民数十万流离。”山东巡抚陈士杰也上折称：“核计历城、

① 《申报》，1878-03-22。

② 参见《申报》，1881-06-08。

齐东、章丘、齐河、济阳、长清、邹平、惠民、滨州、沾化、商河、利津、乐安、临邑等十四州县大小灾黎共折实大口七十五万五百余名。”“山东灾民就食省垣者十余万口，或在山冈搭棚栖止，或露宿附近关厢，归耕无期，日日待哺。”① 为了赈济鲁灾，原上海协赈公所的一些负责人，联络扬镇筹赈公所、（苏州）桃坞筹赈公所等，成立了山东赈捐公所，以上海陈家木桥的金州矿务局作为办事地点，并推定盛宣怀、郑观应、经元善、谢家福等为经理人。后来，因为这一年直隶先旱后涝，“京畿一带地方，被灾甚重，小民荡析离居，情形困苦”，江浙一带也有风潮灾害②，所以又将山东赈捐公所改为顺直山东沙洲赈捐公所。这个公所至次年夏间停撤。

1887 年（光绪十三年）9 月间，黄河在河南郑州决口，郑州以下黄河正河断流，漫口之水淹及豫、皖、苏三省，成为牵动朝野视听之重大事件。与此同时，沁河也在武陟县境漫决，河南遭灾地区广达 79 厅、州、县。③ 由盛宣怀提议，联合谢家福、经元善、陈煦元、施善昌、葛绳孝、李朝觐、王松森等人，在上海陈家木桥的电报总局内成立了“豫赈办事处”，专办豫赈。稍后，因安徽灾情亦颇重，故兼办皖赈，将“豫赈办事处”改名为“豫皖赈捐处”。次年冬，又兼办扬州、镇江义赈，改称“豫皖扬镇协赈处”。这个义赈机构一直活动到 1889 年（光绪十五年）初始告结束。

同年夏，因山东春荒严重，黄河又在章丘、历城、齐河境内

① 《近代中国灾荒纪年》，第 445－448 页。

② 同上书，第 448－453 页。

③ 同上书，第 498 页。

决口，齐鲁大地一片汪洋。为办理山东义赈，谢家福、经元善、施善昌、陈煦元、王松森、陈德薰、杨廷杲等人，又在上海文报局内设立“协赈公所”。秋间，浙江及江苏南部地区又发生大面积水灾，于是，在是年冬天，“协赈公所”又先后增设“浙赈收解处”和“苏赈收解处”，兼办浙江和苏南义赈。1890 年（光绪十六年）夏，顺天府及直隶地区淫雨连绵，永定、大清、子牙、潴龙等河及南、北运河纷纷漫决，“上下千数百里一片汪洋”，“庐舍民田尽成泽国，灾深民困，为数十年来所未有”[①]。于是，又在文报局内设立“顺直赈捐收解处”，兼办顺天、直隶义赈。直至次年夏间，“顺直赈捐收解处”及“协赈公所”才因工作基本完成而宣告停撤。

以上我们提供了一个义赈最初兴起的简单轮廓。在此基础上，随着灾荒的频繁发生，义赈活动也“相继而起”，到 19 世纪末，已经是“风气大开”，蔚然成风了。义赈的发展是如此迅速，以至于在义赈发展过程中曾经起过筚路开山作用的经元善，竟然萌生了“不必务名而多树帜，人取我弃，渐渐退舍”的念头，觉得后继有人，自己可以急流勇退了。[②]

二

经元善称光绪朝以前“未兴义赈”，说得稍微有点绝对。事实上，小规模的、零星的、局部的民间赈灾活动，过去也是有

① 直隶总督李鸿章奏折。见《近代中国灾荒纪年》，第 537 页。

② 参见《沪上协赈公所溯源记》，见《经元善集》，第 327 页。

的。例如，经元善的父亲经纬，在 1862 年（同治元年），就因“闻常属人相食，约同志劝筹往赈”①。当然，这种零星的民间赈灾活动，同光绪初年兴起的义赈，在许多方面不可同日而语，但二者之间毕竟存在着某种历史联系。

从组织机构角度而言，光绪年间兴起的各种“协赈公所”“筹赈公所”“赈捐处”之类，则同早先已普遍存在的各类“善堂”有着明显的渊源关系。

“善堂”是一种举办各类慈善事业的民间机构，在封建时代有着悠久的历史。这种善堂，在城乡各地到处可见，有一个材料说，上海“纵城中租界，善堂林立”②，可见其普遍的程度。善堂有各种类型，功能并不完全一样。如 1847 年（道光二十七年），经纬被上海绅士“公举主辅元善堂事，时经费绌，悉心筹划，出己资以广劝募。戊申（1848 年，道光二十八年）兼办同仁堂，施医药、设义学、毁淫书及恤嫠赡老、赊棺义冢诸善举，并禀办阖邑四乡掩埋。未几又任育婴堂事，集资扩充，收婴至数百口”③。唐廷珪等申请成立同仁公济堂，在禀帖中说这个善堂准备“先行举办惜字、义塾、乡约、接婴、恤嫠、施医给药、施赊棺木等事。俟捐款稍裕，其余逐渐扩充”④。有个叫“清节堂”的，专收养孤寡的“节妇”，以及她们的幼小子女。“翼化堂”主要“印售善书，多至二三百种”。“放生局”专门从事“牛马犬羊鸡鸭”等的放生活动，据说是“保全物命，恩及禽兽”，后来并筹建了放生池，将放生的范围扩大到鱼鳖等“鳞介之属”。元济

① 《经君芳洲先生家传》，见《经元善集》，第 172 页。
② 《善堂绅董禀道宪暨制造局宪稿》，载《申报》，1895-02-16。
③ 《经君芳洲先生家传》，见《经元善集》，第 171 页。
④ 《善堂绅董禀道宪暨制造局宪稿》，载《申报》，1895-02-16。

堂还搞过因旱祈雨等活动。总之，在那个时代，所谓的善举，名目是很繁多的，但最基本的不外是："弃婴需收养，嫠妇需保全，童蒙需设塾教诲之，老疾需抚恤留养之，伤病则需医药，死亡则需棺衾，暂则寄厝殡房，久则掩埋义冢。"这些活动中，实际上已包含着某些赈灾救荒的内容，而一旦发生较大灾荒，这方面的内容便更加突出起来。如《清史列传》记载：道光年间，镇江"府城设有留养所、普仁堂、育婴堂、恤嫠会，各有庐舍田亩，兵燹后渐多侵没"。同治七年（1868），钱德承"署镇江府事"后，便对这些善堂的财产"详加清厘，得田一万一千余亩，房舍数十楹，手订章程，概复旧观"。次年，钱德承调署江宁府事，"江宁每届隆冬，有散棉衣之举，水灾而后，德承假款预为购制，并劝集五千余缗，以羡余为掩埋棺木之用。又设当牛局，官为收牧，来春听其赎归"①。可见，从一定意义上说，善堂本来就具有某种民间赈灾的社会功能。

我们说善堂与后来的义赈组织存在着明显的渊源关系，除了上面谈到的善堂性质以外，主要还基于以下一些事实。

首先，因赈济"丁戊奇荒"而最先成立的上海协赈公所，不少骨干成员，本身就是某些善堂的主持者。如协赈公所的主要发起人经元善，其父经纬曾在"沪上设同仁辅元堂、公济堂、养老堂、育婴堂、清节堂等，家乡设经氏义塾"。经纬过世后，元善继续管理这些善堂，"并改进各慈善堂而扩大之"。当清廷因元善举办慈善事业而要奖以爵禄时，元善称："设善堂为孤寡病老者举办，非为受虚名享利禄也。一再婉拒。"② 可见，经元善发起

---

① 《清史列传》，卷 76，《钱德承传》。

② 盛静英：《先翁经元善简历》，见《经元善集》，第 405 页。

组织义赈，并非实然心血来潮，正是由以往经理善堂事业作为基础的。

其次，在协赈公所筹办过程中，有些善堂曾起过十分重要的作用。特别是著名善堂“果育堂”，不但开始时明确赈款“由果育堂司收解”，而且一些重要的筹备会议就是在果育堂召开的。甚至在《申报》登载的一些劝赈启事，也多次以“上海果育堂”的名义刊发。此外，协赈公所刚成立时，因“匆遽集事”，筹捐所用收据，不得不暂时“借用善堂各票”。这些事实都表明善堂和公所之间有着怎样密切的关系。

最后，义赈兴起之后，并不是由公所取代善堂，而是把各地众多的善堂组织到自己的赈灾活动之中，从而形成了一个从公所到善堂的广泛的义赈网络。从某种意义上说，协赈公所成为各地善堂的一个总联络站。1878 年 3 月 28 日《申报》载《豫赈类记》称：“豫有奇灾，待赈甚急，各处善堂及好善之士，无不踊跃集募，积少成多。”可见在赈济“丁戊奇荒”中善堂所起的作用。1879 年 4 月 8 日《上海劝办民捐绅士禀苏抚宪稿》中，更明确谈到了协赈公所与善堂的关系：“窃绅等自前年冬间，会合各善堂局，并续约外省府州县绅士善堂，筹募助赈，议设公所以来，截至本年二月底止，款目丛杂，捐户尤繁，远近经劝之人亦难悉数，且又辗转相托，莫可指名。”① 仅据《申报》上公布赈款账目的几次公告中，提到协赈公所及各种“赈捐处”“协赈处”与各地有联系的善堂名目即有：上海果育堂、辅元堂、保安堂、保婴局、王诒谷堂，松江辅德堂、全节堂，苏州安节堂，昆山正心崇善局，震泽保赤局，常塾凝善堂、水齐堂，黎里众善堂，常州保

① 《经元善集》，第 14 页。

婴保节总局，无锡善材局，江阴保婴局，金陵同善堂分局，福州普安堂，浙江同善堂，广东爱育堂，南浔育婴堂，汉口存仁巷善堂，湖州仁济堂，京师广仁堂，天津广仁堂，等等。这当然是很不完备的材料，但却已可清楚看出，善堂这种传统的组织形式，怎样在新兴的义赈中起着承先启后的作用。

但是，决不能把晚清义赈的兴起与发展，仅仅看作是传统的善堂赈灾作用的充分展现与发挥。量的增加，到一定程度，就会引起性质的变化。从光绪年间发展起来的义赈，在性质上比起以往善堂的赈灾活动，有了很大的不同，产生了一些前所未有的新的特点。

以往的善堂，由于它的分散性和自发性，一般说来，在赈济灾荒中的实际效果和社会影响，是微乎其微的。有一个材料说："各行省善堂，有名无实者多，即名实相副，其功德所被，亦殊不广耳。"① 到光绪初年大力开展义赈活动以后，情况就有了很大的变化。以协赈公所、筹赈公所等为名义的义赈机构，如前所述，把各地善堂联络、组织了起来，而且不仅仅组织善堂这种现成的形式，还广泛联系某些新式企业如电报局、轮船招商局等在各地的分支机构，甚至把中国驻外使领馆及企业的驻外商行也纳入自己联系的范围（如日本东京中国使署，美国华盛顿中国使署，德国柏林中国使署，英国伦敦肇兴公司，日本长崎广裕隆号、横滨永昌和号、神户怡和号，新加坡招商局，槟榔屿招商局，仰光协振号，暹罗招商局等），这样，就形成了一个触角伸及全国各地甚至世界一些重要城市的规模巨大的义赈网络，仅仅这一点就不能不产生强烈的社会影响。真所谓登高一呼，八方响

① 《拟办余上两邑农工学堂启》，见《经元善集》，第246页。

应。于是，民间的赈灾活动，也就从以往某些乐善好施的“善人”的个人“义举”变成了全社会瞩目的公益慈善事业。在这里，使我们自然地想起了马克思在《资本论》中做过的一个有趣的譬喻：“一个骑兵连的进攻力量或一个步兵团的抵抗力量，与单个骑兵分散展开的进攻力量的总和或单个步兵分散展开的抵抗力量的总和有本质的差别。”① 造成这种本质差别的唯一原因，不过是这样一点：前者是有组织的，后者是分散的、无组织的、各自为战的，这种情形同样适用于公所和善堂之间的关系。

晚清兴起的义赈，创造了一套新颖而有效的工作程序和方式。每当有重大灾情发生，义赈主持者们首先成立由社会名流领衔的义赈组织（如协赈公所、筹赈公所、赈捐处、协赈处、赈捐收解处等)。然后大力开展宣传活动，如在一些报刊上发表劝赈启事，印发反映灾区灾情的图文并茂的传单等。接着，统一印制募捐册，交由各地代理机构或联络点使用；各地代理机构即以此向社会各界开展募捐活动，募得款项，统一汇交一般设在上海的义赈中心组织。待筹集到相当赈款后，即直接派人专程赴灾区散发，同时在报上刊登消息，向社会报告赈款用途及去向。往往是筹解一批，公布一次，如1888年至1889年设立的“豫皖扬镇协赈处”，曾先后在《申报》19次公布起解赈捐消息；1890年至1891年设立的“顺直赈捐收解处”，曾先后在《申报》7次公布起解赈款消息。待整个赈事结束，即刊行“征信录”，公布全部账目清单。在赴灾区放赈过程中，它们强调义赈系“民捐民办，原不必受制于官吏”，以免封建官僚机构插手干预，甚或从中侵

① 《马克思恩格斯全集》，第23卷，第362页。

渔，但也注意与地方政府“和衷共济，以免掣肘”①。放赈办法，因地制宜，或者自己“设局举办”，或者委托当地官员代办，由义赈工作人员“暗中查察之”，但不论采取何种方式，坚决“不假胥吏之手”。因为在封建政治中，许多“胥吏”往往是鱼肉乡里、弄权肥私的老手。总之，这是一套将募款、司账、运解、发放相互分开、各有专人负责的赈灾规程，其目的是防止贪污中饱，务求从社会募集来的赈款，最大限度地真正落到处于水深火热状态的灾民手中。参加义赈的工作人员，很多都“不受薪水”，甚至有些亲赴灾区放赈的人员也往往“自备资斧”，以免占用了来之不易的赈款。

以往那种零散的、小规模的民间赈灾活动，具有很大的地区局限性。某个地方发生了灾荒，就在该地区范围内进行募捐活动，至多也只是扩展到旅居个别大城市的本籍同乡范围。募捐的赈款自然也限于赈济本地的灾民。可以想见，这种地区的局限，必然极大地限制了赈灾活动的规模和成效。光绪初年兴起的义赈，则完全突破了狭隘地区的局限，赈济对象往往是全国最突出的重灾地区，募捐的范围涉及广泛的社会阶层，而且募捐活动往往遍及全国各地，甚至扩展到海外的爱国华侨。赈款筹集之后，义赈工作人员长途跋涉，跨越省区，前往灾区放赈。这样，不仅能够最大限度地动员社会力量，集中一定的资财，而且能够造成必要的声势，引起全社会的关注，从而使义赈活动真正搞得有声有色。

由于具有以上这些特点，所以义赈兴起后，确实可以说是成

① 《送两弟远行临别赠言》，见《经元善集》，第12页。

绩斐然。仅拿募集到的赈款来说，为赈济“丁戊奇荒”而成立的上海协赈公所，就曾先后解往直隶、河南、山西、陕西四省赈灾款共四十七万余两。而据《清史稿》记载，为这次灾荒清王朝正式用国家财政拨给的赈款，有数字可计的也不过七十余万两。两相比较，义赈所起的作用就不言自明了。1887 年末至 1889 年初，“豫皖赈捐处”（后发展为“豫皖扬镇协赈处”）共收解赈款合上海规银五十五万余两。1889 年 4 月至 1891 年 8 月，在上海文报局内设立的“协赈公所”，共向山东灾区筹解赈款计上海规银一百二十四万五千余两。这在当时，都是一笔不小的数目，在灾荒的赈济方面，确实起到了举足轻重的作用。

三

光绪初年义赈的兴起，在当时的社会生活中自是一件新的事物。任何新事物初起之时，总不免会遇到各种困难和阻力，义赈也同样如此。经元善在谈到上海协赈公所成立初期的情形时说：“其时风气初开，当道目为越分，而忌阻者亦颇不乏，惟有动心忍性而已。”① 但唯其是新的事物，所以它毕竟不会因为某些阻碍就萎缩下去，相反，却很快地得到蓬勃发展。1883 年 8 月 1 日的《申报》，曾有这样的评论：“上海诸善士自六七年前筹办山东旱赈，款巨时长，在事之人无不悉心竭力，所集之款涓滴归公。遂觉自有赈务以来，法良意美，当以此为第一善举。”甚至出现了官赈屡举，“然而泽不逮下，海内成为风气，一若非义赈不得

① 《沪上协赈公所溯源记》，见《经元善集》，第 327 页。

实惠”，“遇灾省份，官中亦驰书告籴，仿效义赈办法”的现象。[①] 不是官赈限制了义赈，而是义赈影响着官赈，使官赈也不得不“仿效义赈办法”，对于这种情况的唯一解释，就是义赈在这个时候得以兴起和发展，并非一种偶然的历史现象。

历史进入近代之后，封建清王朝在外国侵略不断加深和国内阶级矛盾日趋激化的双重冲击下，政治危机更形严重，统治力量愈益衰败。从“荒政”这个角度说，清王朝遇到了两个极为尖锐的问题：一个问题是财政的窘迫。1875 年 2 月 20 日（光绪元年正月十五日）山西巡抚鲍源深在奏折中说：“自咸丰初年军兴以来……百计搜括，已极艰难。……现在部库无充余之蓄，其各直省情形，东南若江、浙等省，地方凋敝，民气未复，艰窘固不待言。西北若山东、河南、山西、四川等省，虽较东南稍称完善，而纷纭协拨，力亦万难久楮。即以山西而言，岁入之项仅三百万有奇，应解京饷、固本饷一百零六万，应拨各路军饷一百九十余万，本省必不可少之用一百六七十万，以出衡入，窘竭情形，岂堪言喻，山西如此，他省可知。……第出者日见繁多，入者只有此数，其尚可强支者，无非剜肉补疮之计；其无能勉应者，早成捉襟露肘之形。各省库储为京师外府，而令空虚一至于此。瞻维大局，岌岌可忧。……今内地空虚若此，设有水旱刀兵之事，何以应之?”[②] 鲍源深在这里特别强调，财政的困难，使日常行政经费都“捉襟露肘”，如果再有“水旱刀兵之事”，政府就会无法应付了。另一个问题是随着封建政治的日趋腐败，“官赈”中的弊端愈来愈严重。我们这里也引用光绪元年的一个材料：1875

① 《筹赈通论》，见《经元善集》，第 118 页。

② 《光绪朝东华录》，总 23 页。

年2月（光绪元年正月）间，御史王荣琯在奏折中揭露了赈灾中的一些弊端，2月10日（正月五日）的上谕称："各省被灾地方，一经该省大臣奏请蠲缓粮租，朝廷无不立沛恩施。若如该御史所奏，报灾之先，吏胥辄向灾区索取规费，被灾重轻并不核实勘报，及奉有恩旨，则又迟贴誊黄，先行追比，似此玩视民瘼，以致泽不逮下，殊属不成事体。"[①] 其实，王荣琯在这里所涉及的，只是种种弊端中之九牛一毛，封建官吏大发灾荒财的手法，名目繁多，花样翻新，有些简直是令人发指的。财政的竭蹶使政府无法拿出更多的钱财用于救荒，而一些本来就少得可怜的赈款又大都流入官吏的腰包，很少真正发放到灾民的手中。于是，一旦遇到稍重一点的水旱灾害，"饥民遍野""饿莩塞途"就成为司空见惯的现象。所有这些，都在客观上呼唤着义赈的出现。因为义赈一方面可以广集社会资财，补充政府财力不足；另一方面又还没有沾染官赈的种种弊病，较少有贪污中饱的现象发生，可以使实惠真正落到灾民身上。这两个方面恰好弥补了官赈的缺陷。经元善在《筹赈通论》中曾专门比较官赈、义赈之优劣，指出："北省饥民，惯吃赈久矣。凡遇官赈，不服细查。有司虑激生变，只可普赈。以中国四百兆计之，每县三十余万，倘阖邑全灾，发款至二万金，已不为菲。而按口分摊，人得银五六分，其何能济。义赈则不然，饥民知为同胞拯救，感而且愧，不能不服查剔。查户严，则去其不应赈者，而应赈者自得实惠矣。"经元善在这里说得客气而含蓄，留有很大的余地，他没有也不大可能把官赈的弊端和盘托出，但他毫不含糊地肯定义赈，并且强调官赈要学习义赈的长处，声称"所愿各省官绅善长，不惟其名惟其实，欲酬

---

① 《光绪朝东华录》，总20页。

心愿，悉入义赈，功德倍蓰”[1]，差不多是公开申明了义赈存在的必要性和合理性。

不过，上面所说的，还只是义赈在这个时期兴起和发展的客观条件。要全面了解光绪初年义赈兴起的原因，还应该谈到问题的另外一个方面，即这时社会生活尤其是经济生活中已经出现了新的因素、新的力量。

随着洋务运动的开展，社会上兴办了一批洋务企业，出现了一批洋务企业家。积极倡导义赈的头面人物和骨干成员，正是在当时颇具经济实力的洋务企业家，而洋务企业则恰恰成为开展义赈的活动据点。例如，鼎鼎大名的郑观应、盛宣怀、谢家福、胡光墉等人，不仅都是兴办洋务企业的健将，同时也是义赈活动的最初发起人和主持者。我们多次提到的义赈发起人之一的经元善，正是在筹建上海协赈公所时结识了郑观应、谢家福、李金镛等人，又在 1880 年（光绪六年）亲赴直隶雄县放赈时谒见了洋务派首领李鸿章，受到李的赏识，被委派为上海机器织布局的商董和驻局会办，以后又在多个洋务企业中任重要职务，一直到 1900 年（光绪二十六年），以领衔通电反对慈禧的“己亥建储”，受到清政府的通缉，逃亡港澳，而成为名噪一时的风云人物。许多洋务企业的重要商董，都曾和义赈活动发生过或深或浅的关系。

前面已经提到过，山东赈捐公所的办事机构设在上海陈家木桥的金州矿务局内。此外，1887 年至 1889 年的“豫赈办事处”“豫皖赈捐处”“豫皖扬镇协赈处”，设在上海电报总局内；1889

---

① 《经元善集》，第 118 页。

年成立专办山东义赈的协赈公所，1889 年至 1891 年的“浙赈收解处”、“苏赈收解处”和“顺直赈捐收解处”，设在上海文报局内。《申报》登载的《上海陈家木桥电报总局内豫赈办事处事略》中特别提到，办事处所以要设在电报总局，是因为有关筹赈事宜，需同各省函电协商，“及遍商各省之后，复信复电必至此局，故借此为公同办事之处”①。从这里可以清楚地看到，这些洋务企业在义赈发展过程中怎样提供了必要的物质手段，或者反过来说，如果没有这些洋务企业所提供的必要的物质条件，义赈要发展成如此规模，简直是不可想象的。至于洋务企业在各地的分支机构，怎样成为遍及全国的义赈网络的组成部分，我们在前面已经有过交代了。

我们可以这样说：有别于“官赈”的，由民间筹集资金、民间组织散放的“义赈”，是随着带有资本主义性质的经济成分的出现而兴起的。毫无疑问，义赈的兴起，是一个历史进步。但是，正如洋务派不过是封建统治阶级中的一个政治派别、洋务企业终究不能完全摆脱对于封建政权的依附一样，从事义赈活动的人，虽是以“民间”的身份出现，但在当时的条件下，也无法完全割断同封建官僚政治的联系。过了一段时间后，官赈中的种种弊端也就渐渐地浸淫到义赈活动中去，以致后来就有人指出，社会上颇有一些人是靠办“慈善事业”而发家的，并感叹说：“自义赈风起，或从事数年，由寒儒而致素丰”，偶有少数人真正鞠躬尽瘁于赈务，“每遇灾祲，呼吁奔走，置身家不顾”，并且“始终无染，殁无余赀者”，倒成了凤毛麟角，“盖不数觏”② 的了。

---

① 《经元善集》，第 63 页。

② 《清史稿》，卷 452，《潘民表传》。

丘逢甲在《新乐府》之一的《花赈会》里，甚至公然把某些“海上善士”称作是“闻灾而喜，以赈为利”① 的人。不过这些已是后话，一个具有充分历史感的人，自然不能因为这些而抹杀他们在义赈兴起和发展中曾经起过的历史作用。

① 《岭云海日楼诗钞》，卷 11。

晚清诗歌中的灾荒描写*

文学艺术是社会生活的一面镜子。在各种文艺形式中，诗歌反映社会面貌往往更加直接，更加清晰。在清朝晚期，不少诗人把自然灾害作为自己创作的重要主题，从各个方面生动形象地刻画出了那个时代水旱失时、灾荒频仍、哀鸿遍野、饿殍塞途的社会真实。

一

晚清时期，由于殖民主义、帝国主义的侵略蹂躏，封建统治的野蛮黑暗，政治腐败，经济凋敝，阶级矛盾复杂尖锐，社会秩序动荡混乱。这一切，无不极大地削弱了本来就极其脆弱的防灾抗灾能力。于是，灾荒的频繁，灾区的广袤，灾情的严重，就成为这一时期社会生活的一个突出现象。

在各类自然灾害中，水灾是带给人们苦难最深重、对社会经

---

* 载《清史研究》，1992 年第 4 期。

济破坏最巨大的一种。下面几首诗，对洪水肆虐的情形进行了细致的描绘：

一雨四十日，低田行大舟。饿犬屋上吠，巨鱼床下游。张网捕鱼食鱼肉，瓮中无米煮薄粥。天寒日短风萧萧，前村寡妇携儿哭。（沈汝瑾：《老农述灾象作》）

三载野无禾，嗟哉《瓠子歌》。荒墟惟识树，官道乱成河。马向田中渡，车悬艇上过。居人翻习水，愁绝是催科。（鲍瑞骏：《禹城道中》）

田野夫如何，水至荡为薮。浪头一丈高，漂没大堤柳。十室仅有存，多半向城走。汩汩鸣澌中，觳觫对鸡狗。画船尔何人？看水到村口。坐赏天上雨，满引杯中酒。（贝春乔：《雨中作》）

水连床，床连屋，大儿小儿尽匍匐。床前淅米床上炊，那有干薪一两束？黑夜沉沉儿堕水，夫叫妻号救儿起，不闻儿啼儿已死！邻家有小船，儿女安稳眠。我家无船屋里住，水来更向何处去？不如拆屋取屋材，粗宋细桷并一堆。两头用绳缚做筏，漂东漂西波汩汩，未定一家谁死活？（曹楙坚：《拆屋行》）

……今年楚雨多，东下三千里。邗江入海处，处处堤岸毁。汪洋成巨浸，地水本相比。兼之潮汐盛，浩瀚不可止。屋庐与坟墓，在在水中沚。舟行不见岸，惟见树梢耳。林鸟远栖塔，海鱼近入市。洚洞疑洪荒，人民可知矣。胥徒亟四出，恤之钱及米。江船夹双橹，渡人若渡蚁。贫家葬近岸，岸圮坟亦圮。上下随波流，榗楱相累累。捐金为瘗埋，积棺若积几。子孙悉流亡，悲啼杂人鬼。老人八九旬，自言未见

此。哀鸿遍中泽，耳目忍闻视……（陈文述：《江北大水叹》）

长风吹积阴，荒草蔓新堤。堤旁倚破屋，有妇掩面啼。借问何所悲？欲语神惨凄：“沔阳膏腴地，自昔形势卑，频年水为患，不得把锄犁。食贫妾有夫，力耕三岁饥，家具既尽卖，天寒无蒿黎。昨欲卖儿女，言发心魂痴。怀中七岁女，忍痛离母帏。女在儿难全，安能两相依？但得暂存活，犹胜死别离。”嗟此饿殍骨，何处埋沙泥？（毛国翰：《新堤妇》）

这些诗作，既有对洪波巨浸汹涌澎湃的自然描写，又有对被灾人民或葬身鱼腹、或颠沛流离、或卖儿鬻女的创巨痛深与少数富贵人家灾中赏雨这样尖锐对比的社会众生相的生动写真。就艺术性而言，固然不见得是可以传诵千古的佳品，但就其现实主义的思想内容来说，应该说是上乘之作。

“华夏水患，黄河为大”。在晚清历史上，黄河平均两年即漫决一次，有时甚至一年数决。一旦黄河决口，沿河人民不是惨遭灭顶，就是流离失所。请看林寿春《饥民》一诗：

昨从邗江来，饥民遍徐州。咸云黄河泄，田园荡洪流。骨肉饱鱼鳖，尸骸渺难收。死者诚已矣，生者将安投。忍饥已三日，一饭不可谋。呻吟卧草间，行与鬼卒俦。谁能庇大厦，俾无冻馁忧。

徐兆英的《车行杂咏》则写得更加淋漓尽致：

去秋黄河决，数县成汪洋，丰堤工未合，满目皆疮痍：男妇多菜色，忍饥死道旁，骷髅乱犬啮，见之酸肺肠。新邳逢父老，招与谈沧桑，佥言去年水，更甚前年荒。老弱相枕藉，少壮逃四方。询知齐鲁地，连年遍哀鸿，贫家鬻小儿，只值三百铜。所以怀春女，多入烟花中，昔为良家女，今学娼妇容。

淮河也是一条曾带给人们无穷灾难的河流，“大雨大灾，小雨小灾，无雨旱灾”，是旧中国对淮河流域灾荒状况的确切概括。潘际云的《淮河叹》中有如下的句子：

淮河四月风怒号，卷起白浪翻塘坳。老蛟喷沫天吴骄，一堤如线居民逃。夜半黑云压城壕，翻空白雨尤萧骚。石岸迸裂流滔滔，河流漫溢十丈高。……哭声殷天民居漂，峨峨高塔浸及腰，老树露顶同蓬蒿，何况草舍依荒郊。流民荡析容颜憔，携妻抱子泥没骹。提筐乞食发垂髫，夜半古庙悬箪瓢，见客流涕声嘹嘹。为言频岁凶荒遭，去年首夏腾江潮。浵浵千里成银涛，欲避无楫居无巢，中田徒种黍与苗。今年更值狂澜涛，转徙不复知昏朝，卖得子女供铺糟……

相比之下，长江造成的水患要比黄、淮流域小得多，但从鸦片战争到五四运动的80年间，也曾发生30余次漫决，灾区较多集中在湖北一带。道光二十三年（1843）贵州遵义举人郑珍北上应廷试，途经湖北公安县，惊奇地发现满目荒凉，人烟稀少，他回想起17年前经过此地时，“公安南北二百里，平地若席人烟稠。红菱双冠稻两熟，枣赤梨甘随事足”。他找到一位老人，打听这前后判若天壤的急剧变化的原因，老人“太息言从辛卯（按：道光十一年，1831年）来，长江无年不为灾。前潦未收后已溢，天意不许人力回。君不见壬寅（按：道光二十一年，1841

年）松滋决七口，阊殚为江大波吼。北风三日更不休，十室登船九翻覆。老夫无船上木末（木末，指树梢。——引者注），稚子衰妻复何有！可怜四日饥眼黑，幸有来舟能活得。他方难去守坏基，田土虽多欠人力。无牛代耕还自锄，无钱买种多植蔬。今春宿麦固云好，未省收前堤决无！纵得丰成利能几，官吏又索连年租。租去老夫复不饱，坐看此地成荒芜”（《江边老叟诗》）。这位老人，不但道出了连年天灾对人民生活和社会经济的巨大打击，也接触到了黑暗的封建统治造成的人祸怎样进一步加深了天灾。

就发生的频率来讲，旱灾较水灾为小，但一旦因长期亢旱而形成灾荒，则往往出现“赤地千里”“树皮草根之可食者，莫不饭茹殆尽”，不得不“研石成粉，和土为丸”，吞观音土以苟延残喘的景象，甚至演出“易子而食，析骸以爨”的人间惨剧。从下面两首诗，可以看到旱魃对人们构成了怎样的威胁：

> 大云峨峨似山矗，嗟哉阳九逢百六。石焦金烁土龟坼，野火翻飞上茅屋。榆皮已尽草根枯，十丈溪河变成陆。晨起愁看日影红，晚来几见炊烟绿。去年米贱等糠秕，今日糠秕贵如谷。君不见千钱一斗万钱斛，富儿色喜贫儿哭！（赵元绍：《米贵谣》）
>
> 仲夏多雨秋多晴，商羊舞罢朱鸟明。天公欲以威克爱，驱下旱魃恣凭陵。绝无微云触石起，高张大伞空中行。草木槁死何足惜，可怜憔悴禾数茎。农人望雨如望岁，桔槔终夜无时停。大地为炉日为炭，忍看万物同煎烹。……（柳树芳：《苦旱行》）

此外，如“大风拔木海水高，人畜入水鱼鳖骄，空中似有神鬼号”（沈汝瑾：《风灾行》）的对于风灾的描写，“蝗飞蔽天日，衔尾群相接，千头万头如雨集”（高望曾：《蝗灾行》）的对于蝗灾的描写等等，都使我们对于晚清灾荒状况，得到更加清晰、形象、具体的了解。

二

前面引用的这些诗句中，已经涉及灾荒发生后人民遭受的种种深重而巨大的苦难。但诗人们在另外一些作品里，有着对于灾民们水深火热的痛苦生活更为集中的撕心裂肺的呼喊与诉说。

黄燮清在《灾民叹》中谈到了大灾之年人命怎样贱如蝼蚁的情况：

> 阿弟犹襁褓，阿兄四五龄。阿弟饥已死，阿兄匍匐行。狗来食弟肉，还复视阿兄。明知与鬼伍，见惯亦不惊。哀尔固人子，生死两伶俜。饥寒父母弃，躯命蝼蚁轻。吁嗟纨绔儿，梨枣方纷争！

鲁一同的《荒年谣》中，有一首题为《卖耕牛》的，说的是因为灾荒，有人不得不把主要生产资料耕牛卖掉，有一位方巾气十足的老者，大发人不该吃牛肉的迂论，引起的反响却颇为不妙：“戒人食牛人怒嗔：不见前村人食人！”这个故事实在颇有点“黑色幽默”的味道，在“人食人”的悲惨现实面前，“戒人食牛”这个本来积极的议论却显得那样地不近人情了。同一作者在另一首题为《拾遗骸》的诗中，则是把灾年的悲惨景象赤裸裸地展览给人看了：

拾遗骸，遗骸满路旁。犬饕鸟啄皮肉碎，血染草赤天雨霜。北风吹走僵尸僵，欲行不行丑且尫。今日残魂身上布，明日谁家衣上絮？行人见惯去不顾，髑髅生齿横当路。

既然自己的生命尚且朝不保夕，随时都可能不胜冻馁而倒毙路旁，卖儿鬻女也必定成为司空见惯的现象，这与其说是做父母的无情，倒不如说是在万般无奈中对于后代存着一线生的希望。——这至少比将子女忍心抛弃于山野丘壑之间要聊胜一筹吧！请看汤国泰的以下两首诗作：

去冬卖儿有人要，今春卖儿空绝叫。儿无人要弃路旁，哭无长声闻者伤。朝见啼饥儿猬缩，暮见横尸饥鸟啄。食儿肉，饱鸟腹，他人见之犹惨目。呜呼！儿弃安能己独活，枉抛一脔心头血。嗟哉儿父何其忍？思亲儿在黄泉等。(《路旁儿》)

道旁妇，苦又苦，鹄面鸠形衣褴褛。饥寒儿女泣呱呱，霜雪风中频索乳。腆颜欲作富家奴，主不兼容絜儿女。思卖儿女活己命，肉剜心头难操刃。自甘同死怕生离，搔首空把青天问。(《道旁妇》)

侥幸暂时逃避了骨肉生死离别厄运的人们，也仍然过着衣不蔽体、食不果腹的非人生活，只是在死亡线上挣扎着苟延残喘而已。论住，他们或露宿田野，或藏身山洞；论食，他们或挖草根树皮，或靠“观音土”填塞肚子，甚至以死人肉充饥：

凶年卖屋不论间，拆墙卖柱斤一钱。贫家无屋住山洞，吞声忍饥兼忍冻。生剥儿衣市头卖，买啖树皮安得菜？御寒但盼东日红，连宵积阴号朔风。儿嘶无声战两腿，死抱娘怀

作寒鬼。（边瀹慈：《冻婴叹》）

采采山上榆，榆皮剥已尽。采采草门茅，茅根不堪吮。千钱二斗粟，百钱二斗糠，卖衣买糠食儿女，卖牛买粟供耶娘。无牛何以耕，无衣何以燠？休问何以耕，休问何以燠，未必秋冬时，一家犹在屋。

未死不忍杀，已死不必覆。出我囊中刀，刳彼身上肉。瓦甑烧枯苗，煎煎半生熟。羸瘠无脂膏，和以山溪蔌。生者如可救，死者亦甘服。此即妻与孥，一嚼一号哭，哭者声未收，满体乍寒缩。少刻气亦绝，又填他人腹。（焦循：《荒年杂诗》选二首）

在这样的情形，留给灾民的最后一条出路，就是背井离乡，外出逃荒。当时，把这种逃荒者称作“流民”。一次大的水旱灾荒，往往要产生数万、数十万甚至数百万的流民。流民们到处游荡，居无定所，食无定时，过着半饥半饱、不生不死的日子。晚清著名学者俞樾有《流民谣》云：

不生不死流民来，流民既来何时回？欲归不可田污莱，欲留不得官吏催。今日州，明日府，千风万雨，不借一庑。生者前引，死者臭腐。吁嗟乎！流民何处是乐土。

这里提到“欲留不得官吏催”，是什么意思呢？原来，清朝政府害怕大量流民的存在，会威胁到原本就动荡不定的社会秩序更加纷扰，不从根本上组织抗灾救灾，以减少流民的产生，却硬性规定不准外地流民入境。凡入境者即以强制手段驱逐遣返。边瀹慈在《济源民》一诗的说明中说：“济源县受灾最先，亦最重。往往一乡之人结队同逃，求官给牒就食他省。至直隶界，不纳，出牒示之，遂以其牒达之总督，还咨豫抚。济源令以此撤任。于是逃民所至，仍饬州县递回原籍。”好心的济源令为了给流民出具一纸证明，竟丢掉了乌纱帽，一般的官员自然谁也不会去冒这样的风险。蒋兰畬《山村》一诗云：

> 荒村日暮少行人，烟火寥寥白屋贫。小队官兵骑马过，黄昏风雪捉流民。

贝青乔的《流民船》则称：

> 江北荒，江南扰。流民来，居民恼。前者担，后者提，老者哭，少者啼。爷娘兄弟子女妻，填街塞巷号寒饥。饥肠辘辘鸣，鸣急无停声。昨日丹阳路，今日金阊城。城中煌煌宪谕出，禁止流民不许入。

在当时社会条件下，一旦遭灾，老百姓留在灾区既无以为生，远离他乡又无路可走，剩下的真只有死路一条了。

三

灾荒不仅是一种自然现象，同时也是一种社会现象。既然如此，它当然也就不能不与政治有着密切的关系。晚清诗歌中，有不少篇章触及了这个重要而敏感的问题。

道光二十三年（1843）夏，黄河于中牟县下汛九堡漫口，开始时河堤冲决百余丈，后塌宽至 360 余丈。这已是黄河连续第三年大决口了。滔滔浊浪，一泻千里，河南全省的 16 个州县“地亩被淹”。河决后，朝廷虽专派礼部尚书麟魁、工部尚书廖鸿荃

“督办河工”，但工程进展缓慢，第二年整整一年，“黄流未复故道”，被淹田地未能涸复。河南、安徽、江苏“三省灾黎，流离失所”，不计其数。直至道光二十四年年底（1845年年初），中牟决口始行合龙。这次大灾难的发生，很大程度上与以河道总督慧成为首的一帮管理黄河的官吏玩忽职守、贪渎搜刮有关。事件发生后，清政府也不得不以“糜帑殃民”的罪名将慧成“革任”，并“枷号河干，以示惩儆”，河督一职由原库伦办事大臣钟祥接替。何栻《河决中牟纪事》对此有这样的揭露：

黑云压堤蒙马头，河声惨摅云中流。淫霖滂沛风飕飕，蛟螭跋扈鼋鼍愁。隤竹揵石数不售，公帑早入私囊收。白眼视河无一筹，飞书惊倒监河侯。一日夜驰四百里，车中雨渍衣如洗。暮望中牟路无几，霹雳一声河见底，生灵百万其鱼矣，河上官僚笑相视。鲜车怒马迎新使，六百万金大工起。

咸丰元年八月（1851年9月），黄河又在江苏丰县北岸决口，口门塌宽180余丈，“淹没生民千万”。这次决口的主要原因，是河工大员吝惜一些工料费而随意改变合龙旧制，对此，夏实晋在《避水词》中悲愤地写道：

御黄不闭惜工材，骤值狂飙降此灾。省却金钱四百万，忍教民命换将来！

其实，岂但黄河如此，在那个时候，有几个地方官肯为民谋福，去实力兴修水利？无怪乎诗人要发出这样的慨叹：“吾思备旱之策先导水，疏通沟洫江湖平。白渠溉田决为雨，苏堤卫水湖澄清。纵有灾沴不为害，天定每以人力争。平时不讲临事晚，嗟此水利何由兴！”（柳树芳：《苦旱行》）

一旦灾害发生之后，地方大吏们在勘灾过程中，就要开了弄虚作假的手段，或“以丰为歉”，捏报灾情；或“以歉为丰”，匿灾不报。虚报是为了贪污，匿灾是为了邀功，不论哪一种情形，都是以官吏追名逐利为根本出发点，而置老百姓的死活于不顾。宣统元年（1909），甘肃自前年开始连续995日亢旱无雨，出现特大旱灾，“不独无粮，且更无水，竟有人食人之慨，穷民纷纷逃荒”。但陕甘总督升允粉饰太平，既不积极筹赈，还向朝廷讳饰灾情，结果自然更增加了人民的苦难。南社著名诗人高旭特作《甘肃大旱灾感赋》，内称：

> 天既灾于前，官复厄于后。贪官与污吏，天地而蔑有。歌舞太平年，粉饰相沿久。匿灾梗不报，谬冀功不朽。一人果肥矣，其奈万家瘦！官心狠豺狼，民命贱鸡狗。屠之复戮之，逆来须顺受。况当赈灾日，更复上下手。中饱贮私囊，居功辞其咎。甲则累累印，乙则若若绶。回看饿殍余，百不存八九。彼独何肺肝，亦曾一念否？

这首诗，对于封建政治中所谓“荒政”的黑幕，揭露得可说是一针见血、淋漓尽致的了。

当然，封建统治者表面文章是总要做一做的。每当灾年，朝廷一般要根据灾情轻重，对一些地区的田赋宣布实行“蠲免”，有关“蠲免”的谕旨还要“刊刻誊黄”，广为张贴。但宣布归宣布，实际上地方官吏往往照样对老百姓敲骨吸髓，催租追粮。这方面的情形，在诗歌中有许多反映。下面只略举一二：

> 饥户一箪粥，蠲户百石谷。朝闻饥户啼，暮闻蠲户哭。城中派蠲何扰扰，城外发赈何草草？堂皇坐者顾而嘻，尽瘁

民依心可表。心可表，情弗矜，蠲户含咽卖田产，饥户糜骨填沟塍。明年荒政叙劳绩，拜章入奏官高升。（贝青乔：《蠲赈谣》）

水灾仍重赋，最苦是低田。有麦无禾地，椎心泣血钱。闾阎资易竭，官吏壑难填。减免堂堂谕，誊黄贴署前。（沈汝瑾：《重赋》）

去年三辅岁不熟，夏苦焦原秋泽国。黍稌粳稻俱不收，剜肉补疮种荞麦。挑挖野蒿掘莱菔，和土连根煮苜蓿。富者犹闻饼屑糠，穷人那有榆煎粥。窖藏岂无升斗谷？留与高年作旨蓄。苍黄夜半贼马来，十舍逃亡九空屋，贼去人还家，空仓啼老鸦。土堆粪壤括遗粒，拾起秕稗淘泥沙。全家恃此以为生，哀哉又遇打粮兵。（尹耕云：《打粮兵》）

除了“蠲免”外，对于重灾地区。有时封建王朝还拿出一些钱米，进行“赈济”。但赈灾中的弊端，更是黑幕重重。且不说别的，要列入饥民册，首先就得向胥吏交钱，否则，连作为救济对象的资格都没有。下面一首类似民谣的诗歌有十分生动的记述：

戚戚复戚戚，总甲来造册。囊空无一文，何以谢总甲？上复总甲爷：除我饥口名，今冬何以活残生？上复总甲爷：入我饥口名！惶恐不敢高作声，上复总甲爷：怜我无钱，容我长跪。总甲爷爷，大怒而起。（胡承谱：《总甲爷》）

至于贪污赈款，侵吞赈银，大发灾荒财，上下其手，搞什么“吃灾”“卖灾”“勒折”之类的名堂，就更加说不胜说了。

在一些城市或集镇里，封建政府为了装点门面，常常举办粥场（也叫粥厂），向流浪到城镇的灾民施粥，算作是一种“善举”。但据历史资料记载，灾民们要靠这类粥厂维持生命，是难乎其难的。我们经常可以看到，在粥厂前面，倒毙着许多冻馁而亡的尸体。下面这首诗，对粥厂的情况做了真实然而是令人毛骨悚然的描绘：

> 赈饥民，官煮粥。半杓石灰一杓粥，熬作泥浆果人腹。北风森寒肌起粟，胥吏重裘饱酒肉。长官排衙开册读，两边唱筹依次续。弱者趑趄遭詈辱，强者提筐往而复。路旁老翁形瑟缩，鼻观闻香遥注目，饥焰中烧直前掬，官怒擒前命鞭扑，老翁仆地吞声哭。昨朝里正点村屋，老翁无钱名不录，今晨横被官刑酷，忍饥归医杖疮毒。呜呼！此是赈饥民，煮官粥。（王嘉福：《粥厂谣》）

我想，说这样的生活无异于人间地狱，大概是不能算过分的。但我们的先辈，确实是在这种历史真实中生活过来的。我们不能忘却我们的民族曾经经历过的这些苦难，目的是为了再也不让这种民族苦难重现。

甲午战争与灾荒*

1895年3月2日，当中日甲午战争的炮火尚未完全停息，李鸿章即将以清政府全权代表的身份赴日议和的前夕，一位名叫钟德祥的御史上了这样一个奏折："顷闻奉天锦州一带地方，上年荒歉异常，加以倭贼所至搜掠，土匪继之，劫食一空，村聚穷民，菜色满路。自冬腊两月以来，四野已多饿殍。地方官吏为兵事所困，无力议及赈救。若更至三四月青黄不接之时，必立见屯空村尽，言之痛心。"① 这个奏折谈到了灾荒与甲午战争之间的关系，问题提得十分尖锐，但角度还仅限于人民群众受着天灾、战祸双重荼毒的苦难方面。事实上，当时的严重自然灾害，曾在许多方面给予这个历史事变以或隐或显的影响，颇值得我们作为一个专门问题进行较为细致的探讨。

灾区与战区

就全国范围来说，1894年并不是一个大灾巨祲之年。但是，

---

* 载《历史研究》，1994年第6期。

① 中国近代史资料丛刊续编：《中日战争》（二），第462页。

几个自然灾害较重的地区，恰恰与甲午战争的战区临近或重合，或者与战争有着特殊的密切关系，这就大大增强了灾荒与战争之间的相互影响。

首先是作为中国方面战争最高决策中心和指挥中心所在地的顺直地区。在甲午之前，这一地区已经连续 11 年发生大面积水灾（个别年份为先旱后涝）。甲午年夏秋间，又一次遭洪潦之灾。这年岁末，因甲午之战革职留任的直隶总督李鸿章奏称："本年顺直各属，自春徂夏，阳雨应时，麦秋尚称中稔。""讵自五月下旬起，至七月底止，节次大雨淫霖，加以上游边外山水及西南邻省诸水同时汇注，汹涌奔腾，来源骤旺，下游宣泄不及，以致南北运河、大清、子牙、滏阳、潴龙、潮白、蓟、滦各河纷纷漫决，平地水深数尺至丈余不等，汪洋一片，民田庐舍多被冲塌，计秋禾灾歉者一百二州县，内有被潮、被雹之处。"这个奏折认为，"本年水灾之重，与（光绪）十九年相等，而灾区之广，殆有过之"①。

接替李鸿章任署理直隶总督的王文韶在次年初夏也上奏报告上年的顺直灾情，特别是"永平、遵化两府州属，雨水连绵，冰雹频降，滦、青各河同时涨发，漫决横溢，庐舍民田，尽成泽国"②。这些重灾区，"收成不及十分之一，小民无以为食，专恃糠秕。入春以来，不但糠秕全无，并草根树皮剥掘已尽，无力春耕，秋成无望，较寻常之青黄不接更形危机"。"访查该处情形，一村之中，举火者不过数家，有并一家而无之者。死亡枕藉，转

---

① 第一历史档案馆藏：《录副档》，光绪二十年十二月十九日李鸿章折。
② 《录副档》，光绪二十一年四月十五日王文韶折。

徙流离，闻有一家七八口无从觅食服毒自尽者”[1]。直隶和锦州一带的灾民，“日以千数”地向热河等地逃荒就食，自1894年秋到1895年夏，络绎不绝。

其次就是奉天一带，这是甲午战争中陆战的主要战场。1894年夏天，由于连降暴雨，河水泛滥，造成巨灾。盛京将军裕禄在当年12月15日上奏说：“奉省自本年夏间大雨连绵，河水涨发，所有沿河之承德及省城西南之新民、广宁、锦县、辽阳、海城、盖平、复州、岫岩等处各厅州县，同时均被淹涝。”翌年2月18日又奏：“去岁奉天夏雨过多，沿河州县所属低洼地方，田亩被水淹涝。受灾各区，以锦县、广宁、新民、牛庄为最重，辽阳、海城、承德、岫岩次之，盖平、复州、熊岳又次之。”[2]

陵寝总管联瑞在给军机处的一份电报中也谈到奉天灾情：“本年夏间，南路之辽、复、海、盖，西路之新民、锦县、广宁各城，以及省城附近地方，农田多被淹潦，灾歉甚广，数十万饥馁之民，嗷嗷待哺。瞬届天气严寒，无衣无食，更难免不乘间滋事。兵荒交困，万分危迫。”[3]

当时在锦州转运局任职的知府周冕，在致盛宣怀的电报中也证实：“查自锦至辽，沿途大水为灾，类多颗粒无获，极好者不过一二分收成。”[4] 直到次年初夏，他在一封电禀中还说：“锦州、广宁一带，上年秋灾既重，今年春荒尤甚，现在麦秋无望，节逾小满，尚是赤野千里，拆屋卖人，道殣相望。”[5]

① 《录副档》，光绪二十一年二月二十八日浙江道监察御史李念兹折。
② 《近代中国灾荒纪年》，第584、585页。
③ 丛刊：《中日战争》，（三），第219页。
④ 《近代中国灾荒纪年》，第584页。
⑤ 丛刊：《中日战争》，（四），第116页。

山东半岛是甲午战争中另一个战场，而恰恰在这里，也遇到了不大不小的水灾。1894 年 11 月 3 日，山东巡抚李秉衡奏报："东省沿河各州县，历年灾祲，民困已深。本年虽幸三汛安澜，而夏秋雨水过多，各处山泉同时汇注，低洼处所积潦难消。或民田被淹，收成无望；或房屋冲塌，修复无资。""就查到之处而论，则以济南府属之齐东，武定府属之青城、蒲台、利津被水为最重；济南府属之章丘，泰安府属之东平、东阿，武定府属之滨州及临清州等处次之。"[①] 据上谕，这一年山东全省因灾蠲缓钱粮的地区达 81 州县及 5 卫、所。

以上三个灾区，山东及顺直地区，都是连年灾荒，但毕竟离战争前线还有一段距离。唯独奉天受灾区域，或者是中日双方军队激烈战斗的战场，或者最终为日本侵略军所占领，至少也是紧邻前线的军事要地，因此，生活在这里的人民群众，在天灾人祸的交相蹂躏之下，其痛苦悲惨情景，也就可想而知了。

余虎恩在《上刘岘帅书》中这样说："第关外近岁大荒之后，继以重兵，天灾流行，民不聊生。锦州等处盗风日炽，抢往劫来，所在多有。良善之家至鬻妻子为食，困苦流离，野有饿殍。有司不以告，长吏若不闻，政体尚堪问乎？"[②]

奉天府府丞李培元在《沥陈大局实在情形请速筹切实办法折》中则这样说："今奉省年荒民困，重以兵灾，田不能种，归无所栖，苟不急图，内乱将作。"[③] 这里所说的"兵灾"，最主要的，当然是指日本侵略军野蛮残酷的烧杀抢掠。不论是旅顺口震

① 《朱批档》，光绪二十年十月初六日李秉衡折。
② 《普天忠愤集》，卷 6。
③ 丛刊：《中日战争》（三），第 366 页。

惊中外的大屠杀，还是折木城、田庄台等地把繁华城镇轰成一片焦土的绝灭人性的大破坏，都使尚未逃脱天灾带来的饥寒交迫的人民，雪上加霜，一下子又陷入侵略军铁蹄的肆意践踏和炮火的无情屠戮之中。前引陵寝总管联瑞的电文中，除具体描述天灾的惨状外，还详尽记录了日本侵略军给这一地区带来的巨大灾难："讵自九月二十七、八等日，贼兵分四大股，东自九连城、沙河、长甸河、安平、东洋河、蒲石河，南自花园口、皮子窝等处同时进犯，盘踞窜扰。东南驻防各军，虽皆奋力扼御，奈贼锋过锐，弁兵伤亡甚多，兼以寡不敌众，屡战皆北，以至东边之安东、凤凰城、宽甸及孤山、长甸、东灞、花园口，并省南之大台湾、金州等处，半月之内，相继失陷，岫岩、复州被贼围困，地方已失大半，到处商民望风徙，城市一空……小民既被贼扰，又遭兵劫，疮痍遍地，惨不堪言。""绅民迁避，络绎道途；商贾惊惶，到处罢市。"①

上面提到的"既被贼扰，又遭兵劫"，"贼扰"指的是日本侵略军的奸淫烧杀，"兵劫"则是指某些清军（尤其是一些败兵）纪律荡然、扰害百姓的事。应该说，甲午战争期间，由于战争的正义的、反侵略的性质所决定，不少清军英勇作战，在军纪方面也颇为严明，出现了许多可歌可泣的动人事迹。但也毋庸讳言，有一些清军在侵略者面前，软弱得像一头绵羊，不堪一击；而在人民群众面前，则又凶狠得像狮子一样，作威作福，予取予求。这自然是当时那个政权全面腐败的一种表现和反映。这方面的材料也是很多的，这里只举一个小小的实例：当时襄助直隶臬司周馥办理"东征转运事宜"的袁世凯，一方面看到"辽沈自遭兵

① 丛刊：《中日战争》（三），第218页。

祸，四民失业，饥馑流离”，一方面又看到“凤军在关外抢掠尤甚”，曾多次向督办东征军务的钦差大臣刘坤一建议说：“关外居民本极困苦，近遭灾荒，营勇骚扰太甚，哭声载道，惨不忍闻。”要求约束军纪，同时拨出一部分军粮，作为对灾民的赈济。[①]

不难想象，在天灾战祸的“风刀霜剑”严酷相逼之下，人民群众过着怎样一种人间地狱式的悲惨生活，实在是最清楚不过的事了。

灾荒与战争进程

如果再做稍深一步的观察，我们就会发现，自然灾害曾经给予甲午战争的历史进程以多方面的影响。

战争的胜负，很大程度上取决于人民群众的支持，这大概可以算是一种常识。从中国方面来说，由于甲午战争是一场反侵略战争，全国人民（也包括统治阶级中相当一部分人士）是积极支持这场战争的。就是作为主要战场的辽沈地区，广大人民也在十分艰难的条件下对支援抗日做出了巨大的努力。姚锡光《东方兵事纪略》在讲到辽南战事时就说：“时倭兵大半西赴海城，东边踞倭寡，而九连城、凤城、安东义民颇觇倭人动静赴告我军，高丽义州亦有请兵愿内应者，兵机甚利。”[②] 但是，严重的灾荒，极大地限制了人民群众支援抗日的能力。特别是物质条件的支援方面，由于人民群众在自然灾害的打击下，处于“困苦流离，野

① 《容庵弟子记》，卷 2。

② 丛刊：《中日战争》（一），第 34 页。

有饿殍”的情况之下，所以常常是军队不仅不能得到老百姓的接济，反而还要匀出很少的军资军食去救济挣扎在死亡线上的老百姓。刘坤一的弟弟刘侃在《从征别记》中曾记录了他到唐山以后的一段经历和见闻：“既至，见饥民数千，疲困道旁，日毙数十人，幼稚十六七；盖壮者或他适，妇女惜廉耻，忍死不出，风俗良厚。而地方多巨富，无赈济者。军中倡义赈款钱三十余万贯，施放三十余州县，地广事繁，筹措须日。余彷徨庭户，虑迟则创，命帐前差官、兵目人等多备饼饵、米粥，日就道旁给之。许队伍中收养小儿，由是收养以百数。余拟资二千贯，用二百五十串合众人所施至八百串，而义赈事大集矣，斯民庶几少苏。然乐亭、滦州有一村人口仅存十三四者，盖三年水患，播种无收，官吏贪征粮税，隐匿不报，致奇穷无补救也。”①

当然，这支军队后来并没有正式投入战斗。但是试想，如果真的打起仗来，周围无衣无食引颈企盼军队救济以免饿死沟壑的群众，军中是收养来的数以百计嗷嗷待哺的小儿，你叫军队怎么去打胜仗？

无怪乎吴大澂一到前线，做的第一件事情就是筹赈。他向朝廷上奏折，向李鸿章、王文韶、盛宣怀以及广东、浙江、湖北等地督抚发电报，反复强调奉天各地“水灾甚重”，“饥民遍野”，“道殣相望”，幸存下来的群众“有十余日不得食者”。灾民的悲惨生活，“目击伤心”，“不忍漠视”。如果不迅速“抚辑饥黎”，“收拾人心”，战争将很难进行。不管吴大澂在甲午战争中有怎样的是非功过，也不管此时（战争正在激烈进行中）再来谈赈济灾民是否缓不济急，过于书生气，然而无论如何，他反映的情况，

---

① 丛刊：《中日战争》（五），第 201 页。

却充分说明了灾荒曾经怎样给战争的进行带来巨大的困难。朝廷对于吴大澂请求的答复是：赈济灾荒，应是地方官的责任，可以由盛京将军裕禄“察看”“办理”，吴大澂不必过问。

在战争的后勤保障中，军粮的供给是十分重要的环节。由于灾荒，军粮的筹集就成为很大的问题。早在战争还在朝鲜境内进行的时候，这个问题就存在了。当时，朝廷命令黑龙江将军依克唐阿率马队八营，“驰赴平壤一带”参战，规定粮饷军火由李鸿章、裕禄负责。李鸿章、裕禄在复电中打了一通官腔，说了许多困难，依克唐阿立即意识到，“合阅两电所复前情，是奴才一军，粮饷军火仍须自行预筹运解接济”。对此他忧心忡忡地说：“粮米价昂，运脚耗费，若在各兵口分内扣留银两，预为办运粮食，窃恐大敌当前，军心解体，难期得力。”① 事实上，赴朝作战清军的一切军需供给，都是由奉天负责的，正如定安在奏折中所说：“朝鲜地瘠民贫，当此大军云集之时，一切米粮、日用所需无从购觅，皆须由奉天省城及凤凰城转运而往，饷馈艰难，繁费尤属不赀。”② 战火燃及中国东北大地后，因为主要战场在奉天，所以军粮的采购也仍就近在此处解决。曾有人参劾盛宣怀在采买兵米中“浮冒多至数十万金”，李鸿章为盛宣怀辩解时说：“臣查前敌各营兵米，饬由臬司周馥、道员袁世凯就近在奉省采买”，与盛宣怀无关。③ 但是，由于严重的自然灾害，造成粮源少，粮价又高，使得军粮的采购十分困难。裕禄曾经抱怨说：“现在奉天大军云集，需粮甚多，虽经各军设法购运，而去岁本省秋收甚

① 续编：《中日战争》（一），第72页。
② 同上书，第242页。
③ 同上书，第404页。

歉，存粮无多，办运过远，脚费又复太昂，军食攸关，亟须预为筹备。”依克唐阿也奏称：“近因奉收歉薄，加以难民纷纷迁徙，来春必失耕种。全军一年所需米麦，须急趁冬令车运通时，于铁开、通江口等处预购。况东路山重水复，向无驿路，转运维艰，且沿途无积囷处所，运道运具亦非预筹不办。”[①] 战争在中国进行，日军的后勤供给线甚长，清军就地筹粮，本来是一个极重要的优势，但这个优势恰恰因为严重自然灾害的发生而丧失了。翰林院检讨蒯光典说得好：“兵事一兴，偶有灾歉，采办艰难，归之于公，则此项无著；扣之于兵勇，有不哗溃者哉！”[②]

灾荒甚至使得清军无法在一些战略要地屯驻立足。吴大澂部的一位名叫王同愈的翼长，在所写《栩缘日记》中记载，1895年2月26日，他的部队在前往田庄台途中所见景象：“隔年歉收，一路荒象极重。”另一名叫江虹升的营官，曾亲口对办理前敌营务的晏海澄说：“宁远州饥馑情形与锦州无以异，最苦者一百余村，男妇一万数千人，嗷嗷待哺。”[③] 而据袁世凯3月19日给李鸿章的报告，宋庆军因兵败退至离田庄台不远的双台子，吴大澂先宋败退至此，原本想在这里“收拾余烬”，后来宋、吴会商，“以双台一带泥水过大，不便久驻，且地洼荒苦，各军无可容扎”，不得已只好退到石山，只是派遣小股队伍分驻双台、杜家台等处[④]。战争期间，为了加强对京畿的保卫，曾命令调陈凤楼马队驻扎滦州。但一直到1895年4月中旬，刘坤一在奏折中

① 续编：《中日战争》（二），第452、137页。
② 丛刊：《中日战争》（一），第163页。
③ 丛刊：《中日战争》（六），第26、275页。
④ 丛刊：《中日战争》（五），第216页。

仍然说："陈凤楼马队因滦州饥荒，无从购买草料，尚未移扎。"① 同样的情况也发生在关外。为了加强东北所谓"根本重地"的军事力量，原曾计划调拨察哈尔马匹，充作各军之战马。但一直到1895年2月中旬，此事始终未能实现。据吉林将军长顺等的奏报，也是因为"关外歉收，草料皆无"，即使勉强调往，也"必致疲乏无用"，所以请求"不如待有水草时再行拨解"。可是等到水草丰茂之时，战事已经结束了。

在统治阶级的心目中，始终有一个难以抛却不顾的阴影，影响着他们全力依靠人民群众去进行战争。这个阴影就是因灾荒带来的社会动荡。下面两条材料颇有一点代表性：一条是西陵将军文瑞的奏折，强调"陵寝重地守护攸关，且邻近州县连年歉收，粮价昂贵，人情异常窘迫。当此外患未平，诚恐宵小乘隙滋萌，所关匪细，自应预筹设防，以期有备无患"②。另一是田海筹上刘坤一书，里边提到"淮南、皖北伏莽甚多，更须招募劲旅，居中策应，庶饥馑之年，盐枭之变，会匪之乱，水旱之灾，有备均可无患矣"③。那么怎么来预先防范呢？办法还是老的一套，兴办团练。据说，这是一箭双雕的好办法，既可以把民众组织起来，配合军队对付日本侵略军，又可以安定社会秩序，对付因灾而起的某些"不逞之徒"。可是，在灾荒严重的情况下，办团练也不是件容易的事。当朝廷根据天津县绅士王守善等的禀请，令李鸿章"募练团勇"时，李鸿章复奏说："惟现值灾祲之后，物力凋敝，劝办甚难。"当朝廷要求山东巡抚李秉衡"筹防募勇"

① 续编：《中日战争》（三），第53页。
② 续编：《中日战争》（一），第665页。
③ 丛刊：《中日战争》（五），第455页。

时，李秉衡的回答也是“东省连年水患，工赈频仍，用度日增，征收日减”，“经费支解纷繁，已形竭蹶”。朝廷要求滦州、乐亭举办民团，“以辅兵力之不逮”。经过一段时期的筹办后，负责此事的兵部侍郎王文锦报告说：乐亭已办起联庄会，但“滦州地方灾歉较重，民情瘠苦，联庄会虽易兴办，恐不能如乐亭之踊跃”。就是已经办起联庄会的乐亭，“连年灾歉，造成民力拮据，将来能否持久”，也殊无把握。于是，同一个原因引出了两个互相矛盾的结果：由于灾荒，导致社会不稳定，因而需要组织团练；又是因为灾荒，造成民力拮据，团练很难组织起来。因此就形成了一个解不开的怪圈。在当时，有一些人援引镇压太平天国运动的历史经验，大谈兴办团练对甲午战争的重大作用。其实，不论是客观形势，还是交战对象，甲午战争与太平天国时期都有很大的不同，团练能否兴办，未见得有多大的关键意义。但无论如何，我们再一次从这里感觉到了灾荒对战争进程的某种关联和影响。

颇具象征意味的是，一场突发的自然灾害，在这次战争的尾声中被拉来作为一种重要的政治筹码。原来，李鸿章父子在日本政府的胁迫下签订了《中日讲和条约》（即《马关条约》）后，消息传开，国内舆论哗然，群情激愤，朝野人士纷纷上书递呈，要求朝廷拒绝批准这个在丧权辱国的程度上前所未有的不平等条约。它的高潮就是康有为领导的著名的“公车上书”。面对如此强烈的社会舆论，尽管清政府卖国求和的方针已定，但也不得不有所顾忌，在 1895 年 4 月 25 日的上谕中，装模作样地就是否批准条约问题征询刘坤一、王文韶的意见。上谕先是说“让地两处，赔款二万万两，皆万难允行之事”；接着说“连日廷臣章奏甚多，皆以和约为必不可准，持论颇正”；但语气一转，又称

"如果悔约，即将决裂，苟战不可恃，其患立见，更将不可收拾"；最后则要求刘坤一、王文韶"体察现在大局所系及各路军情，战事究竟是否可靠，各抒所见，据实直陈，不得以游移两可之词敷衍塞责"①。谁都看得清楚，这个谕旨本身就充满了"游移两可之词"，却要刘坤一、王文韶"据实直陈"，不得"敷衍塞责"，岂不可笑？久居官场的刘、王二位，自然不会那么天真，据《东方兵事纪略》说，"文韶等奏颇依违"，就是说，还是发表了一通"游移两可之词"复奏了事。

正在这个时候，4月28日，天津塘沽口外发生了一次大的海啸，"竟日夜风狂雨暴，海水漫溢，冲溃宏字定武等十营，铁路不通，电线四路俱断"②。王文韶等在奏折中把这件事也一起报了上去。清朝最高统治者立即觉得，这是一个可以用来达到某种政治目的的机会。据刘侃《北征纪略》记载："灾变闻，和议益决。"不知是有意制造的舆论还是无意的相互呼应，京津一带立即传开了所谓"海啸是天和"的说法，说是"天意若此，宜亟批换和约"。当时还只是步军统领的荣禄在致奎俊的电报中也说："念三战和原未定，因初七（按：应为初四）海啸，将津沽一带防军淹没多处，子药均失。莫非天意？势不得不和。"③ 封建统治者终于找到了一个借口，可以用来对付反对批准和约的社会舆论了。正是在这种情况下，清廷于5月3日在和约上盖上国玺，批准了《马关条约》。

5月17日，以光绪皇帝的名义向全国臣民明发朱谕，解释朝

---

① 《光绪朝东华录》，总3578页。

② 丛刊：《中日战争》（四），第128页。

③ 续编：《中日战争》（三），第301页。

廷批准和约的“万不获已之苦衷”，其中一段话是这样写的：“加以天心示警，海啸成灾，沿海防营，多被冲没，战守更难措手。是用宵旰旁皇，临朝痛哭，将一和一战两害兼权，而后幡然定计。其万分为难情事，言者章奏所未及详，而天下臣民皆当共谅者也。”①

战争善后与赈灾

甲午战争的帷幕一旦正式降下，原先暂时被推到次要地位的灾荒问题，又一下子突出起来。

1895 年 6 月 16 日，仍然署理直隶总督的王文韶向四川、两广、两湖、闽浙、云贵、两江、陕甘、东河、漕运各总督，浙江、广东、广西、湖南、江西、安徽、江苏、山东、山西、陕西、新疆、贵州、河南各巡抚，发出了一封请求支援赈济“畿辅灾黎”的电报，其中说：“天津连年大水，积因以深。近畿一带去年被灾尤重。今春大雪，耕种失时。关外兵荒，粮路断绝。加以四月初三、四等日，狂风暴雨，三昼夜不息，海如腾啸，河堤潮涨，纵横千里，荡为泽国。麦芽既失，耕作并废。百万嗷鸿呼号望赈，青黄不接，时日方长。幸蒙恩赏东漕十万石，暂资抚恤，而地广灾重，赈急工繁。又以辽、锦接壤，兵后凶灾，谊当兼顾，非亟筹巨款，万难支持。”② 一个地方行政长官，向全国各个省区吁请帮助赈灾，这在以往的灾荒史上还很少见到，几乎

① 《光绪朝东华录》，总 3695 页。

② 续编：《中日战争》（三），第 421 页。

可以说是前所未有的。

王文韶的电文中用了“兵后凶灾”四个字，我以为是颇为贴切的。在那些惨遭战火摧残的地区，本来应该对那里的老百姓优加抚恤，以固结民心，培育元气。不料1895年仍然是灾祲不已，使得那里的群众难圆重建家园之梦。

奉天锦州府、新民厅各属，继上年“秋雨为灾，田禾尽被淹没，颗粒无收，道殣相望”之后，这一年春天又“连绵大雪，民困饥寒，伤亡相继”。据估计，其惨苦情形，同光绪初年“丁戊奇荒”中的山西省相似（按：当时山西某些重灾区的人口死亡率达60%至95%）。夏间，锦县、广宁、承德、新民、金州、海城、辽阳、岫岩、盖州、熊岳、盖平、复州、宁远等13州县又一次遭水灾侵袭。由于连年被水，瘟疫开始盛行，“省城患时疫者亦多”①。

山东的水灾，较上年更重。1895年夏，黄河在山东境内多次决口。这年11月8日，李秉衡奏称：“东省今岁黄水漫决，上游东平一州全境罹灾，寿张、东阿、郓城、阳谷等亦被淹甚广，下游则青城、齐东最重，高苑、博兴、乐安、利津等县皆黄水所经，小民荡析离居，情殊可悯。此外，运、卫两河漫溢及黄水波及者尚有十数县之多。”② 从决口冲出的黄河浊浪，“汪洋浩瀚，茫无津涯，田庐坟墓尽皆淹没，甚有挟棺而走骸骨无存者。民不得已，尽搬向河堤，搭盖席棚，饥不得食，寒不得衣，数十万生灵嗷嗷待哺。加以风寒水冷，号哭之声闻数十里”③。这一年，

① 《近代中国灾荒纪年》，第593页。

② 《录副档》，光绪二十二年九月二十二日李秉衡折。

③ 《近代中国灾荒纪年》，第596页。

山东全省受灾地区达87州县并4卫、2场。

顺直地区因上年大水的影响，春荒极为严重。御史洪良品在4月16日上奏："自光绪十六年起，淫雨成灾，连年水患，畿南一带，百姓困苦，拆房毁柱，权作薪售，以为生计。""去年积水太久，冬冻未消，麦不能种。小民坐食数月，籽种、牲畜食卖一空。现在遍野荒地，无力市牛布种，耕收望绝。"① 其实，从1883年永定河漫口造成大面积洪潦灾害起，水灾在这一地区就没有中断过。因此，这里饥民之多，灾情之重，就显得特别突出。《申报》3月24日报道："客有于役火车者为言，不独津郡饥荒，即附车各村落，一过糖坊（按：应为唐坊），上至胥各庄、唐山、林西、洼里，每一停车，饥民男女，鹄面鸠形，随客乞钱，如蝟之集。……连日大雨，饥继以寒……饿死冻死仍复不知几何。十余龄幼女，不过售十数元，骨肉分离，为婢为妾，在所不恤。"唐山一地，春间聚集饥民数万口，以后愈聚愈多，至春末，依靠粥厂施食为生的灾民达到十余万人之众。入夏后，顺直地区又连降暴雨，兼杂冰雹，旧灾未除，新灾又降，全年被水、被潮、被雹地方达57州县。"京外灾黎"，纷纷涌入京城，"扶老负幼，来京觅食，其鹄面鸠形，贸贸溃乱之状，实属目不忍睹"。这些灾民在京城这个所谓的"首善之区"，也并没有一条现成的生路。"所领之粥不足供一饱，伏施之钱米亦无。""不得已，馁卧路隅，待死沟壑者有之；沿门行乞，随车拜跪者有之。……以致城垣之下，衢路之旁，男女老稚枕藉露处，所在皆有。饥不得食，惫不得眠，风日昼烁，雾露夜犯，道殣相望。"② 恶劣的生存

① 《录副档》，光绪二十一年三月二十二日洪良品折。

② 《近代中国灾荒纪年》，第593、595页。

条件，导致“疫病流行”，据不完全统计，因染瘟疫而“路毙”者每月不下 3 000 余人。看了这些情况，前文王文韶那样焦急地向全国各省请求帮助赈灾的举措，也就不难理解了。

事实上，甲午战争结束前后，赈灾不仅是一个重大的社会问题，而且成了一个尖锐的政治问题。我们曾经指出，在甲午战争时期，主要的灾区同战区基本是重合或极为邻近的。这些地方，正如有的奏折指出的，“师旅之后继以饥馑，民气倍极凋残”。因此，对这些地方的老百姓及时地给予赈济，不仅是战事结束后善后工作的重要内容，也是固结民心、医治战争创伤的重要方法。李秉衡在给盛宣怀的电报中就谈到了这一点：“金、复等处俟倭退后诚宜优加抚恤，以固民心。”[①] 使这个问题更加突出起来的，还有下面这个情况：日本侵略军依然在由他们占领的海城等地，“宽为放赈”，“意图要结民心”。这样，赈灾就又带有了与日本侵略者争夺群众的政治斗争的内容。

应该说，有些人对这个问题是给予了足够的重视并做了实际努力的。例如，地方督抚中的李秉衡，就在战争一结束，立即对山东“被兵各州县”“发款赈恤”，并在经费十分困难的情况下，数次向奉天、直隶接济赈款。长年从事义赈的社会名流严作霖，战事一结束，就“集巨款拯大灾”，亲自到锦州一带主持放赈工作。但是，就总体来说，清朝政府对灾区和战区的赈恤，如当时人所说的，只是“杯水车薪”，而且“缓不济急”。这也并不奇怪。清政府面对着入不敷出、库储如洗的财政状况，满脑子考虑着如何去偿付两亿多两银子的巨额赔款，哪里还会去认真顾及挣扎在死亡线上的千百万普通老百姓呢？

---

① 续编：《中日战争》（三），第 508 页。

甲午战争结束前后，社会舆论对李鸿章纷纷诘难，要求追究李鸿章指挥战争和主持和谈的责任。在一片抨击声中，人们联系到顺直地区连年大水，自然也就涉及李鸿章久任直隶总督期间在防灾治河中的种种失误。编修李桂林等的一个呈文中这样说："其河渠则不循水性，横筑堤防，御北则移诸南邻，捍西则移诸东境，水失故道，纵横肆溃。大名道吴廷斌本无治水之能，以趋承李鸿章大受委任，又复引其私人潘陶钧等包揽利权，侵吞巨款。任河自决，领帑银以冒利；俟水自涸，筑浮土以冒功。向来直省苦旱为祲，近则无岁而无水患。"①

究竟李鸿章对顺直水患频仍应负多大责任，是个需要另做专门研究的问题。但不论如何，人们在批评李鸿章在甲午战争中的责任时，同时也联系到他在灾荒问题上的错失，这是完全合乎逻辑的。这也从一个方面反映了灾荒与甲午战争之间的内在联系。

① 续编：《中日战争》(三)，第533页。

清末灾荒与辛亥革命*

当辛亥革命尚在进行的过程中，这一伟大历史事变的参加者或目击者，就颇有一些人注意并强调了灾荒同这个运动之间的密切联系。武昌起义后三天，当地的革命者在一份告全国各省人民的檄文中，谈到了“不可不急起革命”的三条缘由，最后一条就是“全国饥民，数逾千万，迫饥寒而死者，道殣相望”，而清政府却“从未闻有一粟一粒之施”①。20天后，严复在致《泰晤士报》驻北京记者莫理循的一封信里，把“这场起义的远因和近因”归纳为四点，末一点则是“近几年来长江流域饥荒频仍，以及商业危机引起的恐慌和各个口岸的信贷紧缩”②。显而易见，频繁而普遍的自然灾害被认为是辛亥革命运动发生的一个直接诱因。

既然如此，较为具体地考察一下辛亥革命时期的灾荒状况，并且从自然现象与社会现象交互作用的角度，努力探究当时的灾

---

* 载《历史研究》，1991年第5期。

① 《湖北革命实录长编》，见《武昌起义档案资料选编》下卷，武汉，湖北人民出版社，1983，第634页。

② 《清末民初政情内幕》上册，上海，知识出版社，1986，第782页。

荒对这场革命产生了一些什么影响，自然是不无益处的。

灾荒的频发与革命形势的渐趋成熟

革命不能随心所欲地制造。只有当革命形势业已成熟，即统治者已不能照旧统治、人民群众也无法照旧生活下去的时候，被压迫阶级才可能在革命政党的领导下行动起来，革命才会到来。

人们通常把 20 世纪的最初十年看作是辛亥革命的酝酿和准备时期，实际上，这也正是国内外各种政治冲突和社会矛盾日益激化，革命形势逐步形成的一个历史阶段。在促使革命形势渐趋成熟的诸种因素中，灾荒无疑是不能不加注意的因素之一。

我们不妨先把辛亥革命前十年间在中国大地上发生的重要灾荒做一个极为概略的叙述。

1901 年（光绪二十七年）——据上谕称，“东南滨江数省，皆被水患”①。其中最严重的是安徽，许多地方“一片汪洋，几与大江无所区别”，“各属遭水穷民，统计不下数十万”。江苏“水灾实为数十年所未有”，“各县圩埂，冲决至一千数百处”。江西 40 余州县“猝遭水灾”，“凡被水田亩均已颗粒无收”。湖北夏间“暴雨连朝，江汉并涨，田庐禾稼，大半淹没”；入秋，又“雨泽稀少，干旱成灾”。此外，湖南、浙江、福建全省及广东、云南、东北局部地区，也都被水成灾。直隶、河南则先旱后潦，

① 光绪二十七年十一月二十二日上谕。转引自《近代中国灾荒纪年》，长沙，湖南教育出版社，1990，第 675 页。文中有关灾荒状况的原始资料，均引自该书，不再一一注明。

河南的兰考和山东的章丘、惠民并先后发生黄河漫决。山西、陕西部分地区旱象严重，“饥民甚多，田荒不治，凋敝可伤”。

1902 年（光绪二十八年）——除山东境内发生黄河决口外，全国主要灾情是旱灾和瘟疫。最严重的是四川，发生了该省历史上罕见的大旱奇荒，持续“首尾年余之久”，灾区“遍九十余州县”，“市廛寥落，闾巷无烟，徙死之余，孑遗无几”。广东、广西、湖北夏间遭水，秋季遭旱，“数月不雨，赤地千里”。江苏南部、湖南辰州等地、顺直地区、黑龙江瑷珲一带瘟疫流行，“死人无算”。

1903 年（光绪二十九年）——全国灾情较轻，一般省份大抵只有局部的水旱偏灾。稍重者为直隶，春夏苦旱，“麦苗尽枯”，7 月间又遭水患；浙江先潦后旱，灾歉几遍全省；广西有较严重的旱灾，由于收成大减，而且“饥荒已连绵多年”，发生了人吃人的惨状；山东利津黄河决口，周围州县为洪水浸淹。

1904 年（光绪三十年）——黄河再次在利津两度漫决，山东被淹地区甚广。四川又一次发生大旱荒，川东北 6 府 2 州 59 县亢旱无雨，“郊原坼裂，草木焦卷”，“几有赤地千里之状”。直隶夏雨过多，永定等河决口，滨河州县被水成灾。云南、福建、广东、浙江、湖南、湖北、甘肃部分地区遭暴雨侵袭，“田庐漂没，受灾甚重”。河南先旱后潦，“收成歉薄”。

1905 年（光绪三十一年）——除一般省份有轻重不等之水、旱、雹、风、蝗、震等局部偏灾外，重灾地区为：云南大水灾，昆明水灌入城，“水势汹涌，深及丈余”，广达 11 州县的灾区“民房田亩，概没漂没，灾情奇重”。贵州镇远等三厅县，淫雨成灾，“秋收失望”，其余州县亦收成歉薄。江苏沿海地方 9 月初风潮肆虐，“淹毙人命以万计”。

1906年（光绪三十二年）——全国灾情颇重，不少省份发生特大洪灾，少数地区又亢旱异常。广东自春及夏，大雨滂沱，江水暴涨，广州、肇庆、高州、钦州等地泛滥成灾，秋间部分地区又遭飓风袭击。两湖地区春夏间连降大雨，江、汉、湘水同时并涨，“积水横决”，“沿岸纵横上下，各居民之生命财产付之一洗，数百里间，汪洋一片”，仅被淹罹难者即达三四万人之多。江苏“水灾之区，遍及八府一州，而江北徐、海、淮安各属灾情最重，难民尤多”，“粮食颗粒无收，百姓流离失所，惨不忍睹”。安徽于春夏之交，淫雨60余日，山洪暴发，淮、泗、沙、汝、淝等河同时并涨，平地水深数尺，“上下千余里，尽成泽国”，“饥民饿毙者，日凡四五十人，有阖家男妇投河自尽者，有转徙出境沿途倒毙者，道殣相望，惨不忍闻”。浙江8月间狂风暴雨，江流涨溢，湖水倒灌，水灾范围极广，湖州府属灾情尤重。此外，广西、四川、河南、江西、福建、甘肃、山东、陕西等省，也有轻重不等的水灾。但云南则发生了“情形之重为历来所未有”的大旱荒，“蔓延数十州县”，“迤东、迤南各府赤地千里，耕百获一”，“饿殍相望，易子而食”。绥远一带也亢旱异常，且蝗害严重，百姓“四乡流亡觅食，络绎于道”。

1907年（光绪三十三年）——虽没有发生大祲奇灾，但歉收地区颇广。直隶近畿州县春旱，至夏秋又连降大雨，永定河及北运河等决口，“收成大减”。湖南、湖北大部地区遭淹，高阜之区则“间受干旱”。四川“初苦于旱，继困于水”，成都等地8月中“先后雨暴风烈”，平地水深数尺，“以致田园、庐舍、城郭、桥梁都被冲毁”。福建部分州县夏间“大雨倾盆，溪河暴涨，洪水奔腾”，“饥民待抚众多”。江苏、山东、黑龙江等亦先旱后潦，收成歉薄。此外，全省晴雨不均，分别发生水、旱、风、虫、雹、震灾害的地区还有安徽、浙江、广东、云南、山西、陕西、江西、甘肃、奉天、吉林、台湾等。

1908 年（光绪三十四年）——除一般灾情略似上年外，广东、湖北、黑龙江的水灾颇为严重。广东春季亢旱，6、8、10 月间，又迭遭大雨飓风袭击，江潮暴涨，造成“倒塌房屋，伤毙人口，并有沉船、决围、坍城、淹田等事”，灾民们“生者鹄面立，死者鱼腹殓”，而且“被水之区甚广，实为数十年来未有之巨灾”。湖北夏间“淫潦为灾”，“武汉三属湖乡颗粒无收，城内居民多处积水之中”，灾区遍及 29 州县，黄冈、麻城、黄安、潜江、黄陂等重灾地区，“大半均成泽国，淹毙人口无算，灾黎遍野”，由于连续五年遭灾，百姓困苦不堪言状。黑龙江入秋以后连降大雨，“嫩江水势暴涨，沿江居民田禾多被淹没”。

1909 年（宣统元年）——甘肃连续多年干旱，至本年夏间，旱情发展到顶峰，持续 995 天不雨，发生了特大旱灾。“今岁全省皆未得雨，旱干更甚，麦秋已至，不独无粮，且更无水，竟有人食人之慨”，“粒谷皆无，且饮水亦至枯竭，今竟呈析骸相食之现象”；夏秋以后，又复连降暴雨，黄河猛涨，沿岸居民淹没大半。浙江则正好与此相反，春夏之交，迭遭淫雨，积潦成灾，杭、嘉、湖、绍、严五府田地被淹，有的田中积水逾丈；7 月后，又连旱数十日，“田皆龟裂”，农民“有向田痛哭者，有闭户自尽者”，当时报纸认为浙灾可与“甘陇之奇荒”相比。与此同时，一些省份发生了相当严重的水灾。湖北连续六年遭受水灾，且灾情较往年更甚，“此次水患延袤六府一州”，“鄂省各属，凡滨临江河湖港者，无不淹没，秋收业已绝望，灾区甚广，饥民不计其数”。湖南也因夏季雨水过多，“沅、酉、资、澧诸水并涨”，荆江决口四百余丈，滨江滨湖各州县田禾概遭淹没，“均罹巨灾”；流离转徙各地的数十万饥民，“靠剥树皮、挖草根，勉强过活”。吉林省于 7 月初旬暴雨倾盆，松花江洪流陡涨，奔腾倾泻，省城被水灌注，低洼之处，一片汪洋，周围数百里沿河各村屯，全数淹没。广东春夏间“风雨为灾”，许多地方为水浸淹，“水退之后，轻者尚有收获，或补种杂粮，重者淹没无存”。此外，江苏、安徽及黑龙江瑷珲等地春旱夏涝，新疆、福建、云南、奉天、广西等局部地区大水，直隶、山东、陕西、山西等省则水、旱、风、雹兼具，加上台湾连续三次发生地震，这一年就全国范围来说，是受灾较重的年份。

1910 年（宣统二年）——一些重要省份，继续发生严重水灾。湖北连续第七年遭洪水侵袭，灾区遍及 28 州县，“禾损屋倒，人畜漂流”，“民情之苦，较上年尤甚”。湖南入夏后连日狂风暴雨，加以“朔风冻雪”，造成较罕见的“奇灾”，“官堤民垸溃决无算，田宅冲没，畜产流失，受害甚巨”；同湖北一样，湖南水灾也已持续七年，所以米珠薪桂，饥民遍野，人民生活处于极端艰难之中。江苏自春至秋，始则雨雪交加，继而连降大雨，江湖泛滥成灾，苏北地区灾情尤重，“无分高下，一片汪洋，墙倒屋塌，弥望皆是”。与江苏毗连的安徽，也是暴雨成灾，尤其皖北一带，“秋禾全数悉被淹没”，“人畜漂没，房屋崩坍者，不计其数”。据有人调查后称，皖北、苏北“凡灾重之区，村庄庐舍多荡为墟，流亡者十逾五六，每行数里、十数里罕见人烟。或围敝席于野中，或牵破舟于水次，稚男弱女蜷伏其间，所餐则荞花、芋叶，杂以野菜和煮为糜，日不再食。甚则夫弃其妇，母弃其子，贩鬻及于非类，孑遗无以自存”。浙江的水灾，灾情略似苏皖。东北的黑龙江、吉林、奉天三省，也因夏秋之际，淫雨连绵，造成江河暴涨，泛滥成灾。黄河在山东寿张决口，加上夏初亢旱，后又连绵阴雨，使山东受灾面积达 90 州县。此外，局部地区遭受水、旱、风、雹灾害的还有河南、云南、江西、直隶、新疆、山西、陕西、广西、甘肃等省。台湾这一年共地震六次，云南、直隶、新疆等地也有地震发生。

从上面极为简略的叙述中可以看出，辛亥革命前十年间，连绵不绝的自然灾害，始终笼罩在早已因帝国主义和封建主义的钳制压榨弄得精疲力竭的中国人民头上，使他们本已竭蹶困顿的生活更加面临绝境。

这种情况，不能不对当时的政治生活和社会生活发生深刻的影响。

首先，灾荒使人民的生命财产受到巨大损失，造成了普遍的人心浮动和剧烈的社会震荡。在每一次较为重大的自然灾害之后，不论是旱灾的“赤地千里”或水灾的“悉成泽国”，随之而来的都是生产的破坏与凋敝，大量本来就挣扎在死亡线上的贫苦农民和城镇贫民，或者冻馁而亡，或者惨遭灭顶，幸存下来的则成为“饥民”“流民”。这是一个巨大而惊人的数字，例如：前面提到的 1902 年四川大旱，“灾民数千万”；1905 年云南大水，仅昆明附近就有“数万户灾黎仓卒逃生”；1906 年几个省同时发生大水灾，湖南有饥民近 40 万，长沙附近一次就“淹毙人不下三万”，江苏灾民达 730 余万人，聚集在清江浦、沭阳等地的饥民，“每日饿毙二三百人”；1908 年广东大水灾，“灾黎几及百万”；

1909年湖南大水，“统计各处灾民不下百余万人”，江苏大水，海州逃荒流民27万余，沭阳11万余，赣榆8万余，全省可以想见；1910年安徽大水灾，“人民被灾而无衣食者，约有二百万”。这里只列举几个大体的数字，至于在“饥民遍野”“饿殍塞途”等笼统描写中所包含着的悲惨事实，就无法用数字来反映了。这么多饥民、流民的存在，本身就是对封建统治的严重威胁。从某种意义上说，这些风餐露宿、衣食无着的饥民、流民，无异于堆积在反动统治殿堂脚下的无数火药桶，只要有一点火星，就可以发生毁灭性的爆炸。这一点，封建统治者是看得清清楚楚的。1902年6月，湖南巡抚俞廉三指出：“流民愈多，匪类混杂，民气更加浮动。”[①] 1906年末，一个名叫王宝田的小官僚在奏折中说：“东省荒歉，细民无以糊口，思乱者十室而九。”[②] 1910年6月，安徽巡抚朱家宝在奏折中强调，“各属灾荒叠告，人心浮动”，“皖北素称强悍，连年复苦荒歉，伏莽时虞，自非思患预防，层节布署，不足以绸缪未雨，定变仓猝”[③]。封建统治者的这些忧心忡忡议论，既不是杞人忧天，也不是无病呻吟，它恰恰是现实生活中的尖锐矛盾在他们头脑中的反映。

其次，接连不断的灾荒，使一向反对现存统治秩序的自发斗争，更加扩大了规模，增强了声势。例如，以“灭清、剿洋、兴汉”为口号的四川义和拳斗争，其高潮恰好发生在前面提到的该省两次大旱灾期间，这一方面固然可以看作是全国义和团运动的一种滞后现象，但另一方面显然同大灾荒造成的大饥馑有着直接

① 《辛亥革命前十年间民变档案史料》上册，北京，中华书局，1985，第392页。
② 同上书，第158页。
③ 同上书，第261页。

的关系。御史高枬认为这次事件是“盗贼、饥民、会匪、义和拳，分之为四，合之为一”；当时的四川总督奎俊也强调川省“拳乱”之起，除群众仇教外，“加以岁旱民饥，灾黎多被裹胁”；后来接任川督的锡良则指出，“川省人心浮动，加以旱灾、闹荒、仇教，各处响应，蹂躏必宽”；御史王乃徵说得就更直截了当：“川中全省旱灾，至今半年，不闻赈恤之法，何怪匪乱日炽?”① 又如，发生在20世纪初，延续数年之久，清政府动员了广西及两湖云贵各省军队，“糜饷以千百万计”才勉强镇压下去的著名的广西农民大起义，也与灾荒有着极为密切的关系。1902年秋后，广西“赤地千里，旱灾已遍”。1903年6月，一位住在香港的外国人在信中说：“我们为关于广西饥荒的可怕消息而感到非常忧愁，那里的人民由于没有东西吃，实际上已经被逼迫到人吃人的地步。”② 正是在这样的背景下，广西各地“抢劫之案”，“无县无之，无日无之”；后来，群众自发地形成无数武装队伍，“大者千余为一股，小者数十为一股，匪巢匪首奚止百千。加以比岁不登，饥民为匪裹胁及甘心从匪侥幸一日之生者，所在皆是”。这里其实已说得很清楚，被封建统治者称之为“匪”者，绝大多数不过是求“侥幸一日之生”的饥民而已。所以署两广总督岑春煊也不得不承认：“小民先被灾荒，继遭匪害，困已极矣!”③ 封建统治者从切身经验中深切地了解灾荒与“民变”的关系，对防范灾民闹事抱着极高的警惕。下面一个上谕，十分生动地反映出统治者的心态：“光绪三十二年十一月十五日内阁奉上谕：

① 《辛亥革命前十年间民变档案史料》下册，第733、734、742、759页。

② 《清末民初政情内幕》上册，第261页。

③ 《辛亥革命前十年间民变档案史料》下册，第511、535、604页。

从来治国之道，惟以保民为先。方今时局多艰，民生重困，本年两广、两湖、江西、安徽等省，屡告偏灾，近日江苏淮、徐、海一带，被灾尤重。……哀我黎民，颠连穷困，岂可胜言。其不逞者，又或迫于饥寒，流为盗贼，扰及乡里，贻害善良。”谕旨要求“地方文武各官”对饥民“加意抚绥”，以便“防患未然”①。

再次，由于灾荒而大量产生的衣食无着的饥民，为着解决眼前的温饱，求得生存的权利，纷纷起来直接进行“抗粮”“抗捐”“闹漕”“抢米”等斗争，这种斗争愈是临近辛亥革命愈益发展，已成为暴风雨即将来临的明显征兆。据统计，1906年全国发生抗捐、抢米及饥民暴动等反抗斗争约199起②，其中一些规模和影响较大的事件，主要发生在浙江、江苏、安徽、湖北、江西、广东数省。如前所述，这一年，这些省份几乎无一例外地遭洪潦灾害，而且大都灾情颇重。1907—1908年这两年，抢米风潮曾稍见沉寂，这同这一时期自然灾害相对较轻是完全一致的。到1909年，全国下层群众的自发反抗斗争约149起，其中几次规模较大的抢米风潮和饥民暴动，恰恰发生在灾情最重的甘肃和浙江两省。1910年，随着灾荒形势的恶化，抗捐、抢米等风潮进一步发展，陡然上升到266起。其中的抢米风潮，几乎全部发生在长江中下游的湖北、湖南、安徽、江苏、江西五省，而这里正是连成一片的广袤的重水灾区。这一年的长沙抢米风潮，是震动全国的重大事件，这个事

① 《辛亥革命前十年间民变档案史料》上册，第58页。

② 文中关于辛亥革命前各地抗捐、抢米等风潮的数字，均参见金冲及、胡绳武：《辛亥革命史稿》，第2卷，上海，上海人民出版社，1980。

件的背景，就是湖南因灾而致“树皮草根剥食殆尽，间有食谷壳、食观音土，因哽噎腹胀，竟至毙命者”；长沙城里“老弱者横卧街巷，风吹雨淋，冻饿以死者，每日数十人”。人们无法生活，只能铤而走险。

最后，在辛亥革命的酝酿时期，资产阶级革命派曾发动或参与组织过多次武装斗争，有一些武装起义，革命派曾有意地利用了灾荒造成的社会动荡形势，并注意吸引饥民群众的参加。如同盟会成立后不久，于 1906 年底发动的萍浏醴起义，就是一个明显的例子。这次起义迅速发展到数万人，虽然前后只活动了半个多月，却给清朝反动统治以极大的震动。《丙午萍醴起义记》在谈到这次起义的动因时说：“其起事之动机，则因是年中国中部凶荒，江西南部，湖北西部，湖南北部，及四川东南部，即扬子江上流沿岸，皆陷于饥馑。该地工人因受米贵减工之打击，遂由萍乡矿工首先发难，四虎徒党起而应之。”① 起义发生后，有人在《汉帜》第一号上发表文章，号召各省革命党“响应湘赣革命军”，其中说：“至天时地利，尤为此次最得机势者。……今者，虏廷日日苛税，省省摊派，民不聊生，大乱以作，重以今岁沦雨弥月，洪荒千里，饿殍填沟，十数省哀鸿，汹汹欲动。饥民者，历代英雄起事之材料也。如此之赋烦岁凶……各省民皆饥困，已富有被动之性质，倘有人振臂一声，必从者如流。”② 这样的议论，颇为典型地反映了革命派力图利用灾荒以扩展革命的心理，也表明了灾荒的频发确实为革命派的活动提供了一个很好的客观条件。

---

① 《辛亥革命》(二)，上海，上海人民出版社，1957，第 463 页。

② 铁郎：《论各省宜速响应湘赣革命军》，见《辛亥革命》(二)，第 531 页。

革命派怎样通过灾荒揭露封建统治?

要推翻一个政权，总要先造成舆论。辛亥革命时期的资产阶级革命派也是这样。他们在追求共和制度、埋葬封建君主专制主义的伟大斗争中，也大声疾呼地歌颂未来新制度的优越性，抨击清朝反动统治的落后与黑暗。在涉及各个方面的无情揭露中，灾荒问题是谈得较多的一个话题。

革命派尽情描绘了灾荒带给人民巨大祸害的悲惨现实，反映了他们对劳动群众特别是贫苦农民的深切同情。1907 年的《民报》增刊《天讨》上的一篇文章说："虽年谷屡丰，小民犹多废食。(每逢春间有剥榆皮、拾桑葚者。) 一有水旱，道殣相望。水深火热，二百年如一日。""每遇一县，城郭崩颓，烟村寥落，川泽污潴，道路芜秽。自远郊以至县城，恶草淫潦，弥望皆是。夏秋之间，邻县几不通往来，饥民遍野，盗贼公行；无十年之盖藏，无三月之戒备。"① 另一篇文章说："水旱偏灾，犬羊官吏，坐视而不能救；无告之民，靡所得食，乃扶老携幼，聚族数百，相率而为流氓，过都越邑，乞食于途。"② 同年《民报》的一篇文章也说：农夫"顾当夏日，犁田播种，行伏赤日中，泥汗过膝，而或新雨之后，水为日曝，酷热如汤，水虫含毒，时来啮肤，手足坼裂，疑灼龟背。偶值凶年，至于析骸易子"③。类似这样的

① 观鲁：《山东省讨满洲檄》，见《辛亥革命》(二)，第 344 页。

② 退思：《广东人对于光复前途之责任》，见《辛亥革命》(二)，第 349 页。

③ 寄生：《革命今势论》，见《辛亥革命前十年间时论选集》第二卷下册，第 797 页。

内容不仅屡见于革命派的宣传品及文章中，而且也反映在他们的文艺作品里，如 1906 年江苏大水灾时，同盟会员、南社诗人周实就有感而赋诗："江南塞北路茫茫，一听嗷嗷一断肠。无限哀鸿飞不尽，月明如水满天霜。"①

对于这种现象，革命派做出的头一个直觉性的反映，是把它说成清朝反动统治"天运将终"的先兆。有一篇文章说："是以彼苍亦为不平，凶灾层见，兵刀水火，无日无之。"② 武昌起义后不久，湖北的革命党人在《致满清政府电》中也说，清朝政府已经"人神同嫉，天地不容。以致水旱迭臻，彗星示警，祸乱无已，盗贼纵横，天人之向背，不待智者而后辨也"③。这种解释还没有脱出"天象示警"的传统灾荒观的樊篱。

不过，革命派在大多数场合，并没有停留在这样的认识水平上，而是透过灾荒，进一步寻求和揭示与灾荒相关联的种种政治因素，从而得出正是反动统治的"人祸"导致了或加深了"天灾"的正确结论。革命派认为，灾荒的根源，与其说首先是自然的原因，不如说更主要是社会的原因、政治的原因；自然灾害发生得如此频繁，难以抗拒，从根本上说来，是腐朽的封建政治造成的。这一点，孙中山讲得最为鲜明与深刻。他在《中国的现在和未来》一文中指出："中国所有一切的灾难只有一个原因，那就是普遍的又是有系统的贪污。这种贪污是产生饥荒、水灾、疫病的主要原因。""官吏贪污和疫病、粮食缺乏、洪水横流等等自然灾害间的关系，可能不是明显的，但是它很实在，确有因果关

① 《辛亥革命诗词选》，武汉，长江文艺出版社，1980，第 197 页。

② 《义和团有功于中国说》，见《辛亥革命前十年间时论选集》第一卷上册，北京，三联书店，1960，第 60 页。

③ 《辛亥革命》（五），第 151 页。

系，这些事情决不是中国的自然状况或气候性质的产物，也不是群众懒惰和无知的后果。坚持这说法，绝不过分。这些事情主要是官吏贪污的结果。”[①] 在孙中山以前，中国历史上还从来没有哪一个人以如此敏锐的目光、如此深邃的思维和如此清晰的语言来分析和说明灾荒问题。革命党人在后来发表的一些文章中，实际上为孙中山的这个说法提供了具体的论证。例如，有两篇谈到黄河之患的文章，就指出：“黄河北徙（按：指咸丰五年铜瓦厢决口后的黄河大改道），每一漂没，数十州县无墟落。虏廷吝财，委其事于疆吏，疆吏遂借为吞款邀功之地，动以河工括民财。”“虏清之治河，则驱逐农民，动辄数千万，以供官吏之指挥，急则湮之，缓则弛之。剜肉补疮，卒靡所益，费民财以万计，曾不能一年之安。”[②] 辛亥革命前一年发表的《论革命之趋势》一文，具体揭露了某些封疆大吏怎样贪污赈款，草菅人命：“江北巨灾，集赈款五百万，虏帅端方侵蚀三百万，又虑饥民为变，遣军队弹压之，示以稍反侧即立尽，于是饥民皆枕藉就死，无敢有蠢动者。陕、甘旱荒，至人相食，虏帅升允漠然不顾，十室九空，积尸成疫。”“专制之淫威”使“人命贱于鸡犬”，“天灾流行，饥馑洊臻，民之死于无告者，其数尤夥”[③]。这种声泪俱下的控诉，有力地揭示了封建政治的吃人本质。

封建统治者常喜欢宣扬他们如何“深仁厚泽，沦浃寰区”，一遇灾荒，就蠲免钱粮，发帑赈济，似乎一片慈爱心肠。革命派对此针锋相对地指出，这完全是彻头彻尾的欺骗！1903 年的一

① 《孙中山全集》，第 1 卷，第 89 页。

② 均见《辛亥革命》（二），第 346、332 页。

③ 《辛亥革命前十年间时论选集》第三卷，第 531 页。

篇文章写道："钳束之酷，聚敛之惨，而尤为世界所稀有。山西之食人肉，河南之贩人头，此二年前回銮时之真象也。……汝今犹曰'自其祖宗以来，深仁厚泽，各直省地方，遇有水旱，无不立沛恩施'者，自欺欤？欺人欤？"① 一些文章从不同的角度揭露了清政府赈灾的欺骗性，或者，统治者对灾荒根本无动于衷，不予置理："淫妇那拉氏南面垂帘，百般剥削，以供其游乐宴饮之资。拨海军费以修颐和，移大赔款以供庆寿，而于我民之水旱馑饥，毫不为之轸念。"② "倒行逆施，残民以逞，驯致饥馑旱干之罔恤，呼号怨怼之弗闻，声色狗马之是娱，土木兵戎之继起。"③ 或者，象征性地拿出一点赈款来，聊以点缀门面："去岁（按：指 1909 年）粤省水灾，灾民流离，哀鸿遍野，再电乞赈，清廷仅饬部拨款十万。及西藏达赖喇嘛入京，每日飨其缁徒万四千两，十日之食，即足以抵一省之赈灾而有余。"④ 那些少得可怜的赈款，也大多为官吏所侵渔："不幸遇岁之凶，流离于道路，物故者十八九。朝廷发帑藏，恒充奸吏之橐，然犹号之曰赈恤之善政。"⑤ 总之，所谓赈恤，不过是封建统治者"邀弋美名"的一种手段，"而于贫者，未尝有澹足之益"。

不仅如此，封建官僚与地主豪绅们还常常趁火打劫，利用灾荒作为升官发财的绝好时机。前面提到的贪污赈灾款项，只不过是花样繁多的发"灾荒财"的手段之一。革命派曾揭露说，受"黄灾"最厉害的山东省，那些"谋差营保"的官僚们，常聚在

① 《辛亥革命前十年间时论选集》第一卷下册，第 686-687 页。
② 《辛亥革命前十年间时论选集》第二卷下册，第 866 页。
③ 《彭荫祥历史》，见《武昌起义档案资料选编》下卷，第 245 页。
④ 《辛亥革命前十年间时论选集》第三卷，第 553 页。
⑤ 《辛亥革命前十年间时论选集》第二卷下册，第 786 页。

一处议论说："黄河何不福我而决口乎?"因为黄河一决口，他们就可以借办河工，既私吞工款，又谋取保举，为此，他们甚至不惜偷偷地破坏老百姓自筑的堤防，人为地制造灾荒。所以山东有"开归道"之称，意思是黄河一"开"，不少人就可以借此"保归道班"了。[①] 封建政治的特点之一，就是往往在冠冕堂皇的表面文章下掩盖着见不得人的黑幕。按照清朝的"定制"，只要勘定了灾荒，政府就要根据灾情轻重，确定对灾区的地亩钱粮加以减征、缓征或免征。但实际上，封建官僚还是可以通过各种办法，使百姓"照例完纳田粮"[②]。1908 年末出版的《江西》杂志就发表文章谈到这种情况，"中国虽地大物博，迩者天灾流行，湖南之水害，广东之水害，重以各地蝗虫，歉收者众。民不堪命，转徙流亡，赈恤且患不周，加之以苛征，是为丛驱爵、为渊驱鱼"[③]。而且，纳税时还要加上种种附加，"一纳赋也，加以火耗，加以钱价，加以库平，一两之税，非五六两不能完，务使其鬻妻典子而后已"。所以邹容在《革命军》中悲愤地说："若皇仁之谓，则是盗贼之用心杀人而曰救人也。"[④] 政府是这样，作为封建统治的阶级基础的地主豪绅，自然也上行下效，一齐向灾民们伸出罪恶之手。"岁五六月之间，民则有饥患，勿问前年之丰凶。前年丰，富人虑谷无良贾，乃写输于他需谷之地，所余于仓者少，至夏秋之交亦必腾贵。先岁凶，乃闭其仓廪以待贾，未中程，弗雠也。饥亟而祈勿死，则听富人所索，或萃而劫之，牵联

---

① 参见观鲁：《山东省讨满洲檄》，见《辛亥革命》（二），第 346 页。

② 《近代中国灾荒纪年》，序言。

③ 《辛亥革命前十年间时论选集》第三卷，第 422 页。

④ 《辛亥革命》（一），第 341 页。

入于刑者，又踵相逮也。”①

上文提到的1909年甘肃大旱灾发生时，曾经是同盟会员和南社发起人的高旭写了《甘肃大旱灾感赋》，其中一首差不多可以看作是资产阶级革命派在灾荒问题上所做的政治讨伐的艺术概括：“天既灾于前，官复厄于后。贪官与污吏，无地而蔑有。歌舞太平年，粉饰相沿久。匿灾梗不报，谬冀功不朽。一人果肥矣，其奈万家瘦！官心狠豺狼，民命贱鸡狗。屠之复戮之，逆来须顺受。况当赈灾日，更复上下手。中饱贮私囊，居功辞其咎。甲则累累印，乙则若若绶。四看饿殍余，百不存八九。彼独何肺肝，亦曾一念否？”②

在天灾人祸交相煎迫之下，老百姓要想生存下去，确实除了铤而走险之外，是别无出路的了。但这立即就会被封建统治者目为“盗贼”“乱民”“匪类”而大张挞伐：“皖北有灾，槁项黄馘者背相望，海上有疫，前仆后僵者踵相接……其或民不聊生，起为图存之计，则又目之为乱民，为匪徒，召兵遣将，流血成渠。”③ “耕种则雨水不均，无利器以补救之，水旱交乘，则饿殍盈野。强有力者，铤而走险，以夺衣食于素丰之家，而政府目之为寇盗，捕而刑之，或处之于死。”④ 灾民们还是俎上之肉，任人宰割屠戮而已。

资产阶级革命派仅仅在灾荒问题上对封建统治所做的揭露，也已经足以让人们逻辑地得出结论：像这样腐朽而又暴虐的反动政权，除了坚决推翻它之外，难道还能有任何别的选择吗？

---

① 《辛亥革命前十年间时论选集》第二卷下册，第789页。

② 《辛亥革命诗词选》，第215页。

③ 《对于政府之民心》，见《辛亥革命前十年间时论选集》第三卷，第828页。

④ 民：《金钱》，见《辛亥革命前十年间时论选集》第二卷下册，第991页。

沿江沿海各省大水灾与辛亥革命的发生、发展

1911年（宣统三年），又发生了面积更大、灾情更重的大水灾，灾区几乎包括了沿江、沿海的所有主要省份。以武昌起义为肇端的辛亥革命运动，就是在这样的背景下爆发并迅速席卷全国的。

武昌起义之前，中外政界人士就对当年的严重灾荒及其可能产生的政治后果给予了极大的关注。5月下旬，张謇代表沪、津、汉、穗四处总商会，赴京办事，受到摄政王载沣的接见。当载沣征询张謇对于时局的意见时，张謇谈了“内政三大要事”，头一条就是“外省灾患迭见，民生困苦”。9月12日，莫理循在一封信里写道：“中国长江流域各省的前景非常黯淡。……人民将会成千上万地死去，难民营里出现霍乱和斑疹伤寒。一位知名的中国人昨天对我说，前景从来没有这样糟糕，因为中国从来没有受到这样大的水灾和饥馑的威胁。”① 待到四川保路运动起来之后，一些封建官僚更是惊恐万状，生怕在灾荒遍地的情况下，形成一发而不可收之势。——他们的话简直成了后来事态发展的颇为准确的预言。如御史陈善同在武昌起义前一个月上奏说：“现在湘粤争路余波尚未大熄，而雨水为灾几近十省，盗匪成群，流亡遍野，若川省小有风鹤之警，恐由滇藏以至沿江沿海，必有起而应之者，其为患又岂止于路不能收而已。”② 御史麦秩严在

① 《清末民初政情内幕》上册，第752页。

② 《辛亥革命》（四），第469页。

武昌起义前约半个月上折称："方今时事日棘，灾祲迭臻，岁饥民流，盗贼四起，中原大势岌岌可虞。"①

那么，封建统治者为之谈虎色变的辛亥年大水灾，具体情况究竟如何呢？

从长江上游往下数，首先是湖北，于 6、7 月间风狂雨骤，襄水陡涨二丈余，一下子将去年坍溃后费时近半年才新筑成的大堤冲决 130 余丈，"人皆措手不及，逃走溺毙者不可数计"②。附近州县"一片汪洋，数里不见烟火，灾民有生食野兽之肉者，有握泥果腹致毙者，有挖树皮草根以济急者，惨状令人不忍目睹"。武汉三镇濒临江湾住户，因被淹纷纷迁避。所有武昌临江的一些工厂，汉阳的兵工厂、铁厂、炮船厂，以及汉口的租界等，"一切低洼之所，均有其鱼之叹"，"水势浩大，茫茫无际，登高一望，四围皆成泽国"。湖南自春至夏，雨多晴少，夏末又暴雨连朝，造成湖江水势骤涨，水淹长沙、常德、岳州等府属地方，"灾区之广，为从来所未有"；受灾地区，"最低处水深丈余，较高处水亦六七尺不等"，不但禾稼"悉数付诸泽国"，而且或房倒屋塌，或人畜漂没，损失惨重。"当仓卒水至之时，居民或缘登屋顶，或升附树巅，四野呼号，惨难尽述。"由于湘鄂洪水暴涨，使"沿江之水陡长至一丈数尺之高"，江西浔阳、九江一带濒临长江，周围"淹没田禾甚多"；加之入夏后连日淫雨，南昌、鄱阳等地平地水深数尺，"街道上皆可乘船"，余干县境"水涨至二丈有奇"；抚州、瑞州等地，"低洼之田禾既被浸去十之五六，即

① 《辛亥革命》(七)，第 269 页。

② 《大公报》，1911-06-30。也见《近代中国灾荒纪年》，第 792 页。文中有关灾荒情况之原始资料，均转引自该书，不再一一注明。

高原处亦受损不少”。安徽因上年已是大祲之年，所以春荒即极其严重，仅宿州一地，春间即有灾民 27 万余口。入夏后，又“大雨时行，江潮暴发，皖省滨江沿河各属，灾情奇重”。“当涂等五州县，周围六七百里，皆成巨河，村镇倾圮，庐舍漂荡”。尤以长江之滨的无为州，“灾尤惨酷，露饿待毙无算”，“上下九连各圩一片汪洋，高及树巅，村落庐舍全归巨浸”。皖南各州县“淹没田禾，十失其九”；皖北涡、蒙、灵、宿等县，也被灾极重，往往数十里炊烟断绝。而且灾情持续甚久，直至 8 月底，还发生了一场暴风雨，使铜陵、庐州、宿松等 10 余州县冲塌圩地不少，“约计淹田不下百七十余万亩”。位于长江末梢的江苏省，灾情与安徽不相上下，同样是一方面江湖涌涨，一方面暴雨不绝，使全省各地洪水泛滥。南京城内高处水深没胫，洼处过腹及胸，“行人绝迹，商店闭门停市，萧条景象，目不忍睹，间有小舟来往装运行人以达干土”。张廷骧《不远复斋见闻杂志》描画了一幅惨绝人寰的图景：“宣统三年春，江苏淮海及安徽凤颍等属，因屡被水灾，闾阎困苦，惨不忍闻。……自去秋至今，饥毙人数多时每日至五六千人；自秋徂春至二月底，江皖二十余州县灾民三百万人，已饿死者约七八十万人，奄奄待毙者约四五十万人。……饥民至饥不能忍之际，酿成吃人肉之惨剧……寻觅倒卧路旁将死未气绝之人，拉至土坑内，刮其臂腿臀肉，上架泥锅，窃棺板为柴，杂以砻糠，群聚大嚼，日以为常。”

从江苏往南，浙江的杭、嘉、湖、绍四府被淹成灾，“早禾既受摧残，晚苗又被淹没”，“家屋人畜，漂失无算”；杭州城内“平地水深没踝”。福建也有部分地区发生“冲决堤岸，淤塞河道，坍塌房屋，淹毙人口”之事，尤其是省城福州，“城内外积水四五尺不等，衙署营房民舍，倒塌无数，并有压毙人口情事”。广东的灾区主要集中在潮州府属地方，那里因连降大雨，江流陡涨，“淹没田亩无算”，“淹毙人口不可胜数”。

从江苏往北，山东在春季即雨雪纷飞，经月不息。入夏后，又大雨成灾，济南及东西路各州县，均遭水淹；胶州、高密、即墨一带，“房屋尽倾，溺毙人畜无算”；峄县“河水漫溢，以致沿河秋稼，尽数淹没。延袤数十里，远近数十庄，人民庐舍漂荡无存，一片汪洋，几如海中小岛，居民风餐露宿，困苦异常”。直隶则是先旱后涝，起初“雨泽愆期”，后又“阴雨连绵，河水涨发，以致滨临各河洼地禾稼，均多被水”；此外，还有一些地方有雹、虫灾害。奉天新民府等属亦罹大水，由于柳河洪峰突发，堤口溃决，河水冲灌新民府城，居民猝不及防，“顷刻人声鼎沸，屋巅树梢相继猱升呼号待救”；“城乡周围四十余里全被水淹，计被淹地亩一万七千余亩，沉没官民房屋七千七百余间，商号存粮均被淹浸，粮价飞涨，人心惶惧”。吉林省在夏秋之际，不仅雨水过多，且兼遭雹灾。黑龙江省于 6 月末及 9 月间两次连续降雨，使嫩江、松花江、坤河等水势暴涨，各处泛滥成灾，“嫩江府、西布特哈、龙江府、大赉厅、肇州厅、甘井子、杜旗等处，沿江民房田禾均被淹没，为灾甚巨”。这一年，东北三省还发生鼠疫流行，死亡人数约五六万人。

不言而喻，这是一个任何从事历史活动的政治派别不能不认真对待的特殊而严峻的社会环境。

有记载说，武昌起义前夕，武汉的革命党人曾开会研究在四川保路运动蓬勃发展的情况下，应不应该立即举行武装起义。会上有“缓期”与“急进”两种主张，最后后一种主张被接受，其中很重要一条理由就是“近数年来，灾异迭见，民不聊生”，“天时”对革命显然有利。[①] 这说明了严重灾荒的存在，对革命党人的战略决策产生了何等重大的影响。

但是，人们也许会发现一个多少有点令人感到奇怪的现象：在各省“独立”或曰“光复”的过程中，几乎很少看到灾民、饥民直接参加运动的历史记录。其实，这并不难理解。这是同辛亥革命的下述特点相联系的：除了极少数地区以外，绝大多数省份，新旧政权的交替更迭并没有经过较长时期的两军对垒的武装冲突。也就是说，还没有来得及等到社会上大量存在的灾民、饥民涌入革命队伍，旧政权就已经纷纷垮台，辛亥革命表面上成功了。

但这决不是意味着辛亥革命的迅速发展，同灾荒没有重大的关系。只要看一看武昌起义后封建统治者的一些议论，就可以清楚，革命所以能在如此短的时期里像燎原烈火燃遍全国，灾荒的普遍存在是一个十分强有力的因素。武昌起义六天之后，热河都统溥颋、山东巡抚孙宝琦、江苏巡抚程德全在一个奏疏中说：“窃自川乱未平，鄂难继作，将士携贰，官吏逃亡，鹤唳风声，警闻四播……而民之讹言，日甚一日，或谓某处兵变，或谓某处匪作，其故由于沿江枭盗本多，加之本年水灾，横连数省，失所之民，穷而思乱，止无可止，防不胜防，沸羹之势将成，曲突之谋已晚。”[②] 次日，大学堂总监督刘廷琛也上奏说：“今年各省大水，饥民遍地，在在堪虞。革党踞长江之上游，托救民之义举，

① 参见佚名：《戈承元革命历史》，见《武昌起义档案资料选编》中卷，第199页。

② 这个奏折实际上是由张謇起草的，见《辛亥革命》（四），第48页。

设使闻风响应，大局立有溃烂之忧。”[①] 又过了三天，御史陈善同奏称：“本年雨水为灾，共十余省，而以湘鄂苏皖浙为最甚。各该处流亡遍野，抢掠时闻。……（革党）势必裹胁饥民，号召群凶，横决四出，为患方长。现虽被灾各处亦多妥筹赈恤，而涓滴之泉，沾润无几，乱源所伏，不可不先事防维。”[②] 武昌起义半个月后，翰林院侍讲程棫林在奏折中说：“重以天灾流行，处处饥馑，此即无所煽诱，固将群起为盗。况革党又为之倡乎！不速作转计，鹿铤鱼烂，即在目前。”[③] 这些奏疏，合乎实际地反映了普遍的灾荒怎样为革命的发展提供了条件。

甚至，灾荒还影响到帝国主义对辛亥革命运动的态度。武昌起义后第六天，英国驻华公使朱尔典在给英国外交大臣格雷的电报中，表示了对清朝政府的失望，认为“满清王朝所面临的前景是黯淡的。它在本国人民中间，很不得人心”。为了加强论据，他特别强调了当年遍及全国大多数省份的大水灾：“谷物歉收威胁到大半个帝国，扬子江流域到处充满了无家可归和嗷嗷待哺的人群。”[④] 稍后，日本驻华盛顿代办在致美国国务卿的一个照会中，认为“清廷之无能，已无可讳言”，很难“恢复威权”；另一方面，“革党亦派别纷歧，显无真正领袖”，“加之本年洪水为灾，饥民溃兵，交相为乱。在此情况下，革党绝少维持占领区域治安之望”[⑤]。因此，主张对双方暂取观望态度，这显然是帝国主义在一段时期中采取“中立”姿态的依据之一。

---

① 《辛亥革命》（五），第418页。

② 同上书，第438页。

③ 同上书，第461页。

④ 《英国蓝皮书有关辛亥革命资料选译》上册，北京，中华书局，1984，第37页。

⑤ 《辛亥革命》（八），第489页。

革命派短暂掌握政权时期的灾荒对策

1912年1月1日，中华民国临时政府成立，孙中山就任临时大总统。在一个十分短暂的时间里，革命派曾一度成为中央和一些省份的主要执政者。于是，情况发生了戏剧性的变化，本来为革命发展提供了机会和条件的严重灾荒，一下子成为摆在执政的革命党人面前的一个必须解决的紧迫问题。

由于新旧政治势力斗争的尖锐复杂，由于革命形势的捉摸不定，更由于反动势力的反扑，使革命派掌握政权的时间瞬息即逝，革命派几乎没有可能利用政权来施展他们的政治抱负。即使如此，也仍然可以从他们的一些举措中窥见其灾荒对策的大致轮廓。

1912年3月初，孙中山连续在几个有关赈济安徽、江苏灾荒的文件上做了批示。当时，安徽都督孙毓筠报告说：安徽灾情严重，要求临时政府拨款以救燃眉之急；财政总长陈锦涛也具呈称该省“灾情万急，如十日内无大宗赈款，恐灾民坐毙日以千数”。江北都督蒋雁行则连续急电，疾呼“现在清淮一带，饥民麇集，饿尸载道”，“当此野无青草之时，实有朝不保夕之势；睹死亡之枕藉，诚疾首而痛心”，并称：“半月内无大宗赈款来浦接济，则饥民死者将过半。”孙中山一面令财政部在经费万分拮据的情况下“即行拨款救济”，一方面同意向四国银行团借款160万两，用于赈救皖灾，要求参议院“克日复议，以便施行”，并强调“事关民命，幸勿迟误”。孙中山此举与袁世凯的态度恰好形成鲜明的对比。当已经确定由袁世凯接任总统、孙中山即将下野的时候，皖督也给袁世凯发了一份要求赈灾的电报，袁接电后，给孙中山回电："此时外款尚未借定，京库支绌万分。当俟筹定，再行电闻。如尊处暂能设法，尚希卓裁办理。"① 充分反映了这个老奸巨猾的官僚对于人民疾苦令人愤慨的冷漠。

在卸任临时大总统的前三天，孙中山专门发布了《命各省都督酌放急赈令》，指出："矧当连年水旱之余，益切满目疮痍之感。……本总统每一念及我同胞流离颠沛之惨象，未偿不为之疾首痛心寝食俱废也。兹者大局已定，抚慰宜先。为此电令贵都督等，从速设法劝办赈捐，仍一面酌筹的款，先放急赈，以济灾黎而谋善后。"② 这个命令反映了资产阶级革命派与人民疾苦息息相关的高尚情操。

在临时政府时期，南京还出现过一个名为"救灾义勇军"的组织。这个组织以孙中山为"义勇军正长"，陆军总长黄兴为"副长"。组织的缘起，是因为"江皖两省……连年水患频仍，偏灾时遇。迨至去秋，淫雨连绵，江湖暴发，箍江大岸，冲决无算。上自皖南各府，下逮镇扬苏常，袤延千余里，淹没百余处，汪洋一片，遍地哀鸿"，为了动员军队参加"修筑千里长堤"工程，由军人自愿报名参加而成的。组织"救灾义勇军"的启事和章程，刊登在《南京临时政府公报》第 40 号，显然事先得到了孙中山的赞同和支持。

即使在戎马倥偬、局势动荡的情况下，有些掌握了地方军政大权的革命党人，也仍然采取积极的措施，从事兴修水利的工

① 《近代史资料》，1961（1），第 328 页。

② 《孙中山全集》，第 2 卷，第 289 页。

作。如江西都督李烈钧，就职后不久即召集各方人士“讨论治赣办法”，其中决定的一条就是为了解决南昌、新建二县“每年必苦水患”的问题，在“辛亥光复，库帑动用一空”的情况下，想方设法“拨款四十万元修筑圩堤”。据称，“堤工数月而成，嗣后两县人民乃不为水灾所苦”[①] ——这个说法也许不无溢美之处，但如果考虑到当时面临的复杂局面，那么，决定拨款筑堤就已值得称道了。又如担任“安、襄、郧、荆招讨使”的季雨霖，在行军途中见“沿河一带地方，汪洋浩瀚，纵横无际，田园村落，漂为泽国，颓檐破壁中，寂无人烟”，便在占领荆州之后，兴筑沙洋堤工。据材料说，这段堤工关系到湖北的荆门、江陵、潜江、沔阳、监利五县人民的生命财产，清政府曾“耗款百万，讫无成功。受害各处，田庐尽没，饥民遍野，老幼委填，盗贼充斥”[②]。季雨霖等一面向沙市、沙洋两地商会借银 20 万两，一面向湖北军政府申请拨款 8 万两，另外还发行“堤工公债”20 万元，通过以工代赈的办法，招募民夫，动工兴筑，被称为“民国第一次大工程”。虽然对季雨霖的一些作为，有不同的评价，但即使对他稍有微词的人，也不抹杀他在这件事情上的功劳。此外，根据灾民周耀汉等的呈请而修筑的樊口堤工，修成后改善了武昌、黄冈等六县的抗灾条件，改变了这一带过去“无岁不水，无水不灾，无灾不重”的悲惨状况，也是值得一提的。

正像在其他问题上不免存在着这样那样的失误一样，资产阶级革命派在灾荒问题上，也并非一切处置都是完美无缺的。他们的最大一个失误，是似乎已经忘记了革命前对清政府把无衣无食

---

① 《李烈钧自传》，见《辛亥革命》（六），第 393 页。

② 高仲和：《北征纪略》，见《武昌起义档案资料选编》上卷，第 154 页。

的饥民“目之为乱民，为匪徒”的抨击，有些地方对灾民采取了戒备和防范的态度，有时竟视之为建立正常秩序的一种障碍。武昌起义后，以“中华民国军政府”名义发布的一个《通告城镇乡自治职员电》中说：“唯念东南各省，迭遭水旱之灾。吾同胞流离颠沛，犹未能自复其生机。若义旗一举，则饥寒无告之民，必有乘机窃发，一施其抢劫之技者。而本军政府当军事旁午之际，势不能并谋兼顾，为吾乡僻同胞尽完全保护之责。”因此，他们要求“各城镇乡自治团体，速筹自保之计，赶办团练，守卫乡里”①。类似的文告在其他省份也有出现。很显然，其矛头所向，是针对“流离颠沛”的“饥寒无告之民”的。在这样一种思想指导下，无怪乎有些地方会发生由革命党人掌握的新政权的武装去镇压饥民“闹事”的事件了。如江苏无锡，军政分府都督秦毓鎏曾两次派军队镇压“民变”。一次是由于常熟王庄的富室须氏，不顾“岁歉”，硬要逼租，佃农们在孙二的率领下，“聚毁其家”，并“竖旗”起事；另一次是本县新安乡的“巨室张氏”，平时收租就很苛刻，“民怨已久”，恰逢这一年“岁已歉，张氏犹不肯少贷，索益急”，甚至把还不起租的佃户“锢诸室，鞭诸”，引起群众激愤，数百人不期而集，“哄闹张氏家”，将其室付之一炬。秦毓鎏派出军队，在前一事件中抓走 20 余人，后一事件中竟枪杀 37 名群众（包括一名妇女），终于引起了人们的“诟厉”与不满。出现这一类政治性的错误，不能不说是同资产阶级革命派只是同情群众，却并不懂得组织群众与依靠群众的根本弱点有着本质的联系。

---

① 《辛亥革命》（五），第 140 页。

图书在版编目（CIP）数据

世纪之交的晚清社会 / 李文海著. --北京 ：中国人民大学出版社，2022.8
（清史研究丛书新编）
ISBN 978-7-300-30887-6

Ⅰ. ①世… Ⅱ. ①李… Ⅲ. ①中国历史-研究-清后期 Ⅳ. ①K252.07

中国版本图书馆 CIP 数据核字（2022）第 139217 号

清史研究丛书新编
世纪之交的晚清社会
李文海　著
SHIJI ZHI JIAO DE WANQING SHEHUI

出版发行	中国人民大学出版社		
社　　址	北京中关村大街 31 号	**邮政编码**	100080
电　　话	010－62511242（总编室）		010－62511770（质管部）
	010－82501766（邮购部）		010－62514148（门市部）
	010－62515195（发行公司）		010－62515275（盗版举报）
网　　址	http://www.crup.com.cn		
经　　销	新华书店		
印　　刷	北京联兴盛业印刷股份有限公司		
规　　格	160 mm×230 mm　16 开本	**版　　次**	2022 年 8 月第 1 版
印　　张	27.25 插页 3	**印　　次**	2023 年 5 月第 2 次印刷
字　　数	296 000	**定　　价**	99.00 元